Hüttemann/Rawert/Schmidt/Weitemeyer (Hrsg.)
Non Profit Law Yearbook 2009

BUCERIUS LAW SCHOOL

Non Profit Law Yearbook 2009

Das Jahrbuch des Instituts für Stiftungsrecht und
das Recht der Non-Profit-Organisationen

Herausgegeben von

Rainer Hüttemann · Peter Rawert
Karsten Schmidt · Birgit Weitemeyer

Schriftleitung

Kerstin Meyer

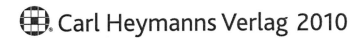 Carl Heymanns Verlag 2010

Bibliografische Information der Deutschen Nationalbibliothek
Die Deutsche Nationalbibliothek verzeichnet diese Publikation in der
Deutschen Nationalbibliografie; detaillierte bibliografische Daten sind
im Internet über http://dnb.d-nb.de abrufbar.

ISBN 978-3-452-27362-8

Das Institut für Stiftungsrecht und das Recht der Non-Profit-Organisationen wird
gefördert durch:

www.wolterskluwer.de
www.heymanns.com

Satz: John + John, Köln
Druck und Weiterverarbeitung: MVR Druck, Brühl

Gedruckt auf säurefreiem, alterungsbeständigem und chlorfreiem Papier.

Vorwort

»Ausgezeichnet – Über Preisungen« – mit diesen Gedanken zur Verbreitung und Funktion der Vergabe von Auszeichnungen, Preisen und Ehrungen leitet *Jürgen Kaube* in dem diesjährigen Yearbook ein Sonderthema über die gerechte Vergabe von Wohltaten ein. *Birgit Weitemeyer* untersucht »Die Steuerpflicht von Preisgeldern und Auszeichnungen« und gibt Hinweise für die Gestaltungspraxis. Nach welchen Kriterien Geldbußen im Rahmen von Strafverfahren an gemeinnützige Organisationen vergeben werden erläutert *Wolfgang Stückemann* auf der Grundlage einer umfassenden Dokumentation der zugrunde liegenden Verwaltungsvorschriften in seinem Beitrag »Transparenz der Vergabe von Geldbußen an gemeinnützige Organisationen – Eine Dokumentation anhand der Praxis der Bundesländer«.

Unter verfassungs- und europarechtlichen Aspekten geht *Ulrich Karpen* in seinem Beitrag »Die Funktion der Gemeinnützigkeit im Sozialstaat Deutschland – Insbesondere zur Aufgabe der Kirchen« dem Verhältnis der nationalen Regelungen über gemeinnützige Organisationen im Allgemeinen und Kirchen im Besonderen zu den Restriktionen durch das gemeinschaftsrechtliche Wettbewerbsrecht nach und räumt dem Sozialstaat deutschen Gepräges den Vorrang ein. Den gegensätzlichen Standpunkt nehmen *Jürgen Kühling* und *Ruben Pisal* in ihrer Untersuchung »Der Zweckbetrieb im Gemeinnützigkeitsrecht und staatliche Beihilfen –Marktliberalismus contra Europäisches Sozialmodell?« ein.

Im zivilrechtlichen, in diesem Jahr den Organen von Vereinen und Stiftungen gewidmeten, Abschnitt untersucht *Gregor Roth* unter dem Titel »Vertretungsbescheinigungen für Stiftungsorgane und Verkehrsschutz« die Reichweite des Vertrauensschutzes für den Rechtsverkehr bei der Vorlage einer Vertretungsbescheinigung für den Stiftungsvorstand. Das gesamte Tableau der Haftung der Organe von Vereinen und Stiftungen nach innen wie gegenüber Dritten stellt *Arnd Arnold* vor dem Hintergrund der gesetzlichen Neuregelung in dem Beitrag »Die Organhaftung in Verein und Stiftung (unter besonderer Berücksichtigung des neuen § 31a BGB)« dar.

Interdisziplinäre Fragen spricht *Dorothea Baur* in ihrer Untersuchung »Corporate Social Responsibility in Non-Profit-Organisationen: notwendig oder überflüssig?« an und arbeitet die beiden Ebenen der ethischen Verantwortung von NPOs gegenüber der Allgemeinheit und gegenüber den Empfängern ihrer Leistungen heraus.

Im internationalen Teil stellt *Ineke A. Koele* die europaweit interessierende Frage, welchen Einfluss nationale Beschränkungen auf international agierende Altruisten und NPOs haben, und spricht sich auch kritisch gegen eine allzu sorglose grenzüberschreitenden Anerkennung spendensammelnder Organisationen aus.

In dem diesjährigen erweiterten Abschnitt der Länderberichte haben *Nils Krause* und *Mattias Grigoleit* »Aus Gesetzgebung, Rechtsprechung und Verwaltungsanweisungen zum Dritten Sektor im Jahr 2009 in Deutschland« wieder eine Auswahl der wichtigsten Entwicklungen in Deutschland getroffen. *Dominique Jakob* und *Laura Schweizer* haben den Länderbericht Schweiz zum Vereins- und Stiftungsrecht 2009 übernommen. Den Bericht über die Entwicklung des Vereins- und Stiftungsrechts im Jahr 2009 in Österreich erstellten *Susanne Kalss* und *Johannes Zollner*. In Zukunft sollen weitere Länderberichte folgen.

Für die umsichtige Redaktion haben die Herausgeber Frau *Kerstin Meyer*, für die sorgfältige Erstellung der Bibliographie zum Non-Profit-Recht Frau *Janne Seelig* sowie für die zügige Übersetzung einiger der Summaries Herrn *James Faulkner* herzlich zu danken.

Hamburg, im Mai 2010

Rainer Hüttemann, Peter Rawert,
Karsten Schmidt, Birgit Weitemeyer

Foreword

This edition of the Yearbook follows a central theme of the appropriacy of (public) benefit awards. The opening contribution is by *Jürgen Kaube* with his consideration of the widespread use and function of awards, prizes and honorary degrees. *Birgit Weitemeyer* examines the tax liability of monetary prizes and awards, advising on how to structure them in practice. *Wolfgang Stückemann* explains the criteria for levying monetary fines against non-profit organisations. He bases his comments on a comprehensive documentation of the underlying administrative regulations and transparency of such fines with reference to actual practice in the German federal states (Länder).

Ulrich Karpen adopts a Constitutional and European Law perspective in his paper on the function of the non-profit sector, particularly that of the churches, within the German welfare state. He examines the relation between national regulations on non-profit organisations in general, and the churches in particular, regarding the restrictions imposed by Community competion law, giving priority to the welfare state on the German model. The opposing stance is taken by *Jürgen Kühling* and *Ruben Pisal* in their investigation of relation non-profit organisations and state benefits and the tension between market liberalism and the European welfare model.

In this year's civil law section devoted to the organs of associations and foundations, *Gregor Roth* investigates the scope of legal protection for the foundation supervisory board afforded by the presentation of a certified power of representation. In a paper on the liability of organs of associations and foundations (with particular reference to the reformed Section 31a German Civil Code), *Arnd Arnold* examines this liability both internally and regarding third parties against a changed legislative background.

Dorothea Baur addresses inter-disciplinary issues in her investigation of corporate social responsibility in non-profit-organisations, examining the dual responsibility of NPOs with regard to society in general and the recipients of their services.

In the international section *Ineke A. Koele* poses the question significant throughout Europe of what influence national limitations have on internationally active altruists and NPOs, taking a critical view of an all-too-ready recognition of organisations seeking donations across national borders.

In this year's extended section on national reports, *Nils Krause* and *Mattias Grigoleit* have again recorded the most significant legislative, judicial and administrative developments in the German third sector in 2009. *Susanne Kalss* and *Johannes Zollner* have compiled the report on the development of the Austrian law of associations and foundations in 2009. *Dominique Jakob* and *Laura Schweizer* report on the development of swiss law of association and foundations in 2009. Further national reports are contemplated for the future.

Our thanks go to the editor *Kerstin Meyer* for her meticulous work on the text, to *Janne Seelig* for her care in compiling the bibliography on non-profit law, and to *James Faulkner*, who translated a number of the summaries as well as the foreword.

Hamburg, May 2010
Rainer Hüttemann, Peter Rawert,
Karsten Schmidt, Birgit Weitemeyer

Inhalt

Sonderthema: Über die gerechte Vergabe von Wohltaten

Verfassungsrecht/Europarecht

Zivilrecht

Steuerrecht

Interdisziplinäre Probleme

Internationales

Länderberichte

Dokumentation

Ausgezeichnet – Über Preisungen

JÜRGEN KAUBE

Jede Gesellschaft kennt Auszeichnungen ihrer Teilnehmer. In solchen Auszeichnungen treten zwei Motive zusammen. Einerseits gibt es das Bedürfnis, Leistungen anzuerkennen und festzuhalten, wer worin andere wodurch überragt. Das Urheberrecht beispielsweise sorgt dafür, dass dem bedeutenden oder jedenfalls nachgefragten Werk nicht nur Gotteslohn zuteil wird, die Literaturgeschichte nimmt es in den Kanon auf, die Literaturwissenschaft in ihre Seminare, die Schule in den Lehrplan. So ist es auch mit dem erfolgreichen Unternehmer, der neben der Auszeichnung durch Profite auf Berichterstattung in den Massenmedien rechnen kann, auf Bürgermeisterbesuche und auf Berücksichtigung seiner Interessen im Stadtrat. Nicht anders geht es dem Wissenschaftler, dem Reputation zuwächst, die er in Einladungen oder Drittmittel oder Nebentätigkeiten umtauschen kann, oder jedem Mitglied einer Organisation, die Aufstiegsmöglichkeiten kennt und sie an Leistungen aller Arten koppelt.

Die Funktion dieser Anerkennung von Leistungen ist eine doppelte: Sie bietet Anreize zu ihnen, und sie informiert alle anderen, an wen sie sich halten müssen, wenn sie wissen wollen, wo in einem Bereich – etwa der Kunst, der Forschung oder der Wirtschaft – die interessanten Handlungszentren zu finden sind. Reputation, das ist das Ergebnis sowohl der soziologischen wie der ökonomischen Literatur zum Thema, löst Informationsprobleme. Wer im Restaurant bestellt, wird zahlungspflichtig, bevor er die Ware auch nur gesehen, geschweige denn geprüft hat – also tritt Reputation ins Mittel und in letzter Ausformung die Vergabe von Kochmützen und Sternen durch Agenturen der Reputationskontrolle. Oder: Es gibt mehr Forschungsliteratur zu einem Thema als der einzelne Wissenschaftler jemals lesen könnte – also hält er sich an reputierte Autoren, Journale, Forschungsgruppen, Verlage. Dasselbe gilt für Symphoniekonzerte und Romane, Bewerber um Stellen, Anlagemöglichkeiten und Objekte am Kunstmarkt. Teils informiert Reputation von Personen, Herkünften oder Firmen, wie lohnend es sein mag, Geld, teils, wie lohnend es sein mag, Zeit oder Engagement zu investieren.[1]

Andererseits aber gibt es den Willen, jene Leistungen durch eine öffentliche Feststellung sichtbar zu machen, die über ihre Kenntnisnahme im Zusammenhang, in dem sie erbracht wurden, hinausgeht. Es gibt neben der Reputation als Kondensat von Leistung also auch eine gewissermaßen festliche Form der Reputationszuweisung. Sie gibt der Soziologie größere Rätsel auf. Denn auf den ersten Blick erscheint sie redundant. Der Politiker ist erfolgreich, was sich in Wiederwahl und Aufstieg zeigt – was hat es zu bedeuten, dass er für dieselben Anstrengungen auch noch einen Verdienstorden erhält? Der Schriftsteller hat Aufmerksamkeit und sogar Leser auf

---

1 Aus der umfangreichen Literatur statt Vieler: *Michael Spence*, »Signalling in Retrospect and the Informational Structure of Markets«, American Economic Review vol. 92, Nr. 3 (2002), 434-459.

sich gezogen – welche Mitteilung liegt darin, ihm zusätzlich den Büchner-Preis zu geben oder den Förderpreis Kultur der deutschen Industrie? Oder nehmen wir *Klaus Volkert*, ehemals verdient scheinender Betriebsratsvorsitzender der VW-AG, der erst später als Projektleiter der sogenannten »Betriebsratsprojekte« mit brasilianischer Beteiligung an gutem Ruf einbüßte. Davon konnte die Technische Universität Braunschweig nichts ahnen, aber wie kam sie dazu, ihn 2002 für »seinen persönlichen Beitrag« zur betrieblichen Zusammenarbeit »ebenso auszuzeichnen wie die Leistung der Betriebsräte des VW-Konzerns insgesamt«, wie es in der Begründung des Ehrendoktorats hieß? Nicht die Belobigung der Unwürdigen ist erklärungsbedürftig, sondern umgekehrt: Gerade wenn Auszeichnungen zu Recht verliehen werden, kann man sich fragen, weshalb? Gelder werden reserviert, Jurys gebildet, Konflikte vorprogrammiert, Stadthallen der Festakte halber belegt sowie Zeitungsseiten für Preisreden und Laudationes freigehalten, und das alles nur um der Öffentlichkeit mitzuteilen, was sie, sofern sie sich überhaupt für Wissenschaft, Literatur, Tanz, Musik oder Betriebsräte interessiert, ohnehin wissen dürfte? »Die Leistungen, die der Preis auszeichnet, sind unabhängig von ihm erbracht worden«, notiert der Soziologe *Rudolf Stichweh* zur Ablösung akademischer Preisfragen durch akademische Preisverleihungen.[2] Man ehrt die Besten oder die Vielversprechendsten, aber nicht für Beiträge in einem Wettbewerb um eben diesen Status.

Es handelt sich bei dieser rätselhaften Praktik im Übrigen längst nicht mehr um eine Randerscheinung oder etwas Sonntägliches. So wird vermutet, dass Verdienstorden der Bundesrepublik Deutschland seit ihrer Gründung an ungefähr 240.000 Personen verliehen worden sind. Die Zahl der Ehrendoktorate dürfte etwas geringer sein. Literaturpreise gibt es nach den allervorsichtigsten Zählungen hierzulande mehr als dreihundert, darunter neben dem »Bayrischen Poetentaler«, dem ver.di-Literaturpreis und der Joseph-Schlicht-Medaille des Landkreises Straubing die Preise der Städte Berlin, Bremen, Buxtehude, Dresden, Göttingen, Koblenz, Köln, Limburg, Mainz, Mannheim, Marburg, Minden, Moers, München, Oberhausen, Siegburg, Stuttgart und Zwickau, samt der Stadtschreiberstipendien der Städte und Stadtteile Bernburg (Saale), Bergen-Enkheim, Dresden, Erfurt, Halle (Saale), Mainz, Mannheim, Otterndorf, Ranis, Rheinsberg, Rottweil und Tübingen. Hinzu kommen der Sylter Inselschreiber, der Literaturpreis der Stadtsparkasse Düsseldorf und der Dorfschreiber von Eisenbach. In der Liste der Preise für Schriftsteller finden sich allerdings auch Ehrungen wie der »Balzac-Preis« der auch noch neun weitere Preise vergebenden Mainzer Akademie der Wissenschaften und Literatur, welcher nur ein einziges Mal vergeben wurde, 1952 an den Schriftsteller *Erwin M. Schneider*.[3]

Doch solche stillgelegten Belobigungszonen sind die Ausnahme. 484 Wissenschaftspreise kennt die lückenhafte Datenbank academics.de, 263 Journalistenpreise die Webseite journalistenpreise.de, ist damit aber ebenfalls längst nicht vollständig, was beispielsweise das Fehlen des »BoB« (Business of Beauty-Medienpreis-Friseur), des »Journalistenpreises Bahnhof« für den besten Bahnhofsartikel des Jahres und des Hans-Strothoff-Journalisten-Preis belegt, der, mit 50.000 Euro dotiert, den Stellen-

2 *Rudolf Stichweh*, »Von der Preisfrage zum Nobelpreis«, duz-Magazin 5/2009, 38-39.
3 Eine Google-Recherche vom 10. Januar 2010 ergab als weltweit einzigen Treffer für »*Erwin M. Schneider*« eben diese Mitteilung seiner Bepreisung durch die Mainzer Akademie im Jahr 1952.

wert des inhabergeführten europäischen Küchenfachhandels nachhaltig fördern soll.[4] Es gibt Preise für junge deutsche Ingenieurinnen, für versuchstierfreie Forschung, für hervorragende Promotionen und Habilitationen aus dem Fachgebiet des Christlichen Orients und der antiken Christengeschichte der östlichen Reichshälfte sowie für die Entstigmatisierung von Menschen mit psychischen Erkrankungen.

Man sieht, das Preiswesen nimmt einen erheblichen sozialen Raum ein. Das gilt mitunter auch für die Geehrten selber, denn Preise haben, wir kommen darauf zurück, eine Tendenz, auf Individuen zu kumulieren. Sollte der Ungleichheits- und Armutsforscher *Amartya Sen* beispielsweise auch nur jedes zweite seiner achtundachtzig Ehrendoktorate[5] – darunter solche aus Oxford, Yale, Harvard und Osnabrück –, dafür aber alle seiner sechsundzwanzig Wissenschaftspreise, vom »Frank E. Seidman Distinguished Award in Political Economy 1986« über den »Ayrton Senna Grand Prix of Journalism 2002« und den Nobelpreis 1998 bis zum »Meister Eckhart Preis 2007« persönlich entgegengenommen haben, dürfte er, die vielen Übergabeorte fern seines Lebensmittelpunktes in Rechung gestellt, dermaleinst am Ende seines Lebens ein knappes Jahr mit Preisabholung beschäftigt gewesen sein. Dabei sind die Laudationes, die er bei der Verleihung von Preisen an Kollegen gehalten hat, noch gar nicht mit einberechnet.

Das führt zur Frage, wer Preise bekommt? Mangels einer entwickelten Preistheorie sind wir hier auf Hypothesen und anekdotische Evidenz angewiesen. Zunächst: Aus der alljährlichen Diskussion über die Literaturnobelpreise ist bekannt, dass *Philip Roth* ihn nicht bekommt, *John Updike* ihn nicht bekommen hat und *Graham Greene* auch nicht, eventuell, heißt es, weil er mit einer Schauspielerin geschlafen hat, mit der ein äußerst langjähriges Mitglied des Komitees gern geschlafen hätte, oder weil er zu katholisch war oder zu skeptisch oder zu unterhaltsam. Man kann aber auch Schriftsteller nennen, die aus ganz verschiedenen Gründen nicht einmal in die Nähe solcher Ablehnungsmotive gekommen sind, wie *Marcel Proust*, *Vladimir Nabokov* und *Jorge Luis Borges*, und die trotzdem als evident verehrungswürdige Erscheinungen der Literatur gegenüber allenfalls mittleren Phänomenen ihrer jeweiligen Zeit wie *Wladyslaw Reymont*, *Michail Scholochow* und *Harry Martinson* den Nachteil hatten.

Die Aufzählung genügt zur Einsicht, dass die Preise ihrer Zeit nicht voraus sind und mitunter nicht einmal auf ihrem Kenntnisstand. Die Vergabe von Preisen folgt lokalen Gesichtspunkten, genauer: dem, was lokal – etwa einer Kommission – vertretbar erscheint. Man will sich sehen lassen können mit der Entscheidung. Da die meisten Preise nicht aufgrund von Eigenbewerbungen vergeben werden, entfällt häufig die praktische Begründung, bessere Einsendungen habe es eben nicht gegeben. Also liegt die Legitimitätsfrage ganz bei den Jurys, die noch dazu oft mit Leuten besetzt sind, die entweder überlastete Biographien haben, also nicht zum Lesen kommen, oder sowieso nicht vorzugsweise lesen (Oberbürgermeister, Museumsdirektoren i.R., Fernsehpersonal etc.). Und also kann es leicht passieren, dass der Jury gar nicht im

---

4 Vgl. *Florian Felix Weyh*: »Reich das mal ein!« Journalistenpreise, Rundfunkmanuskript, SWR 6/2008, unter: http://www.weyhsheiten.de/1_schreibt/schreibt_features.htm, eingesehen Februar 2010.

5 Rekordhalter ist, dem Guiness Buch der Rekorde zufolge, der Theologe und langjährige Präsident der University of Notre Dame (Indiana) *Theodore Hesburgh* mit etwa 150 Honorardoktortiteln.

Detail bekannt ist, über wen sie entscheidet. Preise erscheinen ganz wichtig, aber so wichtig nimmt man sie nun auch wieder nicht, sondern beschließt über ihre Vergabe notgedrungen nebenbei. Der Tumult um den Heinrich-Heine-Preis der Stadt Düsseldorf im Jahr 2006 etwa entstand vor allem dadurch, dass die Insassen des Preisgerichts unter Leseschwächen oder Terminproblemen litten, die es ihnen nicht erlaubten, schon in den Sitzungen festzustellen, dass *Peter Handke*, der vorgesehene Preisträger, seit langem und an prominenten Orten exquisit freundliche Positionen gegenüber dem politischen Serbien publiziert hatte. Man sollte nicht annehmen, dass die Preisrichter nennen, worüber sie befinden. Sie urteilen im Durchschnitt wohl eher aufgrund sekundärer Informationen, was aber dazu passt, dass ihre Entscheidungen nicht in der Sache richtig sein müssen – denn was wäre das auch? –, sondern nur vertretbar.

Und weil die Gesichtspunkte des Sich-sehen-lassen-könnens unbestimmt sind, kann man beispielsweise auch Friedenspreise an Leute vergeben, die gar nichts Nachweisbares für den Frieden getan haben (*Wolf Lepenies, Anselm Kiefer*), was ja ohnehin nicht leicht festzustellen wäre und auch gar keinen Vorwurf darstellt, nur eben eine Inkongruenz zu den Selbstbeschreibungen im Auszeichungssystem. Die Vergabe ist möglich, sofern sie nur als Preisträger überhaupt akzeptabel erscheinen. Auszeichnung erfolgt also nicht im System des Leistungsbereichs, auf den sie sich bezieht, sondern orientiert sich ganz an der Präsentierbarkeit des Preisträgers vor der Öffentlichkeit. Das erklärt bei den öffentlich besonders sichtbaren Preisen die Präferenz für einerseits ganz junge und andererseits ganz eingeführte Preisträger, weil das Lob der Jugend (bemerkenswert, Durchbruch, Stimme einer Generation, so noch nie gehört) wie des Alters (unabhängig von den Zeitläufen, Altmeister, der wie niemand über Jahrzehnte hinweg) zu den vertretbaren kulturellen Gemeinplätzen gehört. Mitunter wird das Lob des Neuen ausdifferenziert, in Gestalt von Förder- und Nachwuchspreisen. Alterspreise und Belobigungen für Durchgehaltenhaben sind demgegenüber seltener und werden, wie etwa beim Lebenswerk-Oscar, leicht als gönnerhaft und Verlegenheitslösung wahrgenommen.

Gelobt werden kann jedenfalls besonders gut, was entweder ganz unbekannt oder was sattsam bekannt ist. Ausgezeichnet werden kann insofern vor allem, wer als Überraschung präsentiert zu werden vermag, oder wer schon mehrfach ausgezeichnet wurde. Vor allem wenn es mehr Preise als beispielsweise Schriftsteller gibt, steigt die Wahrscheinlichkeit stark, dass es mehrfach und immer wieder dieselben ereilt, weil jedes Preiskomitee sich fragen muss, ob es sich wirklich leisten kann, *Kehlmann, Habermas, Enzensberger* oder *Handke* nicht auszuzeichnen. Eine naheliegende Erklärung für die Vergabe von Auszeichnungen wäre darum, dass sie gar nicht die Ausgezeichneten auszeichnen, sondern die Auszeichnenden. Es geht um Aufmerksamkeit für Städte und Länder sowie ihre Repräsentanten, um Firmen und Verbände, Akademien und Universitäten, um die Stifter also, denen durch Preise Auftritte und Meldungen verschafft werden. Und es geht um die Kritiker, die in den Preiskomitees sitzen, um Laudatoren, die sich durch ihre Lobreden über den Ausgezeichneten selbst ausgezeichnet sehen dürfen: *Nenn' ich ihn Goethe, nennt ihr mich Schlegel.* Das Hintergrundwissen der Kritik ist ja, dass von 10.000 Romantiteln es nur fünf ins Gedächtnis des nächsten Jahrzehnts und nur zwei in das des nächsten Jahrhunderts schaffen werden. Dasselbe gilt für wissenschaftliche Werke, Friedenstaten oder Bilder, von journalistischen Texten ganz zu schweigen. Aber irgendwie wird das moderne Bewusstsein damit nicht fertig, sondern besteht darauf, auch heute hochfrequent Höchstlob auszusprechen, so als erweise sich die Lebendigkeit der Kultur darin, allwöchentlich mehrere Leistungsträger vorweisen zu können. Es handelt sich im Grunde also bei den Preisen und Auszeichnungen um die Form, in der die Gegenwartskultur ihr Eigenlob organisiert.

Die Steuerpflicht von Preisgeldern und Auszeichnungen

BIRGIT WEITEMEYER

I. Einleitung

Ein probates Mittel gemeinnütziger Organisationen, staatlicher Stellen, privater Verbände und wirtschaftlich tätiger Unternehmen im Rahmen ihrer Corporate Social Responsibility Fördermittel zu vergeben, ist die öffentliche Auszeichnung einer Person, einer Institution oder eines Projekts, oftmals verbunden mit der Auszahlung eines Preisgeldes. Eingebunden in eine öffentliche Ausschreibung und publikumswirksame Verleihung des Preises dient dieses Verfahren den von *Jürgen Kaube* identifizierten Zwecken, die mit der Auslobung von Auszeichnungen verfolgt werden: Die Ausgezeichneten und ihre Mitbewerber werden zu dem erwünschten Verhalten motiviert, das Informationsdefizit der Öffentlichkeit über die Qualität komplexer Leistungen wird verringert und dem Stifter des Preises ist die Aufmerksamkeit der Allgemeinheit sicher.[1]

Die ausgelobten Preise sind so vielfältig wie die Förderziele der Stifter. Mit dem Programm »Offensive Zukunft Bayern« zeichnet der Freistaat Bayern künftige Meister in gewerblichen und kaufmännischen Berufen aus und vergibt eine Prämie von 3.000 €.[2] Wirtschaftsförderungseinrichtungen vergeben Preisgelder an Existenzgründer.[3] Die Hochschulen in Nordrhein-Westfalen können aus dem Aufkommen der Studienbeiträge Preise für die herausragende Qualität der Hochschullehre und der Studienbetreuung ausloben.[4] Der Bundesverband Deutscher Stiftungen vergibt den Kommunikationspreis KOMPASS für gelungene Öffentlichkeitsarbeit von Stiftungen[5] und die Wirtschaftsprüfungsgesellschaft PWC den Transparenzpreis für transpa-

---

1 *Kaube*, Ausgezeichnet – Über Preisungen, in: Hüttemann/Rawert/Schmidt/Weitemeyer (Hrsg.), Non Profit Law Yearbook 2009 (in diesem Band), S. 1 ff.
2 Schreiben betr. Meisterpreis der Bayerischen Staatsregierung, Steuerliche Behandlung der mit dem Meisterpreis verbundenen Prämie vom 26.5.1998, FM Bayern 31b – S 2120 O – 7 228.
3 Kurzinformation betr. umsatzsteuerliche Behandlung von Preisgeldern im Rahmen von Gründungswettbewerben, OFD Münster vom 10.1.2008, UR 2008, 238.
4 § 10 des Studienbeitrags- und Hochschulabgabengesetzes Nordrhein-Westfalen, GV.NRW. 2006, 119.
5 Quelle: www.stiftungen.org.de.

rente Geschäftsberichte Spenden sammelnder Organisationen.[6] Der Zentralverband Sanitär Heizung Klima hat in Kooperation mit dem Bund Deutscher Architekten am 20.11.2009 den mit 10.000 € dotierten Europäischen Architekturpreis »Energie + Architektur« vergeben.[7] Das Magazin »HÄUSER« sucht das »Haus des Jahres 2011« und zeichnet Architekten und Bauherren aus.[8] Die RWE AG vergibt an die energieeffizienteste gewerblich oder öffentlich genutzte Immobilie den »Prom des Jahres«[9] und die Deutsche Gesellschaft für Schmerztherapie den vom Unternehmen Mundipharma gestifteten Deutschen Schmerzpreis an die Deutsche Schmerzliga e.V.[10]

Höchst unterschiedlich werden die Preisgelder auch im Steuerrecht behandelt. Der Beitrag gibt einen Überblick über die aktuelle Rechtslage und bietet Fördereinrichtungen Orientierung bei der konkreten Gestaltung ihrer Ausschreibung.

II. Einkommensteuer

Die Besonderheit der Preisgelder besteht darin, dass sie keine Gegenleistung für eine bestimmte vereinbarte Leistung des Ausgezeichneten sind, sondern diesem unentgeltlich, eben als Auszeichnung oder Belohnung zufließen. Das hindert ihre Einordnung als steuerbare Einkünfte im Rahmen der Ertragsbesteuerung jedoch im Grundsatz nicht. Die Zurechnung zu einer der abschließenden Einkunftsarten des EStG (§ 2 EStG) richtet sich nach anderen Kriterien, die bei dem Bestehen einer schuldrechtlichen Leistungsbeziehung zwar häufig erfüllt sein werden, aber nicht notwendig eine solche erfordern. Die Einordnung im Detail bemisst sich danach, welcher Einkunftsart die Preisgelder zuzuordnen sind.

1. Einkünfte aus Gewerbebetrieb, § 15 EStG

Preisgelder sind den Einkünften aus Gewerbebetrieb nach § 15 Abs. 1 S. 1 Nr. 1 EStG zuzuordnen, wenn sie im Rahmen der betrieblichen Gewinnermittlung nach §§ 4 Abs. 1, 5 Abs. 1 EStG oder nach § 4 Abs. 3 EStG bei der vereinfachten Einnahmeüberschussrechnung als Betriebseinnahmen anzusehen sind und das Betriebsvermögen erhöhen. Eine besondere steuerliche Bestimmung des Begriffs der »Betriebseinnahmen« existiert nicht. Die Rechtsprechung greift aber zur Definition auf den spiegelbildlichen Begriff der »Betriebsausgaben« in § 4 Abs. 4 EStG und aus Gründen der Gleichbehandlung der Bezieher verschiedener Einkünfte auf die Legaldefinition der Einnahmen bei den Überschusseinkünften in § 8 Abs. 1 EStG zurück.

---

6 Quelle: www.presseportal.de.
7 Quelle: http://www.baulinks.de/webplugin/2009/1frame.htm?1992.php4.
8 Quelle: http://www.schoener-wohnen.de/bauen/haeuser-awards/82146-haeuser-award-2011-15-000-euro-fuer-die.html.
9 Quelle: www.prom-des-jahres.de/preistraeger.html.
10 Quelle: www.schmerzliga.de.

Betriebseinnahmen sind danach alle Zugänge von Wirtschaftsgütern in Form von Geld oder Geldeswert, die durch den Betrieb veranlasst sind.[11]

Entscheidend für die betriebliche Veranlassung ist nicht, dass der Gewerbetreibende die Einnahme final erzielen wollte, sondern dass sie im Rahmen einer wertenden Betrachtungsweise durch den Gewerbebetrieb verursacht worden ist. Eine solche betriebliche Veranlassung wird angenommen, wenn ein objektiver wirtschaftlicher oder tatsächlicher Zusammenhang mit dem Betrieb besteht. Bei einem Entgelt für typische betriebliche Leistungen wird dies immer der Fall sein. Aber auch mit dem Betrieb verbundene unentgeltliche Leistungen können in dieser Weise betrieblich veranlasst sein. Die Rechtsprechung hat dies etwa bei Zahngold angenommen, das einem Zahnarzt unentgeltlich von seinen Patienten überlassen worden ist[12] oder bei einer Erbschaft, die ein Altenheim von einer verstorbenen Patientin erhalten hatte[13] ebenso wie bei der Grundstücksschenkung einer Gemeinde an einen Landarzt, damit dieser sich in der Gegend als Arzt niederlässt.[14] Das Gleiche gilt für so genannte Incentive-Reisen, mit denen selbstständige Vertriebsmitarbeiter wie Handelsvertreter bei Erreichen bestimmter Umsatzziele belohnt werden.[15]

Die Begründung für diesen kausalen Ansatz ist darin zu sehen, dass hierdurch die an der Leistungsfähigkeit ausgerichtete Gleichbehandlung des Steuerpflichtigen als Gebot aus Art. 3 Abs. 1 GG gewährleistet wird. Ob eine durch den Betrieb eines Gewerbes[16] erzielte Einnahme auf einem schuldrechtlichen gegenseitigen Vertrag beruht, die Einnahme also final angestrebt wird, oder der Betrieb dem Steuerpflichtigen die Gelegenheit zur Erzielung der Einnahme eröffnet, ist für die Beurteilung der wirtschaftlichen Leistungsfähigkeit unerheblich. Zudem beugt diese Sichtweise Umgehungsgeschäften vor, mit denen sonst entgeltliche Leistungen steuerwirksam in unentgeltliche Aufmerksamkeiten umgemünzt werden könnten. Aus diesem Grund enthält § 8 Abs. 1 bis 3 EStG ausdrückliche Regelungen über Sachbezüge, da diese insbesondere bei Einkünften aus nichtselbständiger Arbeit häufiger als bei den Gewinneinkunftsarten gewährt werden.

Unerheblich ist es auch, ob die betriebliche Zuwendung mit einem Zufallsmoment verbunden worden ist. So schaffen Unternehmen für ihre Subunternehmen im Vertrieb, seien es Handelsvertreter oder Vertragshändler, Anreize häufig nicht nur durch direkte Zuwendungen in Form von Prämien oder Boni, sondern auch durch die Einräumung von Gewinnchancen durch die Teilnahme an unternehmenseigenen Verlosungen. Da es nicht auf eine finale Sichtweise ankommt, ist dieses Zufallsmoment unerheblich, soweit nur der betriebliche Zusammenhang gewahrt wird. Dies hat der BFH bei der Verlosung eines »Traumhauses« im Wert von 500.000 € an eine Handelsvertreterin für Kosmetikwaren angenommen, weil ausschließlich die selbständigen Vertriebsmitarbeiter teilnahmeberechtigt waren und die Lose unentgeltlich er-

---

11 BFH, Urteil vom 21.11.1963 – IV 345/61 S, BStBl. III 1964, 183; Urteil vom 9.5.1985 – IV R 184/82, BStBl. II 1985, 427; Urteil vom 22.7.1988 – III R 175/85, BStBl. II 1988, 995.

12 BFH, Urteil vom 17.4.1986 – IV R 115/84, BStBl. II 1986, 607.

13 BFH, Urteil vom 14.3.2006 – VIII R 60/03, BStBl. II 2006, 650.

14 FG Baden-Württemberg, Urteil vom 14.4.2003 – 13 K 203/39, EFG 2003, 1223.

15 BFH, Urteil vom 6.10.2004 – X R 36/03, BFH/NV 2005, 682; FG München, Urteil vom 30.9.2004 – 15 K 1539/02, Quelle: Juris.

16 Entsprechendes gilt für die anderen Einkunftsarten, s.u. S. 12 ff.

hielten.[17] Mit Urteil vom selben Tag hat der Senat einen solchen Zusammenhang hingegen ausgeschlossen, wenn selbständige Vertriebsmitarbeiter einer Bausparkasse Lose erhalten, die sie durch Verrechnung mit ihren Provisionsansprüchen bezahlten. In diesem Fall sei der Erwerb der Lose bereits Teil der Verwendung der steuerpflichtigen Einkünfte, so dass auch die Realisierung der Gewinnchance in der Privatsphäre eintrete und nicht betrieblich veranlasst sei.[18]

Da die letzte Entscheidung nicht im Bundessteuerblatt veröffentlich ist, kann davon ausgegangen werden, dass die Finanzverwaltung diese Sichtweise nicht ohne Weiteres nachvollziehen wird. Dies ist verständlich, bietet diese Differenzierung doch Möglichkeiten der Steuergestaltung, die nicht durch unterschiedliche wirtschaftliche Tatbestände gerechtfertigt sind. So erhielt der Bezirksleiter der Bausparkasse für jeden vermittelten Bausparvertrag ein Los, das er mit damals 1 DM bezahlte; insgesamt in einem Quartal 150 Lose zu 150 DM. Aus 239.406 Losen zog der Steuerpflichtige den Hauptgewinn, einen BMW Z3 Roadster zum Gegenwert von 51.000 DM. Dass die Bezahlung der Lose zu einem angesichts der Gewinnchance von 1 zu 1.600 relativ geringen Preis von 1 DM, bei dem gesamten Lospaket von 150 Losen mit einer Gewinnchance von etwa 1 zu 10 den betrieblichen Zusammenhang lösen soll, ist nicht nachvollziehbar. Konsequenz für die Praxis wird es sein, die durch solche Gewinnspiele ausgelösten Incentives auf eine freiwillige Teilnahme gegen ein geringes Entgelt umzustellen. Vielmehr eröffnete allein der Zusammenhang mit dem Bausparkassenvertrieb die Chance der Teilnahme an der Lotterie und führt daher zu steuerpflichtigen Einnahmen.[19] So sieht es der BFH auch bei entsprechenden Gestaltungen im Rahmen der Einkünfte aus nichtselbständiger Arbeit. Ausreichend sei, dass das Gewinnspiel ausschließlich Mitarbeitern offen stehe.[20] Das in der Verlosung liegende Zufallsmoment unterbreche unabhängig von der Wahrscheinlichkeit des Gewinns den betrieblichen Zusammenhang nicht.[21] Zugeflossen ist die Einnahme dann in Form des Gewinns, nicht schon bei Erhalt des Loses in Höhe des Gegenwertes der Gewinnchance.[22]

Aus der Fallgruppe der Verlosung lässt sich jedenfalls entnehmen, dass ein gewisses Zufallsmoment, das vielen Preisverleihungen innewohnt, auch wenn sie besondere Leistungen auszeichnen, den Veranlassungszusammenhang und damit die Steuer-

---

17 BFH, Urteil vom 2.9.2008 – X R 25/07, BFHE 223, 35.

18 BFH, Urteil vom 2.9.2008 – X R 8/06, BFHE 223, 31. Das Vorliegen sonstiger Einkünfte aus § 22 Nr. 3 EStG wurde ebenfalls abgelehnt.

19 Ebenso *Förster*, Betriebliche Verlosungen – mit dem Fiskus als Teilhaber?, DStR 2009, 249, 250 f.

20 BFH, Urteil vom 25.11.1993 – VI R 45/93, BStBl. II 1994, 254; vgl. auch FG Münster, Urteil vom 26.3.2002, DStRE 2005, 320, rkr.

21 BFH, Urteil vom 25.11.1993 – VI R 45/93, BStBl. II 1994, 254; *Fein*, Der Auslosungsgewinn einer betrieblichen Verlosung, BB 1979, 367, 369; a.A. noch BFH, Urteil vom 19.7.1974 – VI R 114/71, BStBl. II 1975, 181; Urteil vom 15.12.1977 – VI R 159/75, BStBl. II 1978, 239.

22 BFH, Urteil vom 25.11.1993 – VI R 45/93, BStBl. II 1994, 254; Herrmann/Heuer/Raupach/*Pflüger*, Einkommensteuer- und Körperschaftsteuergesetz mit Nebengesetzen, Kommentar, Stand September 2009, § 19 EStG Anm. 600 »Lose«; Blümich/*Thürmer*, Einkommensteuergesetz, Stand September 2009, § 19 Rn. 280 »Losgewinne«; Kirchhof/Söhn/*Giloy*, 7. Aufl. 2007, Einkommensteuergesetz, § 19 Rn. B 1000 »Losgewinne«.

pflicht nicht ausschließen.[23] In den im vorliegenden Zusammenhang interessierenden Fällen besteht die weitere Besonderheit, dass die mit einem Preisgeld versehene Auszeichnung für eine persönliche Leistung des Geehrten vergeben wird, bei der man sich die Frage stellen mag, ob die Ehrung nicht doch den privaten Bereich betrifft. Ausgezeichnet wird in der Regel nicht das Unternehmen, sondern der Unternehmensgründer für eine persönliche Leistung wie eine gute Meisterprüfung, der erfolgreiche Existenzgründer für eine innovative Idee oder der besonders erfolgreiche oder soziale Unternehmer für sein Engagement. Die Praxis in Rechtsprechung, Finanzverwaltung und Literatur differenziert übereinstimmend danach, ob die Auszeichnung für eine mit dem Betrieb noch verbundene Tätigkeit oder Leistung verliehen wird oder für die Persönlichkeit des Steuerpflichtigen, eine bestimmte persönliche Haltung[24] oder sein Lebenswerk.[25] Aus diesem Grund sind der Nobelpreis[26] oder der Theodor-Wolff-Preis für kritische und vorbildhafte Journalisten[27] nicht steuerbare private Einnahmen. Betriebliche Einnahmen liegen hingegen vor, wenn eine konkrete Tätigkeit des Gewerbetreibenden im Rahmen seines Gewerbebetriebs ausgezeichnet wird, etwa durch den »Keramikpreis des Westerwaldes«[28] oder den Preis des Landesgewerbeamts für Kunsthandwerk,[29] oder wenn der Preis von vornherein dem Unternehmen verliehen wird, etwa für Familienfreundlichkeit, gute Ausbildung oder Umweltfreundlichkeit.

Nicht eindeutig der einen oder anderen Fallgruppe zuordnen lassen sich Auszeichnungen für innovative Existenzgründungen oder für ausgezeichnete Ergebnisse in berufsqualifizierenden Prüfungen. Der BFH sah das Preisgeld für eine Meisterprüfung als gewerblich veranlasst an, da es nach den Förderungsrichtlinien mit der Aufnahme einer selbständigen gewerblichen Tätigkeit und der Eintragung in die Handwerksrolle verbunden worden war.[30] Das FG Münster beurteilte einen Zuschuss in Höhe von 15.000 € an einen Existenzgründer als steuerpflichtiges Leistungsentgelt im Sinne von § 1 Abs. 1 Nr. 1 UStG, da die Auszahlung des Preisgeldes an eine Gegenleistung des Existenzgründers anknüpfe und einen Leistungsaustausch voraussetze.[31] Schließt man sich dieser Sichtweise an, würde dies für die Ertragsbesteuerung bedeuten, dass die Leistungsbeziehung eng mit dem zu gründenden Betrieb zusammenhängt und der Zuschuss zu Betriebseinnahmen führt. Anders sieht dies die Finanz-

---

23 FG Rheinland-Pfalz vom 19.7.1995 – 1 K 2199/93, EFG 1996, 52 zum Sieg bei weiteren Schönheitswettbewerben einer Schönheitskönigin.

24 BFH, Urteil vom 23.4.2009 – VI R 39/08, BStBl. II 2009, 668 zu § 19 EStG.

25 Eine Auszeichnung für das Lebenswerk kann in Branchen, in denen es auf Jugendlichkeit ankommt, auch schon an jüngere Preisträger vergeben werden, etwa die Verleihung des Ehrenpreises bei den BRITAwards am 16.2.2010 an den 36 Jahre alten Robbie Williams (www.tagesschau.de/kultur/britawards100.html) oder an Sportler des Jahres.

26 BMF-Schreiben vom 26. Februar 1996 – IV B 1 – S 2121 – 10/96; BMF-Schreiben vom 11. Juni 1996 – IV B 1 – S 2121 – 22/96; Sitzung ESt IV/96 – TOP 3, BStBl. I 1996, 1150.

27 BFH, Urteil vom 9.5.1985 – IV R 184/82, BStBl. II 1985, 427.

28 FG Rheinland-Pfalz, Urteil vom 25.5.1983 – 1 K 22/83, Quelle Juris.

29 BFH, Urteil vom 1.10.1964 – IV 183/62 U, BStBl. III 1964, 629.

30 BFH, Urteil vom 14.3.1989 – I R 83/85, BStBl. II 1989, 650.

31 FG Münster, Urteil vom 12.6.2007 – 15 K 6229/04, Quelle: Juris.

verwaltung,[32] was sich dadurch erklären mag, dass in beiden Fällen die öffentliche Hand des Landes Stifter des Preises war, während die Ertrags- und die Umsatzsteuer nur zur Hälfte dem Land zufließen, Art. 106 Abs. 3 GG. Offenbar hat die Bayerische Staatsregierung auch die Vergaberichtlinien anders gestaltet, als es in dem durch den BFH im Jahre 1989 entschiedenen Fall gehandhabt worden war. Nach den Förder-richtlinien, wie sie in dem Schreiben des Finanzministeriums vom 26.5.1998 be-schrieben werden, ist die Aufnahme einer handwerklichen Tätigkeit durch den Meis-ter nicht mehr notwendig.

2. Einkünfte aus selbständiger Arbeit, § 18 EStG

Die Einordnung von Preisen und Auszeichnungen im Rahmen der Einkünfte aus selbständiger Arbeit nach § 18 EStG erfolgt grundsätzlich nach den gleichen Krite-rien wie bei den Einkünften aus Gewerbebetrieb. »Betriebs«-Einnahmen sind auch bei der selbständigen Tätigkeit alle Zugänge von Wirtschaftsgütern in Form von Geld oder Geldeswert, die durch die selbständige oder freiberufliche Tätigkeit nach objek-tiven Verhältnissen veranlasst sind.[33]

Entscheidend ist es auch hier, ob die Auszeichnung im Zusammenhang mit der selbständigen Tätigkeit verliehen wird oder die Persönlichkeit des Steuerpflichtigen, seine persönlichen Haltung[34] oder sein Lebenswerk[35] ehren soll. Nach diesen Maß-stäben hat die Rechtsprechung die Verleihung des Bayerischen Filmpreises an einen Regisseur im Rahmen seiner freiberuflichen künstlerischen Tätigkeit[36] oder von Ar-chitekturpreisen als Betriebseinnahmen beurteilt.[37] Gerade bei den Filmpreisen wird die Abgrenzung zwischen der beruflichen und der privaten Sphäre deutlich. Soweit der Preis für einen einzelnen Film und nicht für das gesamte künstlerische Werk ver-geben wird, handelt es sich um Einnahmen im Zusammenhang mit der freiberuf-lichen künstlerischen Tätigkeit, zumal die öffentliche Filmförderung durch Preise in Deutschland letztlich ein Instrument der Finanzierung kostenaufwendiger Werke des Filmnachwuchses darstellt.[38]

---

32 Schreiben betr. Meisterpreis der Bayerischen Staatsregierung, Steuerliche Behandlung der mit dem Meisterpreis verbundenen Prämie vom 26.5.1998, FM Bayern 31b – S 2120 O – 7 228; Kurzinformation betr. umsatzsteuerliche Behandlung von Preisgeldern im Rahmen von Gründungswettbewerben, OFD Münster vom 10.1.2008, UR 2008, 238; vgl. auch Er-lass des Hess. Finanzministers vom 11.11.2002 – S 2120 A – 98 – II B 1a zum »Deutschen Zukunftspreis für Technik und Innovation«.

33 BFH, Urteil vom 9.5.1985 – IV R 184/82, BStBl. II 1985, 427; Urteil vom 22.7.1988 – III R 175/85, BStBl. II 1988, 995.

34 Zum bereits erwähnten Theodor-Wolff-Preis für kritischen Journalismus s. Fn. 27.

35 S. Fn. 25.

36 FG Berlin, Urteil vom 14.8.1984 – V 290/83, EFG 1985, 335.

37 BFH, Urteil vom 16.1.1975 – IV R 75/74, BStBl. II 1995, 558; FG Münster, Urteil vom 16.9.2009 – 10 K 4647/07, F StE 2009, 757. Soweit die Preise hälftig an die privaten Bauher-ren gezahlt werden, besteht ein beruflicher Zusammenhang natürlich nicht.

38 Vgl. i.E. BMF v. 5. 9. 1996, BStBl. I 1996, 1150, dessen Nr. 4 (Filmpreise für künstlerische Einzelleistungen) inzwischen aufgehoben wurde, s. BMF v. 23. 12.2002, BStBl. I 2003, 76.

Das Bestehen eines steuerbaren Betriebs wurde bereits angenommen, wenn frisch gebackene Diplom-Ingenieure der Fachrichtung Architektur, die noch nicht in die Architektenliste eingetragen sind, an öffentlich ausgeschriebenen Ideenwettbewerben auf dem Gebiet des Städtebaus teilnehmen und diese gewinnen.[39] Bereits die konsequente und nachhaltige Teilnahme an Architektenwettbewerben qualifiziere die Tätigkeit zu einem dem Architektenberuf ähnlichen Beruf im Sinne des § 18 EStG. Keine betrieblichen Einkünfte liegen hingegen vor, wenn Laien oder Studierende an Wettbewerben teilnehmen.[40] Ein Beispiel ist der Wettbewerb »ImpACT3« der Vodafone Stiftung und der Jacobs University für Projekte auf dem Gebiet des Social Entrepreneurship.[41]

3. Einkünfte aus nichtselbständiger Arbeit, § 19 EStG

Zu den Einnahmen aus nichtselbständiger Arbeit gehören nach § 19 Abs. 1 Nr. 1 EStG Löhne, Gehälter, Gratifikationen und andere Bezüge und Vorteile, die für eine Beschäftigung im öffentlichen oder privaten Dienst bezahlt werden. Auch im Rahmen dieser Einkunftsart werden aus Gründen der Gleichbehandlung der Einkunftsarten die Vorteile »für« eine Beschäftigung gezahlt, wenn sie durch das individuelle Dienstverhältnis des Arbeitnehmers veranlasst sind.[42] Das wird angenommen, wenn der Vorteil nur mit Rücksicht auf das Dienstverhältnis eingeräumt wird[43] und wenn die Einnahme als Ertrag der nichtselbständigen Arbeit anzusehen ist, also wenn sich die Leistung des Arbeitgebers im weitesten Sinne als Gegenleistung für das Zurverfügungstellen der individuellen Arbeitskraft des Arbeitnehmers erweist.[44] Es ist mithin aus Gründen der Gleichbehandlung der verschiedenen Einkunftsarten auch bei Einkünften aus unselbständiger Arbeit ein wertender Zusammenhang zwischen der Leistung des Steuerpflichtigen und der ihm zukommenden Zuwendung erforderlich.[45]

---

39 BFH, Urteil vom 16.1.1975 – IV R 75/74, BStBl. II 1995, 558.
40 Ebenso *Wübbelsmann*, Preisgelder im Anwendungsbereich des § 18 EStG, DStR 2009, 1744, 1745.
41 Quelle: www.jacobs-university.de/news.
42 BFH, Urteil vom 11.3.1988 – VI R 106/84, BStBl. II 1988, 726 m.w.N.; Urteil vom 29.10.1993 – VI R 4/87, BStBl II 94, 194.
43 BFH, Urteil vom 10.6.1983 – VI R 176/80, BStBl. II 1983, 642.
44 BFH, Urteil vom 11.3.1988 – VI R 106/84, BStBl. II 1988, 726 m.w.N.; Urteil vom 6.3.1995 – VI R 63/94, BStBl. II 1995, 471 m.w.N.; h.M. auch im Schrifttum, z.B. Herrmann/Heuer/Raupach/*Pflüger*, § 19 Rn. 154; Schmidt/*Drenseck*, EStG, 28. Aufl. 2009, § 19 Rn. 24 m.w.N.; teilw. a.A.: *Crezelius,* Leistungen an und durch Dritte im Lohnsteuerrecht, DStJG 9 [1986] S. 85 ff.: auch arbeitsrechtl. Entgeltbegriff heranzuziehen; Kirchhof/Söhn/Mellinghoff/*Breinersdorfer*, Stand September 2006, § 19 Rz. B 323 f.; *Strohner*, Einkünfte aus nichtselbständiger Arbeit und Arbeitgeberhaftung, in: Seer (Hrsg.), Bochumer Lohnsteuertag, S. 132 f. m.w.N.: Vorteile aus Anlass einer konkreten Dienstleistung, auf die der Arbeitgeber entscheidenden Einfluss hat.
45 Vgl. Hermann/Heuer/Raupach/*Birk/Kister*, EStG/KStG, Stand Oktober 2006, § 8 Anm. 44 m.w.N.

Aus diesem Grund ist es unerheblich, ob ein Rechtsanspruch auf das Entgelt besteht, so dass auch Trinkgelder im Grundsatz steuerbar sind.[46]

a) Zahlungen durch den Arbeitgeber

Nach diesen Grundsätzen sind Prämien, die ein Arbeitgeber für besondere Leistungen oder einen Ideenwettbewerb zahlt, Arbeitslohn.[47] Das Gleiche gilt für einen aus den Studiengebühren finanzierten Preis für gute Hochschullehre, vergeben durch den Dienstherrn des Hochschullehrers. Ebenso wie bei selbständig Tätigen zählen zu den steuerbaren Einnahmen auch Gewinne aus einer Auslosung durch den Arbeitgeber, an dem alle Arbeitnehmer teilnehmen, die bestimmte Leistungen erbracht haben, etwa Verbesserungsvorschläge entwickelt haben.[48]

b) Zahlung durch Dritte

Fraglich ist der Veranlassungszusammenhang, wenn Preisgelder für eine berufliche Tätigkeit von dritter Seite vergeben werden, wenn also etwa der Hochschullehrer einen von dritter Seite ausgelobten Lehrpreis erhält. Auch der Annahme von Arbeitslohn steht im Grundsatz nicht entgegen, dass er nicht durch den Arbeitgeber, sondern von Dritten gezahlt wurde, sofern er nur Entgelt »für« eine Leistung ist, die der Arbeitnehmer im Rahmen seines Dienstverhältnisses erbringt, erbracht hat oder erbringen soll. Auch der Umstand, dass es sich um eine *freiwillige Zuwendung* handelt, unterbricht noch nicht den Zusammenhang mit dem Arbeitsverhältnis.[49] Dies ist erst der Fall, wenn sie eine Leistung des Arbeitnehmers betrifft, mit der er keine gegenüber dem Arbeitgeber bestehende Verpflichtung erfüllt.[50] Voraussetzung ist damit, dass sich die Zuwendung für den Arbeitnehmer »als Frucht seiner Arbeit darstellt« und im Zusammenhang mit dem Dienstverhältnis steht.[51]

---

46 Vgl. dazu Schmidt/*Drenseck,* EStG, 28. Aufl. 2009, § 19 Rn. 24 m.w.N.

47 BFH, Urteil vom 11.3.1988 – VI R 106/84, BStBl. II 1988, 726 m.w.N.

48 BFH, Urteil vom 25.11.1993 – VI R 45/93, BStBl. II 1994, 254; vgl. auch FG Münster, Urteil vom 26. 3. 2002, DStRE 2005, 320, rkr.; zur Lohnsteuerpauschalierung durch den Arbeitgeber vgl. *Förster,* Betriebliche Verlosungen – mit dem Fiskus als Teilhaber?, DStR 2009, 249, 252.

49 BFH, Urteil vom 24.10.1997 – VI R 23/94, BFH/NV 1998, 273 f., m. w. N.; *Völlmeke,* Probleme bei der Trinkgeldbesteuerung, DStR 98, 157; *Kruse,* Über das Trinkgeld, StuW 2001, 366; a.A. *Crezelius,* Leistungen an und durch Dritte im Lohnsteuerrecht, DStJG 9 [1986] S. 111 ff.

50 BFH, Urteil vom 22.2.1963 – VI 165/61, BStBl III 63, 306: Berufsgenossenschaft des Arbeitgebers zahlt an Arbeitnehmer Belohnung für Unfallverhütung.

51 BFH, Urteil vom 23.4.2009 – VI R 39/08, BStBl. II 2009, 668 m.w.N.; Urteil vom 26.5.1998 – VI R 9/96, BStBl II 98, 581 m. w. N.; Niedersächsisches Finanzgericht, Urteil vom 27.5.04 – 11 K 766/00, DStRE 04, 1325, Revision: BFH, Urteil vom 12.4.2007 – VI R 36/04, BFH/NV 2007, 1851; vgl. dazu *E. Schmidt,* Zur Steuergerechtigkeit, BB 1999, 506; *v. Bornhaupt,* Leistungen Dritter als steuerpflichtige Einnahmen, BB 1999, 1532. Auch auf die Kenntnis des Arbeitgebers kommt es nicht an, vgl. Schmidt/*Drenseck,* EStG, 28. Aufl. 2009, § 19 Rn. 39; a. A. *Albert/Hahn,* FR 1995, 336. Die Zuwendung kann sogar *gegen den Willen* des ArbG erfolgt sein (RFH, Urteil vom 21.9.1944, RStBl 1944, 731). Sie darf aller-

Durch die Verwendung des Wortes »für« fordert der Wortlaut des § 8 Abs. 1 EStG bei der Einkunftsart der nichtselbständigen Arbeit eine finale Verknüpfung zwischen der Einnahme und dem Arbeitsverhältnis. Man könnte daher geneigt sein, bei Zuwendungen durch Dritten anders als die Rechtsprechung eine Einschränkung vorzunehmen. Um Arbeitslohn soll es sich nur handeln, wenn der Arbeitgeber auf die Art, den Umfang und den Zeitpunkt der Zuwendung entscheidenden Einfluss hat, etwa in Konzernverhältnissen.[52] Dies wird ergänzend mit den in § 38 Abs. 1 und Abs. 4 EStG für Arbeitgeber und Arbeitnehmer statuierten Pflichten begründet, Lohnzahlungen durch Dritte zu versteuern bzw. zu melden. Erweitere man die lohnsteuerpflichtigen Entgelte auf jegliche Einnahmen, die von dritter Seite fließen, überfordere man den für die Lohnsteuer haftenden Arbeitgeber.[53] In der Entscheidung des BFH vom 23.4.2009[54] über einen Förderpreis an einen jungen Marktleiter, den der Verband gezahlt hatte, dem der Arbeitgeber, eine Genossenschaft, angehörte, wird man diese enge Verknüpfung noch annehmen können, da der Arbeitgeber den Arbeitnehmer für die Auswahl nominiert hatte.

Fraglich bleibt damit, wie es zu beurteilen ist, wenn Dritte ohne Mitwirkung des Arbeitgebers Preise für Leistungen vergeben, die im Rahmen der beruflichen Tätigkeit des Arbeitnehmers erbracht worden sind. In einem vom FG Berlin entschiedenen Fall ging es um eine Angestellte in der Hochschulverwaltung, die einen Lehrgang zur Förderung der Toleranz zwischen unterschiedlichen ethnischen Gruppen im Rahmen des internationalen Studentenaustausches entwickelt und hierfür von einer gemeinnützigen Stiftung ein Preisgeld in Höhe von 25.000 € erhalten hatte. Das Finanzgericht sah trotz der Drittveranlassung allein die Verbindung des Projekts mit der beruflichen Tätigkeit der Preisträgerin als entscheidend an.[55] Das Gleiche hat das FG Schleswig-Holstein für die Verleihung des Förderpreises des Deutschen Bundestages für eine Habilitationsschrift angenommen.[56] Zutreffend ist es, auch im Rahmen der Einkünfte aus unselbständiger Arbeit den Veranlassungszusammenhang als maßgebendes Kriterium heranzuziehen. Hierfür spricht, dass die Steuerpflichtigen unabhängig von der einzelnen Einkunftsart möglichst gleich zu behandeln sind. Die Probleme durch die mangelnde Erfassung durch die Lohnsteuer sind anders zu lösen. Bei den durch Dritte gezahlten Trinkgeldern hat der Gesetzgeber etwa den Steuerbefreiungstatbestand des § 3 Nr. 51 EStG geschaffen.

Im Fall des Habilitationspreises war allerdings der Veranlagungszusammenhang bestritten worden, da die Erstellung der Habilitation nicht zu den beruflichen Aufgaben eines wissenschaftlichen Assistenten gehöre. Dies wurde durch das FG Schleswig-Holstein zu Recht anders gesehen, weil nach § 47 des damaligen Hochschulrahmengesetzes (heute siehe z.B. § 52 Abs. 4 Landeshochschulgesetz Baden-Württemberg) die Erbringung eigener wissenschaftlicher Leistungen zu den Aufgaben eines

---

dings nicht eine *gegen das Arbeitsverhältnis* gerichtete Leistung (des Arbeitnehmers) betreffen; deshalb sind von einem Dritten gezahlte *Schmiergelder (Bestechungsgelder)* kein Arbeitslohn (BFH, Urteil vom 26.1.2000 – IX R 87/95, BStBl II 2000, 396).
52 *Albert*, Lohnzahlungen durch Dritte, FR 2009, 857 ff.
53 *Albert*, Lohnzahlungen durch Dritte, FR 2009, 857, 859.
54 BFH, Urteil vom 23.4.2009 – VI R 39/08, BFHE 224, 571.
55 FG Berlin, Urteil vom 17.5.2000 – 6 K 6422/97, EFG 2000, 936.
56 Schleswig-Holsteinisches FG, Urteil vom 15.3.2000 – I 210/95, EFG 2000, 787.

wissenschaftlichen Assistenten gehörte. Auch wenn nach neuem Recht eine Habilitationsschrift nicht mehr Voraussetzung für die Habilitation ist (siehe z.B. § 32 Abs. 1 S. 2 Hessisches Hochschulgesetz) ändert sich an der Einordnung von Wissenschaftspreisen als Arbeitslohn nichts, da eigene wissenschaftliche Leistungen selbstverständlich weiterhin erbracht werden müssen. Keine Einkünfte aus nichtselbständiger Arbeit sind dagegen im Regelfall Preisgelder, die für hervorragende Dissertationen gezahlt werden, selbst wenn die Arbeit *während* der Beschäftigung als wissenschaftlicher Mitarbeiter erstellt worden ist. Die Erstellung einer Dissertation gehört nicht zu den dienstlichen Aufgaben der wissenschaftlichen Mitarbeiter, sondern ihnen wird lediglich die Gelegenheit zur Promotion geboten.

Daran ändert sich auch nichts dadurch, dass nach heutiger Auffassung die Promotionskosten Werbungskosten sein können. Die Kosten für ein Erststudium wurden von der Rechtsprechung lange Zeit nicht als vorab entstandene Werbungskosten für die Erlangung der Einkünfte aus dem späteren Beruf eingestuft, sondern als Kosten der privaten Lebensführung. Diese Kosten sollten dem von jedem aufzunehmenden »Lebenskampf« zuzuordnen sein.[57] Diese Betrachtung hatte der BFH seit 2002 aufgegeben und verstärkt auf den Einzelfall abgestellt, so dass ein Abzug der Studienkosten als vorab entstandene Werbungskosten nach § 9 Abs. 1 S. 1 EStG ermöglicht wurde.[58] Parallel hierzu hat der BFH auch die Kosten einer Promotion, sofern diese mit einem späteren Beruf in einem unmittelbaren Zusammenhang steht und die Chancen auf die Erzielung von späteren Einkünften erhöht, als vorweggenommene Werbungskosten anerkannt.[59] Dies wurde zu Recht mit dem berufbezogenen Veranlassungszusammenhang begründet.[60] Der Gesetzgeber hat reagiert und durch Einfügung des § 12 Nr. 5 EStG die Kosten für ein erstes Studium, für die erste Berufsausbildung und sogar für ein Studium nach einer Berufsausbildung als Kosten der privaten Lebensführung gesetzlich statuiert. Diese Regelung gilt seit dem Veranlagungszeitraum 2004.[61] Jedes weitere Vollstudium, Ergänzungsstudium oder Aufbaustudium (LL.M., Promotion) fällt aber nach dem eindeutigen Wortlaut nicht unter

---

57 RFH, Urteil vom 24.6.1937 – IV A 20/36, RStBl. 1937, 1089, 1090.
58 BFH, Urteil vom 4.12.2002 – VI R 120/01, BStBl. II 2003, 403; BFH, Urteil vom 17.12.2002 – VI R 137/01, BStBl. II 2003, 407; ausdrücklich für ein Erststudium: BFH, Urteil vom 20.7.2006 – VI R 26/05, BStBl. II 2006, 764; Urteil vom 26.7.2006 – VI R 63/05, BFH/NV 2006, 2250; Urteil vom 1.2.2007 – VI R 62/03, BFH/NV 2007, 1291 auch für Praktikum; FG Köln, Urteil vom 19.1.2006 – 10 K 3712/04, EFG 2006, 727; FG Hamburg, Urteil vom 5.7.2006 – 1 K 87/05, EFG 2007, 25.
59 BFH, Urteil vom 4.11.2003 – VI R 96/01, BStBl. II 2004, 891 unter Aufgabe der entgegenstehenden Rspr. in BFH, Urteil vom 27.3.1991 – VI R 52/88, BStBl. II 1991, 637; Urteil vom 9.10.1992 – VI R 176/88, BStBl. II 1993, 115; Urteil vom 18.6.1993 – VI R 84/91, BFH/NV 1993, 724.
60 BFH, Urteil vom 4.11.2003 – VI R 96/01, BStBl. II 2004, 891; ebenso bereits *Theisen/Zeller*, Neues zur steuerlichen Behandlung von Promotionskosten, DB 2003, 1753 ff.
61 Eingefügt durch das Gesetz zur Änderung der Abgabenordnung und weiterer Gesetze vom 21.7.2004, BGBl. I 2004, 1753. Die Verfassungsmäßigkeit der Vorschrift ist zwar umstritten, überwiegend wird sie aber als Ausdruck der Gestaltungsfreiheit des Gesetzgebers für verfassungsgemäß gehalten, BFH, Urteil vom 17.12.2009, VI R 20/07, DStR 2010, 314.

die Einschränkung,[62] so dass die Rechtsprechung zur Abziehbarkeit von Promotionskosten als vorweggenommene Werbungskosten ihre Gültigkeit behält.

Obwohl auch der Umfang der im Rahmen einer Einkunftsart abziehbaren Werbungskosten korrespondierend zu den Einnahmen durch das Veranlassungsprinzip bestimmt wird,[63] bedeutet die Abziehbarkeit der Promotionskosten als Werbungskosten nicht, dass spiegelbildlich hierzu ein für die Dissertation vergebenes Preisgeld Einnahmen im Sinne des § 8 Abs. 1 EStG begründet. Denn die Kosten der Promotion werden als *vorweggenommene* Werbungskosten einer Berufstätigkeit in der Zukunft zugeordnet, für die die Erlangung des Doktorgrades Voraussetzung ist oder zumindest die zukünftigen Einkünfte erhöht. Die *gegenwärtige* Tätigkeit eines wissenschaftlichen Mitarbeiters oder einer wissenschaftlichen Mitarbeiterin setzt hingegen die Erlangung des Doktorgrades nicht voraus, sondern diese führt häufig gerade zur Beendigung dieser Stellung. Wird zum Preis ein Druckkostenzuschuss gewährt, mindert er die Werbungskosten des Doktoranden.

4. Sonstige Einkünfte, § 22 Nr. 3 EStG

Preisgelder und Gewinne können im Rahmen sonstiger Einkünfte nach § 22 Nr. 3 EStG erzielt werden, wenn sie in keinem Zusammenhang mit einer anderen Einkunftsart stehen. Auch hierfür ist es entscheidend, ob ein Veranlassungszusammenhang mit einer sonstigen Leistung des Steuerpflichtigen besteht. Daran fehlt es etwa bei Gewinnen aus Rennwetten[64] oder einer privat unternommenen Teilnahme an einem Wettbewerb oder Gewinnspiel. Anders sieht es hingegen aus, wenn der Steuerpflichtige eine Leistung zu erbringen hat. Dies hat der BFH für die Teilnahme einer Kandidatin an einer Fernsehshow angenommen, bei der sie in Nachahmung eines »Reality-TV« ihre Verlobung mit einem indiskutablen Verlobten spielen sollte.[65] Das hierauf ergangene BMF-Schreiben vom 30.5.2008 verallgemeinert die in dem Urteil gefundenen Grundsätze zu Recht dahingehend, dass die Kandidaten im Rahmen einer Fernsehshow Leistungen erbringen, wenn sie ein bestimmtes Verhaltensmuster befolgen müssen, neben der Gewinnchance ein erfolgsunabhängiges Auftrittsgeld o.ä. gezahlt wird oder das Format einen wiederholten Auftritt des Kandidaten vorsieht.[66] Diese Gestaltung hat das FG Köln in zutreffender Weise bei den Preisgeldern für die Teilnahme an der Fernsehshow »Big Brother« angenommen, da auch dort die Kandidaten über einen längeren Zeitraum vor der Kamera Aufgaben erfüllten mussten.[67]

---

62 BMF-Schreiben vom 21.6.2007 – IV C 4-S 2227/07/0002, 2007/0137269, BStBl. I 2007, 492; Schmidt/*Drenseck*, EStG, 27. Aufl. 2008, § 12 Rn. 59; *Jochum*, Zur einkommensteuerrechtlichen Behandlung von erstmaliger Berufsausbildung, Erststudium und Promotion, DStZ 2005, 264; *Niermann/Plenker*, Änderungen im Bereich der Arbeitnehmerbesteuerung durch die Lohnsteuer-Richtlinien 2005, DB 2004, 2118.
63 Vgl. nur Kirchhof/Söhn/*von Bornhaupt*, EStG, 133. Lief. 2003, § 9 Rn. B 160 ff.
64 BFH, Urteil vom 19.7.1990 – IV R 82/89, BStBl. II 1991, 333.
65 BFH, Urteil vom 28.11.2007 – IX R 39/06, BStBl. II 2008, 469 m. Anm. *Jachmann* in: jurisPR-SteuerR 19/2008 Anm. 5.
66 BMF-Schreiben vom 30.5.2008 – IV C 3 - S 2257/08/10001, DB 2008, 1292.
67 FG Köln, Urteil vom 29.10.2009 –15 K 2917/06, Quelle: Juris.

Soweit hingegen in einer Spielshow für einen einmaligen Auftritt ein Gewinn für die Teilnahme an einem Wettbewerb gezahlt wird, bei dem es auf Allgemeinwissen (»Wer wird Millionär?«) oder Geschicklichkeit ankommt, handelt es sich um Einnahmen im nicht steuerbaren privaten Bereich. Anders ist es, wenn ein prominenter Kandidat bereits für sein Erscheinen ein Entgelt erhält oder die zu beantwortenden Fragen nur vorgeschoben sind. Hier liegen meist Einkünfte aus selbständiger künstlerischer Arbeit vor. Erhält ein prominenter Kandidat einen Gewinn, wird dieser häufig direkt an eine gemeinnützige Organisation ausgezahlt. Soweit in diesen Fällen der Gewinner keine echte Verfügungsgewalt über das Geld hat und ihm die Weiterleitung an die Organisation vorgegeben wird, liegt bei ihm schon gar kein Zufluss von Einnahmen im Sinne der §§ 8 Abs. 1, 11 Abs. 1 EStG vor. Mithin kann er diesen Betrag nicht als private Spende nach § 10b Abs. 1 EStG als Sonderausgabe abziehen. Vielmehr stellt der Betrag noch dem Konzept derartiger Sendungen eine Betriebsausgabe der Fernsehanstalt dar.[68]

III. Umsatzsteuer

Soweit Preisgelder an Unternehmer im Rahmen ihres Unternehmens gezahlt werden, kommt eine zusätzliche Belastung der Geldbetrags mit Umsatzsteuer in Betracht. Das FG Münster beurteilte einen Zuschuss in Höhe von 15.000 € an einen Existenzgründer im Rahmen des Wettbewerbs »start2grow« als steuerpflichtiges Leistungsentgelt im Sinne von § 1 Abs. 1 Nr. 1 UStG.[69] Nach § 1 Abs. 1 Nr. 1 UStG unterliegen sonstige Leistungen, die ein Unternehmer im Rahmen seines Unternehmens gegen Entgelt erbringt, der Umsatzsteuer. Die Besteuerung einer sonstigen Leistung nach § 1 Abs. 1 Nr. 1 UStG setzt einen Leistungsaustausch voraus. Dieser ist zu bejahen, wenn der Leistende die Leistung erkennbar um der Gegenleistung willen erbringt, auf deren Erlangung die Leistung gerichtet ist. Die Verknüpfung zwischen Leistung und umsatzsteuerbarer Gegenleistung ist damit im Umsatzsteuerrecht viel enger als im Ertragsteuerrecht und final ausgerichtet. Fördergelder, mit denen lediglich aus strukturpolitischen, volkswirtschaftlichen oder allgemeinpolitischen Gründen erwünschte Tätigkeiten des Zahlungsempfängers gefördert werden soll, sind daher kein Entgelt für eine sonstige Tätigkeit.[70] Entscheidend für die Beurteilung der Frage, ob der Leistende seine Tätigkeit um des Entgelts willen ausführt, ist der mit der Zahlung verknüpfte Zweck. Soll der Zuschussempfänger mit dem Zuschuss nur unterstützt werden, damit er seine Tätigkeit ausüben kann, fehlt es an dieser inneren Verknüpfung.[71] Diese finale

---

68 FG Köln, Urteil vom 12.12.2006 – 9 K 4243/06, EFG 2007, 758; FG Hamburg, Urteil vom 14.11.2007 – 3 K 250/06, EFG 2008, 842; BMF-Schreiben vom 29.3.2006 – IV B 2 - S 2246 - 23/05, BStBl. I 2006, 342.
69 FG Münster, Urteil vom 12.6.2007 – 15 K 6229/04, Quelle: Juris.
70 BFH, Urteil vom 24.6.2006 – V R 19/05, BStBl. II 2007, 187.
71 BFH, Urteil vom 22.7.1999 – V R 74/98, BFH/NV 2000, 240; FG Münster, Urteil vom 12.6.2007 – 15 K 6229/04, Quelle: Juris.

Verknüpfung ist an Hand der Vereinbarung zwischen dem Leistenden und dem Leistungsempfänger zu beurteilen.[72]

Dass das Preisgeld nicht allein deshalb nicht steuerbar ist, weil die Förderung im allgemeinen Interesse liegt, hat der EuGH in seiner Rechtsprechung zu Art. 2 Nr. 1 und Art. 76 Abs. 1 der 6. EG-Richtlinie (heute Art. 2 Mehrwertsteuersystemrichtlinie) festgestellt.[73] Entscheidend ist daher, ob ein individualisierter Leistungsempfänger aus der Leistung einen Vorteil zieht, der Gegenstand eines Leistungsaustausches sein kann. In diesem Fall erfolgt beim Leistungsempfänger ein »Verbrauch« im Sinne des gemeinschaftsrechtlichen Mehrwertsteuersystems.[74]

Diese Voraussetzungen werden in den meisten Fällen der Vergabe von Preisen und Auszeichnungen nicht vorliegen. In dem vom FG Münster entschiedenen Fall ging es um eine besondere Gestaltung, bei der einen Gründerwettbewerb gewinnen konnte, wer die ausgeschriebenen Wettbewerbsanforderungen erbracht hat, nämlich die Erstellung eines Businessplans und die handelsregisterrechtliche Eintragung eines Unternehmens. Damit ging es um die Ausschreibung einer Leistung, während üblicherweise im Nachhinein eine bestimmte Leistung eines Preisträgers ausgezeichnet wird, die dieser nicht im Hinblick auf die Preisvergabe erbracht hat. Soweit die prämierte Leistung überhaupt im Rahmen der umsatzsteuerpflichtigen Tätigkeit eines Unternehmens erbracht wird, was in der Regel nur bei Gewerbetreibenden oder bei umsatzsteuerpflichtigen Freiberuflern der Fall sein wird, fehlt es zumeist an dem erforderlichen finalen Zusammenhang zwischen Leistung und Preisgeld. So sieht dies sogar die Finanzverwaltung in dem vom FG Münster entschiedenen Fall des Gründungswettbewerbs, weil die mittelbaren Effekte aus einer Unternehmensgründung vor Ort keinen konkreten Vorteil im Sinne des umsatzsteuerlichen Leistungsaustausches darstellten.[75]

IV. Zusammenfassung

Preisgelder, die durch Tätigkeiten im Zusammenhang mit Einkünften aus Gewerbebetrieb, selbständiger Arbeit, nichtselbständiger Arbeit oder sonstigen Einkünfte veranlasst worden sind, sind einkommensteuerpflichtig, bei juristischen Personen körperschaftsteuerpflichtig. Ein solcher Zusammenhang liegt bereits vor, wenn die Auszeichnung nicht für die persönliche Haltung oder das Lebenswerk des Preisträgers vergeben wird, sondern für Leistungen, die im Rahmen der steuerpflichtigen Tätigkeiten erbracht worden sind. Nur selten hingegen sind Preisgelder umsatzsteuer-

---

72 BFH, Urteil vom 13.11.1997 – V R 11/97, BStBl. II 1998, 169; Urteil vom 6.5.2004 – V R 40/02, BStBl. II 2004, 854.

73 EuGH, Urteil vom 18.12.1997 – C-384/95, Slg. 1997, I – 7387.

74 FG Münster, Urteil vom 12.6.2007 – 15 K 6229/04, Quelle: Juris; vgl. BFH, Urteil vom 13.11.1997 – V R 11/97, BStBl. II 1998, 169; Urteil vom 20.12.2001 – V R 81/99, BStBl. II 2003, 213; Urteil vom 18.12.2008 – V R 38/06, BStBl. II 2009, 749.

75 Kurzinformation betr. Umsatzsteuerliche Behandlung von Preisgeldern im Rahmen von Gründungswettbewerben v. 10.1.2008, OFD Münster Kurzinformation Umsatzsteuer Nr. 3/2008.

pflichtig. Hierfür muss der Preisträger eine Leistung für den Wettbewerbsveranstalter erbringen, also gezielt auf den Preis hinarbeiten und mit der Leistung für den Veranstalter tätig werden.

V. Summary

Prize money attracts income tax liability where it results from the performance of activities connected to business income, freelance work, employment or other income; with corporate bodies the liability is for corporate income tax. Such a connection is given if the award is awarded not for the awardee's personal standpoint or lifework but rather for services performed in the context of a tax liable activity. Seldom is prize money liable for value added tax. In that case the awardee would have to perform an activity for the initiator of the competition, thus working purposefully towards the prize and acting for the initiator.

Transparenz der Vergabe von Geldbußen an gemeinnützige Organisationen – Eine Dokumentation anhand der Praxis der Bundesländer

WOLFGANG STÜCKEMANN

I. Einleitung

In jüngerer Zeit ist durch spektakulär hohe Geldzahlungsauflagen in Wirtschafts- und Steuerstrafverfahren die Praxis der »Vergabe« dieser Gelder an gemeinnützige Organisationen in das allgemeine Interesse gerückt. Problematisch sind weniger die Bußgelder, deren Zuweisung grundsätzlich an die Staatskasse zu erfolgen hat, sondern die Zuweisungen von Geldbeträgen zugunsten gemeinnütziger Einrichtungen, die aus Auflagen im Rahmen von Verfahrenseinstellungen durch die Staatsanwaltschaft, das Gericht oder im Gnadenwege resultieren. Häufig wird hierbei verkürzt auch von »Geldbußen« gesprochen.

In der juristischen Literatur gibt es zur allgemeinen Vergabepraxis nur wenige Veröffentlichungen. Dem Verfasser ist neben Kommentarerläuterungen zu § 153a StPO, die nicht auf die konkrete Zuweisungspraxis eingehen, nur der Beitrag von *Krumm* bekannt geworden, der sich als Richter beim Amtsgericht Lüdinghausen zur Vergabepraxis äußert.[1] *Krumm* nimmt die Geldbußen im Mannesmann-Prozess, bei dem 5,8 Mio. EUR zu bezahlen waren, wovon 2,3 Mio. EUR an gemeinnützige Einrichtungen flossen, zum Anlass, die allgemeine Praxis darzustellen.

---

1 *Krumm*, Geldbußenzuweisung im Strafverfahren – oder: Wer bekommt das Geld des Angeklagten?, NJW 2008, 1420 ff.

Aus der Sicht einer so genannten Fundraiserin lautet der Ratschlag, wie man mit Zuweisungsrichtern umgeht, so: »Kündigen Sie sich niemals an. Dann bekommen Sie sowieso keinen Termin! Gehen Sie an einem Vormittag hin und klappern Sie alle Büros ab. Gehen Sie einmal im Jahr hin, bloß nicht zu oft«, rät sie. 30 Besuche an einem Tag schaffe sie auf diese Weise. Mit dabei habe die Fundraiserin allerlei Infomaterialien und bereits vorbereitete Zuwendungsvorlagen. »Guten Tag, Frau Richterin Meyer. Ich bin Hilde G. vom Kinderschutzbund. Haben Sie grad etwas Zeit?«, fragt sie höflich, lächelt offen und hat schon den Fuß in der Tür. Das sei wichtig, sobald man merke, dass man nicht ganz unwillkommen ist. »Sprechen Sie kurz und klar, die Staatsanwälte und Richter haben meist nicht viel Zeit. Bringen Sie sie dazu, sich trotzdem zu interessieren. Die meisten haben nur eine Hand voll Organisationen, die sie bedenken. Das sind Ihre Top-Zuweiser!«[2]

II. Rechtsgrundlagen

1. § 153a Abs. 1 StPO, Einstellung vor und nach Klageerhebung

Im Strafverfahren werden Geldleistungen an gemeinnützige Einrichtungen in der Regel gemäß § 153a Abs. 1 S. 2 Nr. 2 StPO bei einer Einstellung des Verfahrens gegen Geldauflage oder über § 56b Abs. 2 Nr. 2 StGB (Bewährungsauflage) bestimmten Empfängern zugewiesen. § 153a Abs. 1 StPO lautet: »(1) Mit Zustimmung des für die Eröffnung des Hauptverfahrens zuständigen Gerichts und des Beschuldigten kann die Staatsanwaltschaft bei einem Vergehen vorläufig von der Erhebung der öffentlichen Klage absehen und zugleich dem Beschuldigten Auflagen und Weisungen erteilen, wenn diese geeignet sind, das öffentliche Interesse an der Strafverfolgung zu beseitigen, und die Schwere der Schuld nicht entgegensteht. (2) Als Auflagen und Weisungen kommen insbesondere in Betracht, ... 2. einen Geldbetrag zugunsten einer gemeinnützigen Einrichtung oder der Staatskasse zu zahlen, ... (5) Erfüllt der Beschuldigte die Auflagen und Weisungen, so kann die Tat nicht mehr als Vergehen verfolgt werden.«

§ 153a Abs. 2 StPO betrifft das Verfahren nach Anklageerhebung: »(2)(1) Ist die Klage bereits erhoben, so kann das Gericht mit Zustimmung der Staatsanwaltschaft und des Angeschuldigten das Verfahren bis zum Ende der Hauptverhandlung, in der die tatsächlichen Feststellungen letztmals geprüft werden können, vorläufig einstellen und zugleich dem Angeschuldigten die in Absatz 1 Satz 1 und 2 bezeichneten Auflagen und Weisungen erteilen... Die Entscheidung nach Satz 1 ergeht durch Beschluss. (4) Der Beschluss ist nicht anfechtbar.«

Bis zur Eröffnung des Hauptverfahrens entscheidet danach der Staatsanwalt über die Auflagen und Weisungen, die erteilt werden, ist aber nach § 153a Abs. 1 StPO verpflichtet, die Zustimmung des für die Eröffnung des Hauptverfahrens zuständigen Gerichts einzuholen. Die Staatsanwaltschaft kann Auflagen und Weisungen nachträglich aufheben, aber auch die Frist zur Erfüllung, die für Geldbeträge zugunsten einer

---

2 Quelle: Zeit Online vom 21.1.2010.

gemeinnützigen Einrichtung auf höchstens sechs Monate festzulegen ist, für die Dauer von bis zu drei Monaten verlängern. Mit Zustimmung des Beschuldigten können auch Auflagen und Weisungen nachträglich auferlegt und geändert werden. Gegen die Entscheidung des Staatsanwalts ist bis zur Zustimmung des Gerichts und Bezahlung des Betrages etwa für den Verletzten noch eine Beschwerde zur Generalstaatsanwaltschaft möglich. Eine schnelle Zahlung empfiehlt sich deshalb für den Beschuldigten. Nach Erfüllung der Auflagen und Weisungen kann die Tat nicht mehr als Vergehen verfolgt werden.

Sofern die Klage erhoben ist, sind die Rollen getauscht. In diesem Fall kann das Gericht bis zum Ende der Hauptverhandlung, in der die tatsächlichen Feststellungen letztmals geprüft werden können, das Verfahren vorläufig einstellen und entsprechende Auflagen und Weisungen erteilen, wobei dies wiederum nur mit Zustimmung der Staatsanwaltschaft und des Angeschuldigten erfolgen kann.

Im Bußgeldverfahren ist die Zuweisung von Geldern an gemeinnützige Organisationen nicht möglich, weil § 47 Abs. 3 OWiG ausdrücklich bestimmt, dass die Einstellung wegen Geringfügigkeit von der Zahlung eines Geldbetrages nicht abhängig gemacht oder damit in Zusammenhang gebracht werden darf. Damit ist die Anwendung – auch die sinngemäße – des § 153a StPO ausgeschlossen.[3]

2. Bewährungsauflage und Jugendrecht

Die Bewährungsauflage wird vom Gericht verhängt. Auf die Bestimmung des Empfängers hat der Verurteilte keinen Einfluss, das Gericht verhängt eine Auflage, wenn es ihm im Hinblick auf die Tat und die Persönlichkeit des Täters angezeigt erscheint. Der Täter muss diese Auflage erfüllen, sonst wird die Bewährung widerrufen. § 56b StGB lautet: »(1) (1) Das Gericht kann dem Verurteilten Auflagen erteilen, die der Genugtuung für das begangene Unrecht dienen. (2) Dabei dürfen an den Verurteilten keine unzumutbaren Anforderungen gestellt werden. (2) (1) Das Gericht kann dem Verurteilten auferlegen, 1. nach Kräften den durch die Tat verursachten Schaden wiedergutzumachen, 2. einen Geldbetrag zugunsten einer gemeinnützigen Einrichtung zu zahlen, wenn dies im Hinblick auf die Tat und die Persönlichkeit des Täters angebracht ist ...«.

Im Jugendgerichtsgesetz gelten für Auflagen die §§ 15 Abs. 1, 56b JGG: »(1) (1) Der Richter kann dem Jugendlichen auferlegen, 1. nach Kräften den durch die Tat verursachten Schaden wieder gut zumachen, 2. sich persönlich bei dem Verletzten zu entschuldigen, 3. Arbeitsleistungen zu erbringen oder 4. einen Geldbetrag zugunsten einer gemeinnützigen Einrichtung zu zahlen. (2) Dabei dürfen an den Jugendlichen keine unzumutbaren Anforderungen gestellt werden«.

---

3 *Pfeiffer*, Strafprozessordnung, 5. Aufl. 2007.

3. Richtlinien für das Straf- und Bußgeldverfahren (RiStBV)

Auf untergesetzlicher Ebene existiert eine bundeseinheitliche Regelung, nämlich die »Richtlinien für das Straf- und Bußgeldverfahren (RiStBV)«.[4] Die Verwaltungspraxis ist unter Berücksichtigung dieser Richtlinien weiteren Verwaltungsvorschriften in den Bundesländern unterworfen. Diese unterscheiden sich in Detailfragen wie auch generell. Einzelne Bundesländer überlassen die Entscheidung den Staatsanwälten, Richtern und Gnadenbeauftragten, während andere sehr dezidierte Verwaltungsrichtlinien geschaffen haben. Um eine Übersicht über die Rechtslage zu erlangen, hat der Verfasser die Justizministerien aller Bundesländer befragt und hierzu Auskünfte erhalten, anhand derer die Situation in den einzelnen Bundesländern unter IV. dargestellt werden soll.

4. Gnadenweg

Außerdem kann im Gnadenwege eine Geldzahlung unter bestimmten Auflagen bestimmten gemeinnützigen Empfängern zugewiesen werden; dies ist in den Gnadenordnungen der Bundesländer geregelt.

5. Steuerabzugsverbot

Ergänzend sei darauf hingewiesen, dass gemäß § 12 Nr. 4 EStG für Auflagen und Weisungen ein Abzugsverbot gilt, wenn sie als strafähnliche Sanktion die Aufgabe haben, Genugtuung für das begangene Unrecht zu schaffen. Ausgleichszahlungen an das geschädigte Tatopfer fallen jedoch nicht unter das Abzugsverbot des § 12 Nr. 4 EStG. Solche Zahlungen sind nach den allgemeinen Grundsätzen als Betriebsausgaben oder Werbungskosten abzugsfähig, auch wenn die Auflage nach § 56b Abs. 2 S. 1 Nr. 1 StGB den durch die Tat verursachten Schaden wiedergutmachen soll, aber zugleich auch der Genugtuung für das begangene Unrecht dient. Betrieblich oder beruflich veranlasster Schadenersatz ist Erwerbsaufwand, der einkünftemindernd zu berücksichtigen ist. Für die steuerliche Beurteilung macht es keinen Unterschied, ob der Ersatzanspruch auflagenbewehrt oder ohne strafrichterliche Auflage erfüllt wird.[5]

Übernimmt ein Arbeitgeber nicht aus ganz überwiegend eigenbetrieblichem Interesse die Zahlung einer Geldbuße und einer Geldauflage, die gegen einen bei ihm beschäftigten Arbeitnehmer verhängt worden sind, so handelt es sich hierbei um Arbeitslohn. Dies ist anders, wenn ein Vorteil aus ganz überwiegend eigenbetrieblichem Interesse gewährt wird, also wenn im Rahmen einer Gesamtwürdigung aus den Begleitumständen zu schließen ist, dass der jeweils verfolgte betriebliche Zweck im Vordergrund steht. Das ist häufig bei der Verfahreneinstellung gegen Krankenhausärzte der Fall, wenn ein hohes Interesse des Krankenhauses darin besteht, aus den in Medizinfällen nicht immer sachbezogenen Schlagzeilen der Presse zu kommen.

---

4 RiStBV vom 1.1.1977 (zuletzt geändert durch Änd.Bek. vom 1.11.2007 [BAnz. S. 7950]).
5 BFH, Urteil v. 15.1.2009 – VI R 37/06, DStR 2009, 736-737.

Der Werbungskostenabzug von Geldauflagen i.S. des § 153a StPO scheidet nach § 12 Nr. 4 EStG aus, soweit die Auflagen nicht lediglich der Wiedergutmachung des durch die Tat verursachten Schadens dienen.[6]

Geldbußen i. S. von § 17 OWiG können nicht als Werbungskosten abgezogen werden (§ 4 Abs. 5 S. 1 Nr. 8 S. 1 EStG i.V.m. § 9 Abs. 5 EStG).

6. Kein Rechtsweg gegen die Verteilung

»Bei der Einstellung des Ermittlungsverfahrens nach § 153a Abs. 1 StPO bleiben die Entscheidungsbefugnisse, ebenso wie das Recht zur Bestimmung der Auflagen, die begleitenden Verfahrenshandlungen und die Kontrolle der Auflagenerfüllung allein in der Hand der Staatsanwaltschaft. Zweck der richterlichen Zustimmung ist es lediglich, die im Rahmen der Einstellungsmöglichkeiten der §§ 153 f. StPO gewichtige Ausnahme vom Legalitätsprinzip, gegen die sich der Verletzte mit Rechtsmitteln nicht zur Wehr setzen kann (§ 172 Abs. 2 S. 3 StPO), einer zusätzlichen neutralen Kontrolle in Gestalt einer unanfechtbaren Prozesserklärung zu unterwerfen«.[7] Einstellungsentscheidungen der StA nach § 153a Abs. 1 StPO sind Akte der öffentlichen Gewalt i.S. von Art. 19 Abs. 4 GG. Die Zustimmungserklärung des Gerichts ist ein hoheitlicher Akt der Rechtsprechung, der die Rechtsschutzgarantie des Art. 19 Abs. 4 GG nicht aktiviert. § 153a StPO vermittelt deshalb keine Rechtsposition, deren Verletzung gem. Art. 19 Abs. 4 GG im Rechtsweg geltend gemacht werden könnte.[8] Dies gilt nach meiner Auffassung auch für das »Wie«, nämlich die Verteilung von Geldzuwendungen, nicht nur für das »Ob«.

7. Absprachen zwischen Staatsanwaltschaft, Gericht und Verteidiger

In der Praxis werden zwischen Verteidiger und Gericht unter Einbeziehung der Staatsanwaltschaft im Rahmen der Hauptverhandlung oder im Vorfeld häufig Absprachen ausgehandelt, welche Auflagen mit einer Bewährung verbunden werden. Dabei wird auch nach der Erfahrung des Verfassers mehr über das Ob und die Höhe der Zahlungen, eventuell auch von Ratenzahlungen, gesprochen als über die Empfängerseite.[9] Verteidigern gelingt es im Regelfall durchaus, Zahlungen an bestimmte Organisationen oder in bestimmte Richtungen zu lenken, es sei denn, dass Staatsanwalt und/oder Richter es grundsätzlich ablehnen, gemeinnützige Organisationen zu bedenken, weil sie der persönlichen Überzeugung sind, dass alle Zahlungen im Hinblick auf die von der Staatskasse zu tragenden Kosten an die Staatskasse erfolgen müssen. Sämtliche Justizministerien vertreten diese »staatstragende« Auffassung nicht, was noch im Einzelnen ausgeführt werden soll.

---

6 BFH, Urteil v. 22. 7. 2008 – VI R 47/06, BStBl. II 2009, 151.
7 BGHSt 38, 381 (382) = NJW 1993, 605.
8 BVerfG NJW 2002, 815.
9 *Krumm* (Fn. 1), S. 1421.

Verteidiger neigen insbesondere bei der Verteidigung von Prominenten eher dazu, Geldauflagen nicht in die Region zu lenken, weil die Empfängerorganisationen nicht nur das Aktenzeichen, sondern auch den Namen des Zahlungspflichtigen mitgeteilt erhalten und damit durchaus Rückschlüsse auf die zahlungspflichtige Person ziehen können, über die zumeist in der Presse – leider – häufig auch unter voller Namensnennung ohne Identitätsschutz berichtet wird. Da den empfangenden Organisationen bislang nur selten zur Auflage gemacht wird Stillschweigen zu bewahren, obwohl sich dies auch im Interesse der Organisation empfiehlt, besteht manchmal die Befürchtung, dass durch Indiskretionen auch die einzelnen Modalitäten der Zahlungen bekannt werden. Es gibt allerdings die Möglichkeit, dass der Verteidiger die Verabredung mit Staatsanwaltschaft und Gericht trifft, dass die Zahlung über den Verteidiger zur Weiterleitung erfolgt. Der Verteidiger muss sich in diesem Fall persönlich verpflichten, die Geldzuwendung in festgelegten Anteilen an die festgelegten Organisationen weiterzuleiten unter ausdrücklichem Hinweis darauf, dass es sich nicht um eine Spende, sondern um eine gerichtlich angeordnete Geldzuwendung eines nicht namentlich zu benennenden Mandanten handelt. Der Verteidiger wird sich in diesen Fällen auch verpflichten müssen, die von ihm veranlassten Überweisungen der Staatsanwaltschaft im Einzelnen nachzuweisen. Erst nach Vorliegen dieses Nachweises, der im Falle des § 153a StPO vom Beschuldigten im Normalfall selbst erbracht werden muss, wird das Verfahren endgültig eingestellt. Dieser Weg lässt es zu, auch größere Geldzuwendungen auf kleinere Organisationen entsprechend den Vorschlägen des Verteidigers ggf. auch regional aufzuteilen und den behördlichen Kontrollaufwand dadurch zu verringern, dass die gesamte Nachweispflicht dem Verteidiger auferlegt wird.

In diesem Zusammenhang sei bemerkt, dass es mittlerweile allen Beteiligten deutlich sein sollte, dass es sich bei den Zahlungen nicht um Spenden handelt, für die eine Spendenquittung ausgestellt werden kann, sondern um eine durch das Strafrecht veranlasste Zahlungspflicht des Betroffenen. Entsprechende Belehrungen werden dazu regelmäßig erteilt, nachdem immer wieder versucht wurde, derartige Zahlungen als Spende zu tarnen. Die meisten Verwaltungsanweisungen der Länder sehen dazu auch eine Belehrung und Verpflichtungserklärung der Empfängerorganisation vor.

8. »Bußgeldmarketing«

Krumm erläutert, wie gemeinnützige Organisationen bei der Staatsanwaltschaft und bei Gericht für ihre Aktivitäten werben und dass dies von Staatsanwälten und Richtern häufig als lästig empfunden wird.[10] Insgesamt bleibt den Staatsanwälten und Richtern ein großer Bereich an Entscheidungsfreiheit, wie sich aus der Zusammenstellung der Grundsätze der Justizministerien ergibt. Bei Richtern wird dies zumeist mit der richterlichen Unabhängigkeit begründet. Staatsanwälten, die ja weisungsabhängig arbeiten, wird von den meisten Justizbehörden ebenfalls eine gewisse Entscheidungsfreiheit zugestanden, zumal sie in jedem Falle auf die Zustimmung eines Richters angewiesen sind.

---

10 *Krumm* (Fn. 1), passim.

Unfug passiert allerdings gelegentlich dann, wenn gerade in Großverfahren Einstellungen mit Geldauflagen in Millionenhöhe verbunden werden und Staatsanwälte sich als Hüter eines Füllhorns wähnen. So ließen sich in Bochum eine Staatsanwältin und eine Kammer am Landgericht von der Idee begeistern, eine Geldzuweisung von 1 Mio. EUR einem gemeinnützigen Verein zuzuweisen mit der Auflage, damit eine gemeinnützige Stiftung zu gründen, die Gutes für Untergruppierungen eines Bundesverbandes beschränkt auf NRW tun sollte. Besser wäre diese Geldleistung dem bestehenden Bundesverband zur Verteilung an die regionalen Vereine in NRW zugewiesen worden. Der Initiator und der von ihm beauftragte Notar hatten schon für alle Gremien der zukünftigen Stiftung Personen ihres Vertrauens vorgesehen und die Stiftungs- und die Finanzaufsicht eingeschaltet, bis jemand mit der schlichten Frage, wer denn bei einer solchen Konstruktion eigentlich der Stifter sein sollte – der Verurteilte, die Staatsanwältin und die Richter oder die Initiatoren – den Versuch zur Gründung einer Stiftung mit einer Geldzuwendung beendete.

Manche Staatsanwälte und Richter bevorzugen auch nach den Feststellungen von *Krumm*[11] die »Bauchentscheidung« und wählen Organisationen aus, die ihnen gerade in den Sinn kommen, wobei es ihnen zulässiger Weise nicht immer darauf ankommt, ob diese Organisationen auf der amtlichen Empfängerliste stehen, worauf noch einzugehen sein wird. Andere halten sich strikt an die ihnen vorliegenden Listen und berücksichtigen die Organisationen in der Listenreihenfolge bzw. im Rotationsverfahren, so wie zum Beispiel die Mehrzahl der Insolvenzrichter die Insolvenzverfahren unter Abarbeitung ihrer persönlichen Liste auf die bekannten Insolvenzverwalter verteilen. Das Bundesverfassungsgericht hat zur Insolvenzverwalterliste entschieden, dass die Entscheidung des Insolvenzrichters über die Aufnahme in die Insolvenzverwalterliste keinen außerhalb von Art. 19 Abs. 4 GG stehenden Rechtsprechungsakt darstellt.[12] Dabei geht es aber nur um die Aufnahme in eine Liste, nicht um die eigentliche Auswahl. Bei den Zuwendungslisten weisen nahezu alle Justizministerien darauf hin, dass die Listen weder vollständig noch verbindlich sind, sondern nur eine Information darstellen und bei Einhaltung bestimmter für alle geltenden Voraussetzungen jede gemeinnützige Einrichtung auf eine Liste kommen kann. Auch *Krumm* hält das strenge Listen-Verfahren allenfalls formal für gerecht, in der Sache aber eher für ungerecht, weil einerseits der Finanzbedarf der einzelnen Einrichtungen nicht berücksichtigt wird und andererseits, insbesondere bei hohen Bußgeldern, nur selten berücksichtigt wird, welche Spendentransparenz überregional tätige spendensammelnde Organisationen zeigen. Es ist zu überlegen, ob zumindest für überregionale Listen die Justiz nicht gut beraten wäre, wenn sie vor Aufnahme in die Liste beim Deutschen Spendenrat (www.spendenrat.de) oder beim DZI (www.dzi.de) oder der ADD (www.add.rlp.de) anfragt, ob es Bedenken gegen die Aufnahme der Organisation gibt. Zur ADD in Rheinland-Pfalz sei bemerkt, dass es sich dabei um die wohl einzige zentrale Behörde handelt, die nach den Erkenntnissen des Verfassers jedenfalls sehr effizient in Rheinland-Pfalz tätige spendensammelnde Organisationen überprüft und »schwarze Schafe« durch ein Sammlungsverbot oder andere geeignete Schritte ausschließt, solange sie nur in Rheinland-Pfalz tätig werden. Es wäre wün-

---

11 *Krumm* (Fn. 1), passim.
12 BVerfG, Beschluss v. 3.8.2004 – BvR 135/00, 1 BvR 1081/01, DStR 2004, 1671 ff.

schenswert, wenn auch in anderen Bundesländern derartige Behörden, die auch ohne
großen Apparat effiziente Arbeit leisten können, das Spendenunwesen bekämpfen.
Dies würde auch die Justiz vor peinlichen Zuweisungen bewahren.

9. Gefahr der Vorteilsnahme

Aus der Sicht des Leitenden Oberstaatsanwaltes in Detmold hat *Braun* in jüngster
Zeit einen Beitrag mit dem Thema »Alle Jahre wieder: Zuwendungen von Geldauflagen an (gemeinnützige) Einrichtungen in der Kritik«[13] verfasst. *Braun* berichtet darüber, dass das Justizministerium NRW seit dem 1.6.2005 eine Online-Datenbank zur
Führung der Daten über die gemeinnützigen Einrichtungen eingerichtet hat. Die Daten werden in der Datenbank online verwaltet und im Justizintranet unter »Adressen
und Links« veröffentlicht. Nach Meinung des Verfassers sollte überlegt werden, diese
Daten zur besseren Transparenz der Öffentlichkeit insgesamt zugänglich zu machen,
so wie auch die Handelsregister und demnächst die Vereinsregister elektronisch einsehbar für jedermann sind. Insbesondere die an die Vergabestelle zu übersendenden
Verwendungsberichte der Einrichtungen sind schon aus Gründen der öffentlichen
Kontrolle von allgemeinem öffentlichen Interesse.

Braun weist deutlich auf die Missbrauchsgefahren hin und darauf, dass es durchaus
Literaturmeinungen gibt, die den Tatbestand der Vorteilsannahme gemäß § 331
Abs. 1 StGB bei der prozessualen Konstellation des § 153a StPO annehmen, weil der
Staatsanwalt das Ermittlungsverfahren nur mit der Auflage (und Forderung) einstellt,
dass der Beschuldigte die Zahlung eines Geldbetrages zugunsten der Staatskasse oder
einer gemeinnützigen Einrichtung vorzunehmen hat.[14] Da allerdings der Vorteil nicht
bloß allgemein »für die Dienstausübung«, sondern ganz konkret als Bedingung und
Gegenleistung für eine bestimmte Diensthandlung gefordert bzw. gewährt werde und
dies im Rahmen des Gesetzes von vornherein durch das zuständige Organ der Straf-
rechtspflege und damit durch den Repräsentanten des Staates geschieht, könne von
einer Straftat nicht die Rede sein. *Braun* führt aus, dass bei der Entscheidung bei der
Ausübung des ihm eingeräumten Ermessens durchaus die Gefahr des Missbrauchs
bestehen kann. Es sei nicht ausgeschlossen, dass sich der Zuweisende bei der Auswahl
der Empfängereinrichtung von Erwägungen leiten lasse, durch die Zuweisung einen
unmittelbaren oder mittelbaren Vorteil erlangen zu können. Ein Vorteil ist nach § 331
StGB in jeder Zuwendung zu sehen, auf die kein Anspruch besteht und die zu einer
objektiven materiellen oder immateriellen Besserstellung des Empfängers in seiner
wirtschaftlichen, rechtlichen oder auch nur persönlichen Lage führt.[15] In Literatur
und Rechtsprechung werden darunter materielle Zuwendungen jeder Art wie Geld,
Sachwerte, Rabatte, Einladungen zu Veranstaltungen, Urlaubsreisen o.ä. oder auch
immaterielle Vorteile wie Ehrungen oder Ehrenämter gesehen.

Braun weist auf die Neutralitätspflicht, wie sie sich für Beamtinnen und Beamte
aus Art. 33 Abs. 5 GG und § 35 BRRG sowie aus § 55 LBG NRW ergibt, hin, die ei-

---

13 Leitd. Oberstaatsanwalt Dr. *Günter Braun*, Detmold, StRR 2009, 44 ff.
14 So *Braun* wörtlich (Fn. 13).
15 *Braun* (Fn. 13), S. 45 mit weiteren Nachweisen.

ne von persönlichen Interessen unbeeinflusste Zuweisung von Geldauflagen an gemeinnützige Einrichtungen erfordert. In der Praxis erscheint dies zumindest in den regionalen Bereichen kein gravierendes Problem, weil hinreichende Kontrollen über die jährlichen Zusammenstellungen erfolgen und auch innerhalb der Staatsanwaltschaften Möglichkeiten bestehen, die Geldzuwendungen jedes einzelnen transparent zu machen.

Es erscheint sinnvoll, dafür Abstufungen vorzunehmen, aber keine zu hohen bürokratischen Hürden aufzutürmen. Es sollte auch weiterhin auf Vorschläge von Verteidigern gehört werden. Etwas anderes gilt möglicherweise bei Großverfahren wie Mannesmann, Zumwinkel oder anderen Wirtschaftssachen, bei denen oft erhebliche Geldzuwendungen verteilt werden. In solchen Verfahren erscheint es sinnvoll, entweder die Geldmittel Bundesverbänden zur gerechten Verteilung an Untergruppierungen oder für besondere Projekte zur Verfügung zu stellen oder sich den Hamburger und Saarländer Fondsgedanken zu eigen zu machen, auf den noch eingegangen wird.

III. Liste der Justiz

Die Justiz hat in den meisten Bundesländern eine sinnvolle Möglichkeit gefunden, die »Sauberkeit« der Organisationen auf ihrer Liste zu hinterfragen. So wird zum Beispiel in der »*Verwaltungsvorschrift des Thüringer Justizministeriums vom 12.1.2005 zu Geldauflagen in Strafsachen*«[16] eine Einrichtung in die Liste nur aufgenommen, wenn sie

a) ihre Satzung vorlegt, aus der sich auch die Ziele der Einrichtung ergeben, und ein Konto angibt, auf das Zahlungen geleistet werden können,

b) entweder einen Körperschaftsteuerfreistellungsbescheid oder eine vorläufige Bescheinigung des zuständigen Finanzamts vorlegt, dass sie zu den nach § 5 Abs. 1 Nr. 9 des Körperschaftsteuergesetzes bezeichneten Körperschaften, Personenvereinigungen oder Vermögensmassen gehört (Gemeinnützigkeitsbescheinigung),

c) sich verpflichtet, eine die Gemeinnützigkeit betreffende Satzungsänderung oder die Aufgabe der gemeinnützigen Tätigkeit unverzüglich mitzuteilen,

d) das für sie zuständige Finanzamt von der Wahrung des Steuergeheimnisses (§ 30 Abs. 4 Nr. 3 der Abgabenordnung) gemäß Vordruck soweit entbindet, dass dieses die listenführende Stelle von der Gewährung oder Versagung von Steuervergünstigungen wegen Verfolgung gemeinnütziger, mildtätiger oder kirchlicher Zwecke unterrichten darf,

e) sich verpflichtet,

   aa) den Eingang der zugewiesenen Geldbeträge zu überwachen,

   bb) säumige Zahlungspflichtige zu mahnen und, falls nicht binnen 4 Wochen nach Mahnung gezahlt wird, die zuweisende Stelle unverzüglich zu unterrichten und

   cc) die volle Bezahlung des Geldbetrages der zuweisenden Stelle unverzüglich mitzuteilen,

---

16 JMBl. Thüringen 01/05, S. 3.

f) sich verpflichtet, der listenführenden Stelle jährlich bis zum 1. März des Folgejahres – bei Zuweisung bis insgesamt 2.500 EUR nur auf Anforderung – über die Höhe der Zuweisung und über Höhe und Verwendung der eingegangenen Geldbeträge im abgelaufenen Kalenderjahr Auskunft zu geben (Rechenschaftslegung),

g) sich damit einverstanden erklärt, dass ihre Berichte über die Höhe der erhaltenen Geldbeträge und ihre Verwendung veröffentlicht werden, und

h) sich verpflichtet, auf Quittungen, die sie dem Zahlungspflichtigen erteilt, den Vermerk »*Die Zuwendung wurde aufgrund einer Auflage/Geldbuße geleistet und ist steuerlich nicht abzugsfähig.*« anzubringen.

Es heißt weiter, dass eine Einrichtung, die nach ihrem eigenen Vorbringen offensichtlich nicht als gemeinnützig angesehen werden kann oder die das zuständige Finanzamt nicht nach Nr. 3 Buchstabe d) von der Wahrung des Steuergeheimnisses entbindet, nicht in die Liste aufgenommen wird. Dasselbe gilt auch, wenn der listenführenden Stelle Tatsachen bekannt sind, die den Verdacht einer zweckwidrigen Verwendung von Mitteln durch die die Eintragung beantragende Einrichtung begründet. Gerade bei letzterem besteht die Möglichkeit, dass der Justiz über Strafanzeigen aus der Bevölkerung und/oder anderen eigenen Ermittlungen Tatsachen bekannt werden, die den Verdacht einer zweckwidrigen Verwendung von Mitteln durch die die Eintragung beantragende Einrichtung begründen können. Wie häufig frühzeitig in derartigen Fällen in einer Liste befindliche Organisationen aus der Liste entfernt werden oder inwieweit sie gar nicht erst aufgenommen werden, wird vermutlich nicht statistisch festgehalten und ist jedenfalls dem Verfasser nicht bekannt. Statistisch festgehalten werden in den meisten Bundesländern nur die Höhe der Geldzuweisungen und die bedachten Einrichtungen sowie die der Staatskasse zugewiesenen Beträge.

Diese von den Justizverwaltungen aufzustellenden Listen sind aufgrund eines Beschlusses der Justizminister und -senatoren der Länder bereits auf ihrer 42. Konferenz am 29./30.10.1973 entstanden. Es wurde vorgesehen, künftig in Anlehnung an das Rahmenmodell einer bundeseinheitlichen Regelung des Verfahrens bei der Zuweisung von Geldauflagen so zu verfahren und den für die Entscheidung über Zuwendungen von Geldbeträgen an gemeinnützige Einrichtungen zuständigen Richterinnen und Richtern sowie Staatsanwältinnen und Staatsanwälten die von der Justizverwaltung aufgestellte Liste als Orientierungshilfe zur Verfügung zu stellen. In der Liste sollten alle Einrichtungen aufgeführt sein, die nach Unterrichtung über Inhalt und Bedeutung dieser Liste um die Eintragung in das Verzeichnis nachsuchen. Schon damals wurde festgelegt, dass die Liste keinen Ausschließlichkeitscharakter haben sollte und die Berücksichtigung anderer, nicht eingetragener gemeinnütziger Einrichtungen zulässig blieb.

Seinerzeit wurde auch festgelegt, dass in die Liste für die Dauer von zwei Jahren jede Einrichtung eingetragen werden sollte, die dies beantragte und die den Kernforderungen Folge leistete. In der im bestimmten Turnus zu erstellenden Neuauflage der Liste sollten nur die Einrichtungen verbleiben, die innerhalb der letzten zwei Jahre Geldbeträge zugewiesen erhalten hatten oder ihre Wiederaufnahme beantragt haben. Der Umstand, dass ohne Zuweisung von Geldauflagen innerhalb von zwei Jahren die Einrichtungen aus der Liste gelöscht werden, aber ihre Neuaufnahme beantragen können, ist weitgehend unbekannt geblieben und sollte von Einrichtungen beherzigt werden, die auf den Empfang von Bußgeldern angewiesen sind.

IV. Bestimmungen in den einzelnen Bundesländern

1. Baden-Württemberg

Das Justizministerium Baden-Württemberg hat eine »*Verwaltungsvorschrift über Geldauflagen im Strafverfahren vom 19.12.2008*«[17] erlassen, die auf die Verwaltungsvorschriften vom 13.12.2001 und 9.3.2006 folgend ohne inhaltliche Änderungen neu erlassen worden ist. Es soll auch in Baden-Württemberg in Anlehnung an das Rahmenmodell einer bundeseinheitlichen Regelung des Verfahrens bei der Zuweisung von Geldauflagen so verfahren werden, um die angestrebte Bundeseinheitlichkeit zu erreichen. Während in Baden-Württemberg früher die Anlage von Verzeichnissen der gemeinnützigen Einrichtungen nicht allgemein üblich war, ist dies nunmehr eingeführt. Die zugewiesenen Geldbeträge werden auch weiterhin statistisch erfasst. Über die Art und Weise der Bußgeldzuweisungen durch Staatsanwaltschaft, Gericht oder Gnadenstelle scheint es keine Vorschriften oder Anweisungen zu geben, da nichts darüber berichtet wird.

2. Bayern

Das Bayerische Staatsministerium der Justiz und für Verbraucherschutz stellt klar, dass durch das Gericht verhängte Geldbußen nach dem Ordnungswidrigkeitenrecht dem Staatshaushalt zufallen und eine Zuweisung an gemeinnützige Einrichtungen nicht zulässig ist. Eine Zahlung zugunsten gemeinnütziger Einrichtungen komme nur bei Geldauflagen im Rahmen der Einstellung eines Strafverfahrens nach § 153a StPO oder bei der Strafaussetzung zur Bewährung nach § 56b StGB in Betracht.

Hierzu hat das Bayerische Staatsministerium der Justiz und für Verbraucherschutz am 10.12.2008 Anweisungen zu »*Geldauflagen im Strafverfahren zugunsten gemeinnütziger Einrichtungen*« erlassen.[18] Danach führt jeweils der Präsident des Oberlandesgerichts im Benehmen mit dem Generalstaatsanwalt für seinen Geschäftsbereich eine überregionale Liste von gemeinnützigen Einrichtungen und jeweils der Präsident des Landgerichts im Benehmen mit dem Leitenden Oberstaatsanwalt für seinen Geschäftsbereich eine regionale Liste. In diese – nicht abschließenden – Listen werden alle gemeinnützigen Einrichtungen eingetragen, die darum ersuchen und die notwendigen Erklärungen und Unterlagen vorlegen. Diese Listen stehen Gerichten und Staatsanwaltschaften zur Verfügung. Sie dienen nicht als Empfehlung, sondern lediglich der Information über die in Betracht kommende Einrichtung. Die Eintragung in einer solchen Liste ist nicht Voraussetzung für die Zuwendung einer Geldauflage.

Das Staatsministerium weist darauf hin, dass die Richter und Staatsanwälte grundsätzlich in eigener Verantwortung entscheiden, welcher gemeinnützigen Einrichtung im Einzelfall ein Geldbetrag zugewiesen wird. Bezüglich der Gerichte ergibt sich dies unmittelbar aus der richterlichen Unabhängigkeit. Das Bayerische Staatsministerium

---

17 VwV d. JuM v. 19.12.2008 (4005/0305), Die Justiz 2009, S. 60.
18 Veröffentlicht im Bayerischen Justizministerialblatt 2009, S. 12.

der Justiz und für Verbraucherschutz sieht erklärtermaßen aus grundsätzlichen Erwägungen und mit Blick auf unerfreuliche Erfahrungen, die in der Vergangenheit in anderen Ländern gemacht wurden, seit jeher von Empfehlungen gegenüber den Staatsanwaltschaften ab. Allerdings sind Staatsanwälte im Rahmen von Einstellungen nach § 153a StPO gehalten, Nr. 93 Abs. 4 der Richtlinien für das Straf- und Bußgeldverfahren (RiStBV) zu beachten. Die Richtlinie Nr. 93 Abs. 4 lautet: »Bei einer Einstellung nach § 153a StPO, bei der die Auflage erteilt wird, einen Geldbetrag zugunsten einer gemeinnützigen Einrichtung zu zahlen, oder bei der Erklärung der Zustimmung dazu, beachtet der Staatsanwalt neben spezialpräventiven Erwägungen, dass bei der Auswahl des Zuwendungsempfängers insbesondere Einrichtungen der Opferhilfe, Kinder- und Jugendhilfe, Straffälligen- und Bewährungshilfe, Gesundheits- und Suchthilfe sowie Einrichtungen zur Förderung von Sanktionsalternativen und Vermeidung von Ersatzfreiheitsstrafen in angemessenem Umfang berücksichtigt werden«.

Diese zum 1.1.2008 wirksam gewordene Neuregelung soll darauf hinwirken, dass Geldauflagen verstärkt »justiznahen« Einrichtungen zufließen, mit denen die Justiz in besonderem Maße zusammenarbeitet und von deren Tätigkeit sie profitiert. Das Bayerische Staatsministerium weist allerdings darauf hin, dass schon der Wortlaut »insbesondere« zeigt, dass Nr. 93 Abs. 4 RiStBV Zuwendungen an nicht justiznahe Einrichtungen keineswegs ausschließt.

3. Berlin

Die Senatsverwaltung für Justiz in Berlin hat mitgeteilt, dass die Festsetzung des Geldbetrages bei Auflagen nach § 153a StPO sowie die Auswahl der gemeinnützigen Organisationen dem Richter und dem Staatsanwalt obliegen. Zu ihrer Hilfe wird beim Amtsgericht Tiergarten eine Liste von gemeinnützigen Organisationen geführt. In die Liste kann jede gemeinnützige Organisation aufgenommen werden, die sich verpflichtet hat, über die Verwendung der Gelder Rechenschaft zu geben, und ihr Einverständnis erteilt hat, dass ein vorzulegender Rechenschaftsbericht veröffentlicht werden kann. Die Staatsanwaltschaft hat festgelegt, dass der jeweilige Staatsanwalt neben spezialpräventiven Erwägungen bei der Auswahl der Zuwendungsempfänger Einrichtungen nach Nr. 93 Abs. 4 RiStBV berücksichtigt. Der Anschein von Eigenbegünstigung, Eigeninteresse oder Bevorzugung ist zu vermeiden. Ab 1.500 EUR ist die Entscheidung dem jeweiligen Abteilungsleiter vorzulegen, ab 7.500 EUR dem Hauptabteilungsleiter und ab 50.000 EUR dem Behördenleiter.

4. Brandenburg

Auch das Ministerium der Justiz des Landes Brandenburg hat die bei ihm geltenden Grundlagen dargestellt. Die Zuweisung von Bußgeldern in Brandenburg wird durch die Allgemeine Verfügung »*Geldauflagen in Ermittlungs- und Strafverfahren zugunsten gemeinnütziger Einrichtungen*« vom 9.6.1995, zuletzt geändert durch die *Allgemeine Verfügung vom 31.8.2009*«, geregelt. Diese Verwaltungsvorschrift regelt insbesondere das Verfahren zur Aufnahme in die Liste der gemeinnützigen Einrichtungen und die statistische Erfassung der Geldauflagen. Die Verwaltungsvorschrift steht auf der Internetseite des Landes Brandenburg unter der Rubrik »Landesrecht Brandenburg« zur Verfügung[19].

5. Bremen

Der Senator für Justiz und Verfassung hat am 7.2.1992 die *Allgemeine Verfügung betreffend Zuwendung von Geldbeträgen an gemeinnützige Einrichtungen im Strafverfahren (4012/3)* erlassen. Danach wird als Orientierungshilfe von dem Präsidenten des Hanseatischen Oberlandesgerichts in Bremen und dem Generalstaatsanwalt in Bremen eine Liste erstellt, in die für zwei Jahre alle gemeinnützigen Organisationen eingetragen werden, die dies beantragen. Die Liste gibt Aufschluss über Verpflichtungsübernahmen nach bestimmten Kriterien. Einrichtungen mit örtlich begrenztem Wirkungskreis außerhalb des Landes Bremen werden auf das Verzeichnis des zuständigen Gerichtsbezirkes verwiesen. Es werden Geldzuwendungen von den Verwaltungsstellen statistisch nach Einrichtung, Höhe und Zahl der Geldzuwendungen erfasst und an den Generalstaatsanwalt zur Weiterleitung an den Justizsenator übermittelt.

6. Hamburg

Die Justizbehörde der Freien und Hansestadt Hamburg hat zur Darstellung der Verfahrensweise ihr Informationsschreiben und den Vordruck einer »Erklärung« für die Aufnahme in den »Sammelfonds für Bußgelder« sowie ein Hinweisblatt zum Verfahren übermittelt. Es wird in den Auskünften nicht streng unterschieden, dass nicht Geldbußen verteilt werden, sondern Geldauflagen. Es hat sich sprachlich allerdings auch eingebürgert, dass es um die Verteilung von Geldbußen geht.

Der Senat der Freien und Hansestadt Hamburg hat am 15.8.1972 beschlossen, für Gerichte und Staatsanwaltschaften neben dem bisherigen Verfahren, bei dem Gelder unmittelbar einzelnen Organisationen zugewiesen wurden, ein Sammelfondsverfahren zu schaffen. Dieses Verfahren ist dadurch gekennzeichnet, dass von den Gerichten und Staatsanwaltschaften als »Bußgeld«empfänger nicht eine bestimmte Einrichtung benannt, sondern ein Verwendungszweck (Fördergebiet) bestimmt und die »Geldbuße« einem Sammelfonds zugewiesen wird. Der Sammelfonds ist in Form eines Treuhandkontos bei der HSH Nordbank eingerichtet. Inhaber des Kontos ist der jeweilige Präsident/jeweilige Präsidentin des Hanseatischen Oberlandesgerichts, als Treuhänder/Treuhänderin für die Freie und Hansestadt Hamburg.

Das Treuhandkonto besteht aus vier Unterkonten (Sammelfonds), die zur Aufnahme der jeweils in

- Allgemeinen Strafsachen,
- Verkehrsstrafsachen,
- Jugendstrafsachen und
- Ermittlungsverfahren der Staatsanwaltschaften

---

19 www.bravors.brandenburg.de.

anfallenden Gelder dienen. Jedem der vier Sammelfonds ist ein Verteilungsgremium zugeordnet. Mitglieder dieser Gremien sind je ein Richter, ein Staatsanwalt, ein Vertreter der Justizbehörde sowie (beratend) je ein Vertreter der Behörde für Soziales und Gesundheit, Amt FS – und Amt SI. Hieran ist zu beanstanden, dass Vertreter der Anwaltschaft oder gemeinnütziger Organisationen wie etwa DSR nicht beteiligt werden. Die Verteilungsgremien treten zweimal jährlich, im Frühjahr und im Herbst, zu einer Beschlussfassung über die Verteilung der in den einzelnen Fonds angesammelten Bußgelder zusammen (Bußgeldverteilung); die Grundsätze für diese Bußgeldverteilung legen sie selbst fest. Bei der Verteilung sind die Gremien an die vorgegebene Zweckbestimmung gebunden.

Es heißt in dem Informationsschreiben weiter, dass die Justizbehörde den Gerichten und Staatsanwaltschaften für die zu treffende Zweckbestimmung die folgenden zehn Fördergebiete zur Verfügung gestellt hat, um den beteiligten Stellen die Arbeit zu erleichtern:

Fördergebiet 1   Straffälligen und Bewährungshilfe,
Fördergebiet 2   Allgemeine Jugendhilfe,
Fördergebiet 3   Hilfe für das behinderte Kind,
Fördergebiet 4   Hilfe für Gesundheitsgeschädigte,
Fördergebiet 5   Hilfe für Suchtgeschädigte,
Fördergebiet 6   Allgemeine Sozial- und Hinterbliebenenhilfe,
Fördergebiet 7   Wissenschaft, Bildung, Kunst
Fördergebiet 8   Verkehrserziehung und Verkehrssicherheit,
Fördergebiet 9   Natur- und Umweltschutz,
Fördergebiet 10   Hilfe für Opfer von Straftaten.

Dieser Katalog enthält eine abschließende Aufzählung der in Betracht kommenden Verwendungszwecke (Fördergebiete). Unabhängig von diesen Fördergebieten steht es den Richtern im Einzelfall jedoch frei, im Wege einer Direktzuweisung eine bestimmte Einrichtung namentlich zu benennen.

Grundlage für die Beschlussfassung der Verteilungsgremien ist eine von der Justizbehörde geführte »*Liste der für die Zuwendung von Bußgeldern in Betracht kommenden gemeinnützigen Einrichtungen*«. In diese Liste können Einrichtungen aufgenommen werden, die folgende Voraussetzungen erfüllen:

1. Sie dienen gemeinnützigen Zwecken im Sinne des Steuerrechts.
2. Sie haben ihren Sitz in Hamburg
   oder
   wirken für Hamburger Bürger (dieses Wirken für Hamburger Bürger muss einen nennenswerten Umfang im Rahmen der Gesamtaufgaben einnehmen).
3. Sie verpflichten sich, innerhalb von neun Monaten nach Auszahlung einer möglichen Bußgeldzuweisung, einen schlüssigen, qualifizierten Nachweis über die sachgemäße Verwendung dieser zugewiesenen Gelder der Justizbehörde einzureichen.
4. Sie erklären sich einverstanden mit einer Rückforderung durch die Justizbehörde, wenn der Nachweis nicht fristgemäß erbracht wurde.
5. Sie erklären sich bereit, die sachgemäße Verwendung der Bußgelder durch die Justizbehörde vor Ort prüfen zu lassen.
6. Sie erklären sich bereit zu einer Überprüfung dieser Verwendung durch den Rechnungshof der Freien und Hansestadt Hamburg.

Einrichtungen, die die Voraussetzung zu 2.) nicht erfüllen, können in einer gesonderten Liste, der »*II.-Liste*«, aufgenommen werden. Den in dieser Liste geführten Einrichtungen können Bußgelder durch die Gerichte direkt zugesprochen werden (Direktzuweisungen). Die Teilnahme an der Bußgeldverteilung ist jedoch ausgeschlossen. Die Aufnahmen in die Listen erfolgen jeweils zum 15. Februar und 15. August eines Jahres. Der Antrag ist jeweils bis spätestens 1. Januar bzw. 1. Juli an die Justizbehörde Hamburg, Justizverwaltungsamt, Sammelfonds für Bußgelder, zu stellen. Die erfolgte Aufnahme in die Liste der Bußgeldempfänger wird den Antragstellern mitgeteilt.

Mit der Aufnahme einer Einrichtung in eine der beiden Listen ist ein Rechtsanspruch auf Zuweisung von Bußgeldern nicht verbunden, worauf ausdrücklich hingewiesen wird. Der Antrag auf Aufnahme in die Liste verlangt neben einer Kopie der Satzung eine Selbstdarstellung der Einrichtung, eine Kopie des Körperschaftssteuerfreistellungsbescheides und einen Auszug aus dem Vereins-/Handelsregister bzw. eine Kopie des Genehmigungsschreibens der Stiftungsaufsicht. Die Einrichtung muss erklären, welchem überwiegenden gemeinnützigen Zweck sie dient und sich einem Fördergebiet unterordnen.

Sie muss ihren Sitz mitteilen und deutlich machen, in welcher Weise sie für Hamburger Bürger wirkt. Dabei wird ausdrücklich darauf hingewiesen, dass Einrichtungen, die ihren Sitz nicht in Hamburg haben, nach dem Senatsbeschluss vom 15.8.1972 nur dann in die Liste aufgenommen werden können, wenn sie im Rahmen ihrer Gesamtaufgaben in einem nennenswerten Umfang für Hamburger Bürger wirken. Deshalb muss der Antragsteller Art und Umfang seines Wirkens für Hamburger Bürger im Rahmen der Gesamtaufgaben der Einrichtung angeben und konkrete Erläuterungen dazu abgeben.

Die Freie und Hansestadt Hamburg weist darauf hin, dass die Verteilungsgremien nur die gemeinnützigen Einrichtungen mit einer möglichen Zuweisung bedenken können, von denen zu den Verteilungssitzungen eine Bittschrift fristgerecht übersandt wurde. Die Bittschrift muss ebenfalls bestimmte Voraussetzungen erfüllen, insbesondere Zweck und Höhe der erbetenen Zuweisung angeben; Art, Zweck und Höhe aller öffentlichen Gelder aus Hamburger Haushalten, die die Einrichtung im vergangenen oder im laufenden Jahr erhalten hat bzw. für das laufende Jahr beantragt hat, mitteilen. Darunter sind Gelder von Hamburger Behörden zu verstehen, z.B. regelmäßige oder einmalige Zuwendungen, aber auch Sondermittel des Bezirks o.ä. Zuwendungen des Sammelfonds für Bußgelder sind nicht aufzuführen. Es sind auch weiterhin umfangreiche Hinweise zum erforderlichen Versendungsnachweis angegeben.

7. Hessen

Das Hessische Ministerium der Justiz, für Integration und Europa hat hingewiesen auf den Runderlass vom 19.1.2007 des Ministeriums, der die hessischen Verfahrensweisen im Zusammenhang mit der Zuwendung von Geldbeträgen an gemeinnützige Einrichtungen und die Staatskasse regelt. Es handelt sich um den »*Runderlass Nr. 7*

Zuwendung von Geldbeträgen an gemeinnützige Einrichtungen und die Staatskasse, RdErl. d. MdJ v. 19.1.2007 (4012 – III/C 1 – 2006/11093 – III/A)«.[20]

Danach erstellt das Oberlandesgericht im Einvernehmen mit der Staatsanwaltschaft bei dem Oberlandesgericht jeweils zum 1. Mai eines Jahres eine gemeinsame Liste, in der Einrichtungen genannt werden, die als Empfängerstelle von Geldauflagen in Ermittlungs- und Strafverfahren sowie in Gnadensachen in Betracht kommen können. Überörtliche Einrichtungen werden ohne regionale Untergliederung genannt.

Eine Einrichtung, die die Aufnahme in die Liste beantragt, wird über Inhalt und Bedeutung der Liste unterrichtet. Sie wird darauf hingewiesen, dass die Aufnahme in die Liste keinen Rechtsanspruch auf Zuweisung von Geldauflagen begründet und auch keine Empfehlung an die Listenempfängerstelle darstellt. Sie wird außerdem unterrichtet, unter welchen Voraussetzungen sie bei einer Neuauflage der Liste nicht mehr berücksichtigt wird.

In § 5 wird geregelt, dass vor der Wiederaufnahme einer Einrichtung in die Liste die listenführende Stelle die Einrichtungen, denen nach der zentralen Jahresübersicht in dem vergangenen Jahr Geldauflagen zugewiesen worden sind, auffordert, für das abgelaufene Jahr mitzuteilen:
a) die Gesamthöhe der zugewiesenen Geldbeträge,
b) die Gesamtsumme der erhaltenen Geldbeträge und
c) die Verwendung der erhaltenen Geldbeträge.

Eine solche Aufforderung kann unterbleiben, wenn der betreffenden Einrichtung im vergangenen Jahr insgesamt weniger als 2.500 EUR zugewiesen worden sind oder wenn es sich um eine Einrichtung handelt, bei der als sicher vorausgesetzt werden kann, dass die zugewiesenen Gelder zweckgebunden verwendet werden (z.B. Einrichtungen, die der Prüfung eines Rechnungshofs unterliegen).

Nach § 6 wird eine Einrichtung in eine Neuauflage der Liste nicht wieder aufgenommen, wenn
1. die Einrichtung gemeinnützige Zwecke offensichtlich nicht mehr verfolgt,
2. der Einrichtung ihre Tätigkeit aufgrund behördlicher Anordnung untersagt ist,
3. der Einrichtung während der Dauer von zwei Jahren keine Geldauflagen zugewiesen worden sind und sie die Eintragung in die Liste nicht erneut beantragt,
4. die Einrichtung einen von ihr angeforderten Rechenschaftsbericht nicht oder nicht fristgemäß einreicht,
5. die geschäftsführenden oder sonst verantwortlichen Personen wegen Eigentums- oder Vermögensdelikten zum Nachteil der Einrichtung oder wegen vergleichbarer Straftaten bestraft worden sind und die Geschäfte weiterführen,
6. nach dem Inhalt des eingereichten Rechenschaftsberichts die erhaltenen Gelder nicht unmittelbar und ausschließlich zu den gemeinnützigen Zwecken verwendet werden,
7. die Einrichtung ihrer Mitteilungspflicht nach § 3 Ziff. 5, Buchstabe b) und c) nicht ordnungsgemäß nachkommt.

§ 8 sieht vor, dass die Listen führende Stelle die von den Einrichtungen vorgelegten Satzungen, Rechenschaftsberichte und andere Unterlagen sammelt. Sie macht die ein-

---

20 JMBl. 2007, S. 150.

gereichten Unterlagen den in Strafsachen tätigen Richterinnen und Richtern, Staats- und Amtsanwältinnen und Staats- und Amtsanwälten sowie den Gnadenbehörden auf Anforderung in geeigneter Weise zugänglich. Sie leitet die Erstausfertigung der Erklärung nach § 3 Ziff. 4 an das zuständige Finanzamt.

8. Mecklenburg-Vorpommern

Das Justizministerium Mecklenburg-Vorpommern hat mitgeteilt, dass es dort keine besonderen Vorgaben bezüglich der Zuweisung von Geldauflagen zugunsten gemeinnütziger Einrichtungen gibt. Die Staatsanwälte und Richter entscheiden grundsätzlich nach eigenem Ermessen. Dieses Ermessen wird bei Staatsanwältinnen und Staatsanwälten nur durch die Vorschrift der Nr. 93 Abs. 4 der Richtlinien für das Strafverfahren und das Bußgeldverfahren (RiStBV) begrenzt. Danach sollen sie neben spezialpräventiven Erwägungen bei der Auswahl des Zuwendungsempfängers insbesondere Einrichtungen der Opferhilfe, Kinder- und Jugendhilfe, Straffälligen- und Bewährungshilfe, Gesundheits- und Suchthilfe sowie Einrichtungen zur Förderung von Sanktionsalternativen und Vermeidung von Ersatzfreiheitsstrafen (d.h. justiznahe Einrichtungen) in angemessenem Umfang berücksichtigen.

9. Niedersachsen

Das Niedersächsische Justizministerium vertritt ebenfalls die Auffassung, dass die Richter und Staatsanwälte bei ihren Entscheidungen über die gemeinnützigen Empfänger der Zuweisungen von Geldauflagen frei von (konkreten) Weisungen zugunsten bestimmter Organisationen sind. Dies folge für die Richter schon aus ihrer verfassungsrechtlich gewährleisteten Unabhängigkeit, die jedwede Möglichkeit, auf die Verteilung der Gelder Einfluss zu nehmen, ausschließe. Dabei werde häufig eine gemeinnützige Einrichtung bedacht, deren Tätigkeit einen inhaltlichen Zusammenhang zu der Straftat oder den Beteiligten aufweist. Nach Auffassung des Niedersächsischen Justizministeriums soll durch diese Auswahl eine Auseinandersetzung des Täters mit seiner Tat gefördert werden, durch Geldauflagen würden Straftäter wirkungsvoll an ihr begangenes Unrecht erinnert. Staatsanwälte sollen zudem nach Nr. 93 Abs. 4 der Richtlinien für das Strafverfahren und das Bußgeldverfahren neben spezialpräventiven Erwägungen auch die »justiznahen« Zuwendungsempfänger in angemessenem Umfang berücksichtigen. Diese bundesweit geltende Regelung diene dazu, Einrichtungen zu helfen, die die Justiz bei der Erfüllung ihrer Aufgaben in besonderem Maße unterstützen.

Der Präsident des Oberlandesgerichts Oldenburg führt zentral für Niedersachsen ein Verzeichnis der gemeinnützigen Einrichtungen, die an der Zuweisung von Geldauflagen aus Ermittlungs-, Straf- und Gnadenverfahren interessiert sind. Die Aufnahme in die sogenannte Oldenburger Liste begründet aber keinen Anspruch auf die Zuweisung von Geldauflagen. Das Oberlandesgericht Oldenburg berichtet dem Niedersächsischen Justizministerium bis zum 31. Mai eines jeden Jahres die Summe der Zuweisungen des Vorjahres und legt Übersichten über die von den Gerichten und

Staatsanwaltschaften bedachten gemeinnützigen Einrichtungen, die Zuweisungen von mehr als 7.500 EUR erhalten haben, vor.

10. Nordrhein-Westfalen

Das Justizministerium des Landes Nordrhein-Westfalen verweist auf die »*AV Geld-auflagen in Ermittlungs-, Straf- und Gnadenverfahren zugunsten gemeinnütziger Einrichtungen*«.[21] Diese AV wird derzeit überarbeitet, sie wird jedoch noch nicht bei Redaktionsschluss vorliegen.

In der AV wird darauf hingewiesen, dass der Staatsanwalt das Gericht durch Vorschläge und Anregungen bei der Auswahl eines Empfängers unterstützt, wenn eine richterliche Entscheidung in Betracht kommt, durch die einem Beschuldigten nach § 56 b Abs. 2 Nr. 2 StGB, § 15 Abs. 1 Satz 1 Nr. 4 oder §§ 23, 45 JGG auferlegt wird, einen Geldbetrag zugunsten einer gemeinnützigen Einrichtung zu zahlen. Entsprechend der AV kann es sich im Einzelfall empfehlen, auf solche gemeinnützigen Einrichtungen hinzuweisen, deren Ziele zu dem verletzten Rechtsgut in Beziehung stehen. Bei dem Hinweis soll der Staatsanwalt nach Möglichkeit eigene Vorschläge des Beschuldigten beachten. Diese Gesichtspunkte berücksichtigt auch der Gnadenbeauftragte bei der Auferlegung eines Geldbetrages. Nach § 9 Abs. 2 Gnadenordnung für das Land Nordrhein-Westfalen (GnO NW) sollen Auflagen dazu dienen, dem Verurteilten sein Fehlverhalten deutlich zu machen und ihn dazu anzuhalten, für das begangene Unrecht Genugtuung zu leisten, insbesondere den durch die Tat verursachten Schaden wieder gutzumachen. Dem Verurteilten kann auch die Zahlung eines Geldbetrages zugunsten der Staatskasse oder einer gemeinnützigen Einrichtung binnen bestimmter Frist, ggf. in angemessenen Teilzahlungen auferlegt werden.

Die AV weist – wohl als einzige – deutlich darauf hin, dass zur Frage der Auswahl einer Empfängereinrichtung, bei der eine außerdienstliche, private Mitgliedschaft besteht, entsprechend einer Entscheidung des Dienstgerichtes für Richter bei dem Landgericht Düsseldorf, ein Beamter sich bei vorhandenen persönlichen Interessen jeder Amtshandlung zu enthalten hat, um Befangenheiten und auch nur den Anschein zu vermeiden, staatliches Handeln könne von den privaten Interessen der Amtsinhaber gesteuert sein. Von diesem Grundsatz ausgehend habe der Beamte die Pflichtwidrigkeit einer Bußgeldzuwendung an einen Verein, dem der entscheidende Amtsanwalt angehörte, auf Grund des dadurch möglicherweise hervorgerufenen negativen Eindrucks ableiten können. Verbleibende Zweifel hätte der Beamte durch Rückfrage bei dem Dienstvorgesetzten ausräumen müssen. Derartige Schritte durfte der Beamte nur dann unterlassen, wenn sich sein Verhalten auch bei einer strengen Auffassung von der Einhaltung der Beamtenpflichten als augenscheinlich unverfänglich darstellte.

Die AVA des JM Nordrhein-Westfalen macht auch – wohl als einzige – deutlich, dass der Begriff »gemeinnützig« im strafrechtlichen Sinne weiter zu fassen sei, als er in § 52 AO umschrieben ist, und auch mildtätige und kirchliche Zwecke im Sinne der §§ 53, 54 AO einschließen sowie auf Einrichtungen anzuwenden sei, deren Tätigkeit

---

21 AV des JM v. 26.6.1985 (4100-III A.210) in der Fassung v. 28.10.2003, JMBl. NW, S. 267.

nur einem beschränkten Personenkreis nutze, sofern durch die Erfüllung des Zwecks der Einrichtung Belange der Allgemeinheit gefördert werden. In dieser Deutlichkeit wird in den anderen Bundesländern nicht klar gestellt, dass auch kirchliche Zwecke oder mildtätige Zwecke ausreichen, entsprechenden Einrichtungen Geldbeträge zuzuweisen und sie auf die Listen zu setzen und auch Tätigkeiten ausreichen sollen, die nur einem beschränkten Personenkreis nutzen, sofern mit dem Zweck der Einrichtung Belange der Allgemeinheit gefördert werden, wobei diese Formulierung nicht ganz ohne Bedenken erscheint.

Die Einrichtungen, denen Geldauflagen zugewiesen worden sind, werden aufgefordert, in kurzen Berichten Auskunft über die Verwendung der zugewiesenen Geldbeträge zu geben, damit die an der Zuweisung Beteiligten und die Öffentlichkeit Einblick in die Verwendung der Gelder erhalten können. Hier wird versucht, Transparenz in die Vergabepraxis dadurch zu bringen, dass die Öffentlichkeit Einblick in die Verwendung der Gelder erhält oder zumindest erhalten kann. Die Einrichtungen müssen die üblichen Verpflichtungen eingehen und Unterlagen vorlegen, wie es auch in den meisten anderen Bundesländern verlangt wird.

In Nordrhein-Westfalen müssen die Einrichtungen zusätzlich noch drei Monate nach der Mitteilung der vollständigen Bezahlung des Geldbetrages an die geldauflagen zuweisende Stelle oder nach Mitteilung dieser Stelle an die Einrichtung, dass das Verfahren anderweitig (auch ohne Auflagenerfüllung) erledigt sei, die mitgeteilten personenbezogenen Daten bis auf das Aktenzeichen löschen.

Die Listen werden von den Präsidenten der Oberlandesgerichte und den Generalstaatsanwälten für ihren Geschäftsbereich als überregionale Listen geführt. Neben dieser Liste führen die Präsidenten der Landgerichte und die Leitenden Oberstaatsanwälte für ihren Geschäftsbereich gemeinsame Zusatzlisten, die sie dem Präsidenten des Oberlandesgerichts und dem Generalstaatsanwalt mitteilen. In diese Zusatzlisten sind die Einrichtungen aufzunehmen, deren Wirkungskreis den Bezirk des betreffenden Landgerichts nicht überschreitet. Die Listen werden einmal jährlich, möglichst zu Jahresanfang, neu herausgegeben. Die überregionale Liste und die Zusatzliste sind in den Beratungszimmern und auf den Geschäftsstellen der Gerichte zur Einsichtnahme durch Schöffen und Jugendschöffen auszulegen. Besonders interessierten Schöffen sind die Listen auf Antrag auszuhändigen. Es wird nicht geregelt, ob auch anderen Interessierten die Listen ausgehändigt werden dürfen, was wohl ebenfalls zur Transparenz beitragen würde. Die Listen führende Stelle leitet die Erstausfertigung der Entbindung von der Schweigepflicht an das zuständige Finanzamt weiter. Bestehen z.B. aufgrund einer Mitteilung eines in Strafsachen tätigen Richters oder Staatsanwalts Anhaltspunkte dafür, dass eine in die Liste eingetragene Einrichtung ihr zugeflossene Gelder in einer mit der Gemeinnützigkeit der Einrichtung nicht zu vereinbarenden Weise verwendet, und kann die Einrichtung die vorhandenen Bedenken innerhalb einer von der listenführenden Stelle zu bestimmenden angemessenen Frist nicht ausräumen, so teilt die Listen führende Stelle ihre Bedenken den zur Zuweisung von Geldauflagen in Ermittlungs-, Straf- und Gnadenverfahren Berechtigten und – soweit es sich um eine Einrichtung handelt, die nach dem Steuerrecht gemeinnützig ist – der zuständigen Finanzbehörde mit. Auch hier handelt es sich um eine wirksame Möglichkeit, »schwarze Schafe« aus den Listen zu löschen und dafür zu sorgen, dass sie keine Geldzuwendungen mehr erhalten. Die Einrichtung wird im Übrigen gelöscht, wenn sie während der Dauer von drei Jahren keine Geldauflagen zugewiesen erhalten hat und sie die Eintragung in die Liste nicht erneut beantragt. Alle Einrichtungen, denen Geldauflagen zugewiesen worden sind, haben für das abgelaufene Jahr entsprechend einer Aufforderung die Gesamthöhe der zugewiesenen Geldbeträge, der erhaltenen Geldbeträge und die Verwendung der erhaltenen Geldbeträge mitzuteilen. Die Aufforderung unterbleibt nur bei den Einrichtungen, denen im abgelaufenen Jahr weniger als 1.000 EUR zugewiesen wurden.

11. Rheinland-Pfalz

In Rheinland-Pfalz werden entsprechend einer Mitteilung des Ministeriums der Justiz bei den beiden Oberlandesgerichten des Geschäftsbereichs, Koblenz und Zweibrücken, im Einvernehmen mit den Generalstaatsanwaltschaften jeweils eine Liste geführt, in die gemeinnützige Einrichtungen aufgenommen werden, die um Berücksichtigung bei der Zuweisung von Geldauflagen nachsuchen. Die in Strafsachen tätigen Richterinnen und Richter, Staatsanwältinnen und Staatsanwälte, Amtsanwältinnen und Amtsanwälte sowie die Gnadenbehörden entscheiden bei der Erteilung einer Geldauflage in eigener Zuständigkeit, welcher Einrichtung das Geld zufließen soll. Es ist eine »*Verwaltungsvorschrift vom 6.3.1995 des Ministeriums der Justiz*«[22] erlassen worden, in der die Eintragungsvoraussetzung und das weitere Verfahren geregelt ist. Die Weitergeltung der Verwaltungsvorschrift, deren Gültigkeit am 31.12.2009 abläuft, ist veranlasst.

Eine Einrichtung, die nach ihrem eigenen Vorbringen offensichtlich nicht als gemeinnützig angesehen werden kann oder deren satzungsmäßige Tätigkeit sich nicht auf den Bezirk des betreffenden Oberlandesgerichts erstreckt, wird nicht in die Liste aufgenommen. Die Listen werden zum 1. Juni eines jeden Jahres neu aufgelegt. Änderungen werden von den Gerichten vermerkt und bei der nächsten Neuauflage berücksichtigt. Die Listen führenden Stellen fordern jährlich mindestens zwanzig eingetragene, im Vorjahr nicht geprüfte Einrichtungen, denen nach dem Verzeichnis in dem vorangegangenen Jahr Geldauflagen zugewiesen worden sind, auf, für das abgelaufene Jahr bezüglich des betreffenden Oberlandesgerichtsbezirks die Gesamthöhe der zugewiesenen Geldbeträge, die Gesamtsumme der erhaltenen Geldbeträge und die Verwendung der erhaltenen Geldbeträge mitzuteilen.

Die Listen führende Stelle sammelt die von den Einrichtungen vorgelegten Satzungen, Rechenschaftsberichte und andere Unterlagen. Sie macht die eingereichten Unterlagen den Entscheidern und den Gnadenbehörden auf Anforderung in geeigneter Weise zugänglich.

12. Saarland

Auch im Saarland treffen die Gerichte ihre Entscheidungen im Rahmen ihrer richterlichen Unabhängigkeit. Für die Staatsanwälte gilt die »*AV des Justizministeriums Nr. 11/2003 vom 6.10.2003*«. Danach ist bei der Gerichtskasse in Saarbrücken ähnlich wie

---

22 VwV des Ministeriums der Justiz v. 6.3.1995 (4012-1-10/95), JBl. 1995, S. 82.

in Hamburg zentral für das gesamte Saarland ein Konto als »Sammelkonto« eingerichtet, zu dem Unterkonten bestehen, die den in Ziff. 1 der AV festgelegten ausschließlich gemeinnützigen Verwendungszwecken zugeordnet sind:
1. Einrichtungen zur Straffälligen- und Bewährungshilfe, zur Förderung von Sanktionsalternativen und zur Vermeidung von Ersatzfreiheitsstrafen
2. Opferhilfeeinrichtungen
3. Einrichtungen der Kinder- und Jugendhilfe
4. Einrichtungen der Gesundheits- und Suchthilfe
5. sonstige gemeinnützige Zwecke.

Zahlungsauflagen der Staatsanwaltschaft sind grundsätzlich diesem »Sammelfonds für Zahlungsauflagen« zuzuweisen, wobei einer der vorgenannten Verwendungszwecke angegeben werden kann. Wenn im Einzelfall eine andere gemeinnützige Einrichtung als der Sammelfonds unmittelbar bedacht werden soll, ist die Begründung dafür in den Handakten zu vermerken und dem Abteilungsleiter/der Abteilungsleiterin vor der Entscheidung zur Zustimmung vorzulegen.

Die Mittel des Fonds werden durch ein Gremium der Staatsanwaltschaft zwei Mal jährlich verteilt, das sich aus dem Behördenleiter und den vier dienstältesten Abteilungsleitern/innen zusammensetzt. Das Gremium ist bei der Verteilung der Mittel frei, soweit sie gemeinnützigen oder mildtätigen Zwecken im Sinne des Steuerrechts dienen. Die Zweckbestimmungen der Unterkonten sind jedoch angemessen zu berücksichtigen. Insbesondere soll eine Zuwendung mindestens in Höhe eines Anteils von 10 % der im Jahr zuvor insgesamt an gemeinnützige Einrichtungen und der Staatskasse zugeflossenen Zahlungsauflagen an Opferhilfeeinrichtungen zugewandt werden. Die Befugnis der Staatsanwaltschaft, Beschuldigten die Zahlung eines Geldbetrages zugunsten der Staatskasse aufzuerlegen, bleibt unberührt. Hier gilt die gleiche Kritik zur fehlenden Transparenz und einseitigen Zusammensetzung der Entscheider wie für Hamburg.

13. Sachsen

Das Sächsische Staatsministerium der Justiz und für Europa verweist auf eine »Verwaltungsvorschrift des Staatsministeriums der Justiz über die Geldauflagen in Strafverfahren zugunsten gemeinnütziger Einrichtungen (VwV Geldauflagen) vom 10.3.2004 mit letzter Änderung vom 23.9.2008 mit Wirkung vom 29.10.2008«.[23] Diese Verwaltungsvorschrift befasst sich in erster Linie mit der Liste gemeinnütziger Einrichtungen. Die Liste wird vom Präsidenten des Oberlandesgerichts im Benehmen mit dem Generalstaatsanwalt des Freistaates Sachsen geführt. In die Liste werden alle gemeinnützigen Einrichtungen aufgenommen, die um Zuweisung von Geldauflagen in Strafverfahren nachgesucht und die nach der Verwaltungsvorschrift erforderlichen Unterlagen vorgelegt haben. Die Liste ist gegliedert in drei Abteilungen:
a) Einrichtungen mit einem auf einen Landgerichtsbezirk beschränkten Wirkungskreis,
b) Einrichtungen mit einem landesweiten Wirkungskreis,
c) Einrichtungen mit einem bundesweiten Wirkungskreis.

---

23 Unter »www.recht.sachsen.de« und Sächs.JMBl. 2004, S. 38 und 2008, S. 398.

Die Liste wird spätestens alle zwei Jahre erneuert, wobei Einrichtungen nicht erneut aufgenommen werden, die ihren Verpflichtungen nicht oder nicht vollständig nachgekommen sind. Es können halbjährlich Nachträge zur Liste erstellt werden, in die Neuaufnahmen, Änderungen und Streichungen aufgenommen werden. Der Präsident des Oberlandesgerichts bestimmt, welche Einrichtungen zu welchem Zeitpunkt um Rechenschaftsberichte über die satzungsgemäße Verwendung der zugewiesenen Gelder gebeten werden. Für Einrichtungen mit einem auf einen Landgerichtsbezirk beschränkten Wirkungskreis kann die Prüfung auch dem jeweiligen Landgericht übertragen werden, in dessen Bezirk die Einrichtung ihren Sitz hat. Eine Zusammenfassung des Prüfungsberichts soll den Gerichten, Staatsanwaltschaften und dem Staatsministerium der Justiz zur Kenntnis gegeben werden.

14. Sachsen-Anhalt

Das Justizministerium von Sachsen-Anhalt hat eine »*Verwaltungsvorschrift vom 1.3.1991, zuletzt geändert am 15.2.1995*«[24] für gemeinnützige Einrichtungen als Empfänger von Geldbußen erlassen. Darin ist die Führung eines Verzeichnisses geregelt. Das Verzeichnis wird vom Präsidenten des Oberlandesgerichts Naumburg für das Land Sachsen-Anhalt geführt über gemeinnützige Einrichtungen, die an der Zuweisung von Geldauflagen in Ermittlungs-, Straf- und Gnadenverfahren interessiert sind.

Nach dem Wortlaut dieser AV, die auch der Überschaubarkeit der Zuweisung und des Empfängerkreises dienen soll, sind die genannten Merkmale nicht Voraussetzung für die Aufnahme in das Verzeichnis, da das Verzeichnis nur darüber Aufschluss gibt, ob die Einrichtung entsprechende Mitteilungen gefertigt oder Verpflichtungen übernommen hat. Gemeint ist sicherlich aber, dass nur bei entsprechenden Erklärungen der Einrichtung ihre Aufnahme in das Verzeichnis erfolgt. Das Verzeichnis wird alle zwei Jahre vom Präsidenten des Oberlandesgerichts, erstmals zum 1.1.1996 erneuert. Die jeweils neu gefassten Verzeichnisse werden den Präsidenten der Landgerichte und Amtsgerichte Halle-Saalkreis und Magdeburg, dem Generalstaatsanwalt und den Leitenden Oberstaatsanwälten zur Weiterleitung an ihre Richter und Staatsanwaltschaften als Orientierungshilfe zur Verfügung gestellt. Der Präsident des Oberlandesgerichts und der Generalstaatsanwaltschaft teilen dem Justizminister bis zum 31. März eines jeden Jahres den Gesamtbetrag der Zuweisungen des Vorjahres in ihrem Geschäftsbereich mit, wobei daneben eine Aufgliederung etwa in die Bereiche
a) Straffälligen- und Bewährungshilfe,
b) Allgemeine Jugendhilfe,
c) Hilfe für gesundheitsgeschädigte und behinderte Kinder,
d) Hilfe für Suchtgefährdete,
e) Alten- und Hinterbliebenenhilfe,
f) Allgemeines Sozialwesen,
g) Verkehrserziehung und Verkehrssicherheit,
h) Natur- und Umweltschutz,
i) Sonstiges

24 MBl. LSA 1991, S. 109 und 1995, S. 336.

erfolgen soll. Außerdem teilen sie die zehn Empfänger von Geldauflagen mit den auf diese entfallenden Geldbeträge mit, die in ihrem Geschäftsbereich jeweils die höchsten Zuweisungen erhalten haben. Zu den Empfängern zählt auch die Landeskasse des Landes Sachsen-Anhalt. Die nachgeordneten Behörden übermitteln dem Präsidenten des Oberlandesgerichts und dem Generalstaatsanwalt die für die Zusammenstellung notwendigen Unterlagen. Besondere Vorgaben (Wertgrenzen/Bedeutung des Vorgangs etc.) existieren darüber hinaus nicht. Welcher gemeinnützigen Einrichtung eine Geldbuße zukommt, entscheidet nach Mitteilung des Justizministeriums der Richter bzw. Staatsanwalt eigenständig und frei.

15. Schleswig-Holstein

Nach Auskunft des Ministeriums für Justiz, Gleichstellung und Integration des Landes Schleswig-Holstein führt in Schleswig-Holstein der Präsident des Schleswig-Holsteinischen Oberlandesgerichts aufgrund der »*Allgemeinen Verfügung über Geldauflagen im Strafverfahren zugunsten gemeinnütziger Einrichtungen vom 14.10.1974, letztmalig geändert und neu gefasst durch Allgemeine Verfügung vom 18.4.2006*«[25], ein Verzeichnis der an der Zuweisung von Geldauflagen in Strafverfahren interessierten gemeinnützigen Einrichtungen. Letztlich entscheiden nach Auskunft des Ministeriums die Staatsanwältinnen und Staatsanwälte – oft in Absprache mit den am Ermittlungsverfahren beteiligten Personen – in eigener Verantwortung, an welche gemeinnützige Einrichtung die festgesetzte Geldbuße zu zahlen ist. Das Ministerium führt weiter aus, dass zu den gemeinnützigen Einrichtungen auch die zahlreichen Opferschutzeinrichtungen des Landes gehören. Gerade diese seien infolge der geringer werdenden Zuteilungen aus dem Landeshaushalt auf Zuweisungen von Geldbußen von den Staatsanwaltschaften angewiesen, um ihre gemeinnützigen Aufgaben wahrnehmen zu können. Ein mit Unterstützung von Schleswig-Holstein unternommener Versuch, die bevorzugte Berücksichtigung von justiznahen Einrichtungen bei der Verteilung von Geldauflagen in die die Staatsanwaltschaft im Innenverhältnis bindenden Richtlinien für das Straf- und Bußgeldverfahren aufzunehmen, habe sich jedoch bislang nicht durchgesetzt. Um das Anliegen in Schleswig-Holstein weiter zu befördern, habe der Generalstaatsanwalt einen Appell an die örtlichen Staatsanwaltschaften gerichtet, sich des Themas verstärkt anzunehmen. So habe die Staatsanwaltschaft Lübeck zur Erreichung des befürworteten Ziels die hausinterne Empfehlung erteilt, nach Möglichkeit justiznahe Einrichtungen, die insbesondere im Bereich des Opferschutzes tätig seien, bei der Zuweisung von Geldbußen zu berücksichtigen. Zudem habe der Generalstaatsanwalt den Staatsanwältinnen und Staatsanwälten eine gesonderte Liste justiznaher Einrichtungen des Landes zur Verfügung gestellt. Diese besondere Liste des Generalstaatsanwaltes für die Staatsanwältinnen und Staatsanwälte scheint eine Besonderheit des Landes Schleswig-Holstein zu sein, deren Übereinstimmung mit den bundeseinheitlich geltenden Richtlinien zweifelhaft erscheint. Die Regelungen in der AV vom 18.4.2006 entsprechen im Wesentlichen den auch in anderen Bundesländern eingeführten Richtlinien.

25 II 303/4012-26c SH, SchlHA 2006, S. 158.

16. Thüringen

Das Justizministerium des Freistaats Thüringen hat mitgeteilt, dass über die gelten-den einschlägigen bundeseinheitlichen Regelungen[26] hinaus im Freistaat Thüringen durch *Rundverfügung der Thüringer Generalstaatsanwaltschaft vom 1.11.2005* ledig-lich angeordnet ist, seitens der Staatsanwaltschaften darauf hinzuwirken, einseitige Bevorzugungen einzelner Einrichtungen zu vermeiden. Weitergehende Anweisungen und/oder Empfehlungen an die Strafrechtspraxis gibt es im Freistaat Thüringen nicht.

V. Resümee

Die Vergabepraxis für Geldauflagen in Ermittlungs-, Straf- und Gnadenverfahren zu-gunsten gemeinnütziger Einrichtungen ist bundeseinheitlich nur in den Richtlinien für das Straf- und Bußgeldverfahren (RiStBV) für die Staatsanwaltschaft geregelt in der Weise, dass der Staatsanwalt neben spezialpräventiven Erwägungen beachten soll, dass bei der Auswahl des Zuwendungsempfängers insbesondere Einrichtungen der Opferhilfe, Kinder- und Jugendhilfe, Straffälligen- und Bewährungshilfe, Gesund-heits- und Suchthilfe sowie Einrichtungen zur Förderung von Sanktionsalternativen und Vermeidung von Ersatzfreiheitsstrafen in angemessenem Umfang berücksichtigt werden. Danach werden auch Listen geführt, die den Staatsanwaltschaften und Ge-richten zur Berücksichtigung und Auswahl bei Geldauflagen vorliegen. In allen Bun-desländern ist festgelegt, dass diese Listen keinen verbindlichen Charakter haben, sondern nur der Erleichterung einer Zuweisung dienen. Die Zuweisungsmodalitäten sind in den Bundesländern unterschiedlich geregelt. In der Freien und Hansestadt Hamburg und im Saarland besteht die Besonderheit, dass Geldauflagen einem ge-meinsamen Geldfonds zugeführt werden und die Verteilung dieses Fonds, unterteilt in verschiedene Zweckbereiche, durch ein von Staatsanwaltschaft und Gericht gebil-detes Gremium erfolgt, wobei in Hamburg von Antragstellern verlangt wird, dass sie die Geldzuwendungen im wesentlichen für Hamburger Bürgerinnen und Bürger ver-wenden und die Verteilung auf Grund von Bittschriften erfolgt.

Die Voraussetzungen für eine Transparenz der Zuwendungen sind nur insoweit vorhanden, als sich die Zuwendungsempfänger verpflichten müssen, mit einer Veröf-fentlichung ihrer Berichte einverstanden zu sein. Die Listeninhalte und die Verteilung werden nicht wirklich öffentlich gemacht, sondern nur den Verteilungsstellen im Int-ranet bekannt gegeben. Eine allgemeine öffentliche Kontrolle würde verhindern kön-nen, dass einige Empfänger von hohen Zahlungsauflagen, etwa in Wirtschaftsstraf-verfahren sehr viel mehr profitieren als andere. Für Großverfahren mit hohen Geldauflagen sollten nicht nur subjektive Verteilungskriterien einzelner Entscheider maßgeblich sein, weil die Gefahr besteht, dass ihnen der Überblick fehlt. Die »Ham-burger« Lösung erscheint mir als denkbarer Ansatz, der allerdings noch verbesse-rungsfähig ist. Insbesondere die Begrenzung darauf, dass die »Bittsteller« für Ham-burger Bürger wirken müssen, erscheint nicht unbedingt mit dem weltmännischen

---

26 Fn. 16.

Image des Hamburger Wesens in Übereinstimmung zu stehen. Zumindest sollte ein Förderbereich für »Sonstiges« oder für »Internationale Katastrophenhilfe« gebildet werden.

Für die »normalen« Geldauflagen bis etwa 20.000 EUR im Einzelfall erscheint es angemessen, wenn sie in der Region verteilt werden und keine unnötigen bürokratischen Hürden aufgebaut werden. Allerdings würde auch hier die allgemeine Veröffentlichung nicht schaden, sondern für alle Nutzen bringen. Beachtenswert erscheint, dass zumeist von den Einrichtungen, die Zuwendungen erhalten wollen, eine Schweigepflichtentbindungserklärung verlangt wird, mit der die zuständigen Finanzämter im Hinblick auf die Gemeinnützigkeit der Einrichtungen Auskunft geben dürfen. Diese Verfahrensweise sollte auch für andere Zuwendungsempfänger Schule machen, damit »schwarze Schafe« leichter erkennbar werden.

VI. Summary

The practice of allocating monetary payments (Auflagen) in various forms of criminal proceedings to the benefit of non-profit institutions is regulated for public prosecutors at the federal level only in the regulations on criminal fine procedures (Richtlinien für das Straf- und Bußgeldverfahren (RiStBV)). These provide that the public prosecutor, alongside specifically preventative considerations, should consider in the choice of recipient particularly institutions which support victims of crime, children and juveniles, those at risk of conviction or on probation, as well as health and addiction support agencies or institutions for the promotion of alternative punishments and the appropriate avoidance of custodial sentences. Lists are also provided which public prosecutors and the courts can refer to when considering payments. It is required in all federal states that the lists have no binding force but merely facilitate an allocation. The conditions for allocations are regulated differently across the federal states. The Free and Hanseatic State of Hamburg and Saarland have the peculiar feature that monetary allocations are paid into a common fund for allocation among various purposes by a committee formed by the public prosecutor's office and the courts. In Hamburg applicants for allocations are required to use the allocations largely for the benefit of the citizens of Hamburg and allocations are based on written requests.

It is notable that at institutions requesting an allocation are required to give a declaration of confidentiality to the competent taxation authorities regarding their non-profit status. This procedure should be applied to other recipients of funds in order that "black sheep" are easier to identify.

Die Funktion der Gemeinnützigkeit im Sozialstaat Deutschland – Insbesondere zur Aufgabe der Kirchen

Ulrich Karpen

I. Das Problem

Das Thema »Die Funktion der Gemeinnützigkeit im Sozialstaat Deutschland« ließe sich gewiss aus nationalrechtlicher Sicht behandeln, ohne auf das Europarecht eingehen zu müssen. Es sind aber die praktischen und Rechtsfragen, welche die Behandlung der Freigemeinnützigen Träger, in Sonderheit der Diakonie und der Caritas, im Wettbewerbs- und Beihilferecht der Europäischen Verträge aufwirft, welche deren Arbeit erheblich belasten. Sie führen zu Rechtsunsicherheit und zu einem weiten Ausgreifen der Kommission und des EuGH auf ein Arbeitsfeld, in dem diese nach vielfacher Auffassung keine Kompetenz haben. Das gilt nicht nur für das Sozialrecht, sondern auch für kulturrechtliche, steuerrechtliche und andere Aufgabenfelder. In schöner, bemerkenswerter Offenheit räumt der Präsident des Europäischen Gerichtshofes, *Vassilios Skouris*, in einem FAZ-Interview vom 28. Juli 2008[1] ein, es gebe überhaupt keinen Zweifel, dass etwa das Steuerrecht in die Zuständigkeit der Mitgliedstaaten, nicht der Europäischen Gemeinschaft gehöre. »Wenn man aber einen europäischen Bürger fragt, ob er sich einen Binnenmarkt ohne eine Mindestharmonisierung der direkten Steuern vorstellen kann, dann wird die Antwort lauten: nein, das kann ich mir nicht vorstellen. Eine gewisse Harmonisierung muss es also geben.« Wenn die gefühlte Regelungsbedürftigkeit zur Begründung einer europäischen Kompetenz reicht? Im Übrigen meint *Skouris*, entgegen dem Subsidiaritätsprinzip gebe es in Europa eine Tendenz zur Zentralisierung. Das sei so ähnlich wie im Bundesstaat. Auch diese Beobachtung einer Normativität des Faktischen tröstet nicht so recht. Die Versuche der Politik der Kommission und der Rechtsprechung des EuGH, die Kompetenz der Gemeinschaft auf soziale und kulturelle Aufgaben auszudehnen, werden kritisch beurteilt.[2] Die Mitgliedstaaten müssen sich gegen einen ökonomischen Imperialismus aus Brüssel schützen. Mit Wirtschaft ist alles »irgendwie« verbunden.

---

1 »Irgendeine Begründung reicht nicht.«, FAZ v. 28.7.2008.
2 Vgl. *von Bogdandy*, Zweierlei Verfassungsrecht. Europäisierung als Gefährdung des gesellschaftlichen Grundkonsenses, Der Staat 39 (2000), 163 f.

Man darf aber nicht bei dieser Kompetenzfrage – und wie es scheint, Feststellung einer Kompetenzüberschreitung – stehen bleiben, sondern muss etwas tiefer ansetzen. Das Problem der richtigen Zuordnung der Arbeit der Freigemeinnützigen Träger hat zu tun mit dem europäischen und dem mitgliedsstaatlichen Verständnis des Verhältnisses von Staat und Gesellschaft, von Solidarität, Subsidiarität, Pluralität und – was die kirchlichen Werke angeht – den Grundlagen des Staat-Kirche-Rechts, das jeweils nationalstaatliche Wurzeln hat. Das gilt besonders für Deutschland. Wie die Europäische Gemeinschaft, Deutschland und die Kirchen zueinander stehen, sind Kernfragen der nationalen kulturellen Identität, in die die Gemeinschaft nicht eingreifen darf. Es scheint, als hätten die Gemeinschaftsorgane keine hinreichende Vorstellung vom deutschen Sozialrechtssystem, in dem weder der Staat allein noch die Wirtschaft, sondern auch gemeinnützige Träger in freier Trägerschaft und Selbständigkeit in Zielsetzung und Durchführung öffentliche Aufgaben erfüllen. Der »Dritte Sektor« ist kennzeichnend für das deutsche Verständnis von Staat und Gesellschaft: hoheitlich eingreifender und leistender Staat hier, grundrechtlich geschützte Gesellschaft dort. Die Unterscheidung von Staat und Gesellschaft ist eine Bedingung der rechtsstaatlichen Freiheit, wie sie im Grundgesetz verankert ist.[3]

Diesen Fragen soll in vier Schritten nachgegangen werden:

1. Zunächst ist zu untersuchen, was es mit dieser nationalen kulturellen Identität Deutschlands auf sich hat.
2. Sodann wird geschildert, wie die gemeinwohldefinierten öffentlichen Aufgaben, in Sonderheit die sozialen Aufgaben, durch den Sozialstaat und gemeinnützige Träger, also »Private«, im Sinne der Differenz von Staat und nichtstaatlichem Bereich, erledigt werden.
3. Anschließend soll – kürzer – auf die Rolle der Kirchen eingegangen werden.
4. Schließlich ist ein Blick auf die erwähnten europarechtlichen Probleme zu werfen.

Abschließend Weniges zu der Frage, was zu tun ist.

1. Deutsche nationale und kulturelle Identität

a) Kulturbegriffe

Wenn hier von nationaler Kultur die Rede ist, wird Kultur im weiteren Sinne verstanden. Sie ist Inbegriff der typischen Lebensformen, Werteinstellungen und Verhaltensweisen eines Volkes.[4] Kultur im engeren Sinne ist ein wichtiger Ausschnitt dieser Lebensform. Sie ist ein wichtiges Element der Identität eines Volkes, des Einigseins einer Gesellschaft mit sich selbst und des daraus folgenden Bewusstseins ihrer Eigenart und Besonderheit in Abgrenzung zu anderen Gesellschaften. Die Herstellung der Bewusstheit eines Ganzen, die Einigung und Einigkeit einer Gesellschaft nennt man Integration, mehr eine permanente Aufgabe als ein Zustand. Die Rechtskultur eines Volkes ist ein Niederschlag der Wertvorstellungen zur ganzheitlichen Einheit des

---

3 *Karpen*, Die Unterscheidung von Staat und Gesellschaft als Bedingung der rechtsstaatlichen Freiheit, JA 1985, 299-310.
4 BVerfGE 10, 20 (36); E 41, 29 (52); *Uhle*, Freiheitlicher Verfassungsstaat und kulturelle Identität, Tübingen 2004, S. 3.

Staates, des Volkes, der Nation.[5] Wer den Begriff »nationale Identität« nicht schätzt, trotz Bundesverfassungsgericht[6] und Art. 6 III EUV,[7] mag lieber von »kultureller Identität« sprechen. Kulturelle Identität und die sie mitverkörpernde Verfassung – und das ist für das Weitere wichtig – sind engstens mit der Frage nach einem »guten« und »richtigen« Leben verbunden.[8] Die Verfassung ist ein gesellschaftlicher Gesamtentwurf und Konzeption richtiger Lebensführung, und zwar – als Gemeinwohl – für alle Bürger. Im Mittelpunkt des »Maastricht-Urteils« von 1993 steht im Einklang mit der Verschiebung der Aufmerksamkeit und der Aufgabenverschiebung nach Europa nicht die Sorge um die deutsche Souveränität, sondern um die deutsche Identität.[9]

b) Elemente deutscher nationaler Identität in der EU und in der Welt

Im Grundgesetz sind einige Elemente kultureller Identität wie auch kulturspezifische Leitlinien – explizit oder implizit – positiviert, die für das Verständnis der deutschen Staats- und Rechtsgestalt kennzeichnend sind. Dazu gehören etwa Menschenbild und Menschenwürde (Art. 1 GG), Freiheit und Gleichheit (Artt. 2, 3 GG), Rechtsstaat, Demokratie, Sozialstaat, Republik, Bundesstaat (Artt. 20, 28 GG), Ehe und Familie (Art. 6 GG), Verbot der Staatskirche (Art. 140 GG, Art. 137 I WRV), alle Grundrechte, Säkularität, Solidarität, Rationalität, Vitalität und Dauerhaftigkeit der freiheitlichen Verfassungsordnung (Artt. 9 II, 21 II, 18, 20 IV GG usw.). Es ist Aufgabe des Staates, die kulturelle Identität zu pflegen und ihre Pflege zu fördern.

Zwei grundlegende Elemente der kulturellen Identität des deutschen Staates bedürfen besonderer Betrachtung: Sozialstaat und Staat-Kirche-Verhältnis. Die Solidarhaftung aller Bürger – die Brüderlichkeit der französischen Revolution – ist der sozialethische Ausgangspunkt für das soziale Staatsziel. Unter der sozialen Daseinsvorsorge im weitesten Sinne manifestiert sich die Verpflichtung des Staates, Lebensverhältnisse solidarisch und gerecht, eigenverantwortlich und gemeinwohlorientiert mit dem Ziel verbesserter Lebens- und Qualitätsstandards zu ordnen und zu erhalten. Das soziale Staatsziel wird durch das Liberale im sozialen Rechtsstaat unterfangen. Freiheit, Subsidiarität und Pluralität von Trägern sozialer Leistungen gehören zusammen. Gemeinnütziges Handeln als System von Trägerpluralität und Wahlrecht der Betroffenen ist eine ordnungspolitische Größe für den europäischen Mitgliedsstaat Deutschland. Im deutschen Sozialrechtssystem sind es weder der Staat allein noch die Wirtschaft, sondern vor allem gemeinnützige Träger in freier Trägerschaft und Selbstständigkeit, die die öffentliche Aufgabe »Soziale Leistung und Hilfe« vollbringen. Soziale Dienste leisten auftragsbezogene, wertorientierte, personenbezogene Dienste, wirken selbst zielsetzend, auch staatsentlastend, staatssubstituierend, den Sparsamkeitsregeln folgend. Es gibt keinen »Sozialstaatsvorbehalt«. Die Existenz eines starken »Dritten Sektors«

---

5 Dazu *J. Isensee*, Gemeinwohl und Staatsaufgaben im Verfassungsstaat, in: Isensee/Kirchhof (Hrsg.), Handbuch des Staatsrechts der Bundesrepublik Deutschland, Bd. III, Handeln des Staates, 1988, S. 10.
6 »Maastricht-Urteil«, E 89, 155 (212)
7 »Die Union achtet die nationale Identität ihrer Mitgliedsstaaten«
8 *von Bogdandy* (Fn. 1), S. 158.
9 E 89, 155 (186); siehe jetzt auch das »Lissabon«-Urteil des BVerfG v. 30.6.2009, DÖV 2010, 84-108 (auszugsweise).

kennzeichnet den deutschen Sozialstaat. Soziale Dienste sind ein unverzichtbares Element des Sozialschutzes; sie bauen auf gesamtgesellschaftlicher Solidarität auf.

Für die kulturelle Identität Deutschlands ist ferner die Rolle der Kirchen maßgeblich. Gesellschaft und Staat sehen als national definierte Kulturgemeinschaft Religionsgemeinschaften als prägende Kulturfaktoren. Kirchen erschließen mit geistigen, sittlichen, religiösen Leistungen einen Bereich der Identitätspflege, der dem Staat verschlossen ist. Die Bindung an eine Religion führt zur wirksamsten sittlichen Rückbindung menschlichen Verhaltens. Weil Religion den Menschen als Ganzes betrifft, erbringen Kirchen Unterstützungsleistungen in breitem Umfang. Trotz zu beobachtender Entkirchlichung haben die christlichen Kirchen in Deutschland eine erhebliche Wirkmächtigkeit. In Westdeutschland rechnen sich 78 % der Befragten der christlichen Religionsgemeinschaft zu, 7 % anderen Religionen und 15 % gehören keiner Religionsgemeinschaft an. In Ostdeutschland beträgt die letztgenannte Gruppe 68 %.[10] Da der Begriff der Religionsausübung in Art. 4 I, II GG weit auszulegen ist und insbesondere auch die verschiedenen Formen des karitativen Wirkens umfasst, sei hier nur das Diakonische Werk genannt. Es gibt zur Zeit 27.000 rechtlich selbständige Dienste und Einrichtungen, 3.500 Selbsthilfe- und Hilfsgruppen, 2 Mio. Betreuungsplätze, 420.000 hauptberufliche und die gleiche Zahl freiwilliger Mitarbeiter.[11] Vor allem: Das Verbot der Staatskirche ist ein deutscher kultureller Identitätsfaktor. Die Offenheit der Kirche ist kein Selbstzweck, sondern eine Rahmenbedingung für die eigene Identitätsfindung. Liberalität, Neutralität, Toleranz sind wesentliche Kennzeichen der Rolle der Kirchen in Deutschland.

c) Deutsche kulturelle Identität in der EU und in der Welt

Die Europäischen Gemeinschaften befinden sich in einem Prozess des nation building.[12] Es ist heute eine die nationalen Kulturen ergänzende und womöglich auch mit ihnen konkurrierende europäische Kultur festzustellen. Sie ist eine Säule einer transatlantischen Wertegemeinschaft, eine Schwester der amerikanischen Kulturen im Geiste des Westens. Freiheit, Demokratie, menschenrechtliche Mindeststandards, offene Märkte gehören zu dieser Wertegemeinschaft.[13] Die kritische Masse kultureller Homogenität ist noch nicht erreicht, schon weil die Sprachschwelle, aber auch der Mangel einer gemeinsamen kulturhistorischen Tiefenprägung spürbar sind. Die Union ist allerdings kein Staat mit einem Staatsvolk, sondern ein Staatenverbund der staatlich organisierten Völker Europas.[14] Dementsprechend nehmen der Unionsvertrag und die Charta der Grundrechte der EU an vielen Stellen auf die Unabhängigkeit und Souveränität der Mitgliedstaaten Bedacht,[15] indem sie die Union zur Achtung der nationalen Identität ihrer Mitgliedstaaten verpflichten. Ein wesentliches Instru-

---

10 Bertelsmann Stiftung (Hrsg.), Religionsmonitor 2008, S. 77.
11 Die Macht der Nächstenliebe. Einhundertfünfzig Jahre innere Mission und Diakonie 1848–1998, 1998, S. 382.
12 *di Fabio* , Die Kultur der Freiheit, 2005, S. 228.
13 Wie in der Präambel des Lissaboner Vertragsentwurfes, Sp. 2, beschrieben.
14 BVerfGE 89, 155 (211) (Maastricht).
15 PräEUV Sp. 6, Art. 2 Sp. 2 EUV, Art. 6 III EUV, Art. 151 EGV, Art. 22 Charta der Menschenrechte, Prä Sp. 6 Lissaboner Vertrag.

ment dieser Identitätswahrung ist das Subsidiaritätsprinzip, wie in Art. 23 GG, Art. 2 EUV und Art. 5 EGV verankert. Für die Union gelten die Prinzipien: begrenzte Einzelzuständigkeit, Subsidiarität, Verhältnismäßigkeit. Eine Befugnis der einzelnen Staaten ist die Regel, die der Gemeinschaft die Ausnahme. Subsidiarität und Verhältnismäßigkeit sind Kompetenzausübungsschranken.

Diese Prinzipien gelten natürlich auch – und insbesondere – für das Sozialrecht. Es ist nach wie vor nationales Recht, denn die Kompetenz zu Sozialgesetzgebung liegt bei den Mitgliedsländern. Nur in einigen Bereichen, etwa bei der Koordination von sozialen Schutzstandards, hat Europarecht nationales Recht abgelöst. Die sozialen und kulturellen Bereiche betreffende Vorschriften[16] des EG-Vertrages haben im Wesentlichen Programmcharakter. Die EU kann lediglich »fördern«, »unterstützen«, »ergänzen«. Die Union bleibt im Kern eine Wirtschaftsgemeinschaft. Auf keinen Fall kann die EU ein eigenes soziales Ordnungsmodell verbindlich durchsetzen und Gesellschaftspolitik betreiben. Das ist der rechtliche Befund, auch wenn man feststellen zu müssen glaubt, gerade die soziale Einheit sei »die Geschäftsgrundlage des modernen Wohlfahrtsstaates«.[17]

Als Bestandteile der sich entwickelnden europäischen Kultur sind Diakonie und Caritas de facto bereits europäisch. Aber auch das ist kein europäischer Parochialismus: die Diakonie arbeitet in einem Europa ohne Mauern. Wie ihr kirchliches Wirken sind heute die nationalen Kulturen der Mitgliedsstaaten eingebunden in die westliche Zivilisation, wie es in der Präambel des nicht Gesetz gewordenen Vertrages über eine Verfassung für Europa an mehreren Stellen heißt.

Es geht die Sorge um, die nationale Identität unseres Landes, seine Kultur könne verloren gehen oder doch geschwächt werden, und die Sorge ist berechtigt. Es droht eine innere Desintegration des Verfassungsstaates durch Individualisierung und zunehmende kulturelle Vielfalt.[18] Gesellschaftlicher Zusammenhalt, Tradition, Gemeinschaft und Solidarität verschwimmen.

Gefahr droht aber auch »von oben«, nicht nur von innen, genauer gerade von den Europäischen Institutionen. Die EU leidet an Überregulierung. Sie zeigt paternalistische Züge des Politikbetriebes. Wirtschaftslenkung wird zur sozialstaatlichen Umformung der Mitgliedsstaaten. Der Staat schiebt sich sogar in die gesellschaftliche Privatautonomie hinein, wie man an der Regulierung der gemeinnützigen Einrichtungen beobachten kann. Von den drei wichtigsten Säulen der nationalen Identität in Europa – der Staatlichkeit und Souveränität, den Grundsätzen, die allen Mitgliedsstaaten gemeinsam sind und den individuellen Eigenarten, die Selbstverständnis und Eigenbild des jeweiligen Mitgliedsstaates ausmachen[19] – erscheint die dritte am ehesten einzuknicken. Auch die Globalisierungseffekte untergraben den wirksamen Zugriff des nationalen, territorial begrenzten Rechts bei der Rahmenziehung von Wirtschaft und Kultur. Die Umrisse einer Wirtschaftsgesellschaft der einen Welt sind sichtbar.

---

16 Das gilt für den Titel XI, Art. 136 ff. (Sozialpolitik, allgemeine und berufliche Bildung, Jugend), Titel XII, Art. 151 (Kultur) und Titel XIII, Art. 152 (Gesundheitswesen).

17 *Böckenförde*, Die Zukunft politischer Autonomie, in: ders. (Hrsg.), Staat, Nation, Europa, 1999, S. 103 f. (104).

18 *Korioth*, Europäische und nationale Identität: Integration durch Verfassungsrecht, VVDStRL, Bd. 62 (2003), 117 (119).

19 *Uhle* (Fn. 4), S. 477.

2. Die Freien Träger und der Staat – Verfassungsrechtliche Grundlagen

a) Erfüllung öffentlicher Gemeinwohlaufgaben durch Staat und Private

Diese Entwicklung zeichnet sich ab, scheint aber nicht unvermeidlich. Dass die kulturelle Identität des Landes erhalten bleibt, ist in erster Linie eine Aufgabe des Einzelnen und der Gesellschaft. Aber auch der Staat hat als Kulturstaat Möglichkeiten der verfassungsstaatlichen Einflussnahme auf Gestalt und Bestand der kulturellen Identität. Der Staat ist für das Gemeinwohl verantwortlich. Wo er selbst nicht handeln darf, etwa weil er inhaltlich neutral sein muss, sich nicht identifizieren darf, ist er verpflichtet, die gesellschaftlichen Kräfte, die Träger zu schützen und zu fördern. Schutz und Förderung sind Staatsaufgabe. Die Nähe zur kulturellen Identität ist bei der Förderung ein Differenzierungskriterium. Es liefert Entscheidungskriterien. Wichtig sind etwa: der verfassungsstaatliche Bedarf gesellschaftlicher Unterstützung, der Bedarf der Gruppen, der quantitative Umfang der Leistungen, die die jeweiligen Gruppen erbringen und ihre qualitative Wirkmächtigkeit. Nach allem, was zur kulturellen Identität unseres Landes gesagt worden ist, liegt es auf der Hand, dass die Freigemeinnützigen Träger, gerade die Diakonie und die Caritas, besonderen Schutz und besondere Förderung erwarten dürfen.

Das Gemeinwohl ist der Fluchtpunkt der Bestimmung des Staatsanteils und des Anteils privater Träger an der Erfüllung der Aufgaben der Daseinsvorsorge. Die Förderung des Gemeinwohls ist eine öffentliche Aufgabe – keine Staatsaufgabe. »Öffentliche Aufgaben« sind dadurch gekennzeichnet, dass ihre Wahrnehmung im öffentlichen Interesse liegt, wobei die Summe aller öffentlichen Interessen identisch ist mit dem Gemeinwohl,[20] öffentliche Aufgaben werden im freiheitlichen Grundrechte-Rechtsstaat vom Staat wahrgenommen, von gesellschaftlichen Trägern in gesellschaftlicher Selbstverantwortung sowie von Einzelnen, sei es im Auftrag des Staates, sei es in individueller Freiheit und Verantwortung gegenüber Staat und Gesellschaft. Was Staatsaufgabe ist, bestimmt auf dem Boden der Verfassung zunächst der Staat. Er ist beim Zugriff auf öffentliche Aufgaben aber nicht frei. Er muss die Grund- und Freiheitsrechte Freier Träger und Einzelner beachten. Das gilt gerade im Bereich sozialer Aufgaben der Daseinsvorsorge. Freiheitsausübung, sei sie gemeinschaftlich ausgeübt, sei sie individuell in Anspruch genommen, hat weitestgehend sogar Vorrang vor staatlichem Tätigwerden. Das ergibt sich aus den Verfassungsprinzipien der Subsidiarität, Verhältnismäßigkeit und Wirtschaftlichkeit. Sie sind Verteilungsmaßstäbe der arbeitsteiligen Gemeinwohlrealisierung durch Gesellschaft und Staat. Unterstellt, staatliche Daseinsvorsorge sei kostengünstiger als gesellschaftliche – was anzunehmen wir keine guten Gründe haben –: keinesfalls ist das Wirtschaftlichkeitsprinzip ein »Überprinzip« für die gesamte Staatstätigkeit. Das anzunehmen bedeutete eine unzulässige »Ökonomisierung« der gesamten Kompetenz- und Grundrechtsordnung.

---

20 *Burgi*, Funktionale Privatisierung und Verwaltungshilfe, Staatsaufgabendogmatik, Phänomenologie, Verfassungsrecht, 1999, S. 43; maßgebend *Peters*, Öffentliche und Staatsaufgaben, in: Rolf Dietz/Heinz Hübner (Hrsg.), Festschrift für Hans Carl Nipperdey zum 70. Geburtstag, Band II, 1965, S. 877.

b) Staatlicher Sozialstaatsauftrag

Aus dem Rechtsstaat des 19. Jahrhunderts hat sich der Sozialstaat als Leistungs- und Präventionsstaat entwickelt.[21] Er übernimmt die Globalverantwortung für Wohlfahrt, Gerechtigkeit und Zukunftssicherung. Er kennt eigentlich keine Grenzen des staatlichen Steuerungsbedarfs. Er übernimmt Verantwortung für die wirtschaftliche und soziale Entwicklung, vorbehaltlich der individuellen und gesellschaftlichen Freiheitsräume. Dieses umfangreiche Programm hat der moderne Staat nicht durchhalten können. Er hat sich übernommen. Er muss Lasten abwerfen und mutiert zum Gewährleistungsstaat. Der moderne Staat kann nirgendwo alle Aufgaben in Eigenleistung erbringen. Das geht nicht, schon aus Gründen der personellen und finanziellen Kapazitäten. Auch der leistende und gestaltende Staat ist nicht »Übervater«. Das unterscheidet den Sozialstaat vom autoritären Wohlfahrtsstaat. Der Staat tritt in der Wahrnehmung gemeinwohlrelevanter Aufgaben zurück, setzt als Gewährleistungsstaat den Rahmen und leistet Anreiz und Förderung für private Gemeinwohlförderung. Die Förderung des Gemeinwohls wird kooperativ, von Staat und Gesellschaft arbeitsteilig, realisiert. Der »Dritte Sektor« wird immer stärker als wichtiger Partner des Staates wahrgenommen.

Für die Arbeitsteilung zwischen Staat und Privaten des Dritten Sektors lassen sich – aus Sicht des Staates – drei Aufgabenbereiche unterscheiden:

- Es gibt obligatorische Staatsaufgaben, die exklusiv von staatlichen Organen wahrgenommen werden. Ihre Privatisierung ist unzulässig. Dazu gehören die Gewährleistung eines grundrechtlichen Mindestschutzes für die Leistungsempfänger einschließlich der Bereithaltung effektiven Rechts- und Gerichtsschutzes.

- Es gibt ferner einen Kooperationsbereich der konkurrierenden Staatsaufgabenerfüllung. Hier sind staatliches und privates Handeln kommensurabel. Hierzu gehören weite Bereiche der Wohlfahrtspflege, die Jugendhilfe, die Kulturförderung.

- Schließlich gibt es einen dritten, für den Staat verschlossenen Bereich der pluralistischen Staatsaufgabenerfüllung. Er ist durch eine grund- und kompetenzrechtliche Enthaltsamkeit des Staates gekennzeichnet. Das gilt zunächst für den öffentlich-rechtlichen Bereich. Der Staat kann Wissenschaft nicht selbst betreiben (Art. 5 III GG), darf sie nur begrenzt organisieren und muss sie finanzieren. Ähnliches gilt nach der Entscheidung des Grundgesetzes für Rundfunk und Presse (Art. 5 I GG). Vergleichbares gilt für den Bereich der Privatautonomie (Art. 1, 2 GG). Es ist der Bereich der gesellschaftlichen Kräfte, des Bürgersinns, in dem gemeinschaftlich wahrgenommene Grundrechte (Art. 9 GG) gelten und in dem die Freiheitsrechte für das Individuum »Kompetenztitel« zur Mitwirkung am Gemeinwohl sind. Der Staat darf diese Aufgaben nicht selbst übernehmen; er darf (nur) fördern, anregen, unterstützen, ohne zu substituieren oder inhaltlichen Einfluss nehmen zu können.

---

21 *Becker*, Vergleich der Aufgabenverteilung zwischen öffentlichem und privatem Bereich – Spendenrecht im Spiegel der Staats- und Verfassungsrechtsentwicklung, in: Walz/von Auer/von Hippel (Hrsg.), Spenden- und Gemeinnützigkeitsrecht in Europa, 2007, S. 637 ff.; *Geis*, Die öffentliche Förderung sozialer Selbsthilfe. Verfassungsrechtliche Grundlagen und verwaltungsrechtliche Ausgestaltung, 1997, S. 83.

c) Sozialstaatliche Verantwortung des Dritten Sektors

Der eben genannte Bereich der »pluralistischen Staatsaufgabenerfüllung« ist das Feld des Dritten Sektors. Eine allgemein akzeptierte positive Definition dieses Sektors gibt es nicht. Es handelt sich um Organisationen, die sich weder den öffentlichen Behörden noch den privaten Unternehmen zuordnen lassen, die also zwischen Staat und Markt angesiedelt sind und in dieser intermediären Stellung öffentlich bedeutsame Leistungen erbringen.[22] Öffentliche Gemeinwohlaufgaben werden aber vom Staat und Privaten wahrgenommen, sei es gemeinschaftlich, sei es individuell, sei es gemeinnützig oder gewerblich. Hier interessiert besonders die gemeinschaftliche gemeinnützige Aufgabenerfüllung im Dritten Sektor. In Abgrenzung zur öffentlichen Verwaltung haben Organisationen des Dritten Sektors ein geringeres Maß an Amtlichkeit. Im Unterschied zu Firmen und Unternehmen ist ihr Ziel nicht die Gewinnmaximierung. Alle die genannten drei Bereiche – Staat, Wirtschaft, Dritter Sektor – verfolgen unterschiedliche Handlungslogiken. Der Dritte Sektor zeichnet sich durch außerordentlich farbige Vielfalt aus: Wohlfahrtsverbände, Kirchen, Genossenschaften, gemeinnützige Vereine, Stiftungen, Krankenhäuser und Gesundheitseinrichtungen in freier Trägerschaft, Verbraucherorganisationen, Selbsthilfegruppen, Bürgerinitiativen, Umweltschutzgruppen, der Deutsche Sportbund, Internationale Hilfsorganisationen wie das Deutsche Rote Kreuz, Misereor, Brot für die Welt, die Arbeiterwohlfahrt, der Paritätische Wohlfahrtsverband usw.

Die großen Wohlfahrtsverbände sind der gewichtigste Teil des Dritten Sektors. Die Enquete-Kommission »Zukunft des bürgerschaftlichen Engagements«[23] unterstreicht ihre Bedeutung als mediäres Glied zwischen Staat und Bürgern. Zu erwähnen sind die Sportverbände, Kulturverbände, Naturschutzverbände, Jugendverbände. Mit Abstand am bedeutendsten sind die Großverbände, die im Bereich der Sozialen Dienste und im Gesundheitswesen tätig sind. In diesen Verbänden, wie den anderen, gibt es eine Korrespondenz von Wahlfreiheit der Hilfesuchenden, und einer uneingeschränkten Wahrung der pluralen Wertbestimmtheit und Struktur. Diese Verbände legen Wert auf die tatsächliche Übereinstimmung von Gesinnung und Dienstleistung und sie bemühen sich um die wirkliche Handlungseinheit von haupt-, neben- und ehrenamtlichen Mitarbeitern. Den Großverbänden des Dritten Sektors wird eine privilegierte Position gegenüber staatlichen und kommerziellen Anbietern eingeräumt. Wohlfahrtsverbände, Kirchen, Selbsthilfegruppen und auch ehrenamtlich tätige Einzelne erbringen ihre sozialen Leistungen in Ausübung ihres Grundrechtestatus und haben Anteil an den Leitprinzipien der Verfassung, näherhin den Staatszielbestimmungen.

Die Freien Wohlfahrtsverbände, die Selbsthilfegruppen und die Kirchen können soziale Aufgaben in folgenden Formen wahrnehmen:
– Zunächst können sie pluralistische Aufgaben erfüllen, die der Staat aus Gründen der Neutralität, Toleranz und eben des Pluralitätsgebotes nicht wahrnehmen darf. Das ist der Bereich der grundrechtsverwirklichenden Tätigkeit der Privaten, die

---

22 Zu den Einzelheiten *Zimmer*, Der deutsche Nonprofit-Sektor, in: Kötz/Rawert/Schmidt/ Walz (Hrsg.), Non Profit Law Yearbook 2001, 2002, S. 7 ff.
23 Bericht Bürgerschaftliches Engagement: auf dem Weg in eine zukunftsfähige Bürgergesellschaft, BT-DrS 14/8900 v. 3.6.2002, auch als Buch, Opladen 2002, S. 239 ff.

der Staat nicht nur zu schützen, sondern – im Sinne des Grundrechtsverständnisses des Status positivus – zu fördern und zu unterstützen hat.

- Der Staat kann im Rahmen seiner Sozialstaatsaufgabenwahrnehmung die gesellschaftlichen Träger aber auch vorwiegend im kooperativen Bereich in Dienst nehmen. Das wird er aus Gründen ihres Sachverstandes, ihres (wirtschaftlichen) Potentials und ihres Apparates zu seiner Entlastung tun. Zu diesem Zweck ist es nicht erforderlich, den Privaten öffentlich-rechtliche Befugnisse zu übertragen.

- Schließlich kann der Staat im Bereich obligatorischer Staatsaufgaben sich dadurch entlasten, dass er Private als »Verwaltungshelfer« heranzieht und sie mit öffentlich-rechtlichen Befugnissen ausstattet. Die Aufgaben bleiben dann im Kern Staatsaufgaben, werden funktional privatisiert und die gesellschaftlichen Träger zu »Beliehenen«.[24] Einrichtungen der Freien Wohlfahrtspflege werden so Helfer des Sozialleistungsträgers.[25] Private Träger können mit der Wahrnehmung von Aufgaben des öffentlichen Gesundheitsdienstes beauftragt werden.[26]

d) Subsidiarität, Pluralität und partnerschaftliche Kooperation

Man kommt also zu dem Ergebnis, dass nichtstaatliche Träger eigene Aufgaben wahrnehmen, überlassene Aufgaben dort wahrnehmen, wo der Staat auch selbst tätig werden könnte und übertragene Aufgaben im staatlichen Bereich erfüllen. Statt, wie immer zu hören ist, von »Entlastung des Staates« durch nichtstaatliche Träger sollte besser von »Entlassung des Staates« die Rede sein.[27] Nichtstaatliche Träger verfolgen gewisse wertgebundene Zwecke. Vorfahrt für Freiheit und Subsidiarität erzeugt die fruchtbare Spannung zwischen Wertrationalität und Zweckrationalität, zu welch letzterer der Staat verpflichtet ist. Staatliche Förderung der Leistungsverwaltung durch den »Dritten Sektor«, sei es durch Subventionen, Beihilfen, Steuervergünstigungen, ist als Anreizsteuerung milder und damit verhältnismäßiger als regulierende Fremdsteuerung und Selbsteintritt.

Es liegt auf der Hand, dass bei der Gemengelage der Erfüllung der Aufgaben durch den Staat, Individuen und nichtstaatliche gesellschaftliche Träger ein partnerschaftliches Zusammenwirken unerlässlich ist. Es ist Aufgabe des Staates, die grundrechtsgestützte Pluralität des Angebotes aufrecht zu erhalten und zu gewährleisten. Wo der Staat Aufgaben wahrnimmt, besteht immer die Tendenz zur Homogenisierung. Demgegenüber gilt es, Offenheit und Pluralität zu gewährleisten. So heißt es in § 2 III SGB V: »Bei der Auswahl der Leistungserbringer ist ihre Vielfalt zu beachten. Den religiösen Bedürfnissen der Versicherten ist Rechnung zu tragen.« Grundrechtliches Freiheitsdenken ist nicht ausreichend. Es geht um die Aufrechterhaltung eines konkreten Ordnungs- und Kompetenzanspruches neben dem Staat.

Gegenwärtig durchläuft der Sozialstaat eine krisenhafte Entwicklung, bedingt durch den demographischen Strukturwandel, die Tendenz zur Ausweitung von Staatsleistungen und die Abhängigkeit der Leistungspolitik von Finanzierbarkeit und

---

24 § 44 III BHO.
25 *Unger*, SozSich 1985, 199 ff.
26 *Stollmann*, DÖV 1999, 183 (186 f.).
27 *Geis* (Fn. 21), S. 85 f.

damit wirtschaftlichem Wachstum. Eine Entlastung des Staates wird von oben her betrieben und erwächst von unten her durch soziale Selbsthilfe.

»Von oben her« versucht sich der Staat, durch Abschieben von Aufgaben im Wege der Privatisierung, auch durch Überlassung an freie Träger, ferner durch Deregulierung und Entbürokratisierung Luft zu verschaffen. Der »schlanke Staat« wird zum »modernen Staat« – und dieser zum »aktivierenden Staat«.

»Von unten her«, in einer Art »grassroot«-Bewegung, entstehen Aufgabenträger der sozialen Selbsthilfe. In dieser Lage eines in seiner Leistungsfähigkeit gefährdeten Sozialstaates kommt alles auf eine partnerschaftliche Kooperation an. Der Staat muss die Autonomie der großen Verbände und der Selbsthilfegruppen wahren, schützen und fördern.

Kooperation birgt natürlich Gefahren in sich. Was den Dritten Sektor insgesamt angeht, so stellen ausländische Beobachter[28] eine ausgeprägte Staatsnähe des deutschen Non Profit-Sektors fest, eine deutliche Staatszentrierung. Der Dritte Sektor ist in der Tat in den beschäftigungsintensiven und einnahmestarken Bereichen vor allem des Gesundheitswesens und der sozialen Dienste funktional eingebaut in die staatliche Dienstleistungserstellung.

3. Die Kirchen als Träger von Gemeinwohlaufgaben

a) Staatskirchenrechtliche Grundlage

Die kirchlichen Träger der Freien Wohlfahrtspflege erfreuen sich besonderer verfassungsrechtlicher Aufmerksamkeit im Staatskirchenrecht. Es enthält in Art. 4 i.V.m. Art. 19 III GG sowie in Art. 140 GG i.V.m. Art. 137 III WRV besondere Schutzbestimmungen für die Kirchen. Die Religionsfreiheit gilt nach Art. 19 III GG nicht nur für Individuen, sondern auch für die Kirchen und religiösen und weltanschaulichen Vereinigungen. Wahrnehmung von Aufgaben der Diakonie und Caritas ist Religionsausübung. Diakonie und Caritas haben als kirchliche Träger einen Öffentlichkeitsauftrag.

Die Bedeutung der Kirchen im Dritten Sektor lässt sich wie folgt kennzeichnen:[29] Sie sind ein selbstverständlicher Bestandteil dieses Sektors. Die Auseinandersetzung mit dem Staat um die Anerkennung ihres eigenen Bereiches haben die kirchlichen Träger und Institute hinter sich. Sie haben die Schranken staatlicher Ingerenz gefestigt. Auf staatskirchenrechtlichem Gebiet sind viele Fragen, die für das allgemeine Verbandsrecht wichtig sind, zuerst beantwortet worden.[30] Die Kirchen sind die erfolgreichste Klägergruppe in Karlsruhe. Die Kirchen sind letztlich auch heute der stärkste Garant der Offenheit der Gesellschaft in einem säkularen, pluralistischen, weithin mit Steuermitteln finanzierten Bereich.

Die Kirchen als Körperschaften haben einen anderen Status als andere Körperschaften des öffentlichen Rechts: sie erfüllen keine Staatsaufgaben, sind nicht in die

---

28 Nachweise bei *Zimmer* (Fn. 22), S. 24.

29 *Von Campenhausen*, Staatskirchenrecht im Dritten Sektor, in: Kötz/Rawert/Schmidt/Walz (Hrsg.), Non Profit Law Yearbook 2002, 2003, S. 1 f.

30 Wie im Sozialhilfeurteil BVerfGE 22, 180 ff.

Staatsorganisation eingegliedert und unterliegen keiner Staatsaufsicht. Sie stehen dem Staat als Teile der Gesellschaft gegenüber. Das geschieht innerhalb der Verfassung, die Voraussetzung und Rahmen ist, in dem die Kirchen das Ihre zu den Grundlagen von Staat und Gesellschaft beitragen.

Kirchen und Staat erfüllen Gemeinwohlaufgaben, werden im öffentlichen Interesse tätig. Kirchen werden – so der Begriff des Steuerrechts – gemeinnützig tätig. Wegen dieser Orientierung hat das Staatskirchenrecht die Kirchen mit einem »Privilegienbündel«[31] ausgestattet, einer Vielzahl von Einzelbegünstigungen, zu denen die Verleihung des Körperschaftsstatus, die Berücksichtigung bei der Vergabe von Beihilfen und Subventionen sowie Steuervergünstigungen[32] gehören. Ein aktuelles Beispiel ist das am 1. Juli 2008 in Kraft getretene Rechtsdienstleistungsgesetz (RDG). Auslöser der Ablösung des Rechtsberatungsgesetzes von 1935 waren die offenkundigen Defizite des alten Gesetzes bei der unentgeltlichen karitativen Rechtsberatung.[33] Nach der Neuregelung können alle gemeinnützigen Einrichtungen – von der Selbsthilfegruppe bis zu den großen Wohlfahrtsverbänden und Kirchen – qualifizierten Rechtsrat erteilen, ohne Gefahr zu laufen, mit Abmahnungen und Gerichtsverfahren überzogen zu werden.

Wichtigstes Recht der Kirchen bei der Erfüllung von Sozialaufgaben ist die Befugnis zur Bestimmung der konkreten Zwecke, für die die Mittel eingesetzt werden; soweit Diakonie und Caritas sich aus Mitteln der Sozialkassen finanzieren, gelten deren Richtlinien. Für staatliche Zuwendungen, insbesondere für die Projektförderung, sind staatliche Zielvorgaben zu beachten. Diese sind in Gesetzen enthalten, die die Vergabe staatlicher Mittel regeln, ferner in den Förderrichtlinien und Bewilligungsvorgaben. Man kann von staatlichen Oberzielen und selbst gesetzten Zielen reden.[34] Die staatliche Zwecksetzung gibt den Rahmen vor. Niemals darf der Staat die Zielvorgaben so eng gestalten, dass durch Zuwendungsbestimmungen, etwa auch durch Inrechnungstellen von Eigenmitteln der Kirchen deren eigene Zwecksetzung unmöglich wird. Soweit der Staat prüft, wie die staatlichen Mittel verwandt worden sind, darf die eigene Zwecksetzung der Kirchen nur an den höheren staatlichen Zwecken gemessen werden; niemals dürfen die eigenen Zwecke, die den Kern der unabhängigen Tätigkeit der kirchlichen Träger ausmachen, im Rahmen einer Totalüberprüfung ihres Verhaltens Gegenstand der Kontrolle sein. Das gilt vor allem für die Wirtschaftlichkeitsprüfung.

b) Staatliche Förderung kirchlicher gemeinnütziger Arbeit

Staatliche Förderung der Arbeit der Diakonie und anderer Freigemeinnütziger Träger kann als Leistungsgewährung oder Leistungsverschonung geschehen.[35] Leistungsgewährungen sind staatliche Beihilfen, Subventionen, Transferzahlungen, Finanzhilfen

---

31 BVerfGE 102, 370 (371).

32 § 54 AO.

33 Bundesjustizministerin *Brigitte Zypries*, Vom Rechtsberatungsmissbrauchsgesetz zum Rechtsdienstleistungsgesetz, Beilage zu NJW, Heft 27, 2008, 1.

34 *Leisner*, Staatliche Rechnungsprüfung Privater unter besonderer Berücksichtigung der freien Wohlfahrtspflege, 1990, S. 122.

35 *Tipke/Lang*, Steuerrecht, 12. Aufl. 1989, S. 618.

usw. Zu den Leistungsverschonungen gehören die Gewährung von Steuerfreiheit, ermäßigte Steuersätze, steuerliche Abzugsfähigkeit von Ausgaben usw. Die meisten staatlichen Unterstützungs- und Förderungsleistungen erfolgen zum Zwecke der Wirtschaftslenkung oder um des Verdienstes für das Gemeinwohl willen.

Fragen des Verhältnisses von Staat und Einrichtungen des »Dritten Sektors« ergeben sich in Bezug auf den Umfang staatlicher Aufsicht. Eine Rechtsaufsicht ist zulässig, rechtsstaatlich geboten. Das ist außer Streit.

Die Probleme des Spannungsverhältnisses von staatlicher Lenkung und Selbstbestimmungsrecht nichtstaatlicher Träger einschließlich der diakonischen und karitativen Werke zeigen sich paradigmatisch am Streit über den zulässigen Umgang der staatlichen Finanzkontrolle, also der Überprüfung der Rechtmäßigkeit, Zweckmäßigkeit, Sparsamkeit und Wirtschaftlichkeit speziell der Haushalts- und Wirtschaftsführung und darüber hinaus allgemein der finanzwirksamen Staatätigkeit überhaupt[36] und ihres Durchgriffes auf die nichtstaatlichen Empfänger von Mitteln.

Nach § 104 I BHO kann der Bundesrechnungshof die gesamte Haushalts- und Wirtschaftsprüfung einer externen Stelle überprüfen, wenn sie vom Bund Zuschüsse erhalten hat. Richtiger und mehrheitlich vertretener[37] Auffassung nach ist eine solche Prüfung des gesamten Finanzgebarens von freien und kirchlichen Trägern unverhältnismäßig und damit unzulässig. Sie greift tief in das Selbstbestimmungsrecht ein und führt letztlich zu einer Totalprüfung von Zwecksetzung und Mitteleinsatz. Sie würde Förderungswürdigkeit und -bedürftigkeit der Empfänger umfassen, die zu beurteilen Sache des freien Trägers ist. Es bestünde auch die Gefahr, dass eine staatliche Zuwendung nicht erfolgte, weil sich herausstellte, dass Defizite lediglich in Teilbereichen der Tätigkeit der freien Träger bestehen, während die Gesamtvermögenslage positiv ist. Das wäre eine tief greifende Beeinträchtigung der Handlungs- und Gestaltungsfreiheit der freien und kirchlichen Träger; sie könnten sich gezwungen sehen, in einer Art Querfinanzierung auf für andere Aufgaben vorgesehen Eigenmittel zurückzugreifen. Die freien Träger wären nur noch Bittsteller des Staates, nicht gleichberechtigte Partner.

Das Selbstbestimmungsrecht des Diakonischen Werkes, der Caritas u.a. Freigemeinnütziger Träger steht im Falle einer staatlichen Förderungsmaßnahme nicht nur einer detaillierte Zweckvorgabe, sondern auch organisatorischen und verfahrensmäßigen Maßgaben entgegen. Die Staatsaufsicht kann hinsichtlich öffentlicher Aufgaben, deren Erfüllung Freien Trägern überlassen oder von Verfassungs wegen entzogen ist, eine nur verantwortende sein, die die Verwirklichung der Aufgaben lediglich sichern soll.

---

36 *Delbrück*, Staatliche Finanzkontrolle und Freie Wohlfahrtsverbände, Zeitschrift für evangelisches Kirchenrecht, Bd. 40 (1995), S. 21 (27).
37 Nachweise bei *Leisner* (Fn. 34), S. 37.

c) Staatliche Förderung kirchlicher gemeinnütziger Arbeit
durch Steuervergünstigungen

Die schwierigen Fragen der Förderung gemeinnütziger Tätigkeit durch Steuerverschonungen lassen sich nicht kurz abhandeln. Das deutsche Steuerrecht ist notorisch komplex, und das gilt für das Gemeinnützigkeitsrecht ganz besonders.

4. Gemeinnützige Träger im Europarecht

a) Zum Verhältnis von deutschem Recht und dem Recht
der Europäischen Gemeinschaft

In einer Vielzahl von Entscheidungen des Bundesverfassungsgerichts[38] wurde das Verhältnis des Europäischen Rechts zur deutschen Rechtsordnung geklärt. Die Europäische Union ist nach ihrem Selbstverständnis als Union der Völker Europas ein auf dynamisierte Entwicklung angelegter Verbund der Mitgliedsstaaten.[39] Der EU-Vertrag begründet einen Staatenverbund zur Verwirklichung einer immer engeren Union der staatlich organisierten Völker Europas, keinen sich auf ein europäisches Staatsvolk stützenden Staat. Dementsprechend nimmt der Unionsvertrag auf die Unabhängigkeit und Souveränität der Mitgliedstaaten Bedacht, indem er die Union zur Achtung der nationalen Identitäten verpflichtet.[40] Die Kompetenzverteilung zwischen EU und den Staaten beachtet die Maßstäbe der begrenzten Einzelzuständigkeit der EU, der Subsidiarität und der Verhältnismäßigkeit. Art. 24 GG ermächtigt nicht eigentlich zur Übertragung von Hoheitsrechten, sondern öffnet die deutsche Rechtsordnung derart, dass der ausschließliche Herrschaftsanspruch der BRD im Geltungsbereich des GG zurückgenommen und der unmittelbaren Geltung und Anwendbarkeit eines Rechts aus anderen Quellen innerhalb des staatlichen Herrschaftsbereiches Raum gelassen wird. Dem nationalen Gesetzgeber bleibt auch im EU-Rechtsbereich ein gewisser Gestaltungsspielraum. Einige EU-Rechtsvorschriften enthalten zwingendes Recht, andere belassen den Mitgliedsstaaten Umsetzungsspielräume.[41]

---

38 BVerfGE 37, 271 (285) (Solange I); 73, 339 (375) (Solange II); 89, 155 (188) (Maastricht); 102, 147 (164) (Bananenmarkt); vgl. jetzt auch das »Lissabon«-Urteil des BVerfG vom 30.6.2009 (Fn. 9). Dort heißt es in Leitsatz 3: »Die europäische Vereinigung auf Grundlage einer Vertragsunion souveräner Staaten darf nicht so verwirklicht werden, dass in den Mitgliedstaaten kein ausreichender Raum zur politischen Gestaltung der wirtschaftlichen, kulturellen und sozialen Lebensverhältnisse mehr bleibt. Dies gilt insbesondere für Sachbereiche, die die Lebensumstände der Bürger, vor allem ihren von den Grundrechten geschützten privaten Raum der Eigenverantwortung und der persönlichen und sozialen Sicherheit prägen, sowie für solche politischen Entscheidungen, die in besonderer Weise auf kulturelle, historische und sprachliche Vorverständnisse angewiesen sind, und die sich in parteipolitisch und parlamentarisch organisiertem Raum einer politischen Öffentlichkeit diskursiv entfalten«.
39 Art. 1 II EUV.
40 Art. 6 III EUV.
41 Etwa die Treibhaus-Emissionshandels-Richtlinie oder die Vorratsdatenspeicherungs-Richtlinie.

b) Die deutsche nationale Identität und EU-Kompetenzen in sozialen, kulturellen und kirchlichen Fragen

Die Europäische Union ist von Haus aus eine Wirtschaftsgemeinschaft, und sie ist das auch immer noch. Es wächst aber der Hunger der EU nach weiteren Aufgabenfeldern, und es herrscht große Rechtsunsicherheit. Das betrifft zunächst die sozialen Aufgaben. Sie sind nach dem Recht der Verträge eher als Politikziel denn als neuer Kompetenzbereich erwähnt, etwa in Art. 2 Spiegelstrich 1 EUV, wo von der »Förderung des wirtschaftlichen und sozialen Fortschritts« sowie der »Stärkung des wirtschaftlichen und sozialen Zusammenhalts« die Rede ist.

Ganz ähnlich verhält es sich mit der Kulturkompetenz. Versuche, gerade der Rechtsprechung des EuGH, schrittweise den Kulturbereich zu einer EU-Kompetenz auszugestalten, sind kritisch zu beurteilen.[42] Kultur ist im Kern Sache der Mitgliedstaaten.[43]

Der EuGH meint, die allgemeine Zuständigkeit der EU könne auch die Regelungskompetenz für kulturelle Aspekte und Sachverhalte begründen, sofern nicht der Schwerpunkt der Regelungsmaterie auf kulturellem Gebiet liege. Anschaulich ist das Medienrecht. Rundfunk und Fernsehen unterliegen als kulturelle Dienstleistungen grundsätzlich dem Regime des EG-Wirtschaftsrechts, unabhängig vom Inhalt. Auch die Vorschriften über den freien Warenverkehr sind auf Güter mit kulturellem Bezug anwendbar. Es liegt auf der Hand, dass durch diese Auslegung der EU-Kompetenzen viele Kompetenzen, die eindeutig bei den Mitgliedsstaaten liegen, als Annexzuständigkeiten in den Sog des gemeinschaftlichen Wirtschaftsrechts geraten. So auch die gemeinnützigen Aufgaben der Wohlfahrtsverbände.

Die EU ist Hüterin des Wettbewerbes und schützt diesen gegen Verfälschung.[44] Diese Kompetenz erstreckt sich auch auf Dienstleistungen, auch auf solche »von allgemeinem wirtschaftlichen Interesse«.[45] Ein überaus wirkmächtiges Instrument zum Wettbewerbsschutz ist das europäische Beihilferegime.[46] Nach Art. 87 I EGV sind staatliche oder aus staatlichen Mitteln gewährte Beihilfen gleichweder Art, die durch Begünstigung bestimmter Unternehmen den Wettbewerb verfälschen oder zu verfälschen drohen, mit dem Wettbewerbsrecht unvereinbar. Nun gibt es tiefgreifenden Streit, ob kulturelle und Sozialleistungen in Deutschland und anderen Mitgliedsländern der EU von diesem Verbot ausgenommen werden können und sogar müssen. Von dem Beihilfeverbot des Art. 87 I EGV können Beihilfen ausgenommen werden, die Förderung der Kultur und der Erhaltung des künstlerischen Erbes (Art. 87 IId EGV) dienen, da die Kulturförderung als Bestandteil der nationalen Identität zu den Gemeinschaftsaufgaben gehört (Art. 6 III EUV, Art. 151 EGV). Die Freistellung erfolgt durch Entscheid der Kommission.

---

42 *Schwarze*, Europäisches Wirtschaftsrecht, 2007, S. 132 f. (325).
43 *Herzog/Gerken*, Stoppt den Europäischen Gerichtshof, FAZ v. 8.9.2008.
44 Artt. 3 I g, 81 ff. EGV.
45 Art. 86 EGV.
46 Art. 87 EGV.

c) Die kirchlichen Freigemeinnützigen Träger im Europäischen Dienstleistungs- und Beihilferecht

Nun ist die Arbeit der kirchlichen gemeinnützigen Träger insgesamt eine Dienstleistung von allgemeinem wirtschaftlichem Interesse, eine Sozialleistung, und die Förderung solcher gemeinnützigen Tätigkeit, insbesondere auch durch das Steuerrecht, ein wesentlicher Bestandteil der deutschen Identität und auch der mitgliedstaatlichen Zuständigkeit. Das sieht der EuGH anders.[47] Das Gericht bezieht gerade Geschäfte, die zur Durchführung der satzungsgemäßen Zwecke der gemeinnützigen Einrichtung erforderlich und sachorientiert sind, in den Unternehmensbegriff des Art. 87 EGV mit ein. Maßgeblich ist danach ausschließlich, dass sich eine Einrichtung am Markt (hier: dem Sozialmarkt) als Wirtschaftsteilnehmer geriert, unabhängig davon, wofür sie entsprechende Erträge einsetzt, da ihr Angebot mit dem von Wirtschaftsteilnehmern konkurriert, die den gleichen Zweck verfolgen. Steuervergünstigungen aufgrund von Gemeinnützigkeit werden als Beihilfe gewertet, Steuervorteile als Einnahmen. Eine Ausnahme von der Beurteilung als unzulässige Beihilfe sind nach der Monti-Entscheidung der Kommission nur solche Leistungen, die der Staat nach ausdrücklicher Beauftragung eines Trägers mit einer Dienstleistung von allgemeinem wirtschaftlichem Interesse diesem als Ausgleich für selbst ersparte Aufwendungen zahlt.[48] Nach der Transparenz-Richtlinie der Kommission[49] müssen die Träger für solche ausgleichspflichtigen Aufwendungen getrennte Bücher führen.

Diese äußerst bürokratieaufwändige Regelung zeigt, dass die Europäische Ebene das deutsche Sozialrechtssystem nicht zur Kenntnis nimmt, das doch von der Vorstellung vom »Dritten Sektor« bestimmt wird, davon nämlich, dass neben Staat und Wirtschaft Träger in freier Trägerschaft und Selbständigkeit in Zielsetzung und Durchführung Aufgaben von öffentlichem Interesse wahrnehmen. Sie gehören eben weder zum staatlichen noch zum wirtschaftlichen Sektor. Das deutsche Recht, etwa § 65 AO, trägt dieser tradierten (deutschen) Form der Erfüllung gemeinnütziger Aufgaben Rechnung. Dass die EU diese Situation und ähnliche anderer Mitgliedsstaaten überhaupt nicht berücksichtigt, erscheint vor dem Hintergrund eines fehlenden EU-Mandats im sozialen und kulturellen Kernbereich schwer verständlich. Die ganze Ausgleichsdogmatik ist für deutsche Verhältnisse falsch. Die Vorstellung ist verquer, dass gemeinnützige Aufgaben Staatsaufgaben sind und vom Staat anderen Trägern übertragen werden, die für die Entlastung des Staates einen finanziellen Ausgleich erhalten. Es handelt sich bei Leistungen an Einrichtungen des »Dritten Sektors« um die Förderung von subsidiärer, pluralistischer, von eigenen Werten ausgehender Erfüllung öffentlicher Aufgaben.

---

47 Urteil v. 10.1.2006 –Rs. C-222/04 (*Cassa di Risparmio*), Tz. 123.
48 Entscheidung der Kommission v. 28.11.2005, L 312/67/2005/842 EG (*Monti*), Nr. 5.
49 V. 28.11.2005, 2005/81/EG.

II. Was ist zu tun?

Die jetzt entstandene Rechtssituation ist nicht haltbar. Sie verkennt die unterschiedlichen gesellschaftlichen Traditionen der Mitgliedsstaaten, insbesondere ihre vielfältige Kultur, überzieht sie mit einer ökonomisch ausgreifenden Decke und erstickt sie in eurozentrischem Bürokratismus. Aufgrund der gesellschaftlichen und strukturellen Rahmenbedingungen und der anderen Besonderheiten des Sozialmarktes kann dieser nicht den Regeln des EG-Binnenmarktes und insbesondere nicht der Wettbewerbs- und der Beihilfekontrolle unterworfen werden.[50] Die Kultur der Freiheit muss gestärkt werden. Gemeinschaften, Familien, Vereine, Verbände, Religionen bis hin zu den nationalen und übernationalen Wertegemeinschaften müssen sich in Europa als selbstbewusste Teile einer vielfältigen kulturellen Welt begreifen können. Das Europarecht muss die wirtschaftlichen Sachverhalte besser differenzieren, um nationale Besonderheiten zu verstehen und angemessen zu berücksichtigen. Es gibt eine Marktwirtschaft und einen speziellen Markt des »Dritten Sektors«. Neben rein gemeinnütziger Tätigkeit gibt es gewerbliche Betriebe, die gemeinwohlfördernd tätig sind und solche, die gewerblich gewinnorientiert arbeiten.

Geht man der Frage nach, was rechtlich und politisch-praktisch getan werden kann, um die Freien Wohlfahrtsverbände und andere nichtstaatliche Träger aus der gegenwärtigen Zwangslage zu befreien, so scheinen vier unterschiedliche Wege gangbar:

Bleibt man, erstens, in den Bahnen der »Ausgleichsrichtlinie«,[51] so kann man mit einem Teil der deutschen Rechtsprechung davon ausgehen, dass das im Rahmen des Sozialrechts generell bestehende Betätigungsrecht der Freien Wohlfahrtsverbände im Rahmen der allgemein festgelegten Leistungen des Sozialgesetzbuches sowie auf der Grundlage konkreter Leistungsvereinbarungen und -beschreibungen den Kriterien einer »öffentlichen Beauftragung« entspricht.

Man kann, zweitens, durch Interpretation des Art. 87 III EGV das Problem entschärfen. Die Vorschrift räumt der Kommission ein Ermessen bei der Freistellung von dem Beihilfeverbot ein. Im Wege einer teleologischen Reduktion lässt sich sagen, dass das Ermessen dann auf Null schrumpft, da eine Pflicht zur Freistellung besteht, wenn keine gewichtigen Umstände entgegenstehen. Hier stehen nicht nur keine Umstände im Wege, sondern die Heranziehung der Artt. 87 IIId und 151 EGV erzwingen geradezu eine Freistellung. »Kultur« liegt im Kompetenzbereich der Mitgliedsstaaten. Entscheidet sich ein Mitgliedsstaat für ein von ihm auszugestaltendes Kulturbeihilferecht, so gehört das zur Ausübung der nationalen Regelungskompetenz und ist eine differenzierende Förderung identitätsaffirmativer gesellschaftlicher Kräfte.

Man kann, drittens, das Europäische Sekundärrecht zu ändern versuchen, d.h. die Kulturbeihilfen durch eine neue Richtlinie aus den Beihilfebestimmungen herausnehmen.

Der vierte Weg, nämlich das Primärrecht selbst zu verändern, dürfte richtig und angemessen sein, ist aber unter praktisch-politischen Gesichtspunkten derzeit kaum

---

50 Stellungnahme des Spitzenverbandes vom 9.11.2000.
51 2005/C297/04.

gangbar. Der Bundesverband der Diakonie ist als einer der Betroffenen und einer der stärksten Wohlfahrtsverbände aufgerufen, die Struktur und Funktion der Gemeinnützigkeit im Sozialstaat Deutschland sichtbar zu machen und gemeinnützigem Handeln eine Gasse zu bahnen.

III. Zusammenfassung

Der Beitrag erörtert den wachsenden Anteil des »Dritten Sektors« an der Erledigung von Gemeinschaftsaufgaben. Es ist eine irrtümliche Ansicht, dass öffentliche Aufgaben, also für die Allgemeinheit wichtige Aufgaben, durch den Staat erledigt werden müssten. Auch ein modernes Sozialstaatskonzept trägt diese Auffassung nicht. »Öffentliche Aufgaben« sind nicht »Staatsaufgaben«! Das ist jedermann klar, seit der Sozialstaat an seine finanziellen Grenzen gestoßen ist. Die Aufgaben der Freien Träger bei der Förderung des Gemeinwohls werden im Besonderen an den kirchlichen Trägern untersucht, deren Funktion und Bedeutung in der Gesellschaft und der deutschen Tradition besonders verankert ist. Hier werden die verfassungsrechtlichen, insbesondere staatskirchenrechtlichen Grundlagen erörtert.

Besondere Schwierigkeiten entstehen für die Verantwortung und Aufgabenerfüllung der Freien, gerade kirchlichen Träger im Europarecht.

Diese Probleme werden im Hinblick auf die mitgliedstaatlichen (nicht nur deutschen!) kulturellen, historischen, sprachlichen und – eben innerstaatlichen Rechtsfragen behandelt. Insofern hat das »Lissabon«-Urteil des Bundesverfassungsgerichtes vom 30.6.2009 für dieses Land einige Klarheit verschafft.

IV. Summary

This article explores the growing role of the "Third Sector" in communal activities. It is wrong to assume that public tasks, that is tasks important for the community, have necessarily to be carried out by the state. This view does not correspond with a modern welfare state concept. "Public tasks" are not "state tasks". This is clear to everyone since the welfare state reached its financial limits. The tasks of non-state institutions in promoting the communal welfare is investigated with particular regard to church bodies, whose societal role and importance is deeply enshrined in the German tradition. Here the basis in constitutional law and more specifically ecclesiastical law is investigated.

Particular difficulties arise in connection with the responsibility for and fulfilment of tasks by non-state and especially ecclesiastical bodies under European law.

These difficulties are considered with regard to legal issues raised for the member state at the cultural, historical, linguistic and even inter-state levels. In this regard the 'Lisbon' judgment of the Bundesverfassungsgericht [German Federal Constitutional Court] delivered on 30 June 2009 clarified the position somewhat for this country.

Vertretungsbescheinigungen für Stiftungsorgane und Verkehrsschutz

GREGOR ROTH

I. Einleitung

Das moderne Wirtschaftsleben ist von einer starken Arbeitsteilung geprägt. Die Rechtsordnung bietet mit den §§ 164 ff. BGB ein wesentliches Instrumentarium für deren rechtliche Bewältigung. Das Vertretungsrecht normiert, wie ein Rechtsträger durch das rechtsgeschäftliche Handeln eines anderen wirksam berechtigt und verpflichtet werden kann. Während für natürliche Personen durch das Vertretungsrecht lediglich eine zusätzliche Handlungsoption geschaffen wird, sind die §§ 164 ff. BGB für alle anderen Rechtsträger essentielle Voraussetzung für ihre Teilnahme am Rechtsverkehr (vgl. § 26 Abs. 2 S. 1 HS. 2 BGB).[1] Denn mangels Fähigkeit zur natürlichen Willensbildung[2] sind sie als solche nicht handlungsfähig und deshalb zwingend auf das Handeln natürlicher Personen angewiesen. Erst deren Auftreten im Namen des Rechtsträgers ermöglicht diesem die Teilnahme am Rechtsverkehr.[3] Dies gilt auch für das Organhandeln. Streitig ist bei Letzterem allein, ob das Handeln natürlicher Personen in ihrer Funktion als Organmitglied[4] als Eigenhandeln/Selbsthandeln der Verbandsperson (so die Organtheorie)[5] oder als zurechenbares Fremdhandeln (so die Vertretertheorie) zu verstehen ist.[6]

---

1 § 26 Abs. 2 S. 1 HS. 2 BGB findet – ebenso wie § 31 BGB – analog auf rechtsfähige Personengesellschaften Anwendung (*Beuthien*, Gibt es eine organschaftliche Stellvertretung?, NJW 1999, 1142, 1146).
2 Hier verstanden als Faktum der Naturwissenschaft. Damit ist nichts zum Streit zwischen Vertreter- und Organtheorie gesagt, ob eine nicht natürliche Rechtsperson aus *juristischer* Sicht selbst willens- und handlungsfähig ist.
3 *K. Schmidt*, Gesellschaftsrecht, 4. Auflage 2002, S. 252; *Beuthien* (Fn.1), S. 1144.
4 Zur Differenzierung zwischen Organ und Organmitgliedern *Beuthien* (Fn. 1), S. 1143.
5 Zum Widerspruch wegen der Annahme von Eigenhandeln und gleichzeitiger Stellvertretung *Beuthien* (Fn. 1), S. 1144.
6 Vgl. zum Streit zwischen Organ- und Vertretertheorie *K. Schmidt* (Fn. 3), S. 250 ff.

Das Handeln im fremden Namen eröffnet nicht nur zusätzliche Handlungsoptionen für den Vertretenen. Aus der Einschaltung einer dritten Person resultieren auch Unsicherheiten, nämlich ob und in welchem Umfang der Vertreter die Rechtsmacht besitzt, den Vertretenen[7] wirksam zu berechtigen und zu verpflichten. Hat der Vertreter nicht die erforderliche Vertretungsmacht, ordnet das Gesetz als Rechtsfolge die schwebende Unwirksamkeit zweiseitiger (§ 177 Abs. 1 BGB) und die Unwirksamkeit einseitiger Rechtsgeschäfte (§ 180 S. 1 BGB) an. Um den Handelsverkehr vor dieser Rechtsfolge zu schützen, räumt das Gesetz bei Kaufleuten, Personenhandelsgesellschaften und Kapitalgesellschaften Zweifel hinsichtlich der Reichweite der Vertretungsmacht von vornherein durch eine zwingende Fixierung ihres Umfangs in sachlicher Hinsicht aus.[8] Beim Verein, der rechtsfähigen Stiftung und der Gesellschaft bürgerlichen Rechts kann die Vertretungsmacht hingegen mit Wirkung gegenüber Dritten im Gesellschaftsvertrag oder in der Satzung beliebig beschränkt werden.[9]

Dagegen besteht bei allen Rechtsträgern Unsicherheit darüber, ob ein in fremdem Namen handelnder Dritter überhaupt Vertreter ist.[10] Der Vertragspartner oder ein sonstiger Erklärungsempfänger – etwa der Grundbuchbeamte – kann daher ad hoc nicht verifizieren, ob die im fremden Namen auftretende Person tatsächlich Vertreter ist. Abhilfe schafft hier nur ein Nachweis über die Vertretungsberechtigung. Ein Vertretungsnachweis ist dabei nicht nur erforderlich, wenn der Vertragspartner darauf besteht.[11] Praktisch ebenso bedeutsam sind die Fälle, in denen das Gesetz einen qualifizierten Beweis bezüglich der Vertreterstellung fordert. So verlangt § 29 Abs. 1 S. 2 GBO etwa einen Nachweis durch öffentliche Urkunde. Ähnliches gilt für Anmeldungen zur Eintragung in das Handelsregister: In Abweichung von § 167 Abs. 2 BGB schreibt § 12 Abs. 1 S. 2 HGB die öffentliche Beglaubigung der Vollmachtsurkunde vor.

---

7 Aus Gründen des Sprachflusses wird nachfolgend auch in Bezug auf das Organhandeln allgemein von Vertreter, Vertretung und Vertretenem gesprochen. Damit soll aber keineswegs der Vertretertheorie zugesprochen werden. Gedanklich wird das Organhandeln vielmehr im Sinne der Organtheorie als Eigenhandeln der Rechtsperson verstanden.

8 Beispielhaft nur §§ 49 f., 126 HGB, § 82 AktG, § 37 GmbHG, § 27 GenG.

9 Beim eingetragenen Verein sorgt freilich § 70 BGB für einen hinreichenden Verkehrsschutz. Auf unternehmenstragende BGB-Gesellschaften wird teilweise § 126 HGB analog für anwendbar erachtet (*Hasselmann*, Die Lehre Ulmers zur Gesellschaft bürgerlichen Rechts im Wandel der Jahrzehnte, 2007, S. 132 ff.; *Reuter*, Rechtsfähigkeit und Rechtspersönlichkeit, AcP 207 [2007], S. 673, 690; *C. Schäfer*, Offene Fragen der Haftung des BGB-Gesellschafters, ZIP 2003, 1225, 1233; *K. Schmidt* [Fn. 3], S. 1722). Zum Streitstand über die Beschränkbarkeit der Vertretungsmacht bei der Stiftung vgl. nur *Geibel*, Die Beschränkung der Vertretungsmacht mit Wirkung gegenüber Dritten bei Stiftung und GbR, ZJS 2009, 340 f.

10 Eine gewisse Milderung ergibt sich nur dadurch, dass das Gesetz für die einzelnen Gesellschaftsformen regelhaft normiert, welches Organ zur Vertretung berechtigt ist (vgl. nur § 714 BGB, § 125 Abs. 1 HGB, § 35 Abs. 1 S. 1 GmbHG, § 78 Abs. 1 S. 1 AktG, § 24 Abs. 1 S. 1 GenG, § 7 Abs. 3 PartGG).

11 Neben dem gesetzlich geregelten Sonderfall eines Zurückweisungsrechts (§ 174 BGB) kann der Vertragspartner aufgrund der Vertragsfreiheit als Maßnahme des Selbstschutzes freilich einen Vertragsschluss ablehnen, wenn der Vertreter den eingeforderten Nachweis über seine Vertretungsberechtigung nicht erbringt.

Soll eine natürliche Person vertreten werden, bereitet der Nachweis der Vertretungsberechtigung keine Schwierigkeit: Die zu vertretene natürliche Person kann kraft ihrer natürlichen Handlungsfähigkeit die Vertretungsberechtigung »beglaubigen«. Anders verhält es sich bei allen anderen Rechtsträgern. Da sie erst durch den Vertreter selbst handlungsfähig werden, entfällt die natürliche Möglichkeit einer »Beglaubigung« der Vertretungsberechtigung.[12] Für den vertretenen Rechtsträger stellt sich dann die Frage, auf welchem Weg der erforderliche Nachweis über die Vertretungsbefugnis – vor allem seiner Organe – erbracht werden kann. Ein Anliegen des Verkehrsschutzes ist es demgegenüber, unzutreffenden Verlautbarungen hinsichtlich der Vertretungsberechtigung wirksam entgegenzutreten. Angesprochen ist damit vor allem die Frage nach einer Rechtsscheinhaftung des Vertretenen.

II. Normalfall: Nachweis anhand der Registereintragung

Um sich dem primären Anliegen dieses Beitrags – dem Verkehrsschutz bei fehlerhaften Vertretungsbescheinigungen (dazu unter III.) – zu nähern, soll vorab der »Normalfall« skizziert werden: der Nachweis der (Organ-)Vertretungsmacht aufgrund einer Registereintragung. Zu unterscheiden ist hierbei zwischen den Anforderungen an die Qualität des Nachweises (dazu unter 1.) und den Folgen, sollte sich der Nachweis im Nachhinein als unzutreffend herausstellen (dazu unter 2.).

1. Qualitätsanforderungen an den Nachweis

Die Frage nach der Qualität des Nachweises wird praktisch virulent, wenn das Gesetz einen förmlichen Beweis über die Vertretungsberechtigung verlangt, wie dies etwa bei § 29 Abs. 1 S. 2 GBO oder § 12 Abs. 1 S. 2 HGB der Fall ist. Die besondere Formanforderung (öffentliche Urkunde bzw. öffentlich beglaubigte Form) steht dabei im engen Zusammenhang mit dem öffentlichen Glauben des Grundbuchs (§§ 891, 892 BGB) bzw. der Publizitäts- und Verkehrsschutzfunktion des Handelsregisters (§ 15 HGB). Durch die strengen formellen Anforderungen an den Beweis der Vertretungsmacht soll der Unrichtigkeit des Grundbuchs bzw. des Handelsregisters durch die Abgabe von Erklärungen seitens unberechtigter Person vorgebeugt werden. Dies wiederum ist erforderlich, um den öffentlichen Glauben des Grundbuchs bzw. die Publizitäts- und Verkehrsschutzfunktion des Handelsregisters zu rechtfertigen. Nur wenn im Regelfall die Übereinstimmung von formeller und materieller Rechtslage sichergestellt ist, besteht eine ausreichende Basis zur Begründung einer schützenswerten Vertrauensposition des Rechtsverkehrs aufgrund des Grundbuch- bzw. Registerinhaltes. Dementsprechend beziehen sich die formellen Sicherungsvorkehrungen nicht nur auf den Nachweis einer Vollmacht, sondern finden auch bei der Organvertretung Anwendung.

---

12 *Geibel* (Fn. 9), S. 339.

In praxi wird der Nachweis über die Organvertretung derzeit (noch) durch beglaubigte Abschrift[13] des entsprechenden Registers geführt.[14] Für das Grundbuchverfahren ergab sich dies bisher aus § 32 GBO a.F., der eine erhebliche gesetzliche Beweiserleichterung gegenüber § 29 Abs. 1 S. 2 GBO enthält.[15] In der seit 1.10.2009 gültigen Fassung[16] stellt § 32 Abs. 1 GBO allerdings die notarielle Bescheinigung gem. § 21 Abs. 1 BNotO als Regelbeweismittel in den Vordergrund. Alternativ kann der Beweis weiterhin durch einen amtlichen Registerausdruck oder eine beglaubigte Registerabschrift geführt werden,[17] während der Nachweis mittels Zeugnis des Registergerichts, der bis zum 1.10.2009 im Zentrum der Regelung stand, ersatzlos gestrichen worden ist. Die Rechtslage entspricht damit der zu § 9 HGB, wo eine entsprechende Änderung bereits durch das EHUG[18] vorgenommen worden war. Mit § 32 Abs. 2 GBO reflektiert die GBO die weitgehende Einführung elektronischer Register und die damit geschaffene Möglichkeit einer Online-Einsichtnahme in die Registerakten durch das Grundbuchamt. Absatz 2 ersetzt § 34 GBO a.F., zu dem jüngst streitig geworden war, ob der Verweis auf das Register auch dann zulässig ist, wenn das Register bei einem anderen Gericht elektronisch geführt wird, aber über das Gemeinsame Registerportal der Länder für das Grundbuchamt jederzeit einsehbar ist.[19]

---

13 Seit 1.1.2007 steht der beglaubigten Abschrift ein Ausdruck gem. § 30a HRV gleich, wenn das Register elektronisch geführt wird.

14 Ebenroth/Boujong/Joost/Strohn/*Schaub*, 2. Auflage 2008, § 12 Rn. 149; *Schöner/Ströber*, Grundbuchrecht, 14. Auflage 2008, Rn. 3637.

15 *Otto*, Beck'scher Online-Kommentar zur GBO, § 32 Rn. 2. Mit dem Registerauszug wird zugleich auch der Beweis über die Existenz der Handelsgesellschaft bzw. des Vereins erbracht (so ausdrücklich § 32 Abs. 1 S. 1 GBO n.F.; *Otto* aaO Rn. 36; zur alten Rechtslage BayObLG NJW-RR 1989, 977, 978; *Demharter*, GBO, 26. Auflage 2008, § 32 Rn. 9).

16 § 32 GBO wurde geändert durch das Gesetz zur Einführung des elektronischen Rechtsverkehrs und der elektronischen Akte im Grundbuchverfahren sowie zur Änderung weiterer grundbuch-, register- und kostenrechtlicher Vorschriften (ERVGBG), BGBl. I 2009, S. 2713.

17 *Otto*, (Fn. 15), § 32 Rn. 47 ff. Dies entspricht weitgehend der Rechtslage bis zum 1.10.2009. Insoweit hat die Änderung vor allem Klarstellungsfunktion (vgl. Begr. RegE. zu § 32 GBO BT-Drucks. 16/12319, S. 20).

18 Gesetz über elektronische Handelsregister und Genossenschaftsregister sowie das Unternehmensregister BGBl. I 2006, S. 2553.

19 Eine Erweiterung § 34 GBO a.F. im Wege der Analogie bejahend *G. Roth*, FGPrax 2008, 192 f.; *Koch/Rudzio*, Die Beweiskraft des Handelsregisters nach seiner Modernisierung, ZZP 122 (2009), 37, 54 ff. (57 f.); eine Analogie ablehnend OLG Hamm Beschluss v. 17.1.2008, Az. 15 W 370/07 und 15 W 371/07, FGPrax 2008, 96, 97 = DNotZ 2008, 530, 531. Hintergrund des Streits war die herrschende Leseart von § 34 GBO a.F., wonach Grundbuchamt und Register beim selben Amtsgericht geführt sein mussten (vgl. Begr. RegE. zu § 32 GBO BT-Drucks. 16/12319, S. 21; *Demharter* [Fn. 15], § 34 Rn. 3; Kuntze/Ertl/Herrmann/Eickmann/*Herrmann*, Kommentar zur Grundbuchordnung und Grundbuchverfügung einschließlich Wohnungseigentumsgrundbuchverfügung, 6. Auflage 2006, § 34 Rn. 3; *Otto* [Fn. 15], § 34 Rn. 8; Bauer/von Oefele/*Schaub*, Kommentar zur GBO, 2. Auflage 2006, § 34 Rn. 5; *Schöner/Ströber* [Fn. 14], Rn. 3639; enger Meikel/Roth/*Böhringer*, GBO, 9. Auflage 2004, § 34 Rn. 7, der eine Führung in derselben Abteilung des Amtsgerichts fordert).

2. Schutz des Rechtsverkehrs

Eine davon abweichende Bedeutung hat der Vertretungsnachweis im rechtsgeschäftlichen Verkehr. Hier geht es nicht um die Sicherstellung der Richtigkeit von Grundbuch oder Register, sondern um die weitestmögliche Gewissheit über die Wirksamkeit des Vertreterhandelns. Aufgrund der Vertragsautonomie steht es dabei jedem potentiellen Vertragspartner frei, einen mehr oder weniger qualifizierten Nachweis über die Vertretungsberechtigung zu verlangen. Das Gesetz enthält sich grundsätzlich zwingender Formvorgaben selbst dann, wenn das Grundgeschäft – etwa ein Grundstückskaufvertrag gem. § 311b Abs. 1 S. 1 BGB – formbedürftig ist (§ 167 Abs. 2 BGB).[20] Soweit sich die Berechtigung zur Vertretung einer Vereinigung aus einem Register ergibt, bedient sich die Praxis auch hier gern eines beglaubigten Registerauszugs als Nachweismittel. Misslich ist freilich für die Praxis, dass einer Registereintragung mit Blick auf die Berechtigung zur Organvertretung wie auch in den übrigen Vertretungsfällen keine konstitutive Wirkung zukommt. Die Eintragung ist vielmehr nur deklaratorisch mit der Folge, dass die – für den Vertragsschluss allein maßgebliche – materielle Rechtslage von der Verlautbarung durch das Register abweichen kann. Um den Rechtsverkehr gleichwohl zu schützen, ordnet das Gesetz eine abstrakte Vertrauensschutzfunktion (§ 15 Abs. 1 HGB, § 5 Abs. 2 PartGG, § 29 Abs. 1 GenG, § 68 S. 1 BGB) der Registereintragung an. Die Kopplung der zwingenden Registereintragung[21] mit einem abstrakten Vertrauensschutz ist – unabhängig vom Streit zwischen Vertreter- und Organtheorie – auch der maßgebliche dogmatische Gesichtspunkt zur Unanwendbarkeit der §§ 170 ff. BGB auf Organe.[22] Aufgrund des umfassenderen Schutzes – abstrakter Vertrauensschutz statt kausaler Rechtsscheinhaftung – ist für einen Rückgriff auf die §§ 170 ff. BGB nämlich kein Raum.

3. Anwendungsbereich

Der geschilderte Weg zum Nachweis der Vertretungsberechtigung ist freilich versperrt, wenn es an einem öffentlichen Register fehlt, in dem die organschaftliche Vertretung nach Person und Umfang festgehalten wird.[23] Nichts anderes gilt, wenn zwar

---

20 Zu den Ausnahmen von § 167 Abs. 2 BGB siehe nur Palandt/*Heinrichs,* 69. Auflage 2010, § 167 Rn. 2.

21 Vgl. § 67 BGB, § 106 Abs. 2 Nr. 4 HGB, § 81 Abs. 1 AktG, § 39 Abs. 1 GmbHG, § 28 S. 1 GenG, § 4 Abs. 1 S. 2 PartGG.

22 BGH NJW 2002, 1194, 1195; Bamberger/Roth/*Habermeier,* 2. Auflage 2007, § 174 Rn. 5; Soergel/*Leptien,* 13. Auflage 1999, § 174 Rn. 8; Staudinger/*Schilken,* 2004, § 174 Rn. 6; *Wertenbruch,* Publizität der Vertretungsmacht eines GbR-Geschäftsführers, DB 2003, 1099, 1100 f. Entsprechendes muss dann für die Prokura gelten, die ebenfalls ins Handelsregister einzutragen ist (a.A. RGZ 133, 229, 223).

23 Dies trifft für die BGB-Gesellschaft und den nicht eingetragenen Verein zu (für die Nachweismöglichkeit gem. § 32 GBO *Otto* [Fn. 15], § 32 Rn. 31). Für die BGB-Gesellschaft ist allerdings § 47 Abs. 2 GBO zu beachten, der ebenfalls durch das ERVGBG (Fn. 16) eingefügt worden ist (vgl. dazu nur *Steffek,* Die Gesellschaft bürgerlichen Rechts im Grundbuch, ZIP

eine Eintragung zu erfolgen hat, das Register aber nicht mit einer Publizitätsfunktion versehen ist.[24] Die Registereintragung ist dann weder taugliche Basis für einen qualifizierten Beweis der Organvertretung gegenüber einer Behörde – etwa mittels Notarbescheinigung oder amtlichen Registerausdrucks – noch für einen abstrakten Vertrauensschutz, denn beides knüpft an die Richtigkeitsgewähr der Registereintragung an.

Neben der Gesellschaft bürgerlichen Rechts, dem konzessionierten Verein und dem nicht eingetragenen Verein kann auch eine rechtsfähige Stiftung den Nachweis über die Vertretungsmacht ihrer Organmitglieder nicht durch einen beglaubigten Auszug aus dem Stiftungsverzeichnis erbringen. Entsprechend der 6. Empfehlung der Bund-Länder-Arbeitsgruppe Stiftungsrecht sind zwar auf Landesebene Stiftungsverzeichnisse errichtet worden, doch sind Eintragungen zur Vertretungsmacht der Organe nicht nach allen Landesstiftungsgesetzen vorzunehmen.[25] Selbst wenn eine entsprechende Eintragung zu erfolgen hat, sind die Stiftungsverzeichnisse nicht mit dem Vereins-, Handels-, Partnerschafts- oder Genossenschaftsregister vergleichbar: Eine Eintragung in das Stiftungsverzeichnis begründet nach allen Landesstiftungsgesetzen nicht die Vermutung der Richtigkeit.[26] Stiftungen können daher mittels des Stiftungsverzeichnisses keinen Nachweis über die Vertretungsberechtigung ihrer Organe erbringen.

Etwas anderes gilt nur, wenn eine Stiftung einen Gewerbebetrieb unterhält, der nach Art und Umfang einen in kaufmännischer Weise eingerichteten Geschäftsbetrieb erfordert (§ 1 HGB).[27] Für diesen Fall sieht § 33 Abs. 1 HGB deklaratorisch die Eintragung der Stiftung in das Handelsregister vor. Bei der Anmeldung sind gem. § 33 Abs. 2 S. 2 HGB auch die Mitglieder des Vorstandes und der Umfang ihrer Vertretungsmacht anzugeben. Die kaufmännische Stiftung kann entsprechend einen

---

2009, 1445 ff.; *Lautner*, Alles wieder beim Alten? – Die gesetzliche Neuregelung zur Teilnahme der Gesellschaft bürgerlichen Rechts am Grundstücksverkehr, DNotZ 2009, 650 ff.).

24 Neben der rechtsfähigen Stiftung ist dies auch beim konzessionierten Verein der Fall.

25 Eine Eintragung sehen die Stiftungsgesetze der Länder Bayern (Art. 4 Abs. 2 Nr. 6), Baden-Württemberg (§ 4 Abs. 2 Nr. 4), Bremen (§ 15 Abs. 1 S. 2), Hessen (§ 17a Abs. 2 S. 1), Nordrhein-Westfalen (§ 12 Abs. 1 Nr. 5), Rheinland-Pfalz (§ 5 Abs. 2 Nr. 3), Sachsen (§ 8 Abs. 1 Nr. 4), Sachsen-Anhalt (§ 20 Abs. 1 S. 2 Var. 4), Schleswig-Holstein (§ 15 Abs. 2 Nr. 6) und Thüringen (§ 5 Abs. 2 Nr. 3) vor; keine Eintragungspflicht besteht in Berlin, Brandenburg, Hamburg, Mecklenburg-Vorpommern, Niedersachsen und dem Saarland.

26 § 4 Abs. 4 S. 2 BaWürttStiftG, § 14 Abs. 2 S. 2 BrbgStiftG, § 15 Abs. 3 BremStiftG, § 3 Abs. 1 S. 2 HambStiftG, § 17a Abs. 3 HessStiftG, § 3 S. 2 MeckVorPStiftG, § 17a Abs. 2 S. 3 NdsStiftG, § 12 Abs. 3 NRWStiftG, § 5 Abs. 3 RhPfStiftG, § 18 Abs. 2 S. 3 SaarlStiftG, § 8 Abs. 3 S. 1 SachsStiftG, § 20 Abs. 3 S. 1 Sachs-AnhStiftG, § 15 Abs. 3 S. 1 SchlHolStiftG, § 20 Abs. 3 S. 1 ThürStiftG. Keine Ausschlussregelung findet sich in Bayern und Berlin.

27 *W. H. Roth*, Zum Firmenrecht der juristischen Personen i.S. des § 33 HGB, in: FS Marcus Lutter, 2000, S. 651, 652 f.; Baumbach/*Hopt*, 34. Auflage 2010, § 33 Rn. 1; Heymann/*Emmerich*, 2. Auflage 1995, § 33 Rn. 3; MüKo-HGB/*Krafka*, 2. Auflage 2005, § 33 Rn. 2; Röhricht/Graf von Westphalen/*Ammon*, 3. Auflage 2008, § 33 Rn. 2; GK-HGB/*Steitz*, 7. Auflage 2007, § 33 Rn. 1; Ebenroth/Boujong/Joost/Strohn/*Zimmer* (Fn. 14), § 33 Rn. 1; Staudinger/*Rawert*, 1995, Vorbem zu §§ 80 ff Rn. 116.

Nachweis über die Vertretungsmacht ihrer Organe durch beglaubigten Handelsregisterauszug oder Bezugnahme auf das Handelsregister erbringen.

III. Sonderfall: Vertretungsbescheinigung

Der Weg über das Handelsregisterrecht gem. § 33 HGB ist *in praxi* vielen Stiftungen für den Vertretungsnachweis versperrt. Ihnen bleibt – wie auch der GbR, dem konzessionierten Verein und dem nicht eingetragenen Verein – somit zunächst einmal nur die Möglichkeit, die Vertretungsmacht ihrer Organe mittels einer öffentlichen Urkunde zu belegen, wenn ein qualifizierter Nachweis darüber erforderlich ist. Praktisch läuft dies auf die Errichtung einer Zeugnisurkunde durch den Notar gem. § 20 Abs. 1 S. 2 letzte Alt. BNotO hinaus. Grundlage der notariellen Tatsachenbeurkundung sind die Satzung, der Gesellschaftsvertrag oder andere einschlägige (Bestellungs-)Unterlagen. Rechtliche Wertungen sind allerdings nicht Gegenstand dieses sogenannten kleinen Tatsachenzeugnisses.[28] Eine Notarbescheinigung nach § 21 Abs. 1 S. 1 Nr. 1 BNotO scheidet hingegen aus, weil sich die Umstände über die Vertretungsberechtigung nicht aus einer Eintragung im Handelsregister oder einem ähnlichen Register ergeben.[29] Der Notar könnte allenfalls anhand von Satzung, Gesellschaftsvertrag und anderen einschlägigen Unterlagen die Vertretungsmacht gutachterlich bestätigen (§ 24 Abs. 1 BNotO). Den Beweisanforderungen über die Vertretungsmacht gem. § 29 Abs. 1 S. 2 GBO genügt eine Notarbestätigung jedoch nicht. Sie ist lediglich eine Privaturkunde des Notars und keine öffentliche i.S.v. §§ 415 ff. ZPO.[30] Anders als die Notarbescheinigung steht sie auch nicht gem. § 21 Abs. 1 S. 2 BNotO dem Zeugnis des Registergerichts gleich. Gegenüber dem Grundbuchamt ist die Notarbestätigung folglich wertlos. Der Nachweis gegenüber dem Grundbuchamt kann daher nur durch Vorlage der Satzung, des Gesellschaftsvertrags oder anderer einschlägiger Unterlagen in der Form des § 29 Abs. 1 S. 2 GBO geführt werden.[31]

Der Vertretungsnachweis mittels öffentlicher Urkunde kann daneben bei der rechtsfähigen Stiftung und dem konzessionierten Verein auch durch eine behördliche Vertretungsbescheinigung erfolgen. Sie ist eine öffentliche Urkunde i.S.v. §§ 415 ff. ZPO, in der die vertretungsberechtigten Organmitglieder der juristischen Person und der personelle und sachliche Umfang ihrer Vertretungsmacht genannt werden. Nachfolgend soll dargestellt werden, welcher Schutz des (gutgläubigen) Rechtsverkehrs

---

28 Schippel/Bracker/*Reithmann*, Bundesnotarordnung, 8. Auflage 2006, § 20 Rn. 32.
29 Arndt/Lerch/Sandkühler/*Sandkühler*, Kommentar zur BNotO, 6. Auflage 2008, § 21 Rn. 12; Bauer/von Oefele/*Schaub* (Fn. 19), AT VII Rn. 296 (Stiftung).
30 Arndt/Lerch/Sandkühler/*Sandkühler* (Fn. 29), § 24 Rn. 38; Bauer/von Oefele/*Knothe* (Fn. 19), § 29 Rn. 95.
31 *Miras*, Die Eintragung der Gesellschaft bürgerlichen Rechts im Grundbuch, GWR 2009, 78; Meikel/Roth/*Böhringer* (Fn. 19), § 32 Rn. 55 zum begrenzten Wert des Gesellschaftsvertrags als Nachweismittel.

mit einer Vertretungsbescheinigung einhergeht.[32] Hierfür sind zwei Vorfragen zu klären: Rechtsgrundlage und Rechtsnatur der Vertretungsbescheinigung.

1. Rechtsgrundlage

a) Stiftungsgesetze

Die Ausstellung einer Vertretungsbescheinigung ist in einigen Landesstiftungsgesetzen explizit geregelt.[33] Sie ist nur auf Antrag der Stiftung zu erteilen. Soweit keine ausdrückliche Beschränkung der Antragsbefugnis auf die Stiftung besteht,[34] ergibt sich dies aus Sinn und Zweck der Bescheinigung und der Gesetzessystematik.[35] Abweichend davon kann nur nach § 11 Abs. 2 S. 2 BerlStiftG auch einem Dritten eine Bescheinigung erteilt werden, wenn dieser ein berechtigtes Interesse glaubhaft macht.[36] Grundlage für die Erteilung der Vertretungsbescheinigung sind die Satzung und die Angaben (z.B. Vorlage von Wahlprotokollen), die die Stiftung gegenüber der Aufsichtsbehörde macht, und nicht eventuelle Angaben über die Organvertretung im Stiftungsverzeichnis. Dies folgt zum einen aus dem Ausschluss jeglicher Publizitätswirkung oder Richtigkeitsvermutung des Stiftungsverzeichnisses.[37] Zum anderen sehen die meisten Landesstiftungsgesetze ausdrücklich vor, dass die Erteilung der Bescheinigung auf Basis der Stiftungssatzung und der von der Stiftung gemachten Angaben zu erfolgen hat.[38]

---

32 Die nachfolgenden Ausführungen beziehen sich im Schwerpunkt auf die Stiftung. Für den konzessionierten Wirtschaftsverein gem. § 22 BGB sind die Gedanken weitgehend übertragbar.
33 § 3 Abs. 1 BaWürttAGBGB, § 11 Abs. 2 S. 1 BerlStiftG, § 1 Abs. 1 brem. Gesetz über die Ausstellung von Vertretungsbescheinigungen vom 9.12.1986, § 5 Abs. 4 S. 1 HambStiftG, § 11 Abs. 2 S. 2 NdsStiftG, § 4 Abs. 3 MeckVorPStiftG, § 12 Abs. 5 NRWStiftG, § 9 Abs. 7 RhPfStiftG, § 8 Abs. 3 S. 1 SchlHolStiftG, der allerdings missverständlich von rechtsgeschäftlicher Vertretungsmacht aufgrund von Satzungsbestimmungen spricht, und § 5 Abs. 5 ThürStiftG. Vergleichbare Regelungen finden sich für den konzessionierten Verein in § 3 Abs. 1 BaWürttAGBGB, Art. 5 § 1 Abs. 3 BerlAGBGB, § 1 Abs. 1 brem. Gesetz über die Ausstellung von Vertretungsbescheinigungen vom 9.12.1986 und § 5 Abs. 1 S. 1 BrbgAGBGB. § 2 Abs. 2 S. 2 HessAGBGB sieht lediglich die Möglichkeit einer beglaubigten Satzungsabschrift vor.
34 § 4 Abs. 3 MeckVorPStiftG, § 8 Abs. 3 S. 1 SchlHolStiftG und § 5 Abs. 5 ThürStiftG.
35 A.A. *Siegmund-Schulze*, Kommentar zum Niedersächsischen StiftG, 9. Auflage 2005, § 11 Anm. 2; Begr. RegE. zu NdsStiftG Drucks. 15/1129, S. 12 (Antragsrecht Dritter).
36 Zu den daraus folgenden Konsequenzen bei der Rechtsscheinhaftung unter III. 3. d) bb) und cc).
37 Ähnlich auch Begr. RegE. zu § 5 Abs. 5 ThürStiftG Drucks. 4/3949, S. 20.
38 § 11 Abs. 2 BerlStiftG, § 5 Abs. 4 S. 1 HambStiftG, § 11 Abs. 2 S. 2 NdsStiftG, der durch die Formulierung »danach« auf die Mitteilungspflicht von Satz 1 verweist (*Siegmund-Schulze* [Fn. 35], § 11 Anm. 2), § 12 Abs. 5 NRWStiftG, § 9 Abs. 7 RhPfStiftG, § 5 Abs. 5 ThürStiftG; ähnlich § 4 Abs. 3 MeckVorPStiftG; mittelbar gilt dies auch für Schleswig-Holstein, da gem. § 8 Abs. 3 S. 2 in der Vertretungsbescheinigung die Satzungsbestimmung anzugeben ist, aus der die Vertretungsberechtigung folgt.

b) Allgemeine Grundsätze

Das Fehlen einer gesetzlichen Regelung über die Ausstellung einer Vertretungsbescheinigung in Bayern, Hessen, dem Saarland, Sachsen und Sachsen-Anhalt steht nach herrschender Meinung einem Anspruch auf Erteilung nicht entgegen.[39] Als Rechtsgrundlage werden das Wesen der Stiftungsaufsicht als Rechtsaufsicht,[40] das Grundrecht der Stiftung auf rechtliche Handlungsfreiheit[41] genannt oder es wird auf allgemeine Verwaltungsrechtsgrundsätze, insbesondere § 33 VwVfG, verwiesen.[42] § 33 Abs. 1 S. 1 VwVfG kann freilich als Rechtsgrundlage nicht überzeugen.[43] Voraussetzung wäre, dass die Bescheinigung im Wege der Beglaubigung einer Eigenurkunde erteilt wird. Als Urkunde der Aufsichtsbehörde kommt allein das Stiftungsverzeichnis in Betracht, welches wie unter a) ausgeführt aber gerade nicht Grundlage für die Ausstellung der Vertretungsbescheinigung ist. Unvereinbar mit der gängigen Praxis ist die Möglichkeit, die Stiftungssatzung bzw. die anderen Unterlagen als private Fremdurkunde gem. § 33 Abs. 1 S. 2 Alt. 2 VwVfG zur Vorlage bei anderen Behörden (z.B. Grundbuchamt) zu beglaubigen. Ebenso wenig überzeugend ist der Rückgriff auf das nebulöse Wesen der Stiftungsaufsicht. Daraus lässt sich jedes gewünschte Ergebnis hervorzuzaubern. Die Dogmatik sollte um griffige Strukturen bemüht sein. Letztere liefert der Rückgriff auf die allgemeine (rechtliche) Handlungsfreiheit gem. Art. 2 Abs. 1 GG. Daraus folgt allerdings einerseits, dass die Stiftung entgegen der h.M. lediglich einen Anspruch auf fehlerfreie Ermessensausübung hat. Das Ermessen reduziert sich freilich zu einem Anspruch auf Erteilung, wenn die öffentliche oder öffentlich beglaubigte Vertretungsbescheinigung zwingende Voraussetzung zur Vornahme eines Rechtsgeschäfts ist. *In praxi* dürften regelmäßig keine Unterschiede zur Annahme eines Anspruchs bestehen. Zum anderen folgt aus der

---

39 KG DJ 1941, 831 mit zustimmender Anm. *Koehler*, KG StiftRspr. I, S. 131, 132; OLG Hamm StiftRspr. II, S. 156, 158; *Lehmann*, Kommentar zum Schleswig-Holsteinischen StiftG, 2. Auflage 2002, S. 46; *Peiker*, Kommentar zum Hessischen StiftG, 3. Auflage 2005, § 7 Anm. 3; Staudinger/*Rawert* (Fn. 27), Vorbem zu §§ 80 ff Rn. 80; MüKo-BGB/*Reuter*, 5. Auflage 2006, Vor § 80 Rn. 85; Seifart/v. Campenhausen/*Hof*, 3. Auflage 2009, § 8 Rn. 40; *Dörnbrack/Fiala*, Rechtswirkung und Rechtsfolgen von Vertretungsbescheinigungen rechtsfähiger Stiftungen, DStR 2009, 2490, 2492, die in Fällen einer fehlenden Rechtsgrundlage von einem rechtlichen Nullum sprechen.

40 *Lehmann* (Fn. 39), S. 46; ähnlich bereits KG DJ 1941, 831, wonach eine Pflicht zur Erteilung aus der Stiftungsaufsicht resultiere.

41 Staudinger/*Rawert* (Fn. 27), Vorbem zu §§ 80 ff Rn. 80; MüKo-BGB/*Reuter* (Fn. 39), Vor § 80 Rn. 85.

42 Vgl. Art. 2 Ziffer 7 Gesetz zur Neuregelung des Stiftungsrechts im Freistaat Sachsen vom 7.8.2007, GVBl. Nr. 10, S. 389.

43 Ist eine öffentliche Beglaubigung erforderlich, kann § 33 VwVfG schon grundsätzlich nicht weiterhelfen, da er nur die amtliche Beglaubigung regelt, nicht aber eine öffentliche ersetzen kann (Knack/*Clausen*, VwVfG, 9. Auflage 2010, Vor § 33 Rn. 1). Erst recht kann die amtliche Beglaubigung nicht eine öffentliche Urkunde ersetzen. Allein der Beglaubigungsvermerk ist eine öffentliche Urkunde mit zudem auf den angegebenen Verwendungszweck beschränkter Beweiskraft (Kopp/*Ramsauer*, VwVfG, 10. Auflage 2008, § 33 Rn. 11 m.w.N.; *Winkler*, BeurkG, 16. Auflage 2008, § 1 Rn. 9, § 40 Rn. 77).

Ableitung aus Art. 2 Abs. 1 GG weiter, dass ein Antragsrecht Dritter nicht besteht. Sie werden vom Schutzbereich des Art. 2 Abs. 1 GG gerade nicht erfasst.

2. Rechtsnatur

Die Rechtsnatur der Vertretungsbescheinigung determiniert den Umfang des Verkehrsschutzes. Grund hierfür ist die unterschiedliche Bindungswirkung, die der Vertretungsbescheinigung je nach Rechtsnatur beizumessen ist. Sollte die Vertretungsbescheinigung ein feststellender Verwaltungsakt sein, würde dies eine umfassende Bindungswirkung nach sich ziehen.[44] Die materielle Rechtskraft eines Verwaltungsaktes beschränkt sich nach herrschendem Verständnis nicht auf eine verfahrensrechtliche Bindungswirkung, wie sie nach der prozessualen Rechtskrafttheorie für das Zivilurteil vertreten wird.[45] Der Verwaltungsakt wirkt vielmehr unmittelbar auf die materielle Rechtslage ein, indem er die abstrakt-generelle Gesetzesregelung subjektiv konkretisiert und das Produkt dieses Vorgangs zur allein maßgeblichen materiellen Rechtslage erklärt.[46] Dass der Verwaltungsakt gem. § 43 Abs. 1 S. 1 VwVfG durch Bekanntgabe gleichwohl nur im Verhältnis Behörde – Adressat Wirkung *inter partes* entfaltet, steht dazu im Widerspruch. Konsistent wäre eher eine materielle Wirkung *inter omnes*, da die konkretisierte materielle Rechtslage in Bezug auf einen konkreten Sachverhalt je nach Blickrichtung nicht differieren kann. Im Regelfall tritt dieser Widerspruch jedoch nicht offen zutage, weil die Konkretisierung faktisch allein die Beteiligten des Verwaltungsrechtsverhältnisses trifft, dessen verbindlichen Abschluss der Verwaltungsakt markiert. Anders verhält es sich, wenn es um den Status als vertretungsberechtigtes Organ einer juristischen Person geht. Der Verwaltungsakt *muss* dann zwingend Bindungswirkung *inter omnes* mit seiner erstmaligen Bekanntgabe entfalten. Anderenfalls entstünde die sinnwidrige und dem Rechtsverkehr abträgliche Situation, dass im Verhältnis Behörde – Adressat die eine und im Übrigen (möglicherweise) eine andere materielle Rechtslage gilt.[47] Auch stellt sich dann die Sinnfrage für die Einordnung gerade der Vertretungsbescheinigung als feststellender Verwaltungsakt: Ist ein Interesse der Behörde auf Feststellung der Vertretungsverhältnisse im Verhältnis zur Stiftung anzuerkennen, so kann dessen Ratifizierung nicht von einem Antrag der Stiftung oder gar eines Dritten abhängen. Konsequent wäre allein

---

44 A.A. *Groetschel*, Was bedeutet »Tatbestandswirkung«?, DVBl. 1959, 413, 415, der feststellenden Verwaltungsakten jegliche Bindungswirkung abspricht; *Rawert*, in: Der Nachweis organschaftlicher Vertretung im Stiftungsrecht, FS Kreutz, 2009, S. 825, 830 (keine Wirkung für das Privatrecht); *Dörnbrack/Fiala* (Fn. 39), S. 2490 f.

45 Zum Wesen der materiellen Rechtskraft im Zivilprozess Stein/Jonas/*Leipold*, 22. Auflage 2008, § 322 Rn. 18 ff.; Musielak/*Musielak*, ZPO, 7. Auflage 2009, § 322 Rn. 4 f.

46 Ausführlich dazu *Kracht*, Feststellender Verwaltungsakt und konkretisierende Verfügung, 2002, S. 82 ff.; *Bumke*, in: Hoffmann-Riem/Schmidt-Aßmann/Voßkule (Hrsg.), Grundlagen des Verwaltungsrechts, Bd. II, 2008, § 35 Rn. 82; Stelkens/Bonk/Sachs/*U. Stelkens*, 7. Auflage 2008, § 35 Rn. 219.

47 Daran würde sich nichts ändern, wenn man in der Vorlage der Vertretungsbescheinigung im Rechtsverkehr eine Bekanntgabe des Verwaltungsaktes gegenüber dem jeweiligen Vertragspartner sähe. Die gespaltene Rechtslage würde dadurch nur ihm gegenüber aufgelöst.

eine originäre Feststellungsbefugnis der Aufsichtsbehörde. Sinnvoll erscheint daher allein, die Vertretungsbescheinigung als feststellenden Verwaltungsakt einzuordnen, der durch Konkretisierung der materiellen Rechtslage Wirkung *inter omnes* entfaltet. Die Folgen auf das Zivilrecht wären weitreichend: Die in der Vertretungsbescheinigung genannte Person würde dann nicht nur als vertretungsberechtigtes Organ gelten oder als solches scheinen, sondern sie *wäre* es kraft Konkretisierungswirkung des Verwaltungsaktes. Die Vertretungsbescheinigung käme einer verbindlichen Organbestellung gleich. Die Frage nach einem Verkehrsschutz hätte sich damit erübrigt: Weil verlautbarte und materielle Rechtslage übereinstimmen, kann der Rechtsverkehr durch die »falsche« Vertretungsbescheinigung nicht »getäuscht« werden. Verneint man hingegen den Charakter als feststellenden Verwaltungsakt, könnte eine falsche Bescheinigung mangels Einwirkung auf die materielle Rechtslage den Rechtsverkehr über die Vertretungsberechtigung täuschen.

Die Vertretungsbescheinigung ist kein (feststellender) Verwaltungsakt.[48] Sie enthält keine verbindliche Regelung eines Einzelfalls i.S.v. § 35 S. 1 VwVfG, weil sie nicht auf die rechtliche Verfestigung der bescheinigten Vertretungsberechtigung gerichtet ist, sondern lediglich als amtliche Wissensmitteilung[49] in Form einer öffentlichen Urkunde (§ 417 ZPO) einen bestimmten Sachverhalt für die Zukunft zu Beweiszwecken festhalten soll.[50] Regelungswirkung hätte die Vertretungsbescheinigung nur, wenn sie

---

48 *Peiker*, Kommentar zum Hessischen StiftG, 4. Auflage 2009, § 17a Anm. 3; i.E. ebenso *Dörnbrack/Fiala* (Fn. 39), S. 2492; *Geibel* (Fn. 9), S. 340 (keinerlei Legitimationswirkung); a.A. KG, Beschluss v. 19.8.1965, Az. 1 VA 4/65 StiftRspr. I, S. 131 f. (Justizverwaltungsakt gem. § 23 Abs. 1 EGGVG); *Burgard*, Gestaltungsfreiheit im Stiftungsrecht, 2006, S. 249; *Fritsche/Kilian*, Kommentar zu den Landesstiftungsgesetzen Brandenburg und Mecklenburg-Vorpommern, 2007, § 4 Anm. 9 MeckVorPStiftG; *Heuel*, Kommentar zum Landestiftungsgesetz NRW, 2009, § 12 Anm. 6; Seifart/v. Campenhausen/*Hof* (Fn. 39), § 8 Rn. 40; ihm folgend Bauer/von Oefele/*Schaub* (Fn. 19), AT VII 295; *Stengel*, Kommentar zum Hessischen StiftG, 2. Auflage 2000, § 7 Anm. 3; offen gelassen VG Gießen, Urteil v. 6.1.1999, Az. 10 E 1856/98 (2), ZSt 2006, 187, 188. *Hof* bezieht sich zur Begründung der Verwaltungsakteigenschaft auf KG, Beschluss v. 9.1.1981, Az. 1 VA 2/80 StiftRspr. III, S. 122, 123 ff. In dieser Entscheidung revidiert das KG allein seine bisherige Auffassung, dass Maßnahmen der Stiftungsaufsicht Justizverwaltungsakte seien. Das KG anerkennt nunmehr deren öffentlich-rechtlichen Charakter mit der Folge, dass der Verwaltungsgerichtsweg gem. § 40 VwGO eröffnet ist. Ob eine einzelne Maßnahme Verwaltungsakt ist, bemisst sich aber zusätzlich nach § 35 VwVfG. Die Versagung der Bescheinigung kann hingegen Verwaltungsakt sein (*Simon*, Behördliche Bescheinigungen als Verwaltungsakte, DVBl. 1956, 355, 357; weitergehend *Lässig*, Registereintragungen als Verwaltungsakte? – BVerwGE 77, 268, JuS 1990, 459, 462 [immer]).

49 Art. 2 des Gesetzes zur Neuregelung des Stiftungsrechts im Freistaat Sachsen vom 7.8.2007 stützt die Einordnung der Vertretungsbescheinigung als Wissensmitteilung. Nach Nr. 97 SachsKVZ Punkt 7 ist eine Vertretungsbescheinigung nämlich nach § 8 Abs. 1 S. 2 Nr. 4 SachsStiftG i.V.m. § 1 SachsVwVfG i.V.m. § 33 VwVfG zu erteilen. Amtliche Beglaubigungen nach § 33 VwVfG sind aber nur amtliche Wissensbekundungen und keine Verwaltungsakte (Stelkens/Bonk/Sachs/*Bonk/Kallerhoff* (Fn. 46), § 33 Rn. 4; Knack/*Clause*, (Fn. 43), Vor § 33 Rn. 5); *Dörnbrack/Fiala* (Fn. 39), S. 2492 (reine Glaubensbekundung).

50 I.E. wohl auch MüKo-BGB/*Reuter* (Fn. 39), Vor § 80 Rn. 85, wenn die Wirkung der Vertretungsbescheinigung der einer Vollmachtsurkunde gem. § 172 BGB entsprechen soll.

gestaltende Wirkung besäße, mithin die materielle Rechtslage verändern würde, mag diese deklaratorischer oder feststellender Art sein.[51] Sie ist aber allein eine behördliche Dokumentation über die Vertretungsberechtigung.[52] Diese Deklaration hat zwar zwangsläufig auch eine feststellende Komponente, gleichwohl qualifiziert diese die Vertretungsbescheinigung nicht als (privatrechts-)feststellenden Verwaltungsakt.[53] Ein solcher liegt nur vor, wenn das Bestehen oder Nichtbestehen eines Rechtsverhältnisses oder eines Sachverhaltes zur Ausräumung von Zweifeln verbindlich festgestellt werden soll.[54] Dazu müsste die Vertretungsbescheinigung aber wenigstens verfahrensrechtliche Bindungswirkung entfalten. Jedoch ist auch dies – unabhängig von der dargestellten verwaltungsrechtlichen Dogmatik zur materiellen Rechtskraft – nicht der Fall. Andere Behörden – scil. das Grundbuchamt oder Registergericht – sind an die Angaben in der Vertretungsbescheinigung nicht gebunden.[55] Vielmehr dürfen und müssen (!) sie bei Anhaltspunkten über die Unrichtigkeit der Vertretungsbescheinigung zusätzliche Nachweise über die Vertretungsberechtigung einfordern. Zudem spricht ein Seitenblick zu vergleichbaren Bescheinigungen gegen jegliche Bindungswirkung. So begründet etwa der mit einem besonderen Gutglaubensschutz ausgestattete Erbschein (§ 2365 BGB) keine Bindung des Grundbuchamtes an seinen Inhalt.[56] Für die – in einigen Ländern noch nicht einmal gesetzlich geregelte – Vertretungsbescheinigung muss es dann erst recht an jeglicher Bindung fehlen.[57]

Eine weiterreichende Verbindlichkeit stünde jedenfalls im Widerspruch zur Funktion der Vertretungsbescheinigung. Die beweisrechtliche Benachteiligung der Stiftung hinsichtlich der Nachweismöglichkeiten der Vertretungsberechtigung ihrer Organe würde gegenüber registrierten Vereinigungen überkompensiert. Nicht nur der gut-

---

51 Zur gestaltenden Wirkung aller Verwaltungsakte *Bumke* (Fn. 46), § 35 Rn. 61.

52 Vgl. Begr. RegE. HambStiftG Drucks. 18/1513, S. 12. Eine konstitutive Wirkung ablehnend für die Registereintragung und den Erbschein W. *Wertenbruch*, Zum privatrechtsgestaltenden Verwaltungsakt, in: GS Rudolf Schmidt, 1966, S. 89, 99.

53 Vgl. Nachweise in Fn. 48.

54 *Bumke* (Fn. 46), § 35 Rn. 62; *Kracht* (Fn. 46), S. 53. Eine verbindliche Feststellung jedenfalls im Verhältnis Stiftung-Stiftungsaufsichtsbehörde nimmt das KG StiftRspr. I, S. 131, 132 aufgrund einer entsprechenden Willensrichtung der Aufsichtsbehörde an.

55 *Rawert* (Fn. 44), S. 835 m.w.N. in Fn. 61.

56 Staudinger/*Schilken*, 2004, § 2353 Rn. 9; MüKo-BGB/*J. Mayer*, 4. Auflage 2004, § 2353 Rn. 2; a.A. W. *Wertenbruch* (Fn. 52), 95, 99 ff., 111, der allerdings seiner Ansicht einen funktionalen Verwaltungsaktbegriff zugrunde legt; ihm folgend ohne ausdrückliche Übernahme des Begriffsverständnisses *Wolf/Bachhoff/Stober*, Verwaltungsrecht, Bd. 2, 6. Auflage 2000, § 46 II 3 Rn. 12. Mit dieser Ansicht ist freilich der Gutglaubensschutz (§ 2366 BGB) nur schwer zu erklären. Denn wenn das Erbrecht mit Außenwirkung verbindlich festgestellt würde, bedürfte es keiner Gutglaubensregelung. Maßgeblich wäre dann allein die verbindlich festgestellte Rechtslage. Dem feststellenden Verwaltungsaktcharakter stünde auch entgegen, dass das Grundbuchamt den Erbschein aufgrund neuer, seine sachliche Unrichtigkeit begründender Tatsachen beanstanden kann (vgl. dazu nur Staudinger/*Schilken*, § 2365 Rn. 20).

57 Konsequenz der Einstufung als Verwaltungsakt wäre dessen Verbindlichkeit, auch wenn sein Inhalt nicht der tatsächlichen Rechtslage entspricht. Ähnlich *Rawert* (Fn. 44), S. 830, wenn er auf die fehlende Wirkung der Vertretungsbescheinigung auf den Privatrechtsverkehr abstellt.

gläubige Rechtsverkehr würde geschützt, sondern die materielle Bindungswirkung käme auch dem bösgläubigen Dritten zugute. Zudem wäre wegen der Veränderung der materiellen Rechtslage ein essentieller Eingriff in die Verbandsautonomie geben, der erhebliche verfassungsrechtliche Bedenken nach sich zieht: Es bedürfte einer gesetzlichen Ermächtigungsgrundlage, da aufgrund der materiellen Rechtswirkung eine fehlerhafte Bescheinigung im Verhältnis zur Stiftung einen belastenden Verwaltungsakt darstellt.[58] Demgegenüber tut die Einordnung der Vertretungsbescheinigung als schlichte behördliche Wissensmitteilung ihrer Funktion als Nachweisinstrument keinen Abbruch. Wenn der Notarbescheinigung, dem amtlichen Registerausdruck oder der beglaubigten Registerabschrift die Funktion einer zulässigen Beweismittelerleichterung zukommt, muss die Vertretungsbescheinigung keine darüber hinausreichende verfahrensrechtliche oder gar materielle Bindung entfalten.

Wenig überzeugend sind deshalb die Argumente des KG für die feststellende Wirkung der Vertretungsbescheinigung.[59] Soweit es die vermeintlich bindende Feststellung im Verhältnis Aufsichtsbehörde – Stiftung angeht, stellt sich schon die Frage: Warum bedarf es dazu einer Bescheinigung über die Vertretungsmacht, die für die Verwendung gegenüber Dritten[60] – und nicht im Innenverhältnis! – bestimmt ist? Und wenn das KG unter Hinweis auf das Vertrauen des Rechtsverkehrs auf die Richtigkeit der Bescheinigung meint, es könne dahinstehen, ob diese eine unwiderlegliche oder widerlegliche Vermutung der Richtigkeit hat, verkennt es die Rechtswirkung eines feststellenden Verwaltungsaktes. Allein eine unwiderlegliche Vermutung kann eine Bindungswirkung entfalten. Entgegen der Auffassung des BVerwG[61] fehlt es daran bei einer tatsächlichen Vermutung, die dem Gegenbeweis zugänglich ist.[62] Auch die erhöhte Beweiskraft der Vertretungsbescheinigung als öffentliche Urkunde macht diese nicht zu einer auf Begründung, Aufhebung, Änderung oder Feststellung gerichteten behördlichen Willenserklärung.[63] Allein der Umstand, dass erleichtert Nachweis über die Vertretungsberechtigung erbracht werden kann, begründet keinen unmittelbaren, finalen Regelungscharakter.[64] Die Vertretungsbescheinigung ist somit

---

58 Stelkens/Bonk/Sachs/*U. Stelkens* (Fn. 46), § 35 Rn. 220; *Rawert* (Fn. 44), S. 830; a.A. KG, Beschluss v. 19.8.1965, Az. 1 VA 4/65 StiftRspr. I, S. 131, 132.

59 KG, Beschluss v. 19.8.1965, Az. 1 VA 4/65 StiftRspr. I, S. 131, 132.

60 Besonders deutlich § 4 Abs. 3 MeckVorPStiftG und § 5 Abs. 5 ThürStiftG: »Die Stiftungsbehörde stellt … zur Vorlage gegenüber Dritten aus.«

61 BVerwGE 37, 103, 104.

62 Stelkens/Bonk/Sachs/*U. Stelkens* (Fn. 46), § 35 Rn. 222; *Kracht* (Fn. 46), S. 666 f.; *Krause*, Rechtsformen des Verwaltungshandelns, 1974, S. 124 f., 349 f., 354 ff.; Knack/*Henneke* (Fn. 43), § 35 Rn. 62.; *Lässig* (Fn. 48), S. 462 ff.; a.A. *Forsthoff*, Lehrbuch des Verwaltungsrechts, Bd. I, 10. Auflage 1973, S. 210, der die (nutzlose) Figur des beurkundenden Verwaltungsaktes kreierte; ihm folgend Obermayer/*Janßen*, VwVfG, 3. Auflage 1999, § 35 Rn. 57; *Simon* (Fn. 48), S. 356, der den Bindungscharakter aus der Beweislastumkehr bei einer widerlegbaren Vermutung ableitet. Dies nimmt er ausdrücklich für öffentliche Urkunden im Sinne der §§ 415, 418 ZPO an. Ähnlich *Groetschel* (Fn. 44), S. 416, der die Verbindlichkeit einer Bescheinigung gerade daraus herleiten will, dass sie als Nachweis gegenüber Dritten von Bedeutung ist. Erst durch das Hinzutreten von außerhalb der Bescheinigung liegenden Tatsachen oder Rechtsverhältnissen sollen Bescheinigungen zum Verwaltungsakt werden.

63 Siehe Nachweise in Fn. 62.

64 Stelkens/Bonk/Sachs/*U. Stelkens* (Fn. 46), § 35 Rn. 87, 222.

wie die Notarbescheinigung, der amtliche Registerausdruck, die beglaubigte Registerabschrift oder der Erbschein lediglich ein qualifiziertes Beweismittel.

Mit der Verneinung der Verwaltungsaktqualität ist noch keine Aussage darüber getroffen, ob die Vertretungsbescheinigung nicht anderweitig Rechtswirkung entfalten kann. Unzweifelhaft tut sie dies in ihrer Eigenschaft als öffentliche Urkunde und der damit verbundenen formellen Beweiskraft. Gegenüber dem Grundbuchamt und anderen Behörden kann so qualifiziert Beweis über die Vertretungsmacht des Stiftungsvorstandes geführt werden. Anknüpfend an die Beweismittelfunktion kann die Vertretungsbescheinigung zudem Ausgangspunkt für einen Verkehrsschutz auf Basis einer Rechtsscheinhaftung sein.

3. Verkehrsschutz

Aufgrund der rein deklaratorischen Natur der Vertreterbescheinigung ist ihr Inhalt ebenso wie der der Notarbescheinigung, des amtlichen Registerausdrucks, der beglaubigten Registerabschrift oder des Erbscheins fehleranfällig. Es ist nämlich möglich, dass die materielle Rechtslage nie der bescheinigten entsprochen oder sich seit der Ausstellung verändert hat. Um dennoch den gutgläubigen Rechtsverkehr zu schützen, sieht das Gesetz bei den Verbänden mit Registereintragung einen an die Registereintragung anknüpfenden abstrakten Vertrauensschutz vor.[65] Entsprechendes gilt für den Erbschein gem. § 2366 BGB.[66] Bei der Stiftung gestaltet sich die Begründung eines Verkehrsschutzes komplizierter.

a) Eintragung im Stiftungsverzeichnis als öffentliche Bekanntmachung i.S.v. § 171 Abs. 1 S. 1 Alt. 2 BGB?

Von vornherein ausscheiden muss eine Anknüpfung an Eintragungen im Stiftungsverzeichnis. Zum Teil schon deshalb, weil die Organmitglieder und deren Vertretungsmacht nicht im Stiftungsverzeichnis einzutragen sind.[67] Aber auch bei einer entsprechenden Eintragung schließt die ganz überwiegende Zahl der Landesstiftungsgesetze eine Verkehrsschutzfunktion des Stiftungsverzeichnisses aus.[68] Allein in den Stiftungsgesetzen der Länder Bayern und Berlin fehlt eine Ausschlussregelung, obwohl eine Eintragung der Organmitglieder und deren Vertretungsmacht gem. Art. 4 Abs. 2 Nrn. 5 und 6 BayStiftG vorgeschrieben ist. Mangels einer positiven Anordnung kann daraus aber nichts zur Begründung eines abstrakten Verkehrsschutzes

---

65 Vgl. dazu bereits oben unter II. 2.
66 § 2366 BGB enthält eine gesetzliche Fiktion (h.M. siehe nur Staudinger/*Schilken* [Fn. 56], § 2366 Rn. 1). Die Fiktionswirkung tritt unabhängig davon ein, ob zwischen dem Erbschein und dem Handeln des Dritten ein kausaler Zusammenhang besteht (h.M. Staudinger/*Schilken* [Fn. 56], § 2366 Rn. 1 mit Nachweisen zur Gegenansicht). Erforderlich ist allein der Wille des Dritten, einen Erbschaftsgegenstand zu erwerben.
67 Vgl. § 11 Abs. 1 BerlStiftG, § 14 Abs. 2 BrbgStiftG, § 3 Abs. 2 HambStiftG, § 3 S. 1 MeckVorPStiftG, § 17a Abs. 2 S. 1 NdsStiftG, § 18 Abs. 1 S. 2 SaarlStiftG.
68 Siehe bereits Nachweise in Fn. 26.

à la § 15 Abs. 1 HGB, § 5 Abs. 2 PartGG, § 29 Abs. 1 GenG, §§ 68 S. 1, 70 BGB abgeleitet werden.[69]

Aber auch ein konkreter Verkehrsschutz unter Rückgriff auf § 171 Abs. 1 S. 1 Alt. 2 BGB ist zu verneinen, selbst wenn in das Stiftungsverzeichnis Angaben zu den Organmitgliedern und ihrer Vertretungsmacht aufzunehmen sind und die Einsicht in das Verzeichnis zu Informationszwecken generell gestattet ist.[70] Im praktischen Ergebnis würden anderenfalls die landesrechtlichen Wertungen, dass die Eintragungen im Stiftungsverzeichnis keine Vermutung ihrer Richtigkeit begründen,[71] ad absurdum geführt werden. Dem kann auch nicht Art. 31 GG entgegengehalten werden, um die Verdrängung der landesrechtlichen Regelung durch die §§ 170 ff. BGB zu begründen. Bundes- und Landesrecht konfligieren nämlich nicht: § 171 BGB beschreibt Tatbestand und Rechtsfolge, während das Landesrecht die tatbestandsausfüllenden Tatsachen liefert. Deshalb kann sich der Geschäftsgegner nicht auf § 171 Abs. 1 S. 1 Alt. 2 BGB berufen, selbst wenn die Kenntnis vom Inhalt des Stiftungsverzeichnisses zum Zeitpunkt der Vornahme des Rechtsgeschäfts vermutet wird.[72] Erstens ist die Eintragung in ein öffentlich zugängliches Verzeichnis nicht taugliche Basis für die Begründung eines Rechtsscheins, wenn dieser kraft landesgesetzlicher Regelung gerade ausgeschlossen wird. Zweitens ist der Geschäftsgegner gem. § 173 BGB hinsichtlich des Nichtbestehens der Vertretungsmacht bösgläubig, wenn das Landesstiftungsgesetz der Eintragung in das Stiftungsverzeichnis die Vermutung der Richtigkeit abspricht.[73] Es kann dort kein guter Glaube an die Richtigkeit der Vertretungsberechtigung begründet werden, wo er gesetzlich ausgeschlossen ist. Drittens kann § 171 BGB schließlich nicht greifen, wenn die fehlerhafte Eintragung nicht von einem materiell Vertretungsberechtigten veranlasst worden ist. In diesem Fall fehlt dann bereits der für § 171 BGB zwingend erforderliche Zurechnungszusammenhang.[74]

---

69 Für das Land Berlin fehlt es mangels Eintragung der Organe (§ 11 Abs. 1 BerlStiftG) schon an jeglicher Basis für einen Vertrauensschutz.

70 So in Baden-Württemberg, Bremen, Hessen, NRW, Rheinland-Pfalz, Schleswig-Holstein und in den Freistaaten Sachsen und Thüringen; a.A. *Rawert* (Fn. 44), S. 831 f.

71 Vgl. § 4 Abs. 4 S. 2 BaWürttStiftG, § 15 Abs. 3 BremStiftG, § 17a Abs. 3 S. 2 HessStiftG, § 12 Abs. 3 NRWStiftG, § 5 Abs. 4 RhPfStiftG, § 8 Abs. 3 S. 1 SachsStiftG, § 15 Abs. 3 S. 1 SchlHolStiftG und § 5 Abs. 6 ThürStiftG.

72 Vgl. zur Kenntnisvermutung nach Vollzug der Vollmachtsmitteilung durch eine öffentliche Bekanntmachung nur Palandt/*Heinrichs* (Fn. 20), § 171 Rn. 2; MüKo-BGB/*Schramm*, 5. Auflage 2006, § 171 Rn. 12. Eine »öffentliche Bekanntmachung« wird man hingegen tatbestandlich durch die Eintragung im Stiftungsregister bejahen müssen (so überzeugend *Rawert* [Fn. 44], S. 831 f.). Dagegen kann auch nicht angeführt werden, dass zwischen Eintragung und Bekanntmachung zu unterscheiden ist, wie uns § 15 HGB lehrt. Bekanntmachung i.S.v. § 171 Abs. 1 S. 1 Alt. 2 BGB bedeutet nach g.h.M. lediglich, dass die Vollmacht einer unbestimmten Vielzahl von Personen zugänglich gemacht wird (Bamberger/Roth/*Habermeier* [Fn. 22], § 171 Rn. 8; Staudinger/*Schilken* [Fn. 22], § 171 Rn 8; MüKo-BGB/*Schramm*, § 171 Rn 10).

73 Ähnlich *Geibel* (Fn. 9), S. 344.

74 In einer solchen Konstellation macht sich der Unterschied zwischen natürlichen und sonstigen Rechtsträgern bemerkbar: Nur bei Ersteren kann der Zurechnungszusammenhang zwanglos bejaht werden. Im Übrigen wirkt sich insoweit die fehlende natürliche Handlungsfähigkeit zulasten des Verkehrsschutzes aus. A.A. *Rawert* (Fn. 44), S. 834, unter Hin-

Basis für den Schutz des gutgläubigen Rechtsverkehrs kann daher nur die Vertretungsbescheinigung selbst sein. Die Landesstiftungsgesetze enthalten dazu mit Ausnahme von Hessen (§ 17a Abs. 5 S. 2 HessStiftG) keine Regelungen. Aus Gründen des Verkehrsschutzes muss die Vertretungsbescheinigung aber mit einem Gutglaubensschutz ausgestattet sein können. Dieser kann freilich nicht so weit reichen, wie ihn eine Eintragung in ein »echtes« Register gewähren würde. Dazu müssten vergleichbare formelle Verfahrensvorschriften existieren, die die weitgehende Übereinstimmung der bescheinigten mit der wahren Rechtslage sicherstellen. In Betracht kommt daher kein abstrakter Verkehrsschutz, sondern allenfalls eine allgemeine Rechtsscheinhaftung.

b) Richtigkeitsvermutung öffentlicher Urkunden

Die Vertretungsbescheinigung ist eine öffentliche Urkunde, die mit einer Richtigkeitsvermutung gem. § 417 ZPO versehen ist.[75] Dem Anliegen eines Verkehrsschutzes trägt dies freilich nur bedingt Rechnung. Beweis erbringt die öffentliche Urkunde nur darüber, dass eine Mitteilung mit entsprechendem Inhalt durch die Aufsichtsbehörde gemacht worden ist, nicht dagegen auch über deren sachliche Richtigkeit (§ 417 ZPO).[76] Mangels Umgestaltung der materiellen Rechtslage durch die Vertretungsbescheinigung ist der Beweis der Erklärungsabgabe für den Rechtsverkehr solange bedeutungslos, wie die Rechtsordnung an die bewiesene Tatsache (Erklärungsinhalt) nicht eine zwingende Rechtsfolge knüpft – so z.B. beim Erbschein gem. §§ 2365 f. BGB[77] oder dem Verwaltungsakt kraft seiner materiellen Bindungswirkung. Zudem dürfte es *in praxi* der Stiftung anhand der Satzung und der einschlägigen Wahlprotokolle und Bestellungsurkunden ein Leichtes sein, den Gegenbeweis zu führen.

c) Unmittelbare Anwendbarkeit der §§ 172 ff. BGB

Auf den ersten Blick vielversprechend scheint zum Schutz des gutgläubigen Rechtsverkehrs ein Rückgriff auf die Rechtsscheinhaftung gem. §§ 172 ff. BGB zu sein, da die Vertretungsbescheinigung im Rechtsverkehr faktisch die Funktion einer Vollmachtsurkunde übernimmt. Ein zweiter Blick belehrt uns jedoch eines Besseren: Die

---

weis auf die Figur des faktischen Geschäftsführers. Der faktische Geschäftsführer kann allerdings nur dann eine Bindungswirkung zulasten der Stiftung begründen, wenn zumindest ein anderes materiell berechtigtes Vorstandsmitglied sein Handeln duldet (Duldungsvollmacht). Dem wird man die duldende Kenntnis des für die Berufung der Vorstandsmitglieder zuständigen Zweitorgans gleichstellen müssen. Im Detail besteht hier große Unsicherheit. Zur vergleichbaren Problematik beim eV *Reichert*, Vereins- und Verbandsrecht, 12. Auflage 2010, Rn. 2237 und 2240.

75 So für den Erbschein, der ebenso wie die Vertretungsbescheinigung eine eigene rechtliche Schlussfolgerung des Nachlassgerichts enthält MüKo-BGB/*J. Mayer* (Fn. 56), § 2353 Rn. 5 f.; Musielak/*Huber* (Fn. 45), § 417 Rn. 1; Stein/Jonas/*Leipold* (Fn. 45), § 417 Rn. 1.

76 Vgl. nur Stein/Jonas/*Leipold* (Fn. 45), § 417 Rn. 2; für den Erbschein MüKo-BGB/*J. Mayer* (Fn. 56), § 2353 Rn. 6.

77 MüKo-BGB/*J. Mayer* (Fn. 56), § 2353 Rn. 6.

Vertretungsbescheinigung kann nicht unter den Begriff der Vollmacht subsumiert werden.

Dies ist nicht bereits deshalb der Fall, weil die Bescheinigung lediglich eine behördliche Wissensbekundung über die Erteilung einer Vollmacht ist. Eine Vollmachtsurkunde i.S.v. § 172 Abs. 1 BGB liegt auch vor, wenn durch sie nicht zugleich auch eine Innenvollmacht erteilt wird, sie also nicht konstitutiv in Bezug auf die Vertretungsmacht ist.[78] Aufgrund der Gleichstellung der Vollmachtsurkunde mit der besonderen Mitteilung gem. § 171 BGB umfasst der Begriff der Vollmachtsurkunde nicht nur die schriftlich erteilte Innenvollmacht, sondern gerade auch ein Schriftstück, das lediglich die Person des Bevollmächtigten und den Inhalt der ihr bereits anderweitig (mündlichen) erteilten Innenvollmacht bezeichnet.[79] Die Vollmachtsurkunde kann also in Bezug auf die Vertretungsmacht rein deklaratorisch sein.

Der Vertretungsbescheinigung fehlt es jedoch an einem anderen entscheidenden Merkmal der Vollmachtsurkunde: deren eigenhändiger Herstellung durch den darin bezeichneten Vertretenen.[80] Zwar kann dem Wortlaut ein solch enges Verständnis des Urkundenbegriffs nicht entnommen werden. Im Gegenteil legt die Formulierung »...wenn dieser [Vollmachtgeber] dem Vertreter eine Vollmachtsurkunde aushändigt...« den Schluss nahe, es komme allein auf ein willentliches Inverkehrbringen der Vollmachtsurkunde durch den Vollmachtgeber an. Der Urheber der Urkunde wäre dann irrelevant. Diese wörtliche Interpretation des § 172 Abs. 1 BGB greift jedoch zu kurz. Die Gleichstellung der Vollmachtsurkunde mit der besonderen Mitteilung gem. § 171 Abs. 1 BGB erfordert die Urheberschaft des Vertretenen. Anderenfalls wäre die Basis für einen zurechenbaren Rechtsschein bei § 172 Abs. 1 BGB deutlich geringer als bei § 171 Abs. 1 Alt. 1 BGB.

d) Analoge Anwendbarkeit der §§ 172 ff. BGB

Die §§ 172 ff. BGB finden jedoch analog Anwendung, unabhängig davon, ob ein organschaftliches oder rechtsgeschäftlich erteiltes Vertretungsrecht bescheinigt wird.

aa) Anwendbarkeit auf Organe

Die Hürden für eine Analogie liegen bei der Bescheinigung der Organvertretung[81] jedoch hoch: § 172 BGB setzt eine Vollmachterteilung, also eine Vertretungsmacht beruhend auf einer Willenserklärung des Vertretenen (§ 166 Abs. 2 S. 1 BGB),[82] voraus. Daran fehlt es bei der organschaftlichen Vertretung. Das Vertretungsrecht folgt

---

78   Die h.M. sieht auch in § 172 Abs. 1 BGB – § 171 Abs. 1 BGB ist insoweit in seinem Wortlaut eindeutiger – eine bloße Wissensmitteilung und keine Willenserklärung (*Medicus*, Allgemeiner Teil des BGB, 9. Auflage 2006, § 57 Rn. 927, 947). Letzteres wäre aber für eine konstitutive Wirkung Voraussetzung.

79   Palandt/*Heinrichs* (Fn. 20), § 173 Rn. 5.

80   Zu dieser Voraussetzung Staudinger/*Schilken* (Fn. 22), § 172 Rn. 1; Bamberger/Roth/*Habermeier* (Fn. 22), § 172 Rn. 4.

81   Zum Rückgriff auf die §§ 164 ff. BGB auch durch die Organtheorie vgl. nur *K. Schmidt* (Fn. 3), S. 254 ff.

82   BGH NJW 2002, 1194, 1195.

als Annex der Berufung zum Organ (vgl. nur § 26 Abs. 2 S. 1 BGB). Die Organbestellung beruht ihrerseits allerdings auf einem Rechtsgeschäft zwischen juristischer
Person und Organmitglied. Gleichwohl lehnt die ganz herrschende Meinung eine direkte oder auch nur analoge Anwendung der §§ 172 ff. BGB auf organschaftliche
Vertreter ab. Es bestehe nämlich aufgrund der zwingenden Registereintragung kein
Bedürfnis für einen Rückgriff auf die §§ 172 ff. BGB.[83] Diese Begründung greift freilich zu kurz. Die zwingende Eintragung von Person und Umfang ihrer Vertretungsmacht in ein öffentliches Register allein vermag die Unanwendbarkeit der
§§ 172 ff. BGB nicht zu rechtfertigen. Denn die Registereintragung allein vermittelt
noch keinen ausreichenden Verkehrsschutz.[84] Erst die Ausstattung des Registers mit
einer negativen Publizitätswirkung (§ 68 S. 1 BGB, § 15 Abs. 1 HGB, § 29 Abs. 1
GenG, § 5 Abs. 2 PartGG) sorgt in Verbindung mit der gesetzlichen Regelausgestal-
tung der Vertretungsbefugnis für einen angemessenen Schutz des Rechtsverkehrs.
Diese Normen verdrängen als lex specialis daher die allgemeinen Verkehrsschutzre-
geln der §§ 172 ff. BGB und verbieten insoweit eine Analogie. Der Verkehrsschutz
wird durch die Erweiterung der allgemeinen Rechtsscheinhaftung zu einer abstrakten
Vertrauenshaftung verstärkt.

Bei der Stiftung verfängt diese Argumentation jedoch nicht. Hier fehlt es an speziellen Normen, die einen registerbasierten Verkehrsschutz gewähren. Es besteht
mithin eine Regelungslücke.[85] Die Planwidrigkeit der Gesetzeslücke folgt unmittelbar
aus den Gesetzesbegründungen zu den Landesstiftungsgesetzen. Unter Hinweis auf
die Kosten und die fehlende praktische Bedeutung einer wirtschaftlichen Betätigung
von Stiftungen haben bis auf Bayern alle Stiftungsgesetze jegliche Publizitätswirkung
des Stiftungsverzeichnisses ausgeschlossen.[86] Wie § 68 S. 1 BGB zeigt, hängt das Bedürfnis nach Verkehrsschutz mittels Registerpublizität jedoch nicht von einer wirtschaftlichen Betätigung ab.[87] Ausschlaggebend ist vielmehr die – auch nur nachfra-
gende – rechtsgeschäftliche Teilnahme am Geschäftsverkehr schlechthin. Der
pauschale Hinweis auf das Handelsregister und die Nichterwähnung von § 68 S. 1
BGB sind Beleg für die Planwidrigkeit. Die Stiftung unterscheidet sich insoweit auch
nicht von der GbR. Für diese hat der BGH die Anwendbarkeit der §§ 172 ff. BGB
für die organschaftliche Vertretung bejaht, weil die Vertretungsverhältnisse aus keinem öffentlichen Register entnommen werden können.[88] Dass für Stiftungen ein öffentliches Register existiert, welches in einigen Ländern Informationen zur Vertre-

---

83 In diese Richtung weisen auch einige landesgesetzliche Regelungen. § 1 Abs. 1 S. 1 HS. 1
    brem. Gesetz über die Ausstellung von Vertretungsbescheinigungen vom 9.12.1986 und § 5
    Abs. 1 S. 2 BrbgAGBGB schließen die Ausstellung einer Vertretungsbescheinigung für ei-
    nen konzessionierten Verein (§ 22 BGB) aus, wenn sich die Vertretungsbefugnis dem Han-
    delsregister entnehmen lässt.
84 So aber offenbar BGH NJW 2002, 1194, 1195.
85 Dies gilt ebenso für den konzessionierten Verein, den nicht eingetragenen Verein und die
    GbR.
86 Bericht der Bund-Länder-Arbeitsgruppe Stiftungsrecht vom 19.10.2001, Empfehlung Nr. 6
    (S. 5) und S. 33; Begr. Entf. HambStiftG Drucks. 18/1513, S. 4; Begr. RegE. NdsStiftG
    Drucks. 15/1129, S. 13; Begr. RegE. NRWStiftG Drucks. 13/5987, S. 17; Begr. RegE.
    RhPfStiftG Drucks. 14/3129, S. 19; Begr. RegE. ThürStiftG Drucks. 4/3949, S. 14.
87 So aber etwa Begr. RegE. NdsStiftG Drucks. 15/1129, S. 13.
88 BGH NJW 2002, 1194, 1195.

82

tungsberechtigung enthält, führt zu keiner anderen Bewertung. Die dadurch geschaffene weitergehende autarke Informationsmöglichkeit ist für den Rechtsverkehr nach hiesiger Ansicht nutzlos.

Schließlich kann eine planwidrige Regelungslücke auch nicht unter Hinweis auf die Unanwendbarkeit der §§ 172 ff. BGB bei gesetzlichen Vertretern verneint werden.[89] Aufgrund der rechtsgeschäftlichen Begründung der Organmitgliedschaft verbietet sich ein Vergleich zum gesetzlichen Vertreter. Die für eine Analogie erforderliche planwidrige Regelungslücke ergibt sich damit aus dem Ausschluss der Richtigkeitsvermutung des Stiftungsverzeichnisses bzw. des gänzlichen Fehlens einer entsprechenden Registereintragung über die Vertretungsberechtigung. Die Vergleichbarkeit der Interessenlage zur rechtsgeschäftlich erteilten Vollmacht folgt ebenso aus dem Fehlen einer Registereintragung mit Publizitätswirkung.

bb) Vertretungsbescheinigung als Vollmachtsurkunde

Die §§ 172 ff. BGB sind damit analog auf alle organschaftlichen Vertreter anwendbar, wenn es an einer entsprechenden Eintragung in einem öffentlichen Register mit Publizitätswirkung fehlt. Für den besonderen Fall der Vertretungsbescheinigung – unabhängig davon, ob für einen rechtsgeschäftlichen oder organschaftlichen Vertreter ausgestellt – muss noch eine (zweite) Analogiebasis gebildet werden, um die fehlende Urheberschaft der Stiftung im Hinblick auf den Begriff Vollmachtsurkunde zu überwinden.[90] Die planwidrige Regelungslücke leitet sich wiederum aus dem unter aa.) Gesagten ab. Die Vergleichbarkeit der Interessenlage folgt aus der Erkenntnis, dass die tatsächliche Wirkung einer echten Vollmachtsurkunde auf den Rechtsverkehr geringer ist als die einer behördlichen Vertretungsbescheinigung: Dritte werden der inhaltlichen Richtigkeit einer öffentlichen Urkunde – zumal wenn diese mit Amtssiegel und Unterschrift versehen ist – mehr Vertrauen schenken als einer Privaturkunde. Wenn aber schon Letztere einen Verkehrsschutz rechtfertigt, kann für die Vertretungsbescheinigung nichts anderes gelten. Indes: Begründet ist damit nur die Vergleichbarkeit der Interessenlage aus Sicht des Rechtsverkehrs. Die Vergleichbarkeit muss auch aus Sicht des Vertretenen – hier also der Stiftung – gegeben sein. Rechtfertigung für eine Rechtsscheinhaftung des Vertretenen gem. § 172 BGB ist die zurechenbare Setzung eines Rechtsscheins durch die Erstellung und das Inverkehrbringen der Vollmachtsurkunde. Die Betonung liegt also auf dem Veranlassungsprinzip: Der Vertretene »haftet«, weil der Rechtsschein von ihm zurechenbar gesetzt wurde.[91] Übertragen auf die Vertretungsbescheinigung kann eine zurechenbare Setzung des Rechtsscheins nicht durch den Hinweis verneint werden, die Aufsichtsbehörde sei Ausstellerin der Vertretungsbescheinigung. Dies würde die Sichtweise unzulässig verkürzen, insbesondere wenn ein Anspruch auf Ausstellung der Bescheinigung besteht. Ausschlaggebend sind vielmehr die verantwortliche Ingangsetzung des Ausstellungsprozesses und die spätere Verwendung der Bescheinigung im Rechtsverkehr

---

89 So aber *Geibel* (Fn. 9), S. 340. Die h.M. lehnt die direkte bzw. analoge Anwendung der §§ 172 ff. BGB auf die Bestallungsurkunde eines gesetzlichen Vertreters ab (Palandt/*Heinrichs* [Fn. 20], § 173 Rn. 5).

90 Vgl. dazu bereits oben unter III. 3. c).

91 Vgl. nur MüKo-BGB/*Schramm* (Fn. 72), § 172 Rn. 5.

durch die Stiftung.[92] Demgegenüber beschränkt sich die Funktion der Aufsichtsbehörde auf eine dienende. Die Verantwortlichkeit der Stiftung für die Setzung des Rechtsscheins wird dadurch bekräftigt, dass die Aufsichtsbehörde die Bescheinigung aufgrund der Angaben der Stiftung[93] erstellt.[94] Die §§ 172 ff. BGB sind daher im Wege (doppelter) Analogie auf die Vertretungsbescheinigung anwendbar, wenn diese durch die Stiftung beantragt und im Rechtsverkehr verwendet wird.[95]

Einer Analogie steht nicht der Ausschluss der Richtigkeitsvermutung von Eintragungen im Stiftungsverzeichnis entgegen. Denn zum einen sollen dadurch allein der administrative und finanzielle Aufwand sowie die Notwendigkeit eines Eintragungszwangs[96] vermieden werden, der zwingend für die Wahrung der Richtigkeit des Stiftungsverzeichnisses erforderlich gewesen wäre, wenn dieses selbst einen Verkehrsschutz vermitteln sollte. Die Rechtsscheinhaftung nach §§ 172 ff. BGB analog bleibt jedoch hinter dem abstrakten Vertrauensschutz »echter« Register zurück. Zum anderen – und dies ist der entscheidende Gesichtspunkt – gründet die Rechtsscheinhaftung gerade nicht auf der Eintragung im Stiftungsverzeichnis: Rechtsscheinträger ist allein die Vertretungsbescheinigung und diese wird nicht anhand der Eintragungen im Stiftungsverzeichnis, sondern aufgrund der Angaben der Stiftung und der Stiftungssatzung erstellt. Es fehlt mithin jegliche Verbindung zum Stiftungsverzeichnis. Aus diesem Grund steht der gute Glaube des Geschäftsgegners nicht generell in Abrede, wie es bei § 171 Abs. 1 Alt. 2 BGB aufgrund des landesgesetzlichen Ausschlusses einer Richtigkeitsvermutung der Stiftungsverzeichnisse der Fall ist. In Hessen liegen die Dinge indes anders: § 17a Abs. 5 S. 2 HessStiftG verweist für die Richtigkeitsgewähr der Vertretungsbescheinigung auf § 17a Abs. 3 S. 3 HessStiftG, der die Vermutung der Richtigkeit von Eintragungen im Stiftungsverzeichnis ausschließt. Eine Rechtsscheinvollmacht scheitert hier dann bereits aus den unter a) angeführten Gründen. Im Übrigen entfällt der gute Glaube an die Vertretungsberechtigung gem. § 173 BGB, wenn das Stiftungsverzeichnis oder die Vertretungsbescheinigung die

---

92 Ähnlich *Rawert* (Fn. 44), S. 832.

93 Die Aufsichtsbehörde überprüft die Angaben freilich intensiv auf ihre Richtigkeit. Die Veranlassung im Verhältnis zum Rechtsverkehr bleibt davon jedoch unberührt. Bedeutung hat die Prüfung allein für eine Amtshaftung.

94 *Siegmund-Schulze* (Fn. 35), § 11 Anm. 2.

95 Ohne die Differenzierung ebenso *Rawert* (Fn. 44), S. 832 f.; *Mecking*, in: MünchHdb GesR, Bd. 5, 3. Auflage 2009, § 90 Rn. 12; *Schwarz van Berk*, in: MünchHdb GesR, Bd. 5, 3. Auflage 2009, § 99 Rn. 47; *Burgard* (Fn. 46), S. 250; *Schauhoff*, in: Handbuch der Gemeinnützigkeit, 2. Auflage 2005, § 3 Rn. 110; Prütting/Wegen/Weinreich/*Schöpflin*, Kommentar zum BGB, 4. Auflage 2009, § 86 Rn. 2. Nach *Peiker* (Fn. 48), § 17a Anm. 3 handelt die Behörde als Vollmachtgeberin für die Stiftung. *Peiker* hält auch eine Analogie zu § 15 HGB für erwägenswert. Ähnlich auch MüKo-BGB/*Reuter* (Fn. 39), Vor § 80 Rn. 85, wonach die Wirkung der Vertretungsbescheinigung derjenigen von Vollmachtsurkunden gem. § 172 BGB entspricht (anders aber § 86 Rn. 11); a.A. *Geibel* (Fn. 9), S. 340; *Dörnbrack/ Fiala* (Fn. 39), S. 2491; zurückhaltend *Hüttemann*, Das Gesetz zur Modernisierung des Stiftungsrechts, ZHR 167 (2003), 35, 44.

96 Die laufende Richtigkeit des Registers kann automatisch durch die Begründung negativer Rechtsfolgen zulasten des Eintragungspflichtigen bei Unrichtigkeit des Registers sichergestellt werden. Besonderer Zwangsmittel bedarf es dann nicht (so zum Handelsregister *K. Schmidt*, Handelsrecht, 5. Auflage 1999, S. 389 f.).

84

zeitliche Begrenzung der Amtsdauer wiedergeben und danach das Amt zum Zeitpunkt der Vornahme des Rechtsgeschäfts abgelaufen ist.[97]

cc) Reichweite der Rechtsscheinhaftung

Als Konsequenz des Vorgesagten scheidet eine Rechtsscheinhaftung analog § 172 BGB aus, wenn die Ausstellung der Bescheinigung nicht auf Veranlassung der Stiftung erfolgt ist. Stellt die Aufsichtsbehörde auf Antrag eines Dritten eine Vertretungsbescheinigung aus,[98] kann darauf keine Rechtsscheinhaftung der Stiftung gestützt werden. Unbeachtlich ist, ob der Antragsteller selbst oder ein Vierter auf die Richtigkeit der Bescheinigung vertraut. Es fehlt der für die Rechtsscheinhaftung analog § 172 BGB zwingend erforderliche Zurechnungszusammenhang. Angelastet werden kann der Stiftung allein, dass sie der Aufsichtsbehörde Veränderungen bei der Organvertretung nicht oder nicht rechtzeitig mitgeteilt hat und deshalb überhaupt erst eine unzutreffende Vertretungsbescheinigung ausgestellt werden konnte. Als Basis für die zurechenbare Begründung eines Rechtsscheins genügt diese Pflichtverletzung jedoch nicht. Anderenfalls würde aus Sicht der Stiftung eine Situation geschaffen, wie sie bei Ausstattung des Stiftungsverzeichnisses mit negativer Publizitätswirkung bestünde: eine Haftung gegenüber dem Rechtsverkehr für Nichtaktualisierung.

Denkbar wäre allenfalls eine Schadensersatzhaftung der Stiftung gegenüber dem Rechtsverkehr aufgrund enttäuschten Vertrauens. Die Anzeigepflichten der Landesstiftungsgesetze begründen jedoch keine subjektiven Rechte Dritte, sodass deren Verletzung keine Schadensersatzansprüche nach sich ziehen kann. Ist die Vertretungsbescheinigung zwar von der Stiftung beantragt, jedoch nicht selbst von ihr willentlich in den Verkehr gebracht worden – etwa weil abhanden gekommen –, greift § 172 BGB ebenso nicht.[99] Unklar ist in diesem Zusammenhang, ob es an einem bewussten Inverkehrbringen auch dann fehlt, wenn der in der Vertretungsbescheinigung benannte Organwalter die Bescheinigung eigenständig an sich gebracht hat und zu diesem Zeitpunkt nicht mehr materiell vertretungsberechtigt war. Mangels Zurechnungsgrund spricht dann viel für die Verneinung einer Rechtsscheinhaftung der Stiftung.[100] Fehlt es an einem willentlichen Inverkehrbringen, ist allenfalls eine Haftung der Stiftung für das enttäuschte Vertrauen gem. §§ 280 Abs. 1, 311 Abs. 2 BGB denkbar, wenn sie schuldhaft den Zugang zur Vertretungsbescheinigung ermöglicht hat.[101]

4. Amtshaftung der Stiftungsaufsicht

Neben der Verantwortlichkeit der Stiftung stellt sich die Frage nach einer Amtshaftung der Stiftungsaufsicht für die fehlerhaft ausgestellte Vertretungsbescheinigung.

---

97 Enger *Rawert* (Fn. 44), S. 833, der einen zutreffenden Hinweis auf die Amtsdauer fordert.

98 Siehe die Nachweise oben unter III. 1. a).

99 Palandt/*Heinrichs* (Fn. 20), § 172 Rn. 2; Bamberger/Roth/*Habermeier* (Fn. 22), § 172 Rn. 4.

100 Wohl bejahend unter Hinweis auf die Figur des faktischen Geschäftsleiters *Rawert* (Fn. 44), S. 834.

101 MüKo-BGB/*Schramm* (Fn. 72), § 172 Rn. 5.

Für den Regelfall scheidet eine Amtshaftung gegenüber dem gutgläubigen Rechtsverkehr aus. Muss sich die Stiftung das Vertreterhandeln analog § 172 BGB zurechnen lassen, fehlt es bereits an einem Schaden.[102] Eine Amtspflichtverletzung im Zusammenhang mit der Ausstellung der Vertretungsbescheinigung kann dann lediglich Regressansprüche der Stiftung gegen die Aufsichtsbehörde begründen.[103] Haftungsgrund ist dabei nicht die Ausstellung der fehlerhaften Bescheinigung, sondern der Umstand, dass die Stiftungsbehörde ihrer generell bestehenden Amtspflicht nicht nachgekommen ist, die Wirksamkeit der Vertretungsberechtigung zu überprüfen.[104] In der fehlerhaften Bescheinigung materialisiert sich lediglich diese Pflichtverletzung.

Da allein die mangelhafte Kontrolle seitens der Stiftungsaufsicht Haftungsgrund ist, kann der Stiftung im Wege eines Mitverschuldens (§§ 254, 86, 31 BGB) auch nicht angelastet werden, ihre Organe hätten die Behörde unzutreffend oder gar nicht informiert.[105] Gegenteiliges kann auch nicht durch einen Vergleich zu anerkannten Fällen der Verschuldensanrechnung begründet werden. Die Besonderheit der Konstellation liegt nämlich gerade darin, dass die Stiftungsaufsicht (also der schädigende Dritte) nicht nur die allgemeine Pflicht trifft, die Stiftung durch eigenes Tun oder Unterlassen nicht zu schädigen. Hinzu kommt die Sonderpflicht, die Stiftung auch vor Schädigungen durch Dritte, insbesondere durch ihre Organe, zu schützen, da sie dazu selbst nicht in der Lage ist. Aus den gleichen Erwägungen kann eine Anrechnung auch nicht über die Figur der gestörten Gesamtschuld erfolgen.

Wird die Stiftung nach § 172 BGB analog nicht wirksam aufgrund der fehlerhaften Vertretungsbescheinigung berechtigt oder verpflichtet, ist eine Amtshaftung der Stiftungsaufsicht gegenüber dem Geschäftsgegner nach Art. 34 GG i.V.m. § 839 BGB denkbar,[106] wenn dieser entsprechend dem Gedanken von § 179 Abs. 3 S. 1 BGB deren Unrichtigkeit nicht kannte oder kennen musste.

Zur Vermeidung einer Amtshaftung empfiehlt sich entsprechend § 33 Abs. 3 Nr. 3 VwVfG ein beschränkender Verwendungsvermerk. Die Höhe des Schadensersatzes bemisst sich entsprechend § 179 Abs. 2 BGB.

IV. Zusammenfassung

1. Die Vertretungsbescheinigung ist kein feststellender Verwaltungsakt, sondern lediglich eine behördliche Wissensmitteilung in Gestalt einer öffentlichen Urkunde.

---

102 Ebenso *Rawert* (Fn. 44), S. 834.
103 Mittelbar nützt dies auch dem Rechtsverkehr durch die Sicherung der Solvenz der Stiftung.
104 Zur Prüfpflicht Begr. RegE. zu § 11 BerlStiftG Drucks. 12/1029, S. 7.
105 Allgemein ebenso Staudinger/*Rawert* (Fn. 27), Vorbem zu §§ 80 ff Rn. 67; MüKo-BGB/ *Reuter* (Fn. 39), Vor § 80 Rn. 77; a.A. BGHZ 68, 142, 151; Palandt/*Heinrichs/Ellenberger* (Fn. 20), Vorb v § 80 Rn. 14; *Dörnbrack/Fiala* (Fn. 39), S. 2492; differenzierend nach Grad des Mitverschuldens Seifart/v. Campenhausen/*Hof* (Fn. 39), § 10 Rn. 391.
106 *Peiker* (Fn. 46), § 17a Anm. 3; MüKo-BGB/*Reuter* (Fn. 39), § 86 Rn. 11; *Burgard* (Fn. 46), S. 250; *Schauhoff* (Fn. 95), § 3 Rn. 110; *Rawert* (Fn. 44), S. 834.

2. Findet sich im Landesrecht keine Regelung über die Befugnis zur Ausstellung einer Vertretungsbescheinigung, hat die Stiftung lediglich einen ermessensgebundenen Anspruch auf ihre Erteilung gegenüber der zuständigen Aufsichtsbehörde. Dritte haben hingegen keinen Anspruch auf Ausstellung einer Bescheinigung.

3. Die Eintragung der Organmitglieder und ihrer Vertretungsmacht in das Stiftungsverzeichnis begründet auch dann keine Rechtsscheinhaftung nach § 171 Abs. 1 S. 1 Alt. 2 BGB, wenn das Stiftungsverzeichnis zu Informationszwecken ohne Weiteres für jeden Dritten einsehbar ist.

4. Die §§ 172 ff. BGB finden auf den organschaftlichen Vertreter analog Anwendung, wenn die Vertretungsmacht nicht in einem öffentlichen Register eingetragen ist, das mit Publizitätswirkung ausgestattet ist.

5. Auf die von der Stiftung beantragte und in den Verkehr gebrachte Vertretungsbescheinigung sind die §§ 172 ff. BGB analog anzuwenden. Eine Rechtsscheinhaftung analog § 172 BGB scheidet aus, wenn ein Dritter die Vertretungsbescheinigung beantragt oder in den Verkehr gebracht hat.

6. Die Ausstellung einer fehlerhaften Vertretungsbescheinigung ist eine Amtspflichtverletzung, die eine Amtshaftung gem. Art 34 GG i.V.m. § 839 BGB sowohl gegenüber der Stiftung als auch gegenüber Dritten begründen kann, die auf die Richtigkeit der Bescheinigung vertraut haben.

V. Summary

Artificial legal persons must frequently provide evidence of the legal capacity of their organs in legal and commercial dealings. This article explores how such evidence may be provided. A brief overview initially presents the legal position where the representative powers of the organ are entered in a registry with a publicity purpose. Then follows a comparison with the legal position regarding the foundation with legal capacity and consideration of the legal effect and protection of a certified power of representation (Vertretungsbescheinigung) issued by foundation regulatory authorities.

Thesis 1
The certified power of representation is not a constituting administrative act, but merely an administrative notification in the form of a public document.

Thesis 2
Where state law makes no provision for the power to issue a certified power of representation, the foundation has a merely discretionary claim to its issue. By contrast third parties have no claim to the issue of certification.

Thesis 3
Entry of members of the organ and their powers of representation in the foundation register creates no legal liability pursuant to Art. 171 para. 1(1)(1) German Civil Code (BGB), where the foundation registration is accessible without further formalities to any third party.

Thesis 4

Arts. 172 ff. BGB are applicable by analogy to organisation representatives where the power of representation is not entered in a public register with an intended publicity purpose (intended to be publicly accessible).

Thesis 5

Arts. 172 ff. BGB are applicable by analogy to a certified power of representation which the foundation applies for and relies upon in its dealings. Liability for apparent/ostensible legal capacity (Rechtsscheinhaftung) analogous to Art. 172 BGB does not arise where a third party applies for or relies in its dealings upon a certified power of representation.

Thesis 6

The presentation of an inaccurate certified power of representation constitutes a breach of an official administrative duty, incurring administrative liability pursuant to Art. 33 Basic Law (GG) together with Art. 839 BGB both towards the foundation and towards third parties which have relied upon on the accuracy of the certification.

Die Organhaftung in Verein und Stiftung
(unter besonderer Berücksichtigung des neuen § 31a BGB)

ARND ARNOLD

I. Einleitung

Die Frage nach der Organhaftung bei Non-Profit-Organisationen wird seit einigen Jahren lebhaft diskutiert. Dies belegen zahlreiche Beiträge nicht zuletzt in diesem Jahrbuch.[1] In Zeiten der Finanzkrise, in denen mancher Stiftungsvorstand plötzlich den Verlust eines wesentlichen Teils des Stiftungsvermögens rechtfertigen muss, hat die Frage nach der Verantwortlichkeit der Organe noch mehr an Brisanz gewonnen.[2] Zuletzt hat das Anfang Oktober 2009 in Kraft getretene Gesetz zur Begrenzung der Haftung von ehrenamtlich tätigen Vereinsvorständen[3] die Thematik in den Blick-

---

1 *Reuter*, Die Haftung des Stiftungsvorstands gegenüber der Stiftung, Dritten und dem Fiskus, in: Non Profit Law Yearbook 2002, 157 ff.; *Hüttemann/Herzog*, Organhaftung bei Non Profit Organisationen, in: Non Profit Law Yearbook 2006, S. 33 ff.; siehe ferner *Burgard*, in: Krieger/H. U. Schneider, Handbuch Managerhaftung, 2007, § 6; *Gollan*, Vorstandshaftung in der Stiftung, 2009; *Kiethe*, Die Haftung des Stiftungsvorstands, NZG 2007, 810 ff.; *Küpperfahrenberg*, Haftungsbeschränkungen für Verein und Vorstand, 2005; *Möllmann*, Haftungsfalle Ehrenamt – Persönliche Haftung des ehrenamtlichen Vereinsvorstands für Steuerschulden des gemeinnützigen Vereins, DStR 2009, 2125 ff.; *Schießl/Küpperfahrenberg*, Steuerrechtliche Haftung der Vorstände von Vereinen und Verbänden – Risiko, Vermeidungsstrategie, Versicherbarkeit, DStR 2006, 445 ff.; *Schwintek*, Die Haftung von Organmitgliedern gegenüber der Stiftung für fehlerhafte Vermögensverwaltung und Ertragsverwendung, ZSt 2005, 108 ff.; *Wehnert*, Die Innenhaftung des Stiftungsvorstands, ZSt 2007, 67 ff.; *R. Werner*, Die Haftung des Stiftungsvorstands, ZEV 2009, 366 ff
2 Siehe dazu nur *Hüttemann*, Zehn Thesen zur Haftung des Stiftungsvorstandes für Anlageverluste des Stiftungsvermögens, npoR 2009, 27 ff.; *Sobotta/von Cube*, Die Haftung des Vorstands für das Stiftungsvermögen, DB 2009, 2082 ff.
3 BGBl. I 2009, 3161; dazu bereits *Reuter*, Zur Vereinsrechtsreform 2009, NZG 2009, 1368 ff.; *Sobotta/von Cube*, Die Haftung des Vorstands für das Stiftungsvermögen, DB 2009, 2082 f.; *Unger*, Neue Haftungsbegrenzungen für ehrenamtlich tätige Vereins- und Stiftungsvorstän-

punkt gerückt. Dieses sieht in einem neuen § 31a BGB eine Beschränkung der Haftung von ehrenamtlichen oder für eine geringe Vergütung tätigen Vereinsvorständen auf Vorsatz und grobe Fahrlässigkeit vor. Gleiches gilt nach § 86 BGB für Stiftungsvorstände. Freilich zeigt sich bei näherer Betrachtung, dass die praktische Bedeutung der Neuregelung nicht nur infolge der Begrenzung auf ehrenamtlich tätige Vorstände überschaubar ist. Daher soll im Folgenden zunächst die bisherige Rechtslage dargestellt werden, an der sich für viele Fälle nichts geändert hat, und erst im zweiten Teil die Neuregelung behandelt werden. Dabei wird der Überblick über die verschiedenen Haftungstatbestände zeigen, dass aktuelle Entwicklungen im Insolvenzrecht wohlmöglich weit dramatischere Konsequenzen für die Vorstände haben könnten als der neue § 31a BGB. Zuletzt gilt es, die Entwicklungen bei der Vorstandshaftung im Aktienrecht nicht aus dem Blick zu verlieren; denn es liegt nahe, dass diese auch auf das Non-Profit-Recht ausstrahlen.

II. Die einzelnen Haftungstatbestände

1. Die Innenhaftung

a) Mögliche Anspruchsgrundlagen

Wenn Vereins- oder Stiftungsvorstände pflichtwidrig handeln, können sie zunächst dem Verein bzw. der Stiftung selbst gegenüber zum Schadensersatz verpflichtet sein. Die Pflichten des Vereinsvorstands folgen aus §§ 27 Abs. 3, 664 ff. BGB. Danach hat der Vereinsvorstand etwa den Vereinszweck zu verwirklichen, die Vorgaben des Gesetzes und der Satzung für die Verwaltungstätigkeit zu beachten und treuwidriges Verhalten gegenüber dem Verein zu unterlassen.[4] Verletzt der Vorstand diese auftragsrechtlichen Pflichten, so haftet er dem Verein nach § 280 Abs. 1 BGB.[5] Diese Regelung dürfte für weitere Organe wie etwa ein Präsidium, einen erweiterten Vorstand oder einen besonderen Vertreter nach § 30 BGB entsprechend gelten.[6]

---

de, NJW 2009, 3269 ff.; *Burgard*, Das Gesetz zur Begrenzung der Haftung von ehrenamtlich tätigen Vereinsvorständen, ZIP 2010, 358 ff.

4 Überblick über die Pflichten etwa bei MünchKommBGB/*Reuter*, 5. Aufl. 2006, § 27 Rn. 39 ff.; *Hüttemann/Herzog*, Organhaftung bei Non Profit Organisationen, in: Non Profit Law Yearbook 2006, S. 33, 37.

5 BeckOK BGB/*Schwarz/Schöpflin*, Stand 1.11.2009, § 27 Rn. 20; Palandt/*Ellenberger*, BGB, 69. Aufl. 2010, § 31a Rn. 4; *Waldner*, in: Münchener Handbuch des Gesellschaftsrechts, Band 5: Verein, Stiftung bürgerlichen Rechts, 3. Auflage 2009, § 30 Rn. 1; *Hüttemann/Herzog*, Organhaftung bei Non Profit Organisationen, in: Non Profit Law Yearbook 2006, S. 33, 36; *Unger*, Neue Haftungsbegrenzungen für ehrenamtlich tätige Vereins- und Stiftungsvorstände, NJW 2009, 3269, 3270.

6 Erman/*H. P. Westermann*, BGB, 12. Aufl. 2008, § 27 Rn. 7; *Burgard* (Fn. 1), § 6 Rn. 103, 116. Vgl. allgemein zur Anwendung vorstandsrechtlicher Regelungen auf diesen Personenkreis *Sauter/Schweyer/Waldner*, Der eingetragene Verein, 18. Aufl. 2006, Rn. 288; für den Anspruch aus § 27 Abs. 3, 670 BGB auch BGH NJW-RR 1988, 745, 747. Für die Stiftung *Lüke*, in: Münchener Handbuch des Gesellschaftsrechts, Band 5: Verein, Stiftung bürgerlichen Rechts, 3. Auflage 2009, § 94 Rn. 3.

Neben die Haftung aus §§ 27 Abs. 3, 664 ff., 280 Abs. 1 BGB kann auch eine Haftung aus dem Anstellungsvertrag zwischen Organ und Verein treten. Allerdings ist der Abschluss eines derartigen Anstellungsvertrags nicht zwingend erforderlich. Er ist nur notwendig, wenn vom Auftragsrecht abweichende Regelungen getroffen werden sollen, also etwa eine Vergütung vereinbart werden soll.[7] Schließlich kann sich eine Haftung gegenüber dem Verein auch nach deliktischen Grundsätzen ergeben. In Betracht kommt etwa eine Haftung wegen Beschädigung von Vereinseigentum nach § 823 Abs. 1 BGB oder wegen Veruntreuung von Vereinsvermögen nach § 823 Abs. 2 BGB i.V.m. § 266 StGB.[8]

Für die Stiftung gelten die vorstehenden Ausführungen grundsätzlich sinngemäß, da § 86 BGB die entsprechende Anwendung des § 27 Abs. 3 BGB anordnet.[9] Allerdings enthalten einige Stiftungsgesetze der Länder eigene Regelungen zur Vorstandshaftung, so etwa § 7 S. 2 BayStiftG, § 8 S. 2 HessStiftG, § 6 Abs. 3 NiedsStiftG, § 12 Abs. 1 SachsAnhStiftG. Zu Recht wird heute freilich überwiegend angenommen, dass die Landesgesetzgeber damit ihre Kompetenzen überschritten haben und die entsprechenden Regelungen allenfalls deklaratorische Bedeutung haben können.[10]

b) Der Haftungsmaßstab

Alle genannten Haftungstatbestände setzen voraus, dass der Vorstand schuldhaft gehandelt hat. Dies gilt nicht nur für eine etwaige deliktische Haftung, sondern auch für

---

7 Soergel/*Hadding*, BGB, 13. Aufl. 2000, § 27 Rn. 12; *Reichert*, Handbuch Vereins- und Verbandsrecht, 11. Aufl. 2007, Rn. 1137 ff.; *K. Schmidt*, Gesellschaftsrecht, 4. Aufl. 2002, § 14 III 2 a, S. 416.

8 *Hüttemann/Herzog*, Organhaftung bei Non Profit Organisationen, in: Non Profit Law Yearbook 2006, S. 33, 36. Für die Stiftung auch *Schwintek*, Die Haftung von Organmitgliedern gegenüber der Stiftung für fehlerhafte Vermögensverwaltung und Ertragsverwendung, ZSt 2005, 108, 109.

9 Überblick über die Pflichten des Stiftungsvorstands bei *Reuter*, Die Haftung des Stiftungsvorstands gegenüber der Stiftung, Dritten und dem Fiskus, in: Non Profit Law Yearbook 2002, S. 157, 158 ff.; *Kiethe*, Die Haftung des Stiftungsvorstands, NZG 2007, 810, 811; *R. Werner*, Die Haftung des Stiftungsvorstands, ZEV 2009, 366, 367.

10 So Staudinger/*Rawert*, BGB, 13. Bearbeitung 1995, § 86 Rn. 13; *Lüke*, in: Münchener Handbuch des Gesellschaftsrechts, Band 5 (Fn. 6), § 94 Rn. 22; *Kilian*, in: Werner/Saenger (Hrsg.), Die Stiftung, 2008, Rn. 553; *Hüttemann/Herzog*, Organhaftung bei Non Profit Organisationen, in: Non Profit Law Yearbook 2006, S. 33, 36; *Schwintek*, Die Haftung von Organmitgliedern gegenüber der Stiftung für fehlerhafte Vermögensverwaltung und Ertragsverwendung, ZSt 2005, 108, 112; *ders.*, Vorstandskontrolle in rechtsfähigen Stiftungen bürgerlichen Rechts, 2001, S. 194 f.; *Kohnke*, Die Pflichten des Stiftungsvorstands aus Bundes- und Landesrecht, 2009, S. 194 ff. I. E. auch MünchKommBGB/*Reuter* (Fn. 4), § 86 Rn. 20. A. A. *Kiethe*, Die Haftung des Stiftungsvorstands, NZG 2007, 810, 813; *Wehnert*, Die Innenhaftung des Stiftungsvorstands, ZSt 2007, 67, 67 f., 69; *R. Werner*, Die Haftung des Stiftungsvorstands, ZEV 2009, 366, 369; differenzierend *Sobotta/von Cube*, Die Haftung des Vorstands für das Stiftungsvermögen, DB 2009, 2082, 2086 f., nach denen die Vorschriften immerhin im Verhältnis zwischen Stiftung und Aufsichtsbehörde von Bedeutung seien.

die Haftung aus § 280 Abs. 1 BGB, da nach § 280 Abs. 1 S. 2, 276 BGB grundsätzlich für Vorsatz und Fahrlässigkeit gehaftet wird, soweit nicht eine strengere oder mildere Haftung bestimmt ist. Einen milderen Haftungsmaßstab sieht das insoweit einschlägige Auftragsrecht aber nicht vor. Damit wird auch für leichte Fahrlässigkeit gehaftet.[11] Gerade für ehrenamtlich tätige Vorstände wird diese Haftung indes von jeher als zu streng angesehen und für eine Haftungsbegrenzung plädiert.[12] Die Rechtsprechung hat entsprechende Ansätze freilich bislang nicht aufgegriffen. Auf ehrenamtlich tätige Vereinsmitglieder hat sie zwar die Grundsätze über die Beschränkung der Arbeitnehmerhaftung entsprechend angewendet[13]; ehrenamtlich tätige Vereinsmitglieder haften also nicht in voller Höhe, soweit sie nicht vorsätzlich oder grob fahrlässig gehandelt haben. Für ehrenamtlich tätige Vorstände gilt diese Beschränkung – nach allerdings bestrittener Auffassung – nicht.[14] Nach einer vereinzelt gebliebenen Entscheidung sollen einem Geschäftsführer als Vorstandsmitglied eines eingetragenen Vereins die Haftungserleichterungen für Arbeitnehmer lediglich dann zugute kommen, wenn er zwar aufgrund Dienstvertrages tätig wird, gleichwohl aber eine arbeitnehmerähnliche Stellung einnimmt.[15]

Für Stiftungsvorstände ergibt sich ein milderer Haftungsmaßstab auch nicht aus den bereits erwähnten Regelungen in einigen Stiftungsgesetzen. Zwar bestimmen Art. 7 S. 2 BayStiftG und § 12 Abs. 2 SachsAnhStiftG, dass ehrenamtlich tätige Organmitglieder nur bei vorsätzlicher oder grob fahrlässiger Verletzung ihrer Pflichten der Stiftung zum Schadensersatz verpflichtet sind, soweit nicht die Stiftungssatzung ein anderes bestimmt, und § 6 Abs. 3 NiedStiftG erlaubt eine Beschränkung der Haftung auf Vorsatz und grobe Fahrlässigkeit. Diese Regelungen sind aber wegen fehlender Gesetzgebungskompetenz der Länder unbeachtlich.[16]

---

11 MünchKommBGB/*Reuter* (Fn. 4), § 27 Rn. 43; *Hüttemann/Herzog*, Organhaftung bei Non Profit Organisationen, in: Non Profit Law Yearbook 2006, S. 33, 42 f.; *Schwintek*, Die Haftung von Organmitgliedern gegenüber der Stiftung für fehlerhafte Vermögensverwaltung und Ertragsverwendung, ZSt 2005, 108, 109 f.; *R. Werner*, Die Haftung des Stiftungsvorstands, ZEV 2009, 366, 368. Differenzierend *Küpperfahrenberg* (Fn. 1), S. 219 f.

12 Siehe nur AnwK-BGB/*Heidel/Lochner*, 2005, § 27 Rn. 20; BeckOK BGB/*Schwarz/Schöpflin* (Fn. 5), § 27 Rn. 20; Erman/*H. P Westermann* (Fn. 6), § 27 Rn. 7.

13 BGHZ 89, 153 ff.; BGH NJW 2005, 981 ff.; OLG Saarbrücken VersR 1995, 832; *Eichenhofer*, Ehrenamt im Recht, FS Werner, 2009, S. 60, 68. Allgemein zur Arbeitnehmerhaftung siehe nur BAG GS NZA 1994, 1083; MünchKommBGB/*Henssler*, 5. Aufl. 2009, § 619a Rn. 5 ff.

14 BGHZ 89, 153, 159; BGH NJW 2004, 900, 901 f. (für eG); MünchKommBGB/*Reuter* (Fn. 4), § 27 Rn. 43; *Sauter/Schweyer/Waldner* (Fn. 6), Rn. 278; *Hüttemann/Herzog*, Organhaftung bei Non Profit Organisationen, in: Non Profit Law Yearbook 2006, S. 33, 43; *Schwintek*, Die Haftung von Organmitgliedern gegenüber der Stiftung für fehlerhafte Vermögensverwaltung und Ertragsverwendung, ZSt 2005, 108, 113 f.; *Wehnert*, Die Innenhaftung des Stiftungsvorstands, ZSt 2007, 67, 72; *Küpperfahrenberg* (Fn. 1), S. 214 ff. A.A. BeckOK BGB/*Schwarz/Schöpflin* (Fn. 5), § 27 Rn. 20; Soergel/*Hadding* (Fn. 7), § 27 Rn. 23; Staudinger/*Weick*, BGB, Neubearbeitung 2005, § 27 Rn. 25; *K. Schmidt* (Fn. 7), § 14 V 1, S. 426, § 24 III 2d, S. 692.

15 LG Bonn NJW-RR 1995, 1435, 1436.

16 Siehe dazu schon unter II. 1.a.

c) Die Zulässigkeit von Haftungsbeschränkungen

Vor diesem Hintergrund gewinnt die Frage an Bedeutung, ob die Haftung nicht wenigstens in der Satzung beschränkt werden kann. Für den Verein deutet hierauf schon § 40 BGB hin, nach dem von § 27 Abs. 3 BGB in der Satzung abgewichen werden kann. Dementsprechend wird eine Haftungsbeschränkung in der Satzung für möglich gehalten.[17] Weniger einheitlich ist das Meinungsbild bei der Stiftung.[18] Hier hat sich *Reuter* gegen die Möglichkeit einer Haftungsbeschränkung ausgesprochen und dies namentlich mit der Parallele zur Testamentsvollstreckung begründet, bei der es ebenfalls um die treuhänderische Verwaltung eines verselbständigten Vermögens nach dem objektivierten Willen eines Dritten gehe und eine Haftungsbeschränkung nicht möglich sei.[19]

Eine Entscheidung dieser Streitfrage fällt schon deshalb nicht leicht, weil sich im Recht der juristischen Personen keine einheitliche Linie ausmachen lässt: Während die Haftungsbeschränkung im Aktienrecht schon am Grundsatz der Satzungsstrenge scheitert, ist sie im GmbH-Recht wohl nach überwiegender Auffassung grundsätzlich möglich.[20] Auch dürfte der Parallele zur Testamentsvollstreckung keine entscheidende Bedeutung zukommen, da letztlich jede Geschäftsleitertätigkeit eine treuhänderische Vermögensverwaltung darstellt.

Letztlich kommt es darauf an, wie man den Vorbehalt in § 86 BGB versteht, nach dem §§ 27 Abs. 3, 28 Abs. 2 BGB nur vorbehaltlich einer abweichenden Regelung »aus der Verfassung, insbesondere daraus, dass die Verwaltung der Stiftung von einer öffentlichen Behörde geführt wird« gelten. *Reuter* deutet diese Regelung unter Hinweis auf die Entstehungsgeschichte nicht als Erlaubnis zur abweichenden Regelung des Organschaftsverhältnisses durch Satzung, sondern lediglich als Konzession an die Landesrechte, die Stiftungen in die öffentliche Verwaltung zu integrieren.[21] Träfe die-

---

17 Palandt/*Ellenberger* (Fn. 5), § 31a Rn. 4; *Sauter/Schweyer/Waldner* (Fn. 6), Rn. 278; *Waldner*, in: Münchener Handbuch des Gesellschaftsrechts, Band 5 (Fn. 5), § 30 Rn. 18; *Von Hippel*, Grundprobleme von Non-Profit-Organisationen, 2007, S. 90 f.; *Unger*, Neue Haftungsbegrenzungen für ehrenamtlich tätige Vereins- und Stiftungsvorstände, NJW 2009, 3269, 3270; *Küpperfahrenberg* (Fn. 1), S. 230.

18 Für die Zulässigkeit einer Haftungsbeschränkung AnwK-BGB/*Schiffer* (Fn. 12), § 86, Rn. 6; Palandt/*Ellenberger* (Fn. 5), § 86 Rn. 1; Staudinger/*Rawert* (Fn. 10), § 86 Rn. 13; *Burgard* (Fn. 1), § 6 Rn. 175; *Hof*, in: Seifert/von Campenhausen (Hrsg.), Stiftungsrechts-Handbuch, 3. Auflage 2009, § 8 Rn. 292; *Lüke*, in: Münchener Handbuch des Gesellschaftsrechts, Band 5 (Fn. 6), § 94 Rn. 20; *Hüttemann/Herzog*, Organhaftung bei Non Profit Organisationen, in: Non Profit Law Yearbook 2006, S. 33, 45 f.; *Schwintek*, Die Haftung von Organmitgliedern gegenüber der Stiftung für fehlerhafte Vermögensverwaltung und Ertragsverwendung, ZSt 2005, 108, 112; *Sobotta/von Cube*, Die Haftung des Vorstands für das Stiftungsvermögen, DB 2009, 2082, 2087; *R. Werner*, Die Haftung des Stiftungsvorstands, ZEV 2009, 366, 368; *Kohnke* (Fn. 10), S. 198 f.

19 MünchKommBGB/*Reuter* (Fn. 4), § 86 Rn. 20; siehe auch schon *Reuter*, Die Haftung des Stiftungsvorstands gegenüber der Stiftung, Dritten und dem Fiskus, in: Non Profit Law Yearbook 2002, S. 157, 165 f.

20 Siehe nur BGH NZG 2002, 1170, 1171 für eine Abkürzung der Verjährungsfrist; Baumbach/Hueck/*Zöllner/Noack*, GmbHG, 19. Aufl. 2010. § 43 Rn. 46 m. w. N.

21 MünchKommBGB/*Reuter* (Fn. 4), § 86 Rn. 20.

se Auffassung zu, hätte dies weit über die Organhaftung hinausgehende Konsequenzen. Zwingend wäre nicht nur der Haftungsmaßstab, sondern die gesamten, durch §§ 86, 27 Abs. 3 BGB für entsprechend anwendbar erklärten Bestimmungen.[22] Indes spricht bereits der Wortlaut des Gesetzes gegen ein solches Verständnis. Nach § 85 BGB wird die Verfassung einer Stiftung, soweit sie nicht auf Bundes- oder Landesgesetz beruht, durch das Stiftungsgeschäft bestimmt. Wenn § 86 BGB die Geltung des § 27 Abs. 3 BGB – und damit des Auftragsrechts – unter den Vorbehalt der »Verfassung« stellt, spricht dies für die Zulässigkeit abweichender Regelungen durch die Stiftungssatzung; § 86 S. 1 HS. 2 BGB konkretisiert dies nur noch durch die Nennung eines aus Sicht des historischen Gesetzgebers typischen Falls, wie bereits das Wort »insbesondere« zeigt.

Auf eine Disponibilität deuten auch die Gesetzesmaterialien hin. Der Vorläufer des heutigen § 86 BGB war § 61 BGB-E 1, der bestimmte vereinsrechtliche Vorschriften für entsprechend anwendbar erklärte. Dazu gehörten auch § 44 Abs. 1, 2, 4 bis 7 BGB-E 1. § 44 BGB-E 1 verwies aber nicht nur in Abs. 2 – wie § 27 Abs. 3 BGB – auf das Auftragsrecht. Vielmehr wurde in Abs. 7 auch ausdrücklich klargestellt, dass die Verweisung nur vorbehaltlich einer abweichenden Regelung in der Verfassung gelte. Auch in den Beratungen der zweiten Kommission wurde ausdrücklich betont, dass für die Stiftung die Verweisung auf das Auftragsrecht dispositiv sein müsse.[23] In der Folge wurde § 44 Abs. 7 BGB-E 1 mit den übrigen Regelungen zur Disponibilität einzelner vereinsrechtlicher Vorschriften im heutigen § 40 BGB zusammengefasst. Die Ergänzung des § 61 BGB-E 1 um den Halbsatz, dass §§ 27 Abs. 3, 28 BGB nur vorbehaltlich einer abweichenden Regelung in der Verfassung anwendbar seien, kann vor dem Hintergrund der Beratungen in der zweiten Kommission nur als Reaktion auf diese Änderung gedeutet werden: Da die für entsprechend anwendbar erklärte vereinsrechtliche Norm nicht mehr selbst ihre Disponibilität klarstellte, musste dies im Stiftungsrecht ausdrücklich angeordnet werden. Soweit in der Vorschrift die Verwaltung der Stiftung durch eine öffentliche Behörde gesondert erwähnt wird, mag dies eine Reaktion auf in den Beratungen der zweiten Kommission geäußerte Bedenken sein, dass die vereinsrechtlichen Regelungen nicht auf derartige Stiftungen passten. Diese Einwände wurden von der Mehrheit der Kommission zwar nicht für die Verweisung auf das Auftragsrecht geteilt, da diese ohnehin dispositiv sei[24], wohl aber für den Verweis auf den heutigen § 28 Abs. 2 BGB.[25] Dagegen findet sich in der Materialien kein Beleg für die These, § 86 S. 1 HS. 2 BGB stelle lediglich eine Konzession an die Landesrechte dar.

---

22 Folgt man der im Vereinsrecht verbreiteten Auffassung, dass für eine Vergütung des Vorstands wegen des Verweises in § 27 Abs. 3 BGB auf den unentgeltlichen Auftrag eine Regelung in der Satzung erforderlich ist (dazu nur *Hüttemann*, Ehrenamt, Organvergütung und Gemeinnützigkeit, DB 2009, 1205, 1207, der allerdings für das Stiftungsrecht einen derartigen Satzungsvorbehalt nicht annimmt), wäre sogar eine Vergütung von Stiftungsvorständen unzulässig.

23 Protokolle, S. 1198, 1202 f., zitiert nach *Mugdan*, Die gesamten Materialien zum Bürgerlichen Gesetzbuch für das Deutsche Reich, Bd. 1, 1899, S. 667 f.

24 Protokolle, S. 1197 f., zitiert nach *Mugdan* (Fn. 23), S. 667.

25 Protokolle, S. 1202, zitiert nach *Mugdan* (Fn. 23), S. 668.

Diese Deutung wird schließlich auch durch den Vergleich der heutigen §§ 40, 86 BGB bestätigt. § 86 S. 1 HS. 2 BGB erfasst genau die im Stiftungsrecht entsprechend anwendbaren vereinsrechtlichen Vorschriften, die auch im Vereinsrecht nach § 40 BGB nur vorbehaltlich einer abweichenden Satzungsregelung gelten. Daher ist die Vorschrift als umfassender Satzungsvorbehalt zu verstehen. Folglich ist auch bei der Stiftung eine Modifikation des Haftungsmaßstabs möglich.

Freilich wird man sowohl beim Verein als auch bei der Stiftung nicht nur die Haftung für Vorsatz (vgl. § 276 Abs. 3 BGB), sondern auch für grobe Fahrlässigkeit als nicht disponibel ansehen müssen.[26] Hierfür spricht schon der neue § 31a BGB. Zudem wäre andernfalls die Verhaltenssteuerung des Vorstands durch Haftung völlig außer Kraft gesetzt.

d) Haftungsausschluss durch Beschluss der Mitgliederversammlung

Im Einzelfall kann der Vereinsvorstand Haftungsrisiken im Übrigen auch ausschließen, indem er einen Beschluss der Mitgliederversammlung herbeiführt. Der für die AG in § 93 Abs. 4 AktG normierte Grundsatz, dass eine Ersatzpflicht nicht entsteht, wenn die Handlung auf einem rechtmäßigen Beschluss der Hauptversammlung beruht, gilt auch im Vereinsrecht.[27] Freilich ist die Haftung nur ausgeschlossen, wenn der Beschluss rechtmäßig ist und die Mitgliederversammlung zuvor ordnungsgemäß informiert worden ist. Zudem können sich Stiftungsvorstände naturgemäß nicht auf diese Weise absichern.

e) Haftung für Prognoseentscheidungen

Besondere Schwierigkeiten bereitet die Feststellung eines Vorstandsverschuldens bei sogenannten Prognoseentscheidungen. Mit solchen ist etwa jeder Stiftungsvorstand bei Anlageentscheidungen im Rahmen der Vermögensverwaltung konfrontiert. Nicht jede Maßnahme, die sich im Nachhinein als Fehlentscheidung herausstellt, war im Vorhinein auch als solche zu erkennen. Will man eine – nicht zu rechtfertigende – Erfolgshaftung verhindern, muss klargestellt werden, dass eine Entscheidung unter Unsicherheit, die sich im Nachhinein als falsch herausstellt, nicht automatisch eine Sorgfaltspflichtverletzung darstellt. Lösen lässt sich dieses Problem unter Rückgriff auf das Kapitalgesellschaftsrecht: Nach § 93 Abs. 2 S. 2 AktG liegt eine Pflichtverletzung eines Vorstandsmitglieds nicht vor, wenn es bei einer unternehmerischen Entscheidung vernünftigerweise annehmen durfte, auf der Grundlage angemessener Informa-

---

26 So auch jurisPK-BGB/*Otto*, 4. Aufl. 2009, § 31a Rn. 2; Palandt/*Ellenberger* (Fn. 5), § 31a Rn. 4; Anders aber *Burgard* (Fn. 1), § 6 Rn. 77 und *Unger*, Neue Haftungsbegrenzungen für ehrenamtlich tätige Vereins- und Stiftungsvorstände, NJW 2009, 3269, 3271, die eine Beschränkung der Haftung auf vorsätzliches Verhalten für möglich halten.
27 *Burgard* (Fn. 1), § 6 Rn. 62; *Sauter/Schweyer/Waldner* (Fn. 6), Rn. 278; *Hüttemann/Herzog*, Organhaftung bei Non Profit Organisationen, in: Non Profit Law Yearbook 2006, S. 33, 41 f.; *Unger*, Neue Haftungsbegrenzungen für ehrenamtlich tätige Vereins- und Stiftungsvorstände, NJW 2009, 3269, 3270.

tion zum Wohle der Gesellschaft zu handeln. Diese sogenannte Business Judgement Rule ist auch im Vereins- und Stiftungsrecht anzuwenden.[28]

f) Gesamtverantwortung und Delegation

Von erheblicher Bedeutung ist die Frage der Verantwortlichkeit bei mehrköpfigen Vorständen. Grundsätzlich gilt hier – wie auch bei den übrigen Körperschaften[29] – das Prinzip der Gesamtverantwortung für die Erfüllung aller Organpflichten.[30] Freilich wird bei mehrköpfigen Vorständen regelmäßig eine Aufteilung der Aufgaben erfolgen. Verletzt in diesem Fall das zuständige Vorstandsmitglied seine Pflichten, so stellt sich die Frage, ob auch die übrigen Vorstandsmitglieder haften oder sich auf die Ressortverteilung berufen können. Die Antwort der herrschenden Meinung fällt differenziert aus: Zwar kann eine derartige Ressortaufteilung haftungsbeschränkend wirken.[31] Dabei ist es nicht einmal erforderlich, dass die Ressortverteilung in die Satzung aufgenommen wurde. Vielmehr genügt auch eine entsprechende Geschäftsordnung, die freilich schon aus Beweisgründen schriftlich festgehalten werden sollte.[32] Die übrigen Vorstandsmitglieder bleiben aber – nach freilich nicht unumstrittener Auffassung – zur Überwachung des zuständigen Mitglieds verpflichtet.[33] Wird diese Pflicht verletzt, haften sie trotz der Ressortaufteilung.

28 *Burgard* (Fn. 1), § 6 Rn. 34 ff.; *Lüke*, in: Münchener Handbuch des Gesellschaftsrechts, Band 5 (Fn. 7), § 94 Rn. 8; *Hüttemann/Herzog*, Organhaftung bei Non Profit Organisationen, in: Non Profit Law Yearbook 2006, S. 33, 37 ff.; *Kiethe*, Die Haftung des Stiftungsvorstands, NZG 2007, 810, 811 f.; *Sobotta/von Cube*, Die Haftung des Vorstands für das Stiftungsvermögen, DB 2009, 2082, 2085; *Unger*, Neue Haftungsbegrenzungen für ehrenamtlich tätige Vereins- und Stiftungsvorstände, NJW 2009, 3269, 3272; *R. Werner*, Die Haftung des Stiftungsvorstands, ZEV 2009, 366, 368. Differenzierend *Gollan* (Fn. 1), S. 127 ff.; *von Hippel* (Fn. 17), S. 84 ff.; *ders.*, Gilt die Business Judgement Rule auch im Stiftungsrecht?, in: Baum u. a., Perspektiven des Wirtschaftsrechts. Beiträge für Klaus J. Hopt aus Anlass seiner Emeritierung, 2008, S. 167 ff.

29 Siehe für die AG nur *Fleischer*, Zum Grundsatz der Gesamtverantwortung im Aktienrecht, NZG 2003, 449 ff.

30 *Hüttemann/Herzog*, Organhaftung bei Non Profit Organisationen, in: Non Profit Law Yearbook 2006, S. 33, 39.

31 RGZ 98, 98, 100; BGHZ 133, 370, 377 f. (für die GmbH); MünchKommBGB/*Reuter* (Fn. 4), § 27 Rn. 42.

32 Ausdrücklich Schriftlichkeit verlangen etwa BFH NJW 1998, 3374, 3375 (für §§ 34, 69 AO); *Küpperfahrenberg* (Fn. 5), S. 184.

33 BGHZ 133, 370, 377 f. (für GmbH); BFH NJW 1998, 3374, 3375 (für Vereinsvorstand im Rahmen der §§ 34, 69 AO); MünchKommBGB/*Reuter* (Fn. 4), § 27 Rn. 42; *Burgard* (Fn. 1), § 6 Rn. 23; *Heermann*, Beschränkung der persönlichen Haftung des Vereinsvorstands durch Ressortverteilung, in: FS Röhricht, S. 1191, 1196 f., 1201 f.; *Hüttemann/Herzog*, Organhaftung bei Non Profit Organisationen, in: Non Profit Law Yearbook 2006, S. 33, 40; *Unger*, Neue Haftungsbegrenzungen für ehrenamtlich tätige Vereins- und Stiftungsvorstände, NJW 2009, 3269, 3271 f.; *Küpperfahrenberg* (Fn. 1), S. 180 ff. Enger Erman/*H. P. Westermann* (Fn. 6), § 27 Rn. 7; Soergel/*Hadding* (Fn. 7), § 27 Rn. 23; *Sauter/Schweyer/Waldner* (Fn. 6), Rn. 277a, nach denen eine Überwachungspflicht nicht besteht und das nicht zuständige Vorstandsmitglied nur zum Einschreiten verpflichtet ist, wenn ihm pflichtwidriges Handeln bekannt wird.

2. Die deliktische (Außen-)Haftung

Die bisherigen Ausführungen betrafen die Innenhaftung gegenüber dem Verein oder der Stiftung. Organmitglieder können aber auch gegenüber Dritten haften. Eine Haftung kann sich hier freilich nur aus den allgemeinen Regeln des Deliktsrechts ergeben. Unproblematisch ist dies, wenn durch die unerlaubte Handlung eines Vorstands ein Dritter in seinen deliktisch geschützten Rechtsgütern geschädigt wird. Möglich soll dabei auch eine deliktische Haftung des Vorstands gegenüber den Vereinsmitgliedern wegen Verletzung ihrer Mitgliedschaft sein.[34]

Problematisch ist jedoch dabei der Verantwortungskreis der Vorstände. Unklar ist, ob ein Vorstand auch dann haftet, wenn Mitarbeiter des Vereins Dritte geschädigt haben, da er nicht gegen ihr Verhalten eingeschritten ist. Akut geworden ist diese Frage im Rahmen der viel diskutierten Baustoffentscheidung des BGH.[35] Hier hatten Mitarbeiter von einer GmbH unter Eigentumsvorbehalt erworbene Ware entgegen den Vorgaben aus der Vereinbarung mit dem Vorbehaltsverkäufer weiterveräußert und diesen dadurch geschädigt. Der BGH nahm eine Eigenhaftung des Geschäftsführers aus § 823 Abs. 1 BGB an, obwohl er an den fraglichen Geschäften nicht selbst beteiligt gewesen war; denn die von der GmbH zu beachtenden Pflichten zum Schutz absoluter Rechtsgüter könnten auch ihren Geschäftsführer in einer Garantenstellung aus den ihm übertragenen organisatorischen Aufgaben treffen. Die Entscheidung ist auf starke Kritik gestoßen[36]; davon unabhängig dürften die in ihr entwickelten Grundsätze aber auch für Vereins- und Stiftungsvorstände gelten.[37]

3. Die Haftung in der Krise

a) Insolvenzantragspflicht und Insolvenzverschleppungshaftung

Besondere Pflichten – und daran anknüpfend Haftungsrisiken – treffen die Vorstände von Vereinen und Stiftungen in der Krise. Der Vorstand hat im Falle der Zahlungsunfähigkeit oder Überschuldung nach § 42 Abs. 2 BGB die Eröffnung des Insolvenzverfahrens zu beantragen. Das Vereinsrecht enthält damit eine spezialgesetzliche Normierung der Insolvenzantragspflicht, die der allgemeinen Regelung für juristische Personen in § 15a Abs. 1 InsO vorgeht.[38] Bedeutung hat dies für die Antragsfrist: Nach § 15a Abs. 1 InsO ist der Insolvenzantrag ohne schuldhaftes Zögern, spätestens aber drei Wochen nach Eintritt der Überschuldung oder Zahlungsunfähigkeit zu stellen. Sanierungsbemühungen zur Abwendung der Insolvenz sind damit enge zeitliche Grenzen gesetzt. Eine derartige Höchstfrist kennt § 42 Abs. 2 BGB nicht. Aus § 42 Abs. 2 S. 2 BGB ergibt sich allein, dass der Antrag ohne schuldhaftes Zögern zu stel-

---

34 BGHZ 110, 323 ff.; statt vieler dazu nur *Habersack*, Die Mitgliedschaft: subjektives und »sonstiges« Recht, 1996.
35 BGHZ 109, 297 ff.
36 Vgl. nur *K. Schmidt* (Fn. 7), § 14 V 2, S. 427 f.; § 36 II 5 d, S. 1090; *Medicus*, Deliktische Außenhaftung der Vorstandsmitglieder und Geschäftsführer, ZGR 1998, 570, 584 ff.
37 Siehe nur *Küpperfahrenberg* (Fn. 1), S. 166 f.
38 Dazu die Begründung zum Regierungsentwurf des MoMiG, BT-Drucks. 16/6140, 55.

len ist. Hieraus dürfte aber keine Pflicht zur unverzüglichen Stellung des Insolvenzantrags folgen, die jedwede Versuche zur Abwendung der Insolvenz von vornherein
ausschlösse; vielmehr sind aussichtsreiche Sanierungsbemühungen wohl auch über
die starre Grenze von drei Wochen hinaus zulässig.[39] Entsprechendes gilt für die Stiftung. Auf sie ist § 42 Abs. 2 BGB aufgrund der Verweisung des § 86 S. 1 BGB entsprechend anzuwenden.[40]

Die Insolvenzantragspflicht nach § 42 Abs. 2 BGB trifft jedes Vorstandsmitglied
persönlich unabhängig von einer Ressortverteilung.[41] Wird die Stellung des Antrags
verzögert, so sind die Vorstandsmitglieder, denen ein Verschulden zur Last fällt, nach
§ 42 Abs. 2 S. 2 BGB den Gläubigern für den daraus entstehenden Schaden verantwortlich; dabei schadet ihnen bereits einfache Fahrlässigkeit.[42] Hierbei handelt es sich
um die bereits aus dem Kapitalgesellschaftsrecht bekannte Insolvenzverschleppungshaftung, die dort freilich nicht spezialgesetzlich angeordnet ist, sondern aus § 823
Abs. 2 BGB i.V.m. § 15a InsO folgt.[43]

Hinsichtlich des Haftungsumfangs muss nach heute kaum noch bestrittener Auffassung[44] differenziert werden: Der Schaden sogenannter Altgläubiger, die ihre Forderung vor dem Zeitpunkt erworben haben, zu dem Insolvenz hätte angemeldet werden müssen, besteht allein darin, dass sich die Quote, die sie auf ihre Forderung

---

39 Eingehend *G. Roth/Knof*, Die Stiftung in Krise und Insolvenz, KTS 2009, 163, 177 f.
    m.w.N.; *Hirte*, Stiftung und Insolvenz, FS O. Werner, 2009, S. 222, 227; a. A. etwa *Rugullis*,
    Die Insolvenzantragspflicht beim Verein – Eine Interpretation des § 42 II BGB, NZI 2007,
    323, 325 f.; *Poertzgen*, Der 3-Wochen-Zeitraum im Rahmen der Antragspflicht, ZinsO
    2008, 944, 945 mit der allerdings eigenwilligen Begründung, die 3-Wochen-Frist stelle eine
    Privilegierung von AG, GmbH und eG dar, da bei diesen aus volkswirtschaftlichen Grün-
    den (Arbeitsplatzverluste, Steuerausfälle) die Insolvenz nur die ultima ratio darstellen dür-
    fe. Dem steht indes schon entgegen, dass Kapitalgesellschaften keineswegs unternehme-
    risch tätig sein und Arbeitnehmer beschäftigen müssen.
40 *Hirte*, Stiftung und Insolvenz, FS O. Werner, S. 222, 225 f.; *G. Roth/Knof*, Die Stiftung in
    Krise und Insolvenz, KTS 2009, 163, 169.
41 BeckOK BGB/*Schwarz/Schöpflin* (Fn. 5), § 42 Rn. 8; jurisPK-BGB/*Otto* (Fn. 26), § 42
    Rn. 16; *Hüttemann/Herzog*, Organhaftung bei Non Profit Organisationen, in: Non Profit
    Law Yearbook 2006, S. 33, 40; *Küpperfahrenberg* (Fn. 1), S. 183.
42 AnwK-BGB/*Eckardt* (Fn. 12), § 42 Rn. 45; Soergel/*Hadding* (Fn. 7), § 42 Rn. 2; *Lüke*, in:
    Münchener Handbuch des Gesellschaftsrechts, Band 5 (Fn. 6), § 94 Rn. 39. Ebenso die
    h.M. für § 823 Abs. 2 BGB i.V.m. § 15a InsO, siehe nur Scholz/*K. Schmidt*, GmbHG,
    Bd. 3., 10. Aufl. 2010, Anh. § 64 Rn. 48 m.w.N.
43 Allerdings wird teilweise angenommen, dass § 42 Abs. 2 S. 1 BGB ein Schutzgesetz darstel-
    le und damit eine Insolvenzverschleppungshaftung auch aus §§ 823 Abs. 2, 42 Abs. 2 BGB
    folge (so Soergel/*Hadding* (Fn. 7), § 42 Rn. 12; jurisPK-BGB/*Otto* (Fn. 26), § 42 Rn. 18;
    Burgard (Fn. 1), § 6 Rn. 87 f.). Diese soll erforderlich sein, um über § 830 Abs. 2 BGB auch
    Personen in die Haftung einzubeziehen, die nicht zum Vorstand im Sinne des § 26 BGB
    gehören. Dagegen etwa AnwK-BGB/*Eckardt* (Fn. 12), § 42 Rn. 46; BeckOK BGB/
    Schwarz/Schöpflin (Fn. 5), § 42 Rn. 13.
44 A. A. Scholz/*K. Schmidt* (Fn. 42), Anh. § 64 Rn. 55 und im Anschluss daran für den Verein
    MünchKommBGB/*Reuter* (Fn. 4), § 42 Rn. 17, die auch den Neugläubigern im Rahmen
    der Insolvenzverschleppungshaftung nur einen Anspruch auf Ersatz ihres Quotenschadens
    gewähren wollen und ihnen statt dessen Ansprüche aus § 311 Abs. 2, 3 BGB gegen das ge-
    schäftsführende Organmitglied zubilligen wollen.

erhalten, durch die Insolvenzverschleppung verschlechtert hat. Nur diesen Quoten-
schaden erhalten sie ersetzt.[45] Zuständig für die Geltendmachung dieses Schadens ist
in der Insolvenz nach § 92 InsO der Insolvenzverwalter. Neugläubiger, die ihre Forderung erst nach Entstehung der Insolvenzantragspflicht erworben haben, hätten dagegen, zumindest soweit es sich um vertragliche Neugläubiger handelt, gar nicht
mehr mit der Gesellschaft kontrahiert. Ihr Schaden besteht daher im gesamten Forde-
rungsausfall.[46] Diesen Schaden können die Neugläubiger selbst einfordern; § 92 InsO
gilt für sie nicht.[47]

b) Zahlungsverbot analog § 92 Abs. 2 S. 1 AktG, § 64 S. 1 GmbHG, § 99 GenG, §§ 130a Abs. 3 S. 1, 177a HGB?

Diskutiert wird seit einiger Zeit, ob die Vorstände von Vereinen und Stiftungen bei
Insolvenzreife auch ein Zahlungsverbot trifft. § 92 Abs. 2 S. 1 AktG, § 64 S. 1
GmbHG und § 99 GenG verbieten es dem geschäftsleitenden Organ, nach Eintritt
der Zahlungsunfähigkeit oder Überschuldung Zahlungen zu Lasten des Gesell-
schaftsvermögens zu leisten, wenn diese nicht mit der Sorgfalt eines ordentlichen und
gewissenhaften Geschäftsleiters vereinbar sind; dennoch geleistete Zahlungen sind
der Gesellschaft zu erstatten. Entsprechendes soll nach §§ 130a Abs. 3 S. 1, 177a
HGB für Personenhandelsgesellschaften ohne eine natürliche Person als persönlich
haftender Gesellschafter gelten, auch wenn die Vorschrift nach ihrem Wortlaut keine
Pflicht zur Erstattung geleisteter Zahlungen, sondern einen Schadensersatzanspruch
normiert.[48] Diese Zahlungsverbote werden von der Rechtsprechung äußerst streng
gehandhabt.[49] Eine Erstattungspflicht besteht nur dann nicht, wenn für die Leistung
aus dem Gesellschaftsvermögen ein Gegenwert in dieses gelangt und dort voll erhalten geblieben ist.[50] Dagegen können die Geschäftsleiter z.B. nicht die Insolvenzquote
des Zahlungsempfängers in Abzug bringen[51] oder die Gesellschaft auf Anfechtungs-
möglichkeiten verweisen.[52]

Das BGB enthält für Verein und Stiftung keine vergleichbare Regelung. Doch wird
gefordert, die genannten Vorschriften entsprechend anzuwenden.[53] Diese Analogie

---

45 BGHZ 29, 100, 104 ff.; BeckOK BGB/*Schwarz/Schöpflin* (Fn. 5), § 42 Rn. 10; jurisPK-
BGB/*Otto* (Fn. 26), § 42 Rn. 22.
46 Grundlegend für die GmbH BGHZ 126, 181 ff.; Soergel/*Hadding* (Fn. 7), § 42 Rn. 12; ju-
risPK-BGB/*Otto* (Fn. 26), § 42 Rn. 22; Prütting/Wegen/Weinreich/*Schöpflin*, BGB,
4. Aufl. 2009, § 42 Rn. 3.
47 BGHZ 138, 211, 214 ff. Kritisch dazu *K. Schmidt*, Insolvenzordnung und Gesellschaftsrecht, ZGR 1998, 633, 665 ff.
48 BGH NZG 2007, 462 ff.; a. A. MünchKommHGB/*K. Schmidt*, HGB, 2. Aufl. 2006, § 130a
Rn. 33.
49 Kritisch zum Konzept der Rechtsprechung Scholz/*K. Schmidt* (Fn. 42), § 64 Rn. 8 ff.
m.w.N. zur Diskussion.
50 BGH NJW 1974, 1088, 1089; 2003, 2316, 2317.
51 BGHZ 146, 264, 278 f.; BGH NZG 2007, 678, 679.
52 BGHZ 131, 325, 328 ff.; BGH NJW 2003, 2316, 2317.
53 So zunächst *Passarge*, Haftung der Vereinsvorstandes für in der Krise geleistete Zahlungen
gem. §§ 92 Abs. 3, 93 Abs. 3 Nr. 6 AktG analog, ZInsO 2005, 176 ff.; *ders.*, Zur Haftung
des Stiftungsvorstands für in der Krise geleistete Zahlungen gem. §§ 92 Abs. 2, 93 Abs. 3

sei nicht nur unter dem Gesichtspunkt der Gleichbehandlung geboten, sondern bilde auch das notwendige Korrektiv für die Gewährung einer außergerichtlichen Sanierungsphase. Freilich ist diese Auffassung im Schrifttum nicht unwidersprochen geblieben[54], und auch die obergerichtliche Rechtsprechung ist ihr bislang nicht gefolgt.[55] Eine Entscheidung des BGH zu der Frage steht noch aus.

Im Ergebnis sprechen die besseren Argumente gegen eine entsprechende Anwendung der Zahlungsverbote auf Verein und Stiftung. Es bestehen schon erhebliche Zweifel am Vorliegen der für eine Analogie erforderlichen Regelungslücke.[56] Der Gesetzgeber hat anlässlich des MoMiG ausdrücklich an der gesonderten Regelung der Insolvenzantragspflicht für Verein und Stiftung in § 42 Abs. 2 BGB festgehalten.[57] Es ist nicht anzunehmen, dass ihm in diesem Zusammenhang das Fehlen eines Zahlungsverbots im BGB verborgen geblieben wäre. Ferner erscheint es zweifelhaft, ob das Zahlungsverbot nach Auffassung des Gesetzgebers wirklich einen allgemeinen insolvenzrechtlichen Grundsatz für Körperschaften darstellen soll, wie es mit der entsprechenden Anwendung auf Vereine und Stiftungen letztlich unterstellt wird. Wäre dies zutreffend, hätte es nahegelegen, das Zahlungsverbot – wie auch die Insolvenzantragspflicht – rechtsformübergreifend in der Insolvenzordnung zu verankern.

Nicht zu überzeugen mag auch der Hinweis, eine entsprechende Anwendung sei aus Gründen der Gleichbehandlung geboten, weil sich die Lage der Gläubiger bei Verein und Stiftung nicht von der Situation der Gläubiger einer Kapitalgesellschaft unterscheide.[58] Einer derartigen verfassungsrechtlichen Argumentation steht bereits entgegen, dass aus dem Gleichheitssatz nicht zwingend die Ausdehnung des Zahlungsverbots auf Verein und Stiftung folgte. Vielmehr ließe sich eine verfassungswidrige Ungleichbehandlung auch durch Aufhebung der Zahlungsverbote bei den übrigen Körperschaften beseitigen. Zudem fehlt es an einem vergleichbaren Sachverhalt. Zwar dürfte der Umstand, dass Vereins- und Stiftungsvorstände vielfach ehrenamtlich tätig sind, im Hinblick auf den durch das Zahlungsverbot bezweckten Gläubiger-

---

Nr. 6 AktG analog, NZG 2008, 605 f.; *Wischemeyer*, Die Vorstandshaftung wegen Insolvenzverschleppung in der Insolvenz des Vereins, DZWiR 2005, 230, 233 f. Dem folgend MünchKommBGB/*Reuter* (Fn. 4), § 42 Rn. 17; *Burgard* (Fn. 1), § 6 Rn. 87; *Hirte*, Stiftung und Insolvenz, FS O. Werner, S. 222, 228 f.; *G. Roth/Knof*, Die Stiftung in Krise und Insolvenz, KTS 2009, 163, 178 ff.; *G. Roth*, Der vereinsrechtliche Sonderweg in der Insolvenz oder zur Analogiefähigkeit des Zahlungsverbots, npoR 2009, 46, 47 f.

54 BeckOK BGB/*Schwarz/Schöpflin* (Fn. 5), § 42 Rn. 9; Erman/*H. P. Westermann* (Fn. 6), § 42 Rn. 6; *Koza*, Haften Vereinsvorstände analog §§ 64 Abs. 2 GmbHG, 93 Abs. 3 Nr. 6 AktG, 34 Abs. 3 Nr. 4 GenG auf Ersatz aller Zahlungen nach Insolvenzreife?, DZWiR 2008, 98 ff. Skeptisch de lege lata auch *von Hippel* (Fn. 17), S. 608 f. Speziell für die Stiftung *R. Werner*, Die Haftung des Stiftungsvorstands, ZEV 2009, 366, 369 f.

55 OLG Hamburg NZG 2009, 1036, 1037 f.; OLG Karlsruhe NZG 2009, 995, 996 f.; gegen beide Entscheidungen ist die Revision beim BGH anhängig.

56 OLG Karlsruhe NZG 2009, 995, 997. Ähnlich OLG Hamburg NZG 2009, 1036, 1037; *Koza*, Haften Vereinsvorstände analog §§ 64 Abs. 2 GmbHG, 93 Abs. 3 Nr. 6 AktG, 34 Abs. 3 Nr. 4 GenG auf Ersatz aller Zahlungen nach Insolvenzreife?, DZWiR 2009, 98, 99 f.

57 Begründung zum Regierungsentwurf des MoMiG, BT-Drucks. 16/6140, 55.

58 MünchKommBGB/*Reuter* (Fn. 4), § 42 Rn. 17.

schutz bedeutungslos sein und damit eine Ungleichbehandlung nicht rechtfertigen.[59] Auch ist der Hinweis auf einen generell geringeren Gläubigerschutz bei Verein und Stiftung allein nicht ausreichend[60]; denn bei Insolvenzreife sind die Vorstände von Vereinen und Stiftungen ebenso zur Stellung des Insolvenzantrags verpflichtet wie der Vorstand einer AG oder der Geschäftsführer einer GmbH.[61] An der Vergleichbarkeit der Sachverhalte fehlt es jedoch insoweit, als die Gefahr masseschmälernder Zahlungen nach Insolvenzreife bei Vereinen und Stiftungen kleiner ist, da bei diesen Rechtsformen wirtschaftliche Betätigung regelmäßig in viel geringerem Umfang als bei AG und GmbH stattfindet. Dieser Unterschied, der auch allein das Fehlen einer dreiwöchigen Höchstfrist für die Stellung des Insolvenzantrags entsprechend § 15a Abs. 1 InsO in § 42 Abs. 2 BGB erklären kann, rechtfertigt das Fehlen eines Zahlungsverbots. Eine analoge Anwendung der § 92 Abs. 2 S. 1 AktG, § 64 S. 1 GmbHG, § 99 GenG, §§ 130a Abs 3 S. 1, 177a HGB auf Verein und Stiftung ist daher abzulehnen.

c) Zahlungsverbot analog § 92 Abs. 2 S. 3 AktG, § 64 S. 3 GmbHG

Weitgehend unbeachtet ist in der Diskussion über die entsprechende Anwendung der Zahlungsverbote der § 92 Abs. 2 S. 1 AktG, § 64 S. 1 GmbHG, § 99 GenG, §§ 130a, 177a HGB auf Verein und Stiftung bislang geblieben, dass diese durch das MoMiG um ein weiteres Zahlungsverbot ergänzt worden sind.[62] Nach § 92 Abs. 2 S. 3 AktG, § 64 S. 3 GmbHG, §§ 130a Abs. 1 S. 3, 177a HGB haben die geschäftsleitenden Organe auch Zahlungen an die Gesellschafter zu erstatten, soweit diese zur Zahlungsunfähigkeit der Gesellschaft führen mussten, es sei denn, dies war auch bei Beachtung der Sorgfalt eines ordentlichen Geschäftsmanns nicht erkennbar.[63] Die Änderung soll der Gefahr vorbeugen, dass die Gesellschafter bei sich abzeichnender Zahlungsunfähigkeit Mittel entnehmen.[64] Praktisch richtet sich die Vorschrift damit gegen offene oder verdeckte Ausschüttungen an die Gesellschafter, die zur Zahlungsunfähigkeit der Gesellschaft führen.[65]

---

59 So überzeugend *G. Roth*, Der vereinsrechtliche Sonderweg in der Insolvenz oder zur Analogiefähigkeit des Zahlungsverbots, npoR 2009, 46, 47; a. A. OLG Hamburg NZG 2009, 1036, 1037.

60 So OLG Hamburg NZG 2009, 1036, 1037; *Koza*, Haften Vereinsvorstände analog §§ 64 Abs. 2 GmbHG, 93 Abs. 3 Nr. 6 AktG, 34 Abs. 3 Nr. 4 GenG auf Ersatz aller Zahlungen nach Insolvenzreife?, DZWiR 2008, 98, 99. Gegen die These eines geringeren Gläubigerschutzes beim Verein *Reuter*, Die Durchgriffshaftung beim Verein, in: Non Profit Law Yearbook 2007, 63, 67 ff.

61 OLG Karlsruhe NZG 2009, 995, 997; *G. Roth*, Der vereinsrechtliche Sonderweg in der Insolvenz oder zur Analogiefähigkeit des Zahlungsverbots, npoR 2009, 46, 47.

62 Siehe allein den Hinweis bei *Hirte*, Stiftung und Insolvenz, FS O. Werner, S. 222, 229.

63 Eine entsprechende Ergänzung des § 99 GenG erfolgte nicht, ohne dass dies in der Gesetzesbegründung näher erläutert wird.

64 So RegE MoMiG, BT-Drucks. 16/6140, 46.

65 Siehe dazu nur Roth/Altmeppen/*Altmeppen*, GmbHG, 6. Aufl. 2009, § 64 Rn. 61 ff. Zur Frage, ob auch Zahlungen auf Gesellschafterforderungen erfasst sein können, siehe ferner auch Baumbach/Hueck/*Haas*, GmbHG, 19. Aufl. 2010, § 64 Rn. 99.

Auch für diese Regelungen gibt es bei Verein und Stiftung keine Entsprechung. Freilich könnte man einwenden, dass sich bei diesen Rechtsformen die von den Vorschriften adressierte Problematik gar nicht stellen kann, da Barausschüttungen des Vereins an seine Mitglieder nicht vorkommen[66] und Stiftungen gar keine Mitglieder haben. Dieser Schluss wäre jedoch voreilig. Der Begriff der Zahlung im Sinne der § 92 Abs. 2 S. 3 AktG, § 64 S. 3 GmbHG meint liquiditätsrelevante Leistungen und erfasst damit nicht nur die Weggabe von liquiden Mitteln, sondern auch von Vermögensgegenständen, die sich innerhalb kurzer Zeit in liquide Mittel umwandeln lassen.[67] Es erscheint nicht von vornherein ausgeschlossen, dass Leistungen an Vereinsmitglieder im Rahmen der Mitgliedschaft diese Voraussetzung erfüllen. Bei Stiftungen könnte man überdies im Rahmen einer Analogie anstatt auf Ausschüttungen an die Mitglieder auf Leistungen zur Verwirklichung des Stiftungszwecks abstellen. So ist es etwa ohne weiteres denkbar, dass Leistungen an die Destinatäre die Zahlungsunfähigkeit auslösen. Damit stellt sich auch bei Verein und Stiftung die Frage nach einer Haftung für insolvenzauslösende Zahlungen.

Gegen eine entsprechende Anwendung der § 92 Abs. 2 S. 3 AktG, § 64 S. 3 GmbHG lässt sich freilich – wie bei § 92 Abs. 2 S. 1 AktG, § 64 S. 1 GmbHG und § 99 GenG – einwenden, dass die fehlende Normierung eines derartigen Zahlungsverbots für Verein und Stiftung anlässlich des MoMiG kaum auf einem Versehen des Gesetzgebers beruhen kann. Praktisch schützt freilich auch die damit zu befürwortende Ablehnung einer derartigen Analogie die Vereins- und Stiftungsvorstände nicht; denn nach richtiger Auffassung können insolvenzauslösende Zahlungen jedenfalls zu einer Haftung der geschäftsleitenden Organe nach § 823 Abs. 2 BGB i.V.m. § 266 StGB führen.[68] Diese Haftung ist nur insofern milder als die nach § 92 Abs. 2 S. 3 AktG, § 64 S. 3 GmbHG, als sie vorsätzliches Handeln voraussetzt, während es bei den genannten Vorschriften ausreichen soll, dass die ausgelöste Zahlungsunfähigkeit erkennbar war.[69] Im Übrigen ist auch eine Vorstandshaftung nach §§ 27 Abs. 3, 280 Abs. 1 BGB in Betracht zu ziehen.[70] Auch die Vorstände von Vereinen und Stiftungen können damit für insolvenzauslösende Zahlungen haften.

4. Haftung für Steuern und Sozialabgaben

Gerade in der Insolvenz wird auch regelmäßig die Haftung der Vorstände für Steuern – etwa Lohnsteuer – und Sozialabgaben akut.[71] Die Sozialversicherungsbeiträge der

---

66 Zur Diskussion um die Zulässigkeit *Reuter*, Die Durchgriffshaftung beim Verein, in: Non Profit Law Yearbook 2007, 63, 71 ff. m.w.N.

67 Baumbach/Hueck/*Haas* (Fn. 20), § 64 Rn. 98; Scholz/*K. Schmidt* (Fn. 42), § 64 Rn. 75.

68 Siehe dazu Baumbach/Hueck/*Haas* (Fn. 20), § 64 Rn. 175 und *Haas*, Kapitalerhaltung, Insolvenzanfechtung, Schadensersatz und Existenzvernichtung – wann wächst zusammen, was zusammengehört?, ZIP 2006, 1373, 1380 f.

69 Lutter/Hommelhoff/*Kleindiek*, GmbHG, 17. Aufl., 2009, § 64 Rn. 30; Scholz/*K. Schmidt* (Fn. 42), § 64 Rn. 87.

70 Vgl. für § 43 GmbHG Baumbach/Hueck/*Haas* (Fn. 20), § 64 Rn. 175; Roth/Altmeppen/*Altmeppen* (Fn. 65), § 64 Rn. 64 f.

71 Zur Haftung für falsche Spendenbestätigungen siehe § 10b Abs. 4 EStG, § 9 Abs. 3 KStG, § 9 Nr. 5 GewStG.

Arbeitnehmer müssen auch in der Krise vorrangig abgeführt werden, ohne dass es darauf ankommt, ob für den betreffenden Zeitraum der Lohn überhaupt an die Arbeitnehmer ausgezahlt worden ist.[72] Andernfalls haften Vorstände für nicht abgeführte Beiträge nach § 823 Abs. 2 BGB i. V. m. § 266a StGB.[73] Eine vergleichbare Rechtslage besteht im Hinblick auf den Fiskus. Auch Steuern sind in der Krise ungekürzt abzuführen.[74] Für vorsätzlich oder grob fahrlässig nicht abgeführte Steuern haften die Vorständen von Vereinen und Stiftungen nach §§ 34, 69 AO.[75]

Die Brisanz dieser Haftung liegt darin, dass Vorstände für die aufgrund dieser Tatbestände geleisteten Zahlungen naturgemäß keinen Ersatz vom Verein bzw. der Stiftung erlangen können. Zudem bereiten die oben geschilderten Grundsätze zur Ressortverteilung bei mehrköpfigen Vorständen hier besondere Probleme. Auch wenn das betreffende Vorstandsmitglied gar nicht für die Abführung der Steuern oder Sozialbeiträge verantwortlich ist, muss es die Tätigkeit des verantwortlichen Kollegen überwachen.[76] Diese Überwachungspflichten nehmen in der Krise zu. So soll nach Auffassung des BFH die Begrenzung der Haftung durch eine von vornherein schriftlich festgelegte Aufgabenverteilung nur solange gelten, wie an der exakten Erfüllung der steuerlichen Pflichten durch die hierzu zuständige Person nicht zu zweifeln sei oder wie allgemein die wirtschaftliche Lage für eine Überprüfung keinen Anlass gebe. Jede Aufgabenverteilung zwischen Vertretern einer juristischen Person werde hinfällig, wenn an der Pflichterfüllung derjenigen zu zweifeln sei, auf die steuerliche Pflichten zulässigerweise delegiert wurden.[77]

5. D & O Versicherungen

Die geschilderten Haftungsgefahren für Vorstände werfen die Frage auf, ob die entsprechenden Risiken nicht zumindest teilweise versicherbar sind. Derartige D & O-Versicherungen sind zwar vorrangig aus dem Aktienrecht bekannt. Auch im Non-

---

72 BGHZ 133, 370, 374 ff.; 134, 304, 307 ff.; BGH DStR 2008, 2169, 2170; *Baumbach/Hueck/Zöllner/Noack* (Fn. 20), § 43 Rn. 91 (jeweils für die GmbH); *Hüttemann/Herzog*, Organhaftung bei Non Profit Organisationen, in: Non Profit Law Yearbook 2006, S. 33, 51.

73 BGHZ 134, 304, 310; 144, 311, 314 ff.; BGH NZG 2002, 721, 722 f.; BGH NJW 2003, 3787, 3788 f.; 2005, 3650, 3651.

74 Reichen die Mittel nicht aus, um die Bruttolöhne einschließlich der darauf entfallenden Lohnsteuer zu zahlen, ist der Vorstand zur gleichrangigen Befriedigung der Arbeitnehmer und des Finanzamts (im Hinblick auf die Lohnsteuer) verpflichtet, siehe nur BFH BStBl. II 1988, 859; *Schießl/Küpperfahrenberg*, Steuerrechtliche Haftung der Vorstände von Vereinen und Verbänden – Risiko, Vermeidungsstrategie, Versicherbarkeit, DStR 2006, 445.

75 Siehe dazu insbesondere *Möllmann*, Haftungsfalle Ehrenamt – Persönliche Haftung des ehrenamtlichen Vereinsvorstands für Steuerschulden des gemeinnützigen Vereins, DStR 2009, 2125 ff.; *Schießl/Küpperfahrenberg*, Steuerrechtliche Haftung der Vorstände von Vereinen und Verbänden – Risiko, Vermeidungsstrategie, Versicherbarkeit, DStR 2006, 445 ff.

76 So für §§ 34, 69 AO BFH NJW 1998, 3374, 3375. Für § 823 Abs. 2 BGB i.V.m. § 266a StGB siehe BGH NJW 1997, 130, 131 f. (für einen GmbH-Geschäftsführer).

77 BFH NJW 1998, 3374, 3375; BFH/NV 2001, 413; BFH NJW-RR 2003, 1117, 1118 f.

Profit-Bereich werden sie aber diskutiert.[78] Die Änderungen durch das Gesetz zur Angemessenheit der Vorstandsvergütung (VorstAG)[79] dürften dabei aber auch nicht spurlos an Verein und Stiftung vorübergehen. Nach dem neuen § 93 Abs. 2 S. 3 AktG ist ein Selbstbehalt von mindestens 10 Prozent des Schadens bis mindestens zur Höhe des Eineinhalbfachen der festen jährlichen Vergütung des Vorstandsmitglieds vorzusehen, wenn die Gesellschaft eine D & O – Versicherung für das Vorstandsmitglied abschließt.[80] Dahinter steht die keineswegs unproblematische Vorstellung, dass andernfalls die Disziplinierungsfunktion der Vorstandshaftung nicht mehr gewährleistet sei.[81] Zwar ist die Vorschrift auf Vereine und Stiftungen nicht unmittelbar anwendbar. Man darf aber gespannt sein, wann die ersten Stiftungsaufsichtsbehörden sie entdecken und in die Diskussion einführen werden.

III. Das Gesetz zur Begrenzung der Haftung von ehrenamtlich tätigen Vereinsvorständen

1. Überblick

Schon seit langer Zeit wurde verlangt, die vorstehend beschriebenen erheblichen Haftungsrisiken zumindest für ehrenamtlich tätige Vorstände zu begrenzen. Diesen Forderungen hat der Gesetzgeber mit dem Gesetz zur Begrenzung der Haftung von ehrenamtlich tätigen Vereinsvorständen entsprochen. Es beruht auf einer Initiative des Bundesrats[82] und soll das Haftungsrisiko ehrenamtlich tätiger Vorstandsmitglieder eines Vereins oder einer Stiftung auf ein zumutbares Maß begrenzen.[83] Hierzu wurde ein neuer § 31a BGB geschaffen, nach dem ein Vorstand, der unentgeltlich tätig ist

---

78 Siehe nur *Sauter/Schweyer/Waldner* (Fn. 6), Rn. 278; *Hüttemann/Herzog*, Organhaftung bei Non Profit Organisationen, in: Non Profit Law Yearbook 2006, S. 33, 54; *Unger*, Neue Haftungsbegrenzungen für ehrenamtlich tätige Vereins- und Stiftungsvorstände, NJW 2009, 3269, 3273; *Küpperfahrenberg* (Fn. 1), S. 246 ff.

79 BGBl. I 2009, 2509. Dazu *Fleischer*, Das Gesetz zur Angemessenheit der Vorstandsvergütung (VorstAG), NZG 2009, 801ff.; *Hohaus/Weber*, Die Angemessenheit der Vorstandsvergütung gem. § 87 AktG nach dem VorstAG, DB 2009, 1515 ff.

80 Eingehend *Dauner-Lieb/Tettinger*, Vorstandshaftung, D&O-Versicherung, Selbstbehalt – Offene Fragen zum neuen § 93 Abs. 2 S. 3 AktG, ZIP 2009, 1555 ff.

81 Dazu Beschlussempfehlung und Bericht des Rechtsausschusses zum VorstAG, BT-Drucks. 16/13433, 11. Kritisch dazu *Arnold*, Die Steuerung des Vorstandshandelns, 2007, S. 170 ff., 184 f.

82 Siehe dazu den ursprünglichen Gesetzesantrag des Saarlandes und von Baden-Württemberg, BR-Drucks. 399/08, und den endgültigen Gesetzesentwurf, BT-Drucks. 16/10120.

83 Entwurfsbegründung, BT-Drucks. 16/10120, 1. Skeptisch zu diesem rechtspolitischen Anliegen *Reuter*, Zur Vereinsrechtsreform 2009, NZG 2009, 1368, 1369; *Burgard*, Das Gesetz zur Begrenzung der Haftung von ehrenamtlich tätigen Vereinsvorständen, ZIP 2010, 358; vgl. auch schon *Lepsius*, Personalisierungstendenzen beim Verein und bei der Wohnungseigentümergemeinschaft, JZ 2006, 998, 999 ff. zur ursprünglich diskutierten Beschränkung der Haftung auf den Maßstab diligentia quam in suis; zustimmend dagegen *Sobotta/von Cube*, Die Haftung des Vorstands für das Stiftungsvermögen, DB 2009, 2082.

oder für seine Tätigkeit eine Vergütung erhält, die 500 Euro jährlich nicht übersteigt, dem Verein für einen in Wahrnehmung seiner Vorstandspflichten verursachten Schaden nur bei Vorliegen von Vorsatz oder grober Fahrlässigkeit haftet. Das soll auch für die Haftung gegenüber den Mitgliedern des Vereins gelten. Ist ein Vorstand einem Dritten zum Ersatz eines in Wahrnehmung seiner Vorstandspflichten verursachten Schadens verpflichtet, so kann er von dem Verein nach § 31a Abs. 2 BGB die Befreiung von der Verbindlichkeit verlangen. Dies gilt nicht, wenn der Schaden vorsätzlich oder grob fahrlässig verursacht wurde.

2. Anwendungsbereich

a) Sachlicher Anwendungsbereich

In den sachlichen Anwendungsbereich der Neuregelung fallen zunächst rechtsfähige Vereine und Stiftungen. Die entsprechende Änderung des § 86 BGB wurde erst in letzter Sekunde im Rechtsausschuss eingefügt.[84] Gemeinnützigkeit wird nicht verlangt[85], auch wenn die Gesetzesbegründung an anderer Stelle die Privilegierung ehrenamtlicher Tätigkeit in einem gemeinnützigen Verein als Ziel nennt.[86] Ausgenommen sind nach dem Wortlaut der Regelung nicht einmal wirtschaftliche Vereine.[87] Das leuchtet rechtspolitisch kaum ein, dürfte praktisch aber unschädlich sein, da die Vorstände bei einem wirtschaftlichen Vereinen wohl kaum einmal ehrenamtlich tätig sind. Schließlich dürfte die Neuregelung auch auf nichtrechtsfähige Idealvereine anwendbar sein.[88] Die historisch bedingte Verweisung des § 54 S. 1 BGB auf das Recht der GbR ist von der h.M. längst überwunden worden.[89] Insbesondere ist anerkannt, dass für die Organisationsverfassung des nichtrechtsfähigen Idealvereins vorbehaltlich abweichender Satzungsregelung die §§ 21 ff. BGB gelten.[90] Daher muss auch § 31a BGB Anwendung finden.

Dagegen erfasst die Neuregelung nach ihrem klaren Wortlaut die gemeinnützige GmbH nicht. Da die Regelung selbst wirtschaftliche Vereine erfasst, ist dies schwerlich überzeugend. Einer Analogie steht indes schon das Fehlen einer Regelungslücke entgegen, so dass es für ehrenamtliche Geschäftsführer derartiger Gesellschaften bei der strengen Haftung nach § 43 GmbHG bleibt.[91] Auch an die unselbständige Stif-

---

84 Siehe dazu Beschlussempfehlung und Bericht des Rechtsausschusses, BT-Drucks. 16/13537, 4.

85 Entwurfsbegründung, BT-Drucks. 16/10120, 7; BeckOK BGB/*Schöpflin* (Fn. 5), § 31a Rn. 3; *Reuter*, Zur Vereinsrechtsreform 2009, NZG 2009, 1368, 1369; *Unger*, Neue Haftungsbegrenzungen für ehrenamtlich tätige Vereins- und Stiftungsvorstände, NJW 2009, 3269, 3271.

86 So die Entwurfsbegründung BT-Drucks. 16/10120, 1.

87 *Reuter*, Zur Vereinsrechtsreform 2009, NZG 2009, 1368, 1369.

88 So *Reuter*, Zur Vereinsrechtsreform 2009, NZG 2009, 1368, 1369.

89 Siehe dazu nur BGHZ 50, 325, 328 f.; MünchKommBGB/*Reuter* (Fn. 4), § 54 Rn. 4; Palandt/*Ellenberger* (Fn. 5), § 54 Rn. 1; *K. Schmidt* (Fn. 7), S. 736 f.

90 AnwKom-BGB/*Eckardt* (Fn. 12), § 54 Rn. 12; BeckOK BGB/*Schwarz/Schöpflin* (Fn. 5), § 54 Rn. 48.

91 So auch *Reuter*, Zur Vereinsrechtsreform 2009, NZG 2009, 1368, 1369 f.; *Sobotta/von Cube*, Die Haftung des Vorstands für das Stiftungsvermögen, DB 2009, 2082, 2083.

tung wurde vom Gesetzgeber offensichtlich nicht gedacht. Auf sie finden allerdings die §§ 80 ff. BGB von vornherein grundsätzlich keine Anwendung. Vielmehr werden unselbständige Stiftungen überwiegend als Schenkung unter Auflage oder als fiduziarisches Rechtsgeschäft in Form eines Auftrags bzw. – bei Entgeltlichkeit – eines Geschäftsbesorgungsvertrags eingeordnet.[92] Für eine entsprechende Anwendung des § 31a BGB ist damit kein Raum.[93]

b) Persönlicher Anwendungsbereich

In persönlicher Hinsicht betrifft die Haftungsbegrenzung des § 31a BGB nach ihrem Wortlaut allein »Vorstände«. Der Gesetzgeber hat, wie die Ausführungen in der Begründung zeigen[94], dabei lediglich an den Vorstand im Sinne des § 26 BGB gedacht. Auf besondere Vertreter im Sinne des § 30 BGB und Mitglieder eines erweiterten Vorstands oder Präsidiums ist die Vorschrift damit nicht unmittelbar anwendbar. Freilich wirft dieser Befund die Frage auf, ob die Regelung auf die genannten Personen wenigstens analog anwendbar ist. Sie wird in der Literatur bereits kontrovers diskutiert.[95] Gegen eine Analogie wird eingewandt, dass § 31a BGB systemwidrig sei. Die treuhänderische Pflichtbindung der Organe ergebe wenig Sinn, wenn diese im Fall einer Pflichtverletzung lediglich wie gegenüber einem beschenkten Gläubiger hafteten. Die Norm müsse aus diesem Grund restriktiv gehandhabt werden. Daher sei es hinzunehmen, dass Mitglieder eines erweiterten Vorstands oder Verwaltungsrats schärfer als der gesetzliche Vorstand hafteten.[96]

Gegen diese Auffassung spricht indes, dass schon nach bisherigem Recht die Vorstandshaftung auf Vorsatz und grobe Fahrlässigkeit beschränkt werden konnte. Daher wird man § 31a BGB nicht als von vornherein systemwidrig ansehen können. Vielmehr wird mit der Regelung lediglich normiert, was rechtlich beratene Vereinsgründer wohl ohnehin in der Satzung niedergelegt hätten; befremdlich ist allein die fehlende Abdingbarkeit des § 31a Abs. 1 S. 1 BGB.[97] Vor diesem Hintergrund gibt es jedoch keine Rechtfertigung mehr dafür, die Mitglieder eines erweiterten Vorstands oder Präsidiums anders als den Vorstand zu behandeln und ihnen die Haftungsprivilegierung nach § 31a BGB zu versagen. Eine analoge Anwendung der Vorschrift auf diesen Personenkreis, dessen Existenz dem Gesetzgeber bei Schaffung des § 31a BGB offensichtlich nicht bewusst war, ist daher angezeigt.

Die Frage einer entsprechenden Anwendung der Vorschrift stellt sich indes nicht nur im Hinblick auf Mitglieder eines erweiterten Vorstands oder Präsidiums, sondern

---

92 Siehe zum Meinungsstand nur MünchKommBGB/*Reuter* (Fn. 4), Vor § 80 Rn. 87 ff. m.w.N.
93 *Reuter*, Zur Vereinsrechtsreform 2009, NZG 2009, 1368, 1370; *Sobotta/von Cube*, Die Haftung des Vorstands für das Stiftungsvermögen, DB 2009, 2082 f.
94 Entwurfsbegründung, BT-Drucks. 16/10120, 1, 5, 7.
95 Dafür jurisPK-BGB/*Otto* (Fn. 26), § 31a Rn. 5; dagegen *Reuter*, Zur Vereinsrechtsreform 2009, NZG 2009, 1368, 1371; *Burgard*, Das Gesetz zur Begrenzung der Haftung von ehrenamtlich tätigen Vereinsvorständen, ZIP 2010, 358, 362. Offen lassend *Sobotta/von Cube*, Die Haftung des Vorstands für das Stiftungsvermögen, DB 2009, 2082, 2083.
96 So *Reuter*, Zur Vereinsrechtsreform 2009, NZG 2009, 1368, 1370.
97 Dazu noch gleich unter III.2.c.

auch für ehrenamtlich tätige Vereinsmitglieder. Hielte man für sie an der Anwendung der Grundsätze über die Beschränkung der Arbeitnehmerhaftung[98] fest, würden sie nunmehr schärfer haften als ehrenamtliche Vorstände; denn die Grundsätze zur Arbeitnehmerhaftung sehen nur bei »leichtester« Fahrlässigkeit eine vollständige Haftungsfreistellung vor. Schon bei normaler, »mittlerer« Fahrlässigkeit soll es dagegen zu einer Schadensaufteilung kommen[99], während Vorstände auch in diesem Fall noch nach § 31a BGB vollständig von der Haftung befreit sind.

Gegen eine derartige Analogie ließe sich zwar einwenden, dass eine Haftungsprivilegierung für Organwalter nicht auf einfache Vereinsmitglieder ausgedehnt werden kann. Maßgeblicher Gesichtspunkt für die Schaffung des § 31a BGB war indes letztlich die Stärkung des bürgerschaftlichen Engagements.[100] Wer ehrenamtlich tätig ist, soll offensichtlich nur noch für Vorsatz und grobe Fahrlässigkeit haften. Dabei hat der Gesetzgeber entgegen gelegentlicher Kritik[101] nicht übersehen, dass das ehrenamtlich tätige Vereinsmitglied häufig – man denke nur an den Übungsleiter in einem Sportverein – wesentlich größere Haftungsrisiken als der Vereinsvorstand trägt. Wie der Verweis auf die entsprechende Leitentscheidung des BGH[102] zeigt, war dem Gesetzgeber vielmehr die Anwendung der Grundsätze über die Arbeitnehmerhaftung auf ehrenamtlich tätige Vereinsmitglieder bekannt.[103] Aus Sicht des Gesetzgebers bestand damit insoweit kein Handlungsbedarf. Verkannt wurde allerdings offensichtlich die geringere Reichweite der Grundsätze über die Arbeitnehmerhaftung. Eine Analogie erscheint daher geboten. Eine entsprechende Anwendung des § 31a BGB ist dabei aber nur im Hinblick auf ehrenamtlich tätige Vereinsmitglieder und Dritte möglich; bei gering vergüteter Tätigkeit aufgrund eines Arbeitsvertrags muss es bei den Grundsätzen über die Arbeitnehmerhaftung bleiben.[104]

c) Abweichende Satzungsregelung

Im Übrigen ist zu beachten, dass § 31a Abs. 1 S. 2 BGB nach dem geänderten § 40 BGB nur vorbehaltlich einer abweichenden Satzungsregelung gilt. Die Haftungsbeschränkung zulasten der Vereinsmitglieder kann also abbedungen werden. Dies kann laut der Gesetzesbegründung im Einzelfall zum Schutz der Vereinsmitglieder erforderlich sein.[105] Im Umkehrschluss wird man daraus allerdings folgern müssen, dass die Haftungsprivilegierung gegenüber dem Verein und der Freistellungsanspruch gegenüber Dritten nicht abdingbar sind.[106] Gleiches gilt für die Stiftung, da § 31a BGB nicht zu den nach § 86 S. 1 HS. 2 BGB durch die Satzung abdingbaren Vorschriften

---

98 Dazu II.1.b.
99 Siehe nur BGH NJW 2005, 981, 982 und allgemein zur Schadensaufteilung bei der Arbeitnehmerhaftung MünchKommBGB/*Henssler* (Fn. 13), § 619a Rn. 32 ff. m.w.N.
100 Dazu die Entwurfsbegründung, BT-Drucks. 16/10120, 1.
101 *Reuter*, Zur Vereinsrechtsreform 2009, NZG 2009, 1368, 1369.
102 BGHZ 89, 153 ff.
103 Entwurfsbegründung, BT-Drucks. 16/10120, 7.
104 So überzeugend *Reuter*, Zur Vereinsrechtsreform 2009, NZG 2009, 1368, 1371.
105 Entwurfsbegründung, BT-Drucks. 16/10120, 7.
106 *Reuter*, Zur Vereinsrechtsreform 2009, NZG 2009, 1368, 1369.

gehört.[107] Eine nähere Begründung wird hierfür vom Gesetzgeber nicht gegeben. Eine Rolle mag dabei freilich gespielt haben, dass die Grundsätze über die Beschränkung der Arbeitnehmerhaftung, an denen sich der Gesetzgeber orientiert hat, gleichfalls nicht zu Lasten des Arbeitnehmers abdingbar sein sollen.[108] Überzeugend wäre diese Parallele freilich nicht. Der zwingende Charakter der Grundsätze über die Beschränkung der Arbeitnehmerhaftung wird mit dem Arbeitnehmerschutz begründet.[109] Ein vergleichbares Schutzbedürfnis von Vereinsvorständen besteht nicht, da niemand gezwungen ist, in einem Verein ehrenamtlich tätig zu werden, der seinen Vorständen die Haftungsbeschränkung versagt.[110]

3. Unentgeltliche oder gering vergütete Tätigkeit

§ 31a BGB setzt voraus, dass der Vorstand unentgeltlich tätig wird – also keine Gegenleistung erhält[111] – oder für seine Tätigkeit eine Vergütung erhält, die 500 Euro jährlich nicht übersteigt. Auch hier hat es im Gesetzgebungsverfahren noch eine Änderung gegeben. Ursprünglich sollten nur unentgeltlich und ehrenamtlich tätige Vorstände privilegiert werden.[112] Erst durch den Rechtsausschuss wurde die Gehaltsgrenze von 500 Euro eingeführt. Damit soll gewährleistet werden, dass Vereine die Vergünstigung nach § 3 Nr. 26a EStG nutzen können, ohne dass dies haftungsrechtliche Konsequenzen hat.[113] Freilich setzt die Vorschrift nicht voraus, dass die Vergütung tatsächlich nach § 3 Nr. 26a EStG privilegiert ist.[114] Zudem ist 31a BGB auch in Fällen anwendbar, in denen eine Vergütung von 500 Euro nicht lediglich eine Anerkennung, sondern ein angemessenes Entgelt für die tatsächlich geleistete Arbeit darstellt.[115] Für die Anwendung des § 31a BGB unschädlich sind im Übrigen Leistungen des Vereins, mit denen dem Vorstand von ihm getätigte Aufwendungen nach §§ 27 Abs. 3, 670 BGB ersetzt werden[116]; denn hierbei handelt es sich um keine Vergütungen. Voraussetzung ist freilich, dass es sich um tatsächlich angefallene Auslagen handelt. Eine verdeckte Vergütung stellen dagegen sämtliche Pauschalen dar, die nicht tatsächlich entstandenen und belegbaren Aufwand abdecken oder Ersatz für Kosten sind, die mit der in Frage stehenden Tätigkeit typischerweise für den Beauftragten

---

107 A. A. *Burgard*, Das Gesetz zur Begrenzung der Haftung von ehrenamtlich tätigen Vereinsvorständen, ZIP 2010, 358, 364.

108 BAG NZA 1999, 141, 144; 2004, 649, 650; MünchKommBGB/*Henssler* (Fn. 13), § 619a Rn. 13; a. A. ErfK/*Preis*, 10. Aufl. 2009, § 619a Rn. 11, jeweils m.w.N.

109 BAG NZA 1999, 141, 144; 2004, 649, 650.

110 Kritik an der fehlenden Abdingbarkeit auch bei *Burgard*, Das Gesetz zur Begrenzung der Haftung von ehrenamtlich tätigen Vereinsvorständen, ZIP 2010, 358, 364.

111 BeckOK BGB//*Schöpflin* (Fn. 5), § 31a Rn. 3; *Unger*, Neue Haftungsbegrenzungen für ehrenamtlich tätige Vereins- und Stiftungsvorstände, NJW 2009, 3269, 3271.

112 Siehe dazu Entwurfsbegründung, BT-Drucks. 16/10120, 7.

113 Beschlussempfehlung und Bericht des Rechtsauschusses, BT-Drucks. 16/13537, 4.

114 BeckOK BGB/*Schöpflin* (Fn. 5), § 31a Rn. 3; *Reuter*, Zur Vereinsrechtsreform 2009, NZG 2009, 1368, 1370.

115 *Reuter*, Zur Vereinsrechtsreform 2009, NZG 2009, 1368, 1370.

116 Beschlussempfehlung und Bericht des Rechtsausschusses, BT-Drucks. 16/13537, 3; jurisPK-BGB/*Otto* (Fn. 26), § 31a Rn. 7; Palandt/*Ellenberger* (Fn. 5), § 31a Rn. 2.

verbunden sind und in dieser Höhe üblicherweise pauschal ohne Einzelnachweis erstattet werden; kein Aufwendungsersatz, sondern eine Vergütung ist ferner selbstverständlich eine Entschädigung für eingesetzte Arbeitszeit und Arbeitskraft.[117]

4. Die erfassten Haftungstatbestände

Erfasst werden von § 31a Abs. 1 S. 1 BGB zunächst Schadensersatzansprüche des Vereins oder der Stiftung gegenüber dem Vorstand, soweit der Schaden in Wahrnehmung der Vorstandspflichten entstanden ist. Gleiches gilt nach Abs. 1 S. 2 für Schadensersatzansprüche von Vereinsmitgliedern; auch ihnen gegenüber haftet der ehrenamtliche oder für eine geringe Vergütung tätige Vorstand nur bei Vorsatz oder grober Fahrlässigkeit. Für Stiftungen hat dies freilich naturgemäß keine Bedeutung, da diese keine Mitglieder haben.[118] Zu beachten ist im Übrigen, dass nur der Haftungsmaßstab, nicht aber der Pflichtenkreis modifiziert wird. Bedeutung hat dies insbesondere für die Verantwortlichkeit im mehrköpfigen Vorstand bei einer Ressortverteilung. § 31a BGB lässt hier die Überwachungspflicht also solche unberührt, womit sich nur noch die Frage stellen kann, ob die Überwachungspflicht nicht grob fahrlässig oder vorsätzlich verletzt wurde. Dabei liegt allerdings die Annahme nahe, dass zumindest der Verzicht auf jedwede Überwachung der zuständigen Vorstandsmitglieder grob fahrlässig ist.

Gegenüber außen stehenden Dritten ordnet die Vorschrift dagegen keine entsprechende Haftungsbegrenzung an. Sie wäre auch nicht zu rechtfertigen, da Dritte von der ehrenamtlichen Tätigkeit nicht profitieren.[119] Stattdessen sieht § 31a Abs. 2 BGB hier eine Lösung vor, die bereits von der Arbeitnehmerhaftung bekannt ist[120]: Der Vorstand haftet gegenüber Dritten für in Wahrnehmung seiner Vorstandspflicht entstandene Schäden zwar unbeschränkt, kann aber vom Verein Freistellung verlangen. Dieser Freistellungsanspruch wird – wie bei der Arbeitnehmerhaftung[121] – zum Zahlungsanspruch, wenn der Vorstand bereits an den Dritten geleistet hat.[122] Ein Anspruch auf Freistellung besteht nach Abs. 2 S. 2 nur dann nicht, wenn der Vorstand vorsätzlich oder grob fahrlässig gehandelt hat.

Damit könnte der Eindruck entstehen, die Neuregelung entschärfe auch die Insolvenzverschleppungshaftung der Vorstände und ihre Haftung wegen nicht abgeführter

---

117 BGH NJW-RR 1988, 745, 746; *Sauter/Schweyer/Waldner* (Fn. 6), Rn. 288.
118 Siehe dazu Beschlussempfehlung und Bericht des Rechtsausschusses, BR-Drucks. 16/13537, 4.
119 Dazu *G. Roth*, Der vereinsrechtliche Sonderweg in der Insolvenz oder zur Analogiefähigkeit des Zahlungsverbots, npoR 2009, 46, 47 f.
120 Stellvertretend BAG AP BGB § 611 Haftung des Arbeitnehmers Nr. 9, 94; BAG AP BGB § 611 Gefährdungshaftung des AG Nr. 7; ErfK/*Preis* (Fn. 108), § 619a BGB Rn. 23 ff.; MünchKommBGB/*Henssler* (Fn. 13), § 619a Rn. 24 ff.
121 Siehe dazu nur ErfK/*Preis* (Fn. 108), § 619a Rn. 26.
122 Palandt/*Ellenberger* (Fn. 5), § 31a Rn. 5. Vgl. auch schon Entwurfsbegründung, BT-Drucks. 16/10120, 7, wo von einem »Ersatz- und Freistellungsanspruch« gesprochen wird.

Steuern und Sozialversicherungsbeiträge.[123] Dies trifft jedoch nicht zu. Zwar handelt es sich in diesen Fällen sicherlich um eine Haftung gegenüber Dritten. Ein Freistellungsanspruch, der sich hier schon nach allgemeinen Grundsätzen ergeben dürfte[124], ist jedoch regelmäßig wegen Insolvenz des Vereins bzw. der Stiftung wirtschaftlich wertlos.

Tatsächlich war ursprünglich auch in diesen Bereichen eine Änderung beabsichtigt. So sah der ursprüngliche Vorschlag im Bundesrat eine Ergänzung des § 42 Abs. 2 BGB vor, nach der ein ehrenamtlich tätiges Vorstandsmitglied eines gemeinnützigen Vereins nur dann für den durch die Insolvenzverschleppung verursachten Schaden verantwortlich sein sollte, wenn es selbst die Stellung des Antrags verzögert oder Kenntnis von der Pflichtverletzung hatte. Damit sollten die Vorstandsmitglieder entlastet werden, die nach der Ressortverteilung nicht für die finanziellen Belange verantwortlich waren.[125] Der Vorschlag wurde allerdings schon im Bundesrat verworfen, da die bisherige Regelung sachgerecht sei und die vorgeschlagene Neuregelung den gewünschten Regelungsgehalt nicht zum Ausdruck bringe.[126]

Im Hinblick auf die Haftung für nicht abgeführte Steuern und Sozialbeiträge enthielt der ursprüngliche Entwurf Regelungen, die bei einer vorher schriftlich festgelegten Aufgabenverteilung eine Überwachungspflicht hätten entfallen lassen.[127] Diese Regelungen wurden indes im Rechtsausschuss des Bundestags gestrichen. Zur Begründung wurde angeführt, dass eine Haftung nach § 823 Abs. 2 BGB i.V.m. § 266a StGB ohnehin vorsätzliches Handeln voraussetze.[128] Die bestehende Pflicht zur Überwachung des zuständigen Vorstandsmitglieds sei sachgerecht; ihre Abschaffung würde das mit der Aufgabe betraute Vorstandsmitglied unangemessen belasten. Dies gelte auch für die Haftung nach §§ 34, 69 AO.[129]

5. Beweislast

Unklarheit besteht hinsichtlich der Beweislastverteilung bei § 31a BGB. Im Rahmen der Innenhaftung hat der Vorstand grundsätzlich nach § 280 Abs. 1 S. 2 BGB sein fehlendes Vertretenmüssen zu beweisen. Damit hätte er im Rahmen des § 31a BGB zu beweisen, dass er weder vorsätzlich noch grob fahrlässig gehandelt hat.[130] Diese Lösung passt freilich nicht recht zu § 31a BGB, der dem Vorstand einen Anspruch

---

123 Zur Weitergeltung der bisherigen Grundsätze zur steuerrechtlichen Haftung auch *Möllmann*, Haftungsfalle Ehrenamt – Persönliche Haftung des ehrenamtlichen Vereinsvorstands für Steuerschulden des gemeinnützigen Vereins, DStR 2009, 2125, 2131.

124 Ein Freistellungsanspruch aus § 31a Abs. 2 BGB kommt bei der Haftung wegen nicht abgeführter Sozialabgaben und Steuern von vornherein nicht in Betracht, weil diese Tatbestände ein vorsätzliches bzw. mindestens grob fahrlässiges Handeln voraussetzen.

125 Begründung, BR-Drucks. 399/08, 9 f.

126 So die Empfehlung des federführenden Rechtsauschusses, BR-Drucks. 399/1/08, 3 f.

127 Im Einzelnen sollten hierzu die § 28c SGB IV, §§ 34, 69 AO geändert werden, vgl. Entwurfsbegründung, BT-Drucks. 16/10120, 7 ff.

128 Beschlussempfehlung und Bericht des Rechtsausschusses, BR-Drucks. 16/13537, 4.

129 Beschlussempfehlung und Bericht des Rechtsausschusses, BR-Drucks. 16/13537, 4.

130 So in der Tat Palandt/*Ellenberger* (Fn. 5), § 31a Rn. 6.

gegen den Verein auf Freistellung von seiner Haftung gegenüber Dritten zubilligt, wenn der Schaden nicht vorsätzlich oder grob fahrlässig verursacht wurde, und damit die Beweislast dem Verein zuweist.[131] In der Literatur wird daher vorgeschlagen, die Ausnahmeregelung des § 619a BGB für die Arbeitnehmerhaftung für § 31a BGB zu übernehmen und damit auch im Rahmen der Innenhaftung die Beweislast dem Verein zuzuweisen.[132] Gegen diese Lösung lässt sich anführen, dass eine Haftungsprivilegierung nicht zwangsläufig auch mit einer Modifikation des § 280 Abs. 1 S. 2 BGB einhergehen muss. So lässt etwa § 300 Abs. 1 BGB die Beweislastverteilung unberührt.[133] Indes hat der Gesetzgeber bei Schaffung des § 31a Abs. 2 BGB selbst auf die Grundsätze zur Arbeitnehmerhaftung Bezug genommen, deren Anwendbarkeit auf Vereinsvorstände umstritten sei, und mit der Regelung eine »Klarstellung« angestrebt.[134] Dies spricht für eine entsprechende Anwendung des § 619a BGB. Dies gilt erst recht, wenn man – wie hier vorgeschlagen – auf ehrenamtlich tätige Vereinsmitglieder jetzt nicht mehr die Grundsätze zur Arbeitnehmerhaftung, sondern § 31a BGB analog anwenden will. Andernfalls drohte hier eine Verschlechterung gegenüber der bisherigen Rechtslage. Damit hat bei § 31a BGB generell der Verein bzw. die Stiftung das vorsätzliche bzw. grob fahrlässige Verhalten des Vorstands zu beweisen.

6. Gesamtbeurteilung

Die vorstehenden Ausführungen haben gezeigt, dass die Auswirkungen der Neuregelung überschaubar sind. Ihre Bedeutung wird nicht nur durch die restriktive Vergütungsgrenze, sondern auch dadurch begrenzt, dass mit der Insolvenzverschleppungshaftung und der Haftung für Steuern und nicht abgeführte Sozialversicherungsbeiträge die gefährlichsten Haftungstatbestände unverändert geblieben sind. Ehrenamtlich tätigen Vorständen von Vereinen und Stiftungen hilft die Neuregelung daher nur begrenzt. Zudem könnte der neue § 31a BGB dazu verleiten, die satzungsmäßige Beschränkung der Haftung von nicht ehrenamtlich tätigen Vorständen in Zukunft skeptischer zu sehen. Berechtigt wäre dies freilich schon im Hinblick auf die Intention des Gesetzgebers nicht.

Eine Streitfrage dürfte durch die Neuregelung freilich geklärt worden sein. An der Unwirksamkeit der landesrechtlichen Regelungen zur Begrenzung der Haftung von Stiftungsvorständen kann nunmehr kein Zweifel mehr bestehen[135]; denn der Bundesgesetzgeber hat jedenfalls mit § 31a BGB von seiner konkurrierenden Gesetzgebungskompetenz Gebrauch macht. Die entsprechenden Bestimmungen in den Landesstiftungsgesetzen haben damit bestenfalls noch deklaratorischen Charakter.

---

131 Palandt/*Ellenberger* (Fn. 5), § 31a Rn. 6; *Reuter*, Zur Vereinsrechtsreform 2009, NZG 2009, 1369, 1371.

132 *Reuter*, Zur Vereinsrechtsreform 2009, NZG 2009, 1368, 1371.

133 Siehe dazu nur OLG Saarbrücken NJW-RR 2002, 528, 529; Erman/*Hager* (Fn. 6), § 300 Rn. 4; MünchKommBGB/*Ernst*, 5. Aufl. 2007, § 300 Rn. 3.

134 So die Entwurfsbegründung, BT-Drucks. 16/10120, 7.

135 Siehe zu dem Problem unter II. 1 a und b.

IV. Zusammenfassung

Die Frage nach der Haftung von Vereins- und Stiftungsvorständen hat in den letzten Jahren erheblich an Bedeutung gewonnen. Verletzt ein Vorstandsmitglied vorsätzlich oder fahrlässig seine Pflichten, so kann der Verein oder die Stiftung Ersatz des hierdurch entstandenen Schades verlangen. Bislang galt dies auch für ehrenamtlich tätige Vorstandsmitglieder: Sie hafteten für jedwedes schuldhaftes Verhalten. Ein milderer Haftungsmaßstab kann allerdings in der Vereins- oder Stiftungssatzung vorgesehen werden. Sind in einem Kollegialorgan die Vorstände für unterschiedliche Bereiche zuständig, bleibt jedes Organmitglied zur Überwachung der anderen Organmitglieder verpflichtet.

Insbesondere in der Krise des Vereins oder der Stiftung können die Vorstände auch gegenüber Dritten haften. Falls der Verein oder die Stiftung zahlungsunfähig oder überschuldet ist, hat der Vorstand die Eröffnung des Insolvenzverfahrens zu beantragen. Wird die Stellung des Antrags verzögert, so sind die Vorstandsmitglieder, denen ein Verschulden zur Last fällt, den Gläubigern für den daraus entstehenden Schaden verantwortlich. Anders als die Geschäftsleiter einer AG oder GmbH sind Vereins- oder Stiftungsvorstände aber nicht zur Erstattung von Zahlungen verpflichtet, die nach Eintritt der Zahlungsunfähigkeit oder nach Feststellung der Überschuldung geleistet werden.

Daneben können Pflichtverletzungen auch eine Außenhaftung gegenüber den Sozialversicherungsträgern und dem Fiskus auslösen. Führen die Vorstandsmitglieder die Arbeitnehmerbeiträge zur Sozialversicherung nicht ab, sind sie dem Sozialversicherungsträger zum Ersatz des daraus entstehenden Schadens verpflichtet. Das Gleiche gilt für Steuerschulden des Vereins oder der Stiftung: Die Vorstandsmitglieder haften, soweit Steuerschulden infolge vorsätzlicher oder grob fahrlässiger Verletzung der ihnen auferlegten Pflichten nicht oder nicht rechtzeitig festgesetzt oder erfüllt werden.

Im Oktober 2009 ist das Gesetz zur Begrenzung der Haftung von ehrenamtlich tätigen Vereinsvorständen in Kraft getreten. Es ist auf Vereins- und Stiftungsvorstände anwendbar, die kein Gehalt beziehen oder eine Vergütung erhalten, die 500 Euro jährlich nicht übersteigt, und mildert ihre Haftung. Sie haften dem Verein und der Stiftung gegenüber nur, wenn sie ihre Pflichten vorsätzlich oder grob fahrlässig verletzt haben. Haften sie einem Dritten gegenüber und haben sie den Schaden nicht vorsätzlich oder grob fahrlässig verursacht, so hat ihre Organisation sie von der Haftung freizustellen. Dennoch sind die Auswirkungen der Reform begrenzt, da sie nichts an der Haftung wegen Insolvenzverschleppung oder der Nichtabführung von Steuern oder von Arbeitnehmerbeiträgen zur Sozialversicherung geändert hat.

V. Summary

The issue of liability of the boards of associations or foundations has become increasingly important in recent years. If a member of the board breaches his duties with intent or negligently, the association or the foundation may claim compensation for the damage so caused. So far this has also applied to honorary members of the board, who have incurred liability for any culpable behaviour. However, a lower degree of liability may be provided by the articles of an association or foundation. While the board members of a collegial body are responsible for separate departments, each member still has to monitor the other members.

The board members may also be liable to third parties, particularly in times of crisis of the association or foundation. If an association or foundation is insolvent or overindebted, the board must petition for the commencement of insolvency proceedings. If there is a delay in petitioning, the members of the board who are at fault are responsible to the creditors for any resulting damage. Unlike the members of the managing bodies of a stock corporation (Aktiengesellschaft) or a private limited company (Gesellschaft mit beschränkter Haftung) the board members of an association or foundation are not obligated to reimburse payments settled by the time the association or foundation is insolvent or overindebited.

Moreover a breach of duty can trigger external liability towards the social insurance agencies or the treasury (tax authorites). If the members of the board of an association or foundation withhold employee contributions to the social security system, they are accountable to render compensation to the social insurance agency for the resulting damage. The same holds true for the tax obligations of the association or foundation: The board members are liable where, due to an intentional or grossly negligent breach of their duties, there is a failure to determine or satisfy tax obligations, or a failure to do so in a timely manner.

On October 2009 an Act to limit the liability of honorary board members of an association came into force. It mitigates the liability of board members of associations and foundations who are either unremunerated or receive no annual salary over 500 euros. The board members are answerable to the association or foundation only if they breach their duties with intent or due to gross neglience. If they are held responsible by a third party but did not cause the damage intentionally or due to gross negligence, their organization has to release them from this obligation. Nevertheless the impact of this reform is limited, in that it leaves unchanged the liability arising from delayed filing of an insolvency petition, as well as from withholding taxes or employee social contributions.

Der Zweckbetrieb im Gemeinnützigkeitsrecht und staatliche Beihilfen – Marktliberalismus contra Europäisches Sozialmodell?

JÜRGEN KÜHLING/RUBEN PISAL

I. Einleitung

Gemeinnützige Tätigkeiten sind von unschätzbarer Bedeutung für das gedeihliche Zusammenleben in einer jeden Gesellschaft. Aufgrund der zunehmenden Zweifel an der Fähigkeit des Staates, auf Wohlfahrts- und andere Probleme ausreichend zu reagieren, verstärkt sich diese Bedeutung gerade im Lichte des aktuellen Wirtschaftsabschwungs. In entwickelten Marktwirtschaften tragen gemeinnützige Tätigkeiten durchschnittlich zu etwa 6 % des Bruttoinlandsproduktes bei. Unternehmen im Gemeinnützigkeitsbereich sind zugleich ein bedeutender Arbeitgeber. In Deutschland sind fast 6 % der berufstätigen Bevölkerung im gemeinnützigen Bereich tätig, wobei die Beschäftigung in etwa zu gleichen Teilen auf bezahlte und ehrenamtliche Aktivitäten entfällt. In Deutschland lässt sich bis in die 1960er Jahre zurückverfolgen, dass im gemeinnützigen Sektor weitaus mehr Arbeitsplätze entstanden sind als in den meisten anderen Wirtschaftszweigen[1]. Die Beschäftigungsstruktur im Gemeinnützigkeitssektor ist dabei von verschiedenen Feldern geprägt. So entfallen auf den Bildungsbereich etwa 23 %, auf soziale Dienste 19 %, auf Kultur und Freizeit ebenfalls

---

1 Siehe zur Bedeutung des »Dritten Sektors« auch das Gutachten des Wissenschaftlichen Beirates beim Bundesministerium der Finanzen, Die abgabenrechtliche Privilegierung gemeinnütziger Zwecke auf dem Prüfstand (abrufbar im WWW unter der URL http://www.bundesfinanzministerium.de/nn_53848/DE/BMF_Startseite/Service/Downloads/Abt_I/0608081a 3002, property=publicationFile.pdf), S. 6 ff.

19 % sowie auf das Gesundheitswesen 14 %. Ungefähr zwei Drittel der Beschäftigten sind im Dienstleistungssektor tätig[2].

Die Finanzierung der gemeinnützigen Tätigkeiten fußt auf drei Säulen. Mit etwa der Hälfte den weitaus größten Anteil steuern Gebühren und Einkünfte aus anderen wirtschaftlichen Betätigungen bei, gefolgt von öffentlichen Zuwendungen, die ungefähr ein Drittel der Einnahmen darstellen. Private Spenden haben mit 12 % eine etwas geringere Bedeutung bei der Finanzierung der Tätigkeiten.

Aufgrund der umfangreichen Finanzierung durch wirtschaftliche Betätigungen treten die gemeinnützigen Organisationen zumindest in Bereichen, in denen auch erwerbswirtschaftlich orientierte Unternehmen tätig sind, zu diesen in Konkurrenz. Eine Begünstigung gemeinnütziger Tätigkeiten durch direkte oder indirekte staatliche Vergünstigungen kann daher zu einer Verzerrung des Wettbewerbs führen, die aus EU-beihilfenrechtlicher Sicht problematisch ist.[3] Insofern ist zwischen drei verschiedenen möglichen Begünstigungsvarianten zu differenzieren. Zum einen kann der Staat unmittelbar im Wege der Leistungssubvention eingreifen. Er kann aber auch im Wege einer Steuerbefreiung, Erleichterung oder Stundung auf Einnahmen verzichten, die ihm unter normalen Umständen zustehen würden. Schließlich kann er Anreize für Zuwendungen durch Dritte setzen, indem er in Höhe der Zuwendung den Abzug von der Bemessungsgrundlage des Zuwendenden zulässt und damit indirekt eine Förderung gemeinnütziger Tätigkeiten bewirken.

Der ursprüngliche E(W)G-Vertrag enthält ebenso wenig wie der am 1. Dezember 2009 in Kraft getretene Lissabonner Vertrag spezifische Regelungen für gemeinnützige Tätigkeiten. Aus einem Fehlen solcher Regelungen muss daher geschlossen werden, dass die gemeinschaftsrechtlichen Vorschriften auch auf die gemeinnützigen Tätigkeiten Anwendung finden. Es obliegt dabei den einzelnen Mitgliedstaaten, das Gemeinnützigkeitsrecht in Einklang mit den gemeinschaftsrechtlichen Vorgaben unter der kontrollierenden Aufsicht der Gemeinschaftsorgane, d.h. vor allem der Europäischen Kommission und dem EuGH, auszugestalten.

Das deutsche Gemeinnützigkeitsrecht begünstigt die selbstlose, gemeinnützige Tätigkeit vor allem steuerlich. So finden sich in zahlreichen Gesetzen Steuervergünstigungen bzw. Befreiungen, die an die Verfolgung gemeinnütziger, mildtätiger oder kirchlicher Zwecke anknüpfen. So sehen z.B. § 5 Abs. 1 Nr. 9 KStG, § 3 Nr. 6 GewStG, § 3 Abs. 1 Nr. 3b GrStG und § 13 Abs. 1 Nr. 16b ErbStG Steuerbefreiungen zugunsten gemeinnützig tätiger Körperschaften vor. Wann eine Verfolgung steuerbegünstigter Zwecke vorliegt, bestimmt sich dabei nicht nach den einzelnen, die Vergünstigung gewährenden Gesetzen, sondern ist nach §§ 51 ff. AO vor die Klammer gezogen[4]. Gemäß § 51 Abs. 1 S. 2 AO können nur Körperschaften im Sinne des Körperschaftsteuergesetzes in den Genuss der Vorteile der Verfolgung steuerbegünstigter Zwecke kommen, da bei diesen aufgrund des vom Interesse der Mitglieder verselbstständigten Verbandsinteresses davon ausgegangen wird, dass sie eine höhere

---

2 Siehe hierzu insgesamt *Anheier/Töpler*, in: Hopt/von Hippel/Walz (Hrsg.), Nonprofit-Organisationen in Recht, Wirtschaft und Gesellschaft, 2005, S. 17 ff.
3 So auch *Hey*, in: Tipke/Lang (Hrsg.), Steuerrecht, 20. Aufl. 2010, § 20 Rn. 2 u. 6.
4 Siehe hierzu *Hüttemann*, Gemeinnützigkeits- und Spendenrecht, 2008, S. 1 ff. und *Waldhoff*, Regelungsstrukturen des deutschen Gemeinnützigkeits- und Spendenrechts – Kritik und Reform, in: Walz/Hüttemann/Rawert/Schmidt (Hrsg.), Non Profit Law Yearbook 2005, S. 75.

Gewähr für selbstloses Handeln bieten[5]. Zusätzliche Voraussetzung ist nach §§ 55, 56, 57 AO, dass die steuerbegünstigten Zwecke selbstlos, ausschließlich und unmittelbar verfolgt werden und kein wirtschaftlicher Geschäftsbetrieb vorliegt. Dies muss sich aus der Satzung oder dem Stiftungsgeschäft ergeben und auch die tatsächliche Geschäftsführung muss den Vorgaben aus Satzung bzw. Stiftungsgeschäft entsprechen.

Problematisch im Hinblick auf die beihilfenrechtlichen Vorgaben ist insbesondere die umfangreiche wirtschaftliche Tätigkeit gemeinnütziger Einrichtungen durch so genannte Zweckbetriebe im Sinne der §§ 65 ff. AO. Denn diese stehen oftmals mit gewinnorientierten Anbietern vergleichbarer Leistungen in einem Wettbewerbsverhältnis[6]. Die Zweckbetriebe stellen dem Grunde nach wirtschaftliche Geschäftsbetriebe im Sinne des § 64 Abs. 1 AO dar, werden aber aufgrund ihrer engen Verbindung zur Erreichung des gemeinnützigen Zweckes gleichwohl privilegiert. Von exemplarischem Interesse ist in diesem Zusammenhang die Einstufung von Krankenhäusern als Zweckbetrieb nach § 67 AO, ohne dass es, wie im Rahmen des § 65 AO, darauf ankommt, ob der begünstigte Betrieb zu nicht begünstigen Betrieben derselben oder ähnlicher Art in größerem Umfang in Wettbewerb tritt.[7] Durch die Befreiung von einzelnen Steuern lassen sich gegenüber nicht selbstlos tätigen Konkurrenten erhebliche Wettbewerbsvorteile erzielen. So können Zweckbetriebe ihre Leistungen regelmäßig weitaus kostengünstiger anbieten als ihre auf Gewinnmaximierung ausgerichteten Konkurrenten[8]. Gerade im Gesundheits- und Pflegebereich zeigt sich ein ausgeprägtes Wettbewerbsverhältnis zwischen Krankenhäusern, die von gemeinnützigen Trägern, wie z.B. Kirchen- und Wohlfahrtsverbänden, getragen werden, und privaten Klinikkonzernen, die im Regelfall börsennotiert sind und gewinnorientiert arbeiten. Ähnlich verhält es sich etwa beim Betrieb von Seniorenwohneinrichtungen.

Das deutsche Gemeinnützigkeitsrecht befand sich bislang vor allem unter dem Gesichtspunkt der Kapitalverkehrsfreiheit in einem Konflikt mit dem Unionsrecht. So hielt der BFH in einem Beschluss vom 14. Juli 2004 die Beschränkung der gemeinnützigkeitsabhängigen Steuervergünstigungen auf inländische Körperschaften für einen Verstoß gegen die Kapitalverkehrsfreiheit und legte daher dem EuGH die Frage nach der Vereinbarkeit von § 5 Abs. 2 Nr. 2 KStG im Wege der Vorabentscheidung vor. Generalanwältin *Stix-Hackl* und ihr folgend auch der EuGH[9] sahen in der Beschränkung der Befreiung auf inländische Körperschaften einen Verstoß gegen das Europarecht, so dass der deutsche Gesetzgeber gezwungen war, § 5 Abs. 2 Nr. 2 KStG anzupassen und die Körperschaftsteuerbefreiung auch Körperschaften im Sinne des Art. 54 AEUV (ex-Art. 48 EG) zu gewähren, soweit deren Sitz und Geschäftsleitung sich innerhalb der Gemeinschaft befinden.

---

5 Dahingehend auch *Helios*, EG-beihilfenrechtliche Vereinbarkeit von gemeinnützigkeitsabhängigen Steuervergünstigungen (Teil 2), EWS 2006, 108, 116.

6 *Benicke*, Die Bedeutung des EG-Rechts für gemeinnützige Einrichtungen, EuZW 1996, 165 ff.; *ders.*, in: Schauhoff (Hrsg.), Handbuch der Gemeinnützigkeit, 2. Aufl. 2005, § 23 Rn. 1 ff.; *Helios*, EG-beihilfenrechtliche Vereinbarkeit von gemeinnützigkeitsabhängigen Steuervergünstigungen (Teil 1), EWS 2006, 61, 62.

7 So auch *Hey*, in: Tipke/Lang (Hrsg.), Steuerrecht, 20. Aufl. 2010, § 20 Rn. 8.

8 So *Isensee*, in: Jachmann (Hrsg.), Gemeinnützigkeit, 2003, S. 115 f.

9 EuGH, Rs. C-386/04, *Centro di Musicologia Walter Stauffer*, Slg. 2006, I-8203.

Eine bislang in der Entscheidungspraxis von Kommission und Gerichten weniger prominent diskutierte Frage ist diejenige nach der beihilfenrechtlichen Zulässigkeit von Steuervergünstigungen, die gerade an die Gemeinnützigkeit anknüpfen. Ein erster Vorbote dieser Problematik ist die umstrittene *AWO-SANO*-Entscheidung, in der die Kommission Förderzahlungen und sonstige Begünstigungstatbestände für eine Ferieneinrichtung der Arbeiterwohlfahrt zwar umfassend geprüft, im Ergebnis aber großzügig als Beihilfe genehmigt hat[10]. Nicht zuletzt jene *AWO-SANO*-Entscheidung der Kommission war Anlass heftiger Kritik, die darin kulminierte, dass hier ein marktreduktionistisches Weltbild in Konflikt gerate mit einem an sich angezeigten europäischen Sozialmodell[11].

Dabei ist die Möglichkeit der Einordnung einer Steuervergünstigung als Beihilfe im Sinne des Art. 107 Abs. 1 AEUV (ex-Art. 87 Abs. 1 EG) seit langem unbestritten. Gleichwohl ist jeweils im Einzelfall zu analysieren, ob umfangreiche Steuervorteile für gemeinnützige Körperschaften überhaupt den Tatbestand des Art. 107 Abs. 1 AEUV (ex-Art. 87 Abs. 1 EG) erfüllen (dazu II.). Nur bei einer Bejahung der ersten Frage ist weiter zu prüfen, ob die Beihilfe gerechtfertigt werden kann (dazu III.). Eine Rechtfertigungsmöglichkeit kann sich dabei sowohl aus Art. 107 Abs. 2 und 3 AEUV (ex-Art. 87 Abs. 2 und 3 EG) als auch aus Art. 106 Abs. 2 AEUV (ex-Art. 86 Abs. 2 EG) ergeben.

Die Kommission erachtet die Einhaltung der Wettbewerbsregeln aufgrund der wirtschaftlichen Bedeutung des Gemeinnützigkeitssektors für unerlässlich, wie nicht erst in der *AWO-SANO*-Entscheidung deutlich wurde[12]. Auch auf dem Gebiet der direkten Unternehmensbesteuerung will sie daher nach eigener Aussage auf die genaue Anwendung der EU-beihilfenrechtlichen Vorgaben achten[13]. Dies schließt steuerliche Vorteile für gemeinnützig tätige Organisationen zumindest insoweit grundsätzlich ein, als sie in einem Wettbewerbsverhältnis zu Akteuren mit Gewinnerzielungsabsicht stehen.

II. Die Voraussetzungen des EU-Beihilfentatbestands

Die beihilfenrechtliche Problematik soll dabei im Folgenden exemplarisch anhand von zwei Gesichtspunkten untersucht werden: Zum einen ist fraglich, ob die unmittelbare Befreiung von zahlreichen Steuern eine grundsätzlich verbotene Beihilfe im

---

10 Entscheidung der Kommission vom 20.2.2008, D/50714 COMP H2/CH/ - D(2008) 133 (abrufbar im WWW unter der URL http://www.tourismuspolitik.info/Bescheid%20GD% 20Wettbewerb%2050714-133-CP65-04-DE-Tax_benefits_and_inv.htm).

11 So *Fischer*, Marktliberalismus versus Europäisches Sozialmodell, FR 2009, 929.

12 Vgl. vielmehr bereits die Mitteilung der Kommission an den Rat über die Unternehmen der Economie Sociale und die Schaffung des europäischen Marktes ohne Grenzen, SEK (1989) 2187, S. 17; Mitteilung der Kommission über die Rolle der Förderung gemeinnütziger Vereine und Stiftungen in Europa, (1997) 241 endg., S. 13.

13 Mitteilung der Kommission über die Anwendung der Vorschriften über staatliche Beihilfen auf Maßnahmen im Bereich der direkten Unternehmensbesteuerung, ABl. 1998 Nr. C 384 S. 3 ff.

Sinne des Art. 107 Abs. 1 AEUV (ex-Art. 87 Abs. 1 EG) darstellt. Zum anderen stellt sich die Frage, wie es beihilfenrechtlich einzuordnen ist, dass das EStG den Sonderausgabenabzug von Spenden an gemeinnützig tätige Körperschaften zulässt. Der erste Gesichtspunkt soll hier anhand der Untersuchung der Körperschaftsteuerbefreiung für Zweckbetriebe im Sinne der § 65 ff. AO beispielhaft analysiert werden. Aus diesen notwendig punktuellen Analysen können sodann Schlussfolgerungen für die Vielfalt der äußerst bunten Fördertatbestände im Gemeinnützigkeitswesen abgeleitet werden.

Die Körperschaftsteuerbefreiung von Zweckbetrieben stellt eine grundsätzlich verbotene Beihilfe im Sinne von Art. 107 Abs. 1 AEUV (ex-Art. 87 Abs. 1 EG) dar, wenn es sich hierbei um eine aus staatlichen Mitteln (dazu 5.) gewährte Begünstigung (2. und 3.) eines bestimmten (4.) Unternehmens bzw. Produktionszweiges (1.) handelt, die den Wettbewerb verfälscht oder zu verfälschen droht (6.), den Handel zwischen den Mitgliedstaaten beeinträchtigt (7.) und nicht gerechtfertigt werden kann (III.).

1. Unternehmensqualität gemeinnütziger Betriebe

Unter einem Unternehmen im Sinne des Wettbewerbsrechts ist nach der Rechtsprechung des EuGH jede eine wirtschaftliche Tätigkeit ausübende Einrichtung zu verstehen[14]. Es kommt für die Unternehmensqualität weder auf die Rechtsform noch auf die Art der Finanzierung an[15].

Für das Gemeinnützigkeitsrecht ist dabei zunächst festzustellen, dass das Gemeinschaftsrecht keine allgemeine Bereichausnahme von der EU-beihilfenrechtlichen Kontrolle zugunsten sozialer Dienstleistungen kennt[16]. Aus der obigen Begriffsbestimmung folgt vielmehr, dass eine pauschale Einordnung sämtlicher gemeinnütziger Tätigkeiten unter den Unternehmensbegriff nicht möglich ist, sondern für jede Tätigkeit einzeln geprüft werden muss, ob sie sich unter ihn subsumieren lässt. Entscheidendes Kriterium ist dabei, ob die Tätigkeit zumindest theoretisch auch von einem privaten Anbieter erbracht werden könnte, da es ansonsten an einem potentiellen Wettbewerbsverhältnis fehlt und die Schutzrichtung des EU-Beihilfenrechts leer läuft. Die beihilfenrechtliche Besonderheit besteht darin, dass es unerheblich ist, ob

---

14 Siehe zum Unternehmensbegriff auch *Koenig/Kühling/Ritter*, EG-Beihilfenrecht, 2. Aufl. 2005, S. 124 ff.

15 Vgl. z.B. EuGH, Rs. C-41/90, *Höfner*, Slg. 1991, I-1979, Rn. 21; Rs. C-41/90, *Macrotron*, Slg. 1991, I-1979, Rn. 21; verb. Rs. C-159/91 und C-160/91, *Poucet*, Slg. 1993, I-637, Rn. 17 und Kommission, Entscheidung vom 11.6.1993, *EBU/Eurovisions-System*, ABl.EG Nr. L 179 S. 23, Tz. 45 sowie *Emmerich*, in: Immenga/Mestmäcker (Hrsg.), Wettbewerbsrecht: EG, 4. Aufl. 2007, Art. 81 EG, Rn. 13 und *Säcker/Herrmann*, in: Hirsch/Montag/Säcker (Hrsg.), Münchner Kommentar Kartellrecht, Missbrauchs- und Fusionskontrolle, Band 1, Europäisches Wettbewerbsrecht, 2007, Einl. Rn. 1597.

16 Dafür jedoch scheinbar *Ipsen*, Soziale Dienstleistungen und EG-Recht, 1997, S. 51, der die Unternehmensqualität sozialer Leistungserbringung pauschal ablehnt; dagegen zu Recht *Hüttemann*, Gemeinnützigkeits- und Spendenrecht, 2008, S. 37; *Isensee*, in: Jachmann (Hrsg.), Gemeinnützigkeit, 2003, S. 120 f.

die gemeinnützige Körperschaft ihre Tätigkeit mit Gewinnerzielungsabsicht ausübt[17]. Ausreichend ist, dass ein anderer Anbieter die gleiche Tätigkeit mit Gewinnerzielungsabsicht ausüben könnte, für sie also ein sachlich abgrenzbarer Markt besteht. Tätigkeiten der steuerpflichtigen wirtschaftlichen Geschäftsbetriebe sind daher ebenso wie die Tätigkeiten steuerbefreiter Zweckbetriebe[18] als unternehmerisch anzusehen[19]. Der Gesetzgeber geht in § 65 Nr. 3 AO sowie in § 64 Abs. 1 i.V.m. § 14 S. 1 AO offenbar ebenfalls davon aus, dass ein wirtschaftlicher Geschäftsbetrieb auf einem sachlich abgrenzbaren Markt auftritt, Einnahmen erzielt und damit wettbewerbsrelevant ist[20]. Eine Gewinnerzielungsabsicht ist hierfür nach § 14 S. 2 AO nicht erforderlich. Gleichermaßen verhält es sich mit dem Zweckbetrieb, der lediglich eine begünstigte Form eines wirtschaftlichen Geschäftsbetriebes darstellt.

Eine Differenzierung zwischen Mittelbeschaffung und Verwendung im Hinblick auf die Unternehmensqualität gemeinnütziger Körperschaften, wie sie teilweise in der Literatur vorgenommen wird[21], ist bei Zweckbetrieben oftmals nicht sinnvoll möglich. Zum einen finanziert sich der Zweckbetrieb zwar auch durch Spenden, so dass insoweit eine klare Unterscheidung zwischen Vereinnahmung und Verwendung von Mitteln möglich wäre. Der Großteil der Finanzierung erfolgt aber gerade in Ausübung der gemeinnützigen Tätigkeit. Am Beispiel des Krankenhauses bedeutet dies, dass die gemeinnützige Tätigkeit sich gerade im Anbieten von Gesundheitsleistungen manifestiert. Diese werden im Regelfall durch die zu zahlenden Krankenhausentgelte, die Investitionskostenförderung nach dem Krankenhausgesetz und den Defizitausgleich gedeckt[22]. Ein vorheriges Einwerben von Mitteln, die dann zur Gesundheitspflege verwendet werden, findet also nur in geringem Maße statt, so dass eine klare Zweiteilung nicht möglich ist. Vielmehr ist das gesamte Handeln des Zweckbetriebs einheitlich zu betrachten.

Gemeinnützige Betriebe werden damit regelmäßig als Unternehmen im Sinne des EU-Beihilfenrechts zu qualifizieren sein. Für Krankenhäuser ist dies definitiv der Fall.

---

17 EuGH, Rs. C-241/94, *Frankreich/Kommission*, Slg. 1996, I-4551, Rn. 21; Rs. C-409/00, *Spanien/Kommission*, Slg. 2003, I-1487, Rn. 46.

18 Explizit zur Frage der Zweckbetriebe siehe auch EuGH, Rs. C-222/04, *Cassa Risparmio di Firenze SpA*, Slg. 2006, I-1289.

19 *Helios*, EG-beihilfenrechtliche Vereinbarkeit von gemeinnützigkeitsabhängigen Steuervergünstigungen (Teil 2), EWS 2006, 108, 110; *Hüttemann*, Gemeinnützigkeits- und Spendenrecht, 2008, S. 38.

20 So auch *Koenig*, in: Pahlke/Koenig (Hrsg.), Abgabenordnung, 2. Aufl. 2009, § 14 Rn. 21.

21 So z.B. *Helios*, EG-beihilfenrechtliche Vereinbarkeit von gemeinnützigkeitsabhängigen Steuervergünstigungen (Teil 2), EWS 2006, 108, 110 f.

22 Siehe zur Krankenhausfinanzierung und deren Vereinbarkeit mit dem EU-Beihilfenrecht *Cremer*, Europäisches Beihilfenrecht und seine Auswirkungen auf das deutsche Krankenhauswesen, ZIAS 2008, 198 ff.

2. Begünstigung Teil 1 – die Leistung

a) Das Verhältnis der Tatbestandsmerkmale der Begünstigung und der Bestimmtheit im Falle von Steuertatbeständen

Der Begriff der Begünstigung umfasst nach ständiger Rechtsprechung jegliche Zuwendung, der keine marktgerechte Gegenleistung des Zuwendungsempfängers gegenübersteht[23]. Die Form der Zuwendungsgewährung ist dabei unerheblich. So kann sich eine Zuwendung in einer unmittelbaren oder mittelbaren Leistungsgewährung manifestieren, aber auch in einem Verzicht auf Einnahmen zu sehen sein, die dem Berechtigten eigentlich zustehen würden. Letzteres zeigt, dass auch Steuerbefreiungen oder Vergünstigungen den Begünstigungsbegriff erfüllen können[24]. Gleichzeitig muss aber die Steuersouveränität der Mitgliedstaaten beachtet werden. Nicht jeder Unterschied in der Besteuerung zwischen den einzelnen Mitgliedstaaten kann folglich tatbestandlich eine Beihilfe darstellen.

Bei der Frage, ob es sich um eine Begünstigung im Sinne von Art. 107 Abs. 1 AEUV (ex-Art. 87 Abs. 1 EG) handelt, sind außerdem steuerliche Besonderheiten zu beachten. Die Frage ob eine Begünstigung deshalb ausscheidet, weil der Staat sich bei deren Gewährung wie ein privater Investor verhält, ist im Steuerrecht wenig aufschlussreich, da es keinen Markt gibt, auf dem sich ein privater Investor betätigen könnte und es insofern an einem Vergleichsmaßstab fehlt[25]. Die Besteuerung ist ein genuin hoheitsrechtlicher Akt, der unmittelbar der Staatsfinanzierung dient und nicht als Gegenleistung für eine staatlicherseits erbrachte Leistung zu entrichten ist. Dies ergibt sich unmittelbar aus § 3 Abs. 1 AO, der die Steuer definiert als »*Geldleistungen, die nicht eine Gegenleistung für eine besondere Leistung darstellen und von einem öffentlich-rechtlichen Gemeinwesen zur Erzielung von Einnahmen allen auferlegt werden, bei denen der Tatbestand zutrifft, an den das Gesetz die Leistungspflicht knüpft; die Erzielung von Einnahmen kann Nebenzweck sein*«.

Bei einer Steuervergünstigung bzw. Befreiung kann in zweierlei Weise das Merkmal der Begünstigung ausgeschlossen werden. Zum einen kann die Steuervergünstigung bzw. Befreiung eine Gegenleistung für eine vom Befreiten erbrachte Leistung sein. Ist die Gegenleistung ein angemessenes (marktgerechtes) Äquivalent für die erbrachte Leistung, fehlt es an einer Begünstigung. Die Rechtsprechung neigt dabei dazu, das Angemessenheitsverhältnis zwischen Leistung und Gegenleistung im Daseinsvorsorgebereich großzügig auszulegen (dazu sogleich 3.)[26].

Andererseits kann danach gefragt werden, ob die betreffende Vergünstigung bzw. Befreiung eine Abweichung von den im Normalfall zur Anwendung kommenden Regeln des Steuersystems darstellt (dazu sogleich b. und c. sowie 4.). Es muss also ein Bezugspunkt definiert werden, um beurteilen zu können, ob eine systemwidrige

---

23 Siehe zum Merkmal der Begünstigung ausführlich *Koenig/Kühling/Ritter*, EG-Beihilfenrecht, 2. Aufl. 2005, S. 61 ff.

24 Mitteilung der Kommission über die Anwendung der Vorschriften über staatliche Beihilfen auf Maßnahmen im Bereich der direkten Unternehmensbesteuerung, ABl. 1998, Nr. C 384 vom 10.12.1998, S. 3.

25 *Schön*, in: Hancher/Ottervanger/Slot (Hrsg.), EC State Aids, 3. Aufl. 2006, S. 255.

26 Siehe zuletzt EuG, Rs. T-289/03, *BUPA*, Slg. 2008, II-0081, Rn. 237 ff.

Abweichung vom Benchmark vorliegt, die zu einer Begünstigung führt. Im Steuerrecht scheint sich das Merkmal der Begünstigung daher mit dem Merkmal der Bestimmtheit zu vermischen. Insoweit ist jedoch Vorsicht geboten. Bei einer möglichen Beihilfe im Bereich der direkten Unternehmensbesteuerung ist nämlich eine von der Leistungssubvention abweichende Betrachtung notwendig. Die Prüfung, ob es bei einer Leistungssubvention zu einer Begünstigung kommt, stellt sich dabei vergleichsweise einfacher dar. Steht der Leistung des Staates keine äquivalente Gegenleistung des Empfängers gegenüber, handelt es sich um eine Begünstigung. Ob sie den Tatbestand des Art. 107 Abs. 1 AEUV (ex-Art. 87 Abs. 1 EG) erfüllt, hängt darüber hinaus von der Bestimmtheit der Maßnahme ab. Ebenso verhält es sich bei einer Steuervergünstigung in Form der Gewährung eines Zahlungsaufschubes. Wird der Zahlungsaufschub jedem Unternehmen gewährt, handelt es sich trotz der Allgemeinheit der Maßnahme um eine Begünstigung, weil sie sich als Abweichung von den allgemeinen Grundsätzen der Besteuerung darstellt, da grundsätzlich die Gewährung eines Zahlungsaufschubes nicht vorgesehen ist. Kommt sie unterschiedslos allen Steuersubjekten zugute, fehlt es hingegen an der Bestimmtheit der Maßnahme.

Bei der Beurteilung, ob eine Steuerbefreiung begünstigend wirkt, muss allerdings die Besteuerungssouveränität der Mitgliedstaaten berücksichtigt werden. Würde eine Begünstigung bereits dann angenommen, wenn eine Steuer abgeschafft wird, so würde die Besteuerungssouveränität der Mitgliedstaaten empfindlich beeinträchtigt. Ebenso verhielte es sich mit einer Erhöhung oder Herabsetzung der Steuersätze oder einer Modifikation bei der Berechnung der Bemessungsgrundlage. Daher ist bereits auf der Ebene des Tatbestandsmerkmals der Begünstigung danach zu fragen, ob dem Adressaten der Steuervergünstigung im Verhältnis zu anderen Steuerpflichtigen ein Vorteil eingeräumt wird. Nur dann kann nämlich von einer Begünstigung gesprochen werden. Dadurch ergibt sich insoweit eine gewisse Vermengung der Merkmale der Begünstigung und der Bestimmtheit. Der EuGH vermengt diese beiden Punkte meist etwas pauschal in seiner Prüfung, wenn er typischerweise danach fragt, ob eine steuerliche Maßnahme eine Abweichung von den allgemein zur Anwendung kommenden Regeln des Steuersystems darstellt[27]. Dies ist jedoch aufgrund der Besonderheit von Beihilfen in Form von Steuervergünstigungen geboten, auch wenn dagegen in der Literatur Bedenken geäußert werden[28]. Allerdings muss dabei sorgfältig unterschieden werden zwischen einer Vergleichsanalyse in Bezug auf einen Benchmark, um festzustellen, ob überhaupt eine relevante Leistung vorliegt und die spätere Prüfung, ob diese Abweichung durch die Logik des Steuersystems gerechtfertigt werden kann (dazu III.).

Um es auf den Punkt zu bringen: Da Steuern definitionsgemäß keine Leistung voraussetzen, ist zunächst eine von einer Gegenleistung losgelöste Betrachtung erforderlich. Es ist also ein Benchmark als Bezugspunkt zu definieren und zu prüfen, ob dadurch eine (begünstigungsrelevante) Privilegierung dergestalt erfolgt, dass unter »individueller« Abweichung von diesem Benchmark ein Vorteil erzielt wird. Anders

27 EuGH, Rs. C-387/92, *Banco Exterior de Espana*, Slg. 1994, I-877, Rn. 14; Rs. C-6/97, *Italien/Kommission*, Slg. 1999, I-2981, Rn. 16.
28 So z.B. *Helios*, Steuerliche Gemeinnützigkeit und EG-Beihilfenrecht, 2005, S. 108 ff.; nicht eindeutig *Schön*, in: Koenig/Roth/Schön (Hrsg.), Aktuelle Fragen des EG-Beihilfenrechts, 2001, S. 106, 124.

als bei einer Leistungssubvention, bei der zu fragen ist, ob eine Leistung ohne angemessene Gegenleistung erlangt wird, stellt sich also schon im Rahmen der Identifikation des Vorteils die steuerspezifische Frage, ob eine steuerliche Regelung unter Abweichung von einem Benchmark erfolgt und so ein begünstigungsrelevanter Vorteil generiert wird. Erst dann ist zu prüfen, ob diese Begünstigungswirkung für einzelne Unternehmen oder Sektoren eintritt, und daher bestimmt ist bzw. ob eine Rechtfertigung durch die Logik des Systems erfolgen kann. Demnach ist zunächst zu fragen, ob die hier zu untersuchenden Regelungen der Körperschaftsteuerbefreiung nach § 5 Abs. 1 Nr. 9 KStG und der Spendenabzugsmöglichkeit nach § 10b Abs. 1 S. 1 EStG von einem näher festzulegenden Benchmark abweichen (dazu b. und c.), und eine – gegebenenfalls begünstigende, da nicht durch angemessene Gegenleistungen (dazu 3.) kompensierte – Leistung darstellen. Erst dann stellt sich die Frage nach einer ausnahmsweise denkbaren Rechtfertigung durch die Logik des Steuersystems (dazu 4.).

b) Die Körperschaftsteuerbefreiung nach § 5 Abs. 1 Nr. 9 KStG

Die Körperschaftsteuerbefreiung von gemeinnützigen Körperschaften einschließlich der von ihnen betriebenen Zweckbetriebe weicht von der regelmäßigen Besteuerung nicht gemeinnütziger Körperschaften in Höhe von 15% des zu versteuernden Einkommens ab. Ob diese Abweichung begünstigend wirkt, lässt sich nicht generell feststellen, sondern nur unter Berücksichtigung der Rechtspersönlichkeit des Steuersubjektes und der Art der erzielten Einkünfte.

Im ideellen Bereich (Spenden, Schenkungen) müssen Körperschaften im Sinne des § 1 Abs. 1 Nr. 4–6 KStG keine Steuern entrichten, da es ihnen insoweit an der für die Besteuerung erforderlichen Gewinnerzielungsabsicht fehlt. Insofern ist § 5 Abs. 1 Nr. 9 KStG in diesem Bereich ohnehin nur deklaratorisch und stellt keine Ausnahme vom allgemeinen Besteuerungssystem dar, so dass es sich insoweit auch nicht um eine Begünstigung handelt. Soweit es sich allerdings um Körperschaften im Sinne von § 1 Abs. 1 Nr. 1–3 KStG handelt, stellt § 5 Abs. 1 Nr. 9 KStG eine konstitutive Steuerbefreiung dar, da § 8 Abs. 2 KStG sämtliche Einkünfte dieser Körperschaften zu solchen gewerblicher Art macht, es auf eine etwaige Gewinnerzielungsabsicht also überhaupt nicht ankommt[29]. Einer Körperschaft im Sinne von § 1 Abs. 1 Nr. 1–3 KStG ist eine gesellschaftsfremde Privatsphäre damit nicht eröffnet. Sämtliche Einnahmen stellen Einkünfte (bzw. verdeckte Einlagen) und sämtliche Mittelabflüsse Ausgaben (bzw. verdeckte Gewinnausschüttungen) dar[30].

Im Bereich des wirtschaftlichen Geschäftsbetriebes und des Unterfalles des Zweckbetriebes kann noch eindeutiger festgestellt werden, dass es sich bei der Körperschaftsteuerbefreiung in § 5 Abs. 1 Nr. 9 KStG um eine begünstigende Ausnahme handelt, die von der regelmäßigen Besteuerung anderer Körperschaften, die eine wirt-

---

29 Eine Befreiung für Spenden von der Erbschafts- bzw. Schenkungsteuer findet sich auch in § 13 Abs. 1 Nr. 16 lit. b ErbStG, die ebenfalls konstitutiv wirkt.
30 BFHE 182, 123; BFH BStBl. II 1997, S. 548 ff.; dagegen z.B. *Helios*, Steuerliche Gemeinnützigkeit und EG-Beihilfenrecht, 2005, S. 121 f.

schaftliche Tätigkeit ausüben, abweicht[31]. Denn während letztere der Körperschaftsteuerbelastung unterliegen, ist dies bei gemeinnützigen Körperschaften nicht der Fall.

Die materielle Wirkung der Begünstigung tritt jedoch nur im Falle einer Gewinnerzielung ein. Dann bringt sie aber einen entscheidenden Vorteil mit sich: Die erzielten Gewinne können in ihrer Gesamtheit reinvestiert werden, was zu einem erheblichen Vorteil gegenüber Wettbewerbern führt. Das erhöhte Reinvestitionspotenzial kann in verschiedenen Formen zum Ausdruck kommen, etwa durch niedrigere Preise oder einen erhöhten Leistungsumfang. Eine (begünstigende) Leistung im hier dargelegten steuerlichen Sinne eines Abweichens von einem klar erkennbaren Benchmark liegt also vor.

c) Der Spendenabzug nach § 10b Abs. 1 EStG

Ob auch die Abzugsfähigkeit von Spenden beim Spender eine zumindest mittelbare Begünstigung des Empfängers darstellt, ist schwieriger zu beurteilen[32]. Steuerrechtlich sind von der Regelung in § 10b Abs. 1 EStG die abzugsberechtigten Spender begünstigt. Eine Ausweitung der Begünstigungswirkung im Sinne des Art. 107 Abs. 1 AEUV (ex-Art. 87 Abs. 1 EG) auch auf mittelbar Begünstigte führt in der Tat zu einer Ausweitung der Beihilfenaufsicht[33]. Dies ist jedoch nicht weiter bedenklich, solange nur so eine unverfälschte Wettbewerbssituation gewährleistet werden kann und damit die Ziele des EU-Beihilfenrechts verwirklicht werden. Eine Maßnahme kann nicht deshalb der Beihilfenaufsicht entzogen werden, weil ein Unternehmen nur mittelbar begünstigt wird[34]. Solange die Begünstigung auch beim mittelbar Begünstigten nachweisbar und quantifizierbar ist[35], bestehen aus rechtstechnischer Sicht keine Bedenken gegen eine Berücksichtigung mittelbarer Begünstigungen[36].

---

31 So gerade für Krankenhäuser und Seniorenwohneinrichtungen auch *Schön*, in: Koenig/Roth/Schön (Hrsg.), Aktuelle Fragen des EG-Beihilfenrechts, 2001, S. 106, 122.
32 Dagegen *Isensee*, in: Jachmann (Hrsg.), Gemeinnützigkeit, 2003, S. 116 f., die für seine Ansicht insbesondere das Urteil des EuGH, Rs. C-379/98, *Preussen Elektra AG*, Slg. 2001, I-1088, anführt, die er aber mit einer möglichen wettbewerblichen Fernwirkung auf den Spendenempfänger sogleich relativiert.
33 *Heidenhain*, in: ders. (Hrsg.), Handbuch des Europäischen Beihilfenrechts, 2003, S. 39 f.
34 So auch der EuGH, Rs. C-53/00, *Ferring*, Slg. 2001, I-9067, Rn. 16; *Schön*, Taxation and State Aid Law in the European Union, CMLR 1999, 911, 931 f.
35 Vgl. beispielhaft KomE v. 9.11.2005, *DVB-T*, ABl. 2006, Nr. L 200, S. 14 Ziff. 62, wonach die finanzielle Förderung des Umstiegs vom analogen zum digitalen terrestrischen Fernsehen einen indirekten Vorteil für den Sendernetzbetreiber darstellt; vgl. auch KomE v. 24.1.2007, *Zuschuss zur Anschaffung von Digitaldecodern*, ABl. 2007, Nr. L 147, S. 1 Ziff. 81 ff., wonach der staatliche Zuschuss für Nutzer, die ein Empfangsgerät für terrestrisches Fernsehen kaufen oder mieten, einen indirekten Vorteil für die Sender, die Netzbetreiber und die Hersteller der Decoder darstellt sowie KomE v. 23.10.2007, *DVB-T in Nordrhein-Westfalen*, ABl. 2008, Nr. L 236, S. 10 Ziff. 83-88, wonach die Fördermaßnahmen zur Einführung von DVB-T für den Netzbetreiber einen mittelbaren Vorteil darstellen.
36 Dafür auch *Benicke*, Die Bedeutung des EG-Rechts für gemeinnützige Einrichtungen, EuZW 1996, 169; *Helios*, Steuerliche Gemeinnützigkeit und EG-Beihilfenrecht, 2005, S. 173 ff.; *Hüttemann*, Gemeinnützigkeits- und Spendenrecht, 2008, S. 41.

Fraglich ist aber, ob überhaupt eine begünstigende Abweichung von den allgemeinen Besteuerungsgrundsätzen des Steuersystems gegeben ist. Man könnte dagegen anführen, dass die Spende die finanzielle Leistungsfähigkeit des Spenders mindert. Die Besteuerung umfasse aber nur das privatnützig disponible Einkommen. Der Spender finanziere einen Zweck, der sonst aus staatlichen Mitteln gefördert werden müsste. Die Abzugsfähigkeit entspreche daher dem Gebot ausgleichender Gerechtigkeit durch Verteilung der Last[37] und sei daher keine systemwidrige Begünstigung des Spendenempfängers[38].

Es muss jedoch beachtet werden, dass die Abzugsfähigkeit der Spende auf Ebene des Spenders mit der Befreiung nach § 5 Abs. 1 Nr. 9 KStG auf Ebene der empfangenden Körperschaft korrespondiert. Zweck des Sonderausgabenabzugs auf Ebene des Spenders ist also nicht in erster Linie die Abbildung der finanziellen Leistungsfähigkeit (fiskalischer Zweck), sondern vielmehr der Anreiz zu sozial wünschenswerter Einkommensverwendung[39] (Sozialzwecknorm). Allein der Umstand, dass auch die Spende das verfügbare Einkommen mindert, macht § 10b Abs. 1 EStG nicht zu einer Fiskalzwecknorm. § 10b Abs. 1 S. 1 EStG führt zur Ausnahme von dem Grundsatz des § 12 EStG, dass Kosten der privaten Lebensführung nicht einkommensmindernd geltend gemacht werden können und fügt sich insoweit nicht logisch in die Systematik der Besteuerung nach der Leistungsfähigkeit ein, sondern ist in erster Linie als Lenkungsnorm anzusehen. Auch im System des Sonderausgabenabzugs stellt § 10b Abs. 1 EStG eine Ausnahme dar. Der Spendenabzug auf Ebene des Spenders stellt somit ebenfalls eine Abweichung vom klar identifizierbaren Benchmark im hier dargelegten Sinne und damit eine Leistung dar.

3. Begünstigung Teil 2 – Ausschluss durch angemessene Gegenleistung nach Ferring, Altmark-Trans und BUPA

Eine Begünstigung ist allerdings nur dann zu bejahen, wenn der Vorteilsgewährung keine angemessene Gegenleistung (Kompensation) gegenübersteht. Danach ist nicht nur bei einer einseitigen Vorteilsgewährung vom Vorliegen einer Beihilfe auszugehen, sondern auch dann, wenn das begünstigte Unternehmen zwar eine Gegenleistung erbringt, diese aber der staatlichen Leistung im Wert nicht entspricht[40]. Nach der Rechtsprechung des EuGH sind gemeinwirtschaftliche Verpflichtungen, die einem Unternehmen auferlegt werden, bei der Frage der Begünstigung zu berücksichtigen[41]. Eine Kompensation für den durch Wahrnehmung der gemeinnützigen Aufgabe ent-

---

37 So *Geserich*, in: Kirchhof/Söhn/Mellinghoff (Hrsg.), EStG, 192. EL 2008, § 10b, Rn. A 33.

38 Siehe auch *Jachmann*, Die Europarechtswidrigkeit des § 5 Abs. 2 Nr. 2 KStG, BB 2003, 990 und *Kube*, Die Zukunft des Gemeinnützigkeitsrechts in der europäischen Marktordnung, IStR 2005, 469.

39 So auch *Hofmeister*, in: Blümich (Hrsg.), EStG, KStG, GewStG, 104. Aufl. 2009, § 10b Rn. 3 und *Lang*, in: Tipke/Lang (Hrsg.), Steuerrecht, 20. Aufl. 2010, § 9 Rn. 700 und 707.

40 EuG, Rs. T-14/96, *BAI*, Slg. 1999, II-139 Rn. 71 ff.; *Hancher*, in: Hancher/Ottervanger/Slot (Hrsg.), State Aids, 3. Aufl. 2006, Rn. 3–006.

41 EuGH, Rs. C-280/00, *Altmark*, Slg. 2003, I-7747 und Rs. C-53/00, *Ferring*, Slg. 2001, I-9067.

standenen Mehraufwand kann auch in einer steuerlichen Vorzugsbehandlung gesehen werden. Voraussetzung für die Ausklammerung der Vergünstigung aus dem staatlichen Beihilfenbegriff ist jedoch, dass der Begünstigte mit der Wahrnehmung eindeutig definierter gemeinwirtschaftlicher Verpflichtungen betraut ist. Die Betrauung muss sich dabei eindeutig aus nationalen Rechtsvorschriften oder Verwaltungsentscheidungen ergeben[42]. Ansonsten fehlt es an einer Grundlage für die Berechnung der Angemessenheit der gewährten Kompensation. Die Höhe des zu gewährenden finanziellen Ausgleichs muss nämlich anhand objektiver und transparenter Kriterien, die im Voraus zu bestimmen sind, berechenbar sein[43]. Dritte Voraussetzung für einen Ausschluss der Begünstigung ist, dass die gewährte Kompensation nicht über das hinausgeht, was erforderlich ist, um die Kosten der Erfüllung der gemeinwirtschaftlichen Verpflichtungen unter Berücksichtigung der dabei erzielten Einnahmen und eines angemessenen Gewinns aus der Erfüllung dieser Verpflichtungen ganz oder teilweise zu decken[44]. Für den Fall der Betrauung außerhalb eines öffentlichen Ausschreibungsverfahrens ist vierte Voraussetzung, dass die Höhe des erforderlichen Ausgleichs auf der Grundlage einer Analyse der Kosten zu bestimmen ist, die ein durchschnittliches, gut geführtes Unternehmen bei der Erfüllung der betreffenden Verpflichtungen hätte, wobei die dabei erzielten Einnahmen und ein angemessener Gewinn aus der Erfüllung dieser Verpflichtungen zu berücksichtigen sind[45].

a) Betrauungsakt

Übertragen auf die vorliegend exemplarisch untersuchte Konstellation bleibt zweifelhaft, ob ein Betrauungsakt vorliegt. Dies gilt unabhängig von der Frage nach der Wahrnehmung einer Aufgabe von allgemeinem wirtschaftlichen Interesse, die nicht pauschal, sondern für jede Tätigkeit separat zu beantworten ist. Voraussetzung für eine Betrauung ist, dass dem betroffenen Unternehmen die Aufgabe kraft eines Hoheitsaktes bzw. einer hoheitlichen Willenserklärung übertragen werden muss, der bzw. die das betraute Unternehmen zumindest individualisierbar macht und den geografischen Geltungsbereich der Aufgabenerfüllung bezeichnet. Ferner müssen Art und Dauer der Gemeinwohlverpflichtung benannt werden. Die Eröffnung eines Rechtsrahmens für eine jedermann offene Tätigkeit genügt indes nicht[46]. Zweifel an der Erfüllung der Betrauungsvoraussetzungen sind vor allem insoweit begründet, als das deutsche Gemeinnützigkeitsrecht grundsätzlich jedem offen steht und tatbestandlich weit gefasst ist. Es existiert auch kein besonderes ex ante greifendes öf-

---

42 EuGH, Rs. C-280/00, *Altmark*, Slg. 2003, I-7747, Rn. 89; EuG, Rs. T-289/03, *BUPA*, Slg. 2008, II-0081, Rn. 181.
43 EuGH, Rs. C- 280/00, *Altmark*, Slg. 2003, I-7747, Rn. 90; EuG, Rs. T-289/03, *BUPA*, Slg. 2008, II-0081, Rn. 209; *Helios*, EG-beihilfenrechtliche Vereinbarkeit von gemeinnützigkeitsabhängigen Steuervergünstigungen (Teil 2), EWS 2006, 108, 115.
44 EuGH, Rs. C- 280/00, *Altmark*, Slg. 2003, I-7747, Rn. 92; EuG, Rs. T-289/03, *BUPA*, Slg. 2008, II-0081, Rn. 220 ff.
45 EuGH, Rs. C- 280/00, *Altmark*, Slg. 2003, I-7747, Rn. 93; EuG, Rs. T-289/03, *BUPA*, Slg. 2008, II-0081, Rn. 245.
46 Siehe zum Betrauungsakt *Jung*, in: Callies/Ruffert (Hrsg.), EUV/EGV, 3. Aufl. 2007, Art. 86 Rn. 39.

fentliches Anerkennungsverfahren für gemeinnützige Körperschaften[47]. Der Förderauftrag wird auch nicht von staatlicher Seite auferlegt, sondern ergibt sich vielmehr aus dem Organisationsstatut der Körperschaft selbst. Das steuerliche Gemeinnützigkeitsrecht stellt lediglich einen Anreiz dar, sich selbstlos zu engagieren. Der Staat hat keine Mittel zur Verfügung, um die Aufnahme oder Fortführung der gemeinnützigen Tätigkeit zu erzwingen[48].

Der Betrauungsakt kann daher jedenfalls nicht in den steuerrechtlichen Gemeinnützigkeitsvorschriften selbst gesehen werden. Vielmehr ist in anderen Bereichen nach einer entsprechenden Betrauung zu suchen. Die Pflicht zur Erbringung der Dienstleistung von allgemeinem wirtschaftlichen Interesse muss dem Unternehmen im Wege eines oder mehrerer Rechts- oder Verwaltungsakte übertragen werden[49]. Eine Kombination beider Formen ist hierbei durchaus zulässig[50]. Nicht genügen dürfte im Krankenhaussektor insoweit § 1 KHG i.V.m. den Bescheiden über die Aufnahme in die jeweiligen Landeskrankenhausplan[51]. Allerdings ist es in der Folge der beihilfenrechtlichen Bewertung im Krankenhauswesen teilweise zu präziseren Regelungen gekommen, die in Form von Musterbetrauungsakten eine hinreichende Betrauung im Sinne der *Altmark-Trans*-Kriterien darstellen können[52]. Teilweise wurden auch in die gesetzlichen Regelungen, wie etwa in § 1 Abs. 1 S. 3 Landeskrankenhausgesetz Baden-Württemberg, ein Hinweis auf den Daseinsvorsorgecharakter aufgenommen, der für sich genommen jedoch nicht genügt und in seiner Pauschalität auch zweifelhaft ist. Auch wenn in Einzelfällen also inzwischen hinreichende Betrauungsakte vorliegen, ist damit weder das Problem im Gesundheitsbereich allgemein, geschweige denn im gesamten Gemeinnützigkeitsbereich geklärt. Es zeigt sich vielmehr, dass insoweit eine jeweils sektoren- wenn nicht sogar unternehmensbezogene Lösung zu suchen ist. Dabei kommt in der konkreten Situation das Problem hinzu, dass eine entsprechende Ausgestaltung im Rahmen eines Betrauungsaktes und als klar definiertes Leistungs-Gegenleistungs-Verhältnis im Zweifel eine unerwünschte Mehrwertsteuerpflichtigkeit eines steuerbaren Leistungsaustausches nach sich zieht[53].

---

47 Vgl. dazu BFH V R 29/91, BStBl. II 1997, S. 189, 191. Die ex post erfolgende Prüfung der Voraussetzungen der §§ 51 ff. AO stellt kein den *Altmark-Trans*-Anforderungen entsprechendes Verfahren dar; für die Einführung eines besonderen Anerkennungsverfahrens *Hey*, in: Tipke/Lang (Hrsg.), Steuerrecht, 20. Aufl. 2010, § 20 Rn. 10.

48 *Helios*, EG-beihilfenrechtliche Vereinbarkeit von gemeinnützigkeitsabhängigen Steuervergünstigungen (Teil 2), EWS 2006, 108, 116; *Hüttemann*, Gemeinnützigkeits- und Spendenrecht, 2008, S. 41.

49 Art. 4 der Entscheidung der Kommission v. 28.11.2005, ABl. 2005, Nr. L 312 S. 71.

50 So auch *Cremer*, Europäisches Beihilfenrecht und seine Auswirkungen auf das deutsche Krankenhauswesen, ZIAS 2008, 198, 217.

51 Vgl. *Cremer*, a.a.O.

52 Vgl. den Bericht der Bundesrepublik Deutschland zum »Altmark-Paket« der Europäischen Kommission, III.1.1. m.w.Nachw. zu entsprechenden Musterbeetrauungsakten (der Bericht ist abrufbar im WWW unter www.schleswig-holstein.de/.../altmarkBericht,templateId= raw,property=publicationFile.pdf).

53 Zu diesem hier nicht weiter zu vertiefenden Problem vgl. insbesondere den vom Ministerium für Wirtschaft, Mittelstand und Energie des Landes Nordrhein-Westfalen im Mai 2009 herausgegebenen Leitfaden EG-Beihilfenrechtskonforme Finanzierung von kommunalen

b) Ex-ante-System für die Berechnung des zu gewährenden Ausgleichs

Zumeist wegen des fehlenden Betrauungsaktes, aber häufig auch trotz bestehender hinreichender Betrauung, mangelt es oftmals an der Schaffung eines Systems an Parametern, anhand dessen im Voraus objektiv bestimmbar wäre, welche zusätzlichen Kosten der gemeinnützig tätigen Körperschaft durch die Erbringung einer Dienstleistung von allgemeinem wirtschaftlichen Interesse entstehen. Dies gilt sowohl im Hinblick auf die Körperschaftsteuerbefreiung als auch für den Spendenabzug. Infolge dessen kann auch die Höhe des notwendigen Ausgleichs regelmäßig nicht quantifiziert werden. Eine pauschale Steuerbefreiung ist ebenso wie die unbegrenzte Spendenempfangsmöglichkeit gerade Ausdruck eines Fehlens solcher Maßstäbe. Daran ändert auch der Umstand nichts, dass der Spendenabzug pro Veranlagungszeitraum nach § 10b Abs. 1 S. 1 Nr. 1 EStG auf 20 % des Gesamtbetrages der Einkünfte beschränkt ist, da die diesen Anteil übersteigenden Zuwendungen gemäß § 10b Abs. 1 S. 4 EStG in den folgenden Veranlagungszeiträumen entsprechend der Höchstbeträge abgezogen werden können. Eine Deckelung im Rahmen des Spendenabzugs findet also nur auf Ebene des Zuwendenden statt und auch nur begrenzt auf einen Veranlagungszeitraum. Damit ergibt sich jedoch kein verlässliches System an Parametern, das Grundlage für eine Berechnung der durch die Gemeinwohlverpflichtung entstandenen Kosten sein könnte. Vielmehr hängt es in Bezug auf den Spendenabzug allein von der Spendenwilligkeit der Zuwendenden ab, in welcher Höhe den Empfängern Mittel zufließen. Bei der Körperschaftsteuerbefreiung stellt sich dieses Problem noch deutlicher. Im Gegensatz zu einer gewöhnlichen Leistungssubvention ist der Anwendungsbereich der Körperschaftsteuerbefreiung erst dort eröffnet, wo überhaupt Gewinn erwirtschaftet wurde. Wird jedoch Gewinn erwirtschaftet, so kann davon ausgegangen werden, dass aus den Einnahmen selbst die Kosten der Erbringung der Dienstleistung von allgemeinem wirtschaftlichen Interesse abgedeckt sind. Daher kann im Rahmen der Körperschaftsteuerbefreiung grundsätzlich nicht davon ausgegangen werden, dass Parameter bestehen, anhand derer im Voraus objektiv bestimmbar wäre, welche Kosten in Folge der Leistungserbringung entstehen und ausgleichsfähig sind.

Entsprechende Kostenkontrollsysteme, die etwa im Krankenhausbereich entwickelt wurden, beziehen sich dort regelmäßig nur auf entsprechende Leistungssubventionen[54]. Die steuerlichen Begünstigungstatbestände sind meist nicht (hinreichend) berücksichtigt. Auch können nicht die Ausschüttungssperre und die Verpflichtung zur zeitnahen Mittelverwendung per se als klar benannte »Gegenleistungen« angeführt werden, die den Steuervorteil egalisieren, da nicht hinreichend deutlich wird, inwiefern dies den Vorteil neutralisiert[55]. Vielmehr dürfte das den Vorteil lediglich

---

Leistungen der Daseinsvorsorge, Ziff. 3.3.3.1. (der Bericht ist abrufbar im WWW unter http://www.wirtschaft.nrw.de/400/100/index.php); vgl. auch unten IV.

54 Vgl. dazu die Ausführungen in dem in Fn. 52 zitierten Bericht Deutschlands, dort Ziff. III.1.

55 So aber *Treugeno/Solidaris* in ihrem Bericht über die Untersuchung von ausgewählten gemeinnützigen Familienferienstätten im Hinblick auf konzeptionelle Herausstellungsmerkmale und Ergebnisse der wirtschaftlichen Tätigkeit und Aufbereitung von Daten zur Vorlage bei der EU-Kommission (Generaldirektion Wettbewerb) im Auftrag der Bundes-

einschränken. Solange demnach kein spezifischer Mechanismus vorgesehen ist, der auch diese Vorteile angemessen berücksichtigt, scheitert auch insoweit der Ausschluss der Begünstigung auf der Basis der *Altmark-Trans*-Kriterien.

c) Beschränkung auf Nettomehrkostenkompensation

Darüber hinaus fehlt es sowohl bei der Körperschaftsteuerbefreiung als auch beim Spendenabzug regelmäßig an einer Begrenzung auf die angefallenen zusätzlichen Kosten, die durch die Erbringung der Dienstleistung von allgemeinem wirtschaftlichen Interesse entstanden sind, wobei die Einnahmen und die sonstigen durch die Ausübung der Tätigkeit erlangten Vorteile in Abzug zu bringen sind. Es dürfen im Ergebnis also nur die Nettomehrkosten[56] ausgeglichen werden.

Bei der Körperschaftsteuerbefreiung tritt besonders deutlich hervor, dass dieses Kriterium nicht erfüllt wird, da dort der gesamte Gewinn steuerfrei gestellt wird. Dass Gewinn erwirtschaftet wurde, ist jedoch ein Indiz dafür, dass die Nettomehrkosten bereits durch die erzielten Einnahmen ausgeglichen wurden und die Steuerbefreiung damit eine Überkompensation darstellt. Im Übrigen gilt das bereits zum Ex-ante-System für die Berechnung des zu gewährenden Ausgleichs Ausgeführte (dazu soeben b.). Aber auch im Rahmen des Spendenabzugs greift die Beschränkung auf die Nettomehrkosten-Kompensation regelmäßig nicht, da überhaupt kein diesbezügliches Begrenzungssystem vorgesehen ist. Dass die Zuwendungen im Einzelfall gering sind[57], ist erst eine Frage der De-minimis-Problematik (dazu sogleich 8.).

d) Ausschreibungsverfahren und objektiver Kostenmaßstab

Schließlich fehlt es auch an einem Ausschreibungsmechanismus, um die notwendige Kompensationssumme in einem objektiven, transparenten und diskriminierungsfreien Verfahren zu ermitteln. Das ist für sich genommen unschädlich, solange sich der Kostenausgleich auf den Umfang beschränkt, der bei einem durchschnittlich effizienten Erbringer anfallen würde. Dabei reicht es nach dem *BUPA*-Urteil[58] des EuG aus, dass sichergestellt wird, dass ein Ausgleich für Kosten der Ineffizienz nicht erfolgt. Gerade hieran fehlt es jedoch regelmäßig solange kein System aufgesetzt wurde, das eine entsprechende Beschränkung auf einen effizienzorientierten Ausgleich bewirkt. Der Umstand, dass Gewinn erwirtschaftet wurde, lässt dabei keinerlei Rückschlüsse auf eine effiziente Leistungserbringung zu, sondern führt lediglich zur der Schlussfolgerung, dass die Einnahmen die Ausgaben überstiegen haben. Auch die Pflichten der Krankenhäuser, entsprechende Mittelnachweise zu führen, stellen keinen ange-

---

arbeitsgemeinschaft der Freien Wohlfahrtspflege e.V., Berlin, Anlage VI, S. 12 (der Bericht ist abrufbar im WWW unter http://www.tourismuspolitik.info/Bescheid%20GD%20 Wettbewerb%2050714-133-CP65-04-DE-Tax_benefits_and_inv.htm); in diese Richtung wohl auch *Fischer*, Marktliberalismus versus Europäisches Sozialmodell, FR 2009, 929, 932.

56   Siehe hierzu *Koenig/Kühling/Ritter*, EG-Beihilfenrecht, 2. Aufl. 2005, S. 74 f.
57   So etwa für die Familienferienstätten der in Fn. 55 zitierte Bericht, Anlage VI, S. 14.
58   EuG, Rs. T-289/03, *BUPA*, Slg. 2008, II-81 Rn. 248 f.

messenen Effizienznachweis dar[59]. Es ist allerdings einzuräumen, dass das EuG im *BUPA*-Urteil die Anforderungen insoweit deutlich reduziert hat, so dass möglicherweise die Darlegung, dass kein Ausgleich von Ineffizienzen erfolgt, mit einem verhältnismäßigen Aufwand im Krankenhausbereich gelingen mag. Dies wäre dann gegebenenfalls auch in den übrigen Gemeinnützigkeitsbereichen der Fall.

e) Zwischenergebnis

Als Ergebnis der Prüfung sowohl der Körperschaftsteuerbefreiung als auch des Spendenabzugs am Maßstab der *Altmark-Trans*-Kriterien kann also festgehalten werden, dass es oftmals schon an einem hinreichend bestimmten Betrauungsakt fehlt. Hier ist es in jüngerer Zeit allerdings gerade im Krankenhausbereich zu Änderungen gekommen, die in ihrem Zusammenwirken aus gesetzlichen Modifikationen und expliziten Betrauungsakten auf der Basis von Musterbetrauungsakten dieses Erfordernis zu erfüllen vermögen. Unabhängig davon bestehen oftmals jedoch keinerlei objektive Parameter für die Berechnung der zu gewährenden Ausgleichszahlungen und keine Mechanismen zur Vermeidung von Überkompensationen. Das gilt insbesondere für die hier betrachteten steuerlichen Begünstigungstatbestände, die im Rahmen entsprechender teilweise bestehender Ausgleichskontroll-Systeme etwa im Krankenhausbereich noch nicht (hinreichend) Berücksichtigung finden. Das vierte Erfordernis einer Effizienzkontrolle dürfte angesichts der durch die Rechtsprechung deutlich reduzierten Anforderungen dagegen regelmäßig erfüllt werden können, wenn entsprechende diesbezügliche minimale Kontrollen erfolgen. Im Ganzen kann damit festgehalten werden, dass selbst in dem bereits teilweise um eine Beihilfenrechtskompatibilität bemühten Krankenhaussektor trotz entsprechender Maßnahmen nach wie vor der Begünstigungstatbestand auf der Basis der *Altmark-Trans*-Anforderungen nicht ausgeschlossen werden kann. Das gilt erst recht für die Wirkungsweise entsprechender steuerlicher Begünstigungstatbestände in anderen Gemeinnützigkeitsbereichen, in denen insbesondere noch keine hinreichend klar definierte Betrauung erfolgt.

4. Bestimmtheit

Das Kriterium der Bestimmtheit – bzw. Spezialität – ist das entscheidende Tatbestandsmerkmal, um staatliche Fördermaßnahmen, die unterschiedslos der gesamten Wirtschaft zugutekommen, aus dem gemeinschaftlichen Beihilfenbegriff auszuscheiden[60]. Insoweit ist darauf hinzuweisen, dass die Tatbestandsmerkmale der Begünstigung und der Bestimmtheit eng aufeinander bezogen sind, was in der Rechtsprechungs- und Kommissionspraxis dazu führt, dass gelegentlich keine klare Unterscheidung

---

59 Anders offensichtlich die Auffassung der Bundesregierung in dem in Fn. 52 zitierten Bericht Deutschlands, dort Ziff. III.1.3.
60 Siehe ausführlich zur Abgrenzung zwischen staatlichen Beihilfen und allgemeinen Maßnahmen *Bacon*, State Aids and General Measures, YEL 1997, 269.

zwischen diesen Tatbestandsmerkmalen erfolgt[61]. Der »Ausnahmecharakter«[62] der staatlichen Finanzzufuhr als Unterscheidungskriterium zu allgemeinen Maßnahmen der Wirtschaftsförderung muss jeweils explizit nachgewiesen werden. Dies bereitet bei Einzelbeihilfen regelmäßig keine Schwierigkeiten, da die spezielle Begünstigung zumeist offensichtlich ist[63]. Die Abgrenzung gestaltet sich jedoch bei steuerlichen Regelungen oftmals problematisch. Die Bestimmtheit ist jedenfalls dann zu bejahen, wenn nach der Konzeption der Regelung oder durch ihre tatsächliche Anwendung bestimmte Unternehmen bevorteilt werden können. In diesem Rahmen ist jedoch zu prüfen, ob die Maßnahme durch die Natur bzw. den inneren Aufbau des Steuersystems gerechtfertigt ist[64], wobei dies nicht zu verwechseln ist mit der Frage nach der Abweichung von einem erkennbaren Benchmark im Steuersystem im Rahmen der Frage der Begünstigung (dazu oben 2.a). Schwierigkeiten bereitet oftmals gerade die Feststellung des inneren Aufbaus des Steuersystems. Jene Möglichkeit der Rechtfertigung durch die Logik des Steuersystems ist dabei ihrerseits teleologisch zu interpretieren und darf nicht dazu führen, dass wettbewerbsverfälschende Begünstigungen von der Beihilfenkontrolle freigehalten werden.

a) Die Körperschaftsteuerbefreiung nach § 5 Abs. 1 Nr. 9 KStG

Die Körperschaftsteuerbefreiung nach § 5 Abs. 1 S. 1 Nr. 9 KStG kommt seit der EuGH-Entscheidung im Falle »*Centro di Musicologia Walter Stauffer*«[65] auch EU-Ausländern zugute, die weder ihre Geschäftsleitung noch ihren Sitz im Inland haben. Der deutsche Gesetzgeber hat diese Rechtsprechung zumindest für die nach § 5 Abs. 1 Nr. 9 KStG steuerbegünstigten Zwecke durch das Jahressteuergesetz 2009[66] in § 5 Abs. 2 Nr. 2 KStG eingefügt. Sie kommt mithin sämtlichen im europäischen Wirtschaftsraum ansässigen Körperschaften hinsichtlich ihrer inländischen Einkünfte zugute, soweit sie steuerbegünstigte Zwecke im Sinne der §§ 51 ff. AO verfolgen. Dennoch werden die gemeinnützigen Körperschaften gegenüber anderen Körperschaften privilegiert, was jedoch möglicherweise durch die Natur und den inneren Aufbau des

---

61 Dazu kritisch *Soltész*, Öffentliche Finanzierung von Infrastruktur- und Erschließungsmaßnahmen und das EG-Beihilfenrecht, EuZW 2001, 107, 108; vgl. ferner EuGH, Rs. C-6/97, *Italien/Kommission*, Slg. 1999, I-2981 Rn. 16 f.; Rs. C-143/99, *Adria-Wien Pipeline GmbH*, Slg. 2001, I-8365 Rn. 41.

62 Das Unterscheidungsmerkmal des »Ausnahmecharakters« der staatlichen Maßnahme wurde von Generalanwalt *Darmon* in der Rechtssache *Sloman Neptun* entwickelt, SchlA Rs. C-72/91 und C-73/91, Slg. 1993, I-887/903 Nr. 50 ff. (62).

63 *Koening/Kühling/Rasbach*, EG-Beihilfenrecht, 2. Aufl. 2005, S. 129.

64 Unternehmenssteuermitteilung (Fn. 13), Ziff. 16; ebenso bereits GA *Darmon* (Fn. 60), Slg. 1993, I-887/916 Nr. 58. Die Kommission überprüft dies anhand von Zielen, die dem Steuersystem selbst inhärent sind, KomE v. 11.7.2001, *Steuergutschrift Álava*, ABl. 2002 L 296/1 Ziff. 66. Vgl. auch KomE v. 4.12.1996, *Maribel*, ABl. 1997 L 95/25 (27) Ziff. V; EuGH, Rs. C-75/97, *Maribel*, Slg. 1999, I-3671 Rn. 32 ff.; GA *Mischo*, SchlA Rs. C-143/99, *Adria-Wien Pipeline*, Slg. 2001, I-8365/8369 Nr. 35 ff.

65 EuGH, Rs. C-386/04, *Centro di Musicologia Walter Stauffer*, Slg. 2006, I-8203.

66 BGBl. I 2008, S. 2794.

Steuersystems gerechtfertigt ist[67]. Die §§ 51 ff. AO sind Ausdruck der Überlegung, dass sozial wünschenswertes Engagement in der Regel keine wettbewerbsverfälschenden Auswirkungen hat. Gemeinnützige Körperschaften betätigen sich vorwiegend auf Feldern, auf denen der Staat bei ihrer Abwesenheit selbst tätig werden müsste. Soweit sie also ein entsprechendes staatliches Handeln ersetzen, ist es nach dieser Logik gerechtfertigt, auf Steuern ganz oder teilweise zu verzichten[68]. Die Selbstlosigkeit der Verfolgung steuerbegünstigter Zwecke schließt regelmäßig aus, dass private Konkurrenten vorhanden sind, die von einer Steuerbefreiung zugunsten der selbstlos handelnden Körperschaft benachteiligt werden könnten. Die Steuerbefreiung wegen Gemeinnützigkeit findet ihre Grenze demnach im Prinzip der Wettbewerbsneutralität der Besteuerung[69]. Dem trägt auch der Umstand Rechnung, dass der wirtschaftliche Geschäftsbetrieb regelmäßig nicht in den Genuss einer Steuerbefreiung kommt[70], da er in erheblichem Umfang zu profitorientiert agierenden Anbietern ähnlicher Leistungen in einem Konkurrenzverhältnis steht[71].

Folgerichtig können wirtschaftliche Geschäftsbetriebe auch nur dann als Zweckbetrieb einer Besteuerung entgehen, wenn sie nach § 65 Nr. 3 AO zu nicht begünstigten Betrieben derselben oder ähnlicher Art nicht in größerem Umfang in Wettbewerb treten, als es bei Erfüllung der steuerbegünstigten Zwecke unvermeidbar ist. § 65 Nr. 3 AO ermöglicht damit aber letztlich eine Abwägung zwischen dem Schutz der Wettbewerber einerseits und dem Interesse der Allgemeinheit an der Erbringung der gemeinwohlfördernden Tätigkeiten des Zweckbetriebes andererseits[72]. Daher wird durch die Fassung jenes Tatbestands eine konsequente Anwendung der selbst gesetzten bzw. implizierten Logik des Prinzips der Wettbewerbsneutralität der Besteuerung nicht hinreichend verwirklicht, da ein Tätigwerden trotz entsprechender Aktivitäten privater Konkurrenten und damit eine Wettbewerbsverfälschung sehr wohl in Kauf genommen wird. Wie streng auch immer man eine entsprechende Grenzziehung zum Ausschluss von Wettbewerbsverfälschungen verlangen müsste (was dann gegebenenfalls auch relevant wäre bei der Prüfung, ob eine Wettbewerbsverfälschung vorliegt, dazu 6.), die Prüfung nach § 65 Nr. 3 AO genügt schon wegen der hohen Abwägungsoffenheit diesen Erfordernissen jedenfalls nicht. Insofern besteht also keine hinreichend differenzierte, auf die wettbewerbspolitischen Auswirkungen bedachte, innere Logik der Besteuerung gemeinnütziger Körperschaften und ihrer Zweckbetriebe, die eine Beschränkung der Begünstigung auf gemeinnützige Körperschaften

---

67 Nicht zu rechtfertigen sind hingegen die Privilegien im Grund-, Umsatz- und Erbschaftssteuerrecht, da es insoweit nicht auf einen Ertrag ankommt; so auch *Benicke*, Die Bedeutung des EG-Rechts für gemeinnützige Einrichtungen, EuZW 1996, 165, 169; *Jestaedt*, in: Heidenhain (Hrsg.), Handbuch des Europäischen Beihilfenrechts, 2003, S. 164 und *Schön*, Taxation and State Aid Law in the European Union, CMLR 1999, 911, 928.

68 *Koenig*, in: Pahlke/Koenig (Hrsg.), AO, 2. Aufl. 2009, § 51 Rn. 1 ff.

69 So auch *Fischer*, in: Hübschmann/Hepp/Spitaler (Hrsg.), AO/FGO, § 57 Rn. 19, 138, EL 1993; *Hüttemann*, Gemeinnützigkeits- und Spendenrecht, 2008, S. 34; *ders.*, in: Jachmann (Hrsg.), Gemeinnützigkeit, 2003, S. 73 f.

70 *Isensee*, in: Jachmann (Hrsg.), Gemeinnützigkeit, 2003, S. 117 f.

71 *Hüttemann*, Wirtschaftliche Betätigung und steuerliche Gemeinnützigkeit, 1991, S. 113 ff.

72 So auch der BFH, Urt. v. 27.10.1993, Az. I R 60/91, BStBl. II 1994, S. 573, 575 und *Hüttemann*, in: Jachmann (Hrsg.), Gemeinnützigkeit, 2003, S. 74; ferner *Fischer*, FR 2009, 929, 935.

und ihre Zweckbetriebe als unbestimmte Maßnahme rechtfertigen könnte. Die alternativ zu unterstellende Logik, gemeinnützige Tätigkeit zu privilegieren, auch wenn sie in Wettbewerb zu profitorientiert tätigen Unternehmen tritt und damit die Abwägungsmöglichkeit zu rechtfertigen, kann wegen ihrer wettbewerbsverfälschenden Wirkung nicht als rechtfertigende Logik des Steuersystems akzeptiert werden. Bei teleologischer Interpretation der ausnahmsweise eröffneten Rechtfertigung einer Steuerbefreiung aus der Logik des Steuersystems heraus, kann diese also vorliegend nicht greifen, da im Ergebnis ein bestimmter Typus des auf einen steuerbegünstigten satzungsmäßigen Zweck ausgerichteten Unternehmens Privilegien erhält, auch wenn er Leistungen im Wettbewerb mit einem nicht privilegierten Unternehmen erbringt, von der Leistungsseite her also eine Vergleichbarkeit besteht. Andernfalls würde der Sinn und Zweck der Beihilfenkontrolle, nämlich grenzüberschreitende, wettbewerbsverfälschende Fördertatbestände einer unabhängigen Kontrolle durch die Europäische Kommission zu unterwerfen, nicht erreicht.

Noch deutlicher wird dies im Hinblick auf Krankenhäuser. Hier sieht § 67 AO eine pauschale Einordnung als Zweckbetrieb vor, soweit mindestens 40 % der jährlichen Belegungstage oder Berechnungstage auf Patienten entfallen, bei denen nur Entgelte für allgemeine Krankenhausleistungen berechnet werden. Krankenhäuser in gemeinnütziger Trägerschaft stehen aber regelmäßig zu privaten Klinikkonzernen in einem ausgeprägten Konkurrenzverhältnis. Unter die Zweckbetriebdefinition in § 65 AO wären sie nicht subsumierbar, so dass insofern eine konstitutive Erweiterung des Zweckbetriebsbegriffes vorliegt, die der inneren Logik des steuerlichen Gemeinnützigkeitsrechts auch unter einer selbst gesetzten Logik der Abwägung in keiner Weise entspricht[73] und daher die Sonderbehandlung von Krankenhäusern im Sinne von § 67 AO nicht rechtfertigen kann.

b) Der Spendenabzug nach § 10b Abs. 1 S. 1 EStG

Das soeben Gesagte gilt gleichermaßen (und erst recht) für den Spendenabzug. Zwar ist die Begünstigungswirkung auf Ebene des Spenders unbestimmt, da jeder theoretisch dazu in der Lage ist, für gemeinnützige Zwecke Geld zu spenden. Auf Ebene des Zweckbetriebes als Spendenempfänger ist die erforderliche Bestimmtheit jedoch gegeben, da der Kreis der Empfangsberechtigten nach objektiven Kriterien abgrenzbar ist. Auch eine Rechtfertigung aufgrund der inneren Logik des Besteuerungssystems scheidet zumindest für die Mehrzahl der Zweckbetriebe im Sinne der §§ 67 ff. AO aus, da diese regelmäßig zu privaten Anbietern in einem Wettbewerbsverhältnis stehen, denen Spenden aufgrund der fehlenden Abzugsmöglichkeit beim Spender nicht in gleichem Umfang zufließen. Insoweit ist auf die obige Argumentation zu verweisen (soeben a.).

---

73 Für Kliniken und Altenheime explizit *Isensee*, in: Jachmann (Hrsg.), Gemeinnützigkeit, 2003, S. 117.

5. Staatlich oder aus staatlichen Mitteln stammend

Eine Beihilfe wird vom Staat bzw. aus staatlichen Mitteln gewährt, wenn der Staat eine finanzielle Einbuße erleidet[74]. Dies kann einerseits dadurch geschehen, dass er gezielt Geld ausgibt und andererseits dadurch, dass er auf Einnahmen verzichtet, die ihm unter normalen Umständen zustehen würden. Danach lässt sich die Körperschaftsteuerbefreiung gemeinnütziger Körperschaften und ihrer Zweckbetriebe ohne Weiteres als staatlich qualifizieren. Das gilt zumindest soweit, als es sich nicht um durch die Körperschaften im Sinne des § 1 Abs. 1 Nr. 4–6 KStG vereinnahmte Spenden handelt[75]. Die Frage der Staatlichkeit des Spendenabzugs nach § 10b Abs. 1 EStG ist hingegen differenzierter zu beantworten. Zwar ist hier die Vorteilsgewährung an die gemeinnützige Körperschaft nur mittelbar staatlicher Herkunft, doch ist sie dennoch zumindest insoweit aus staatlichen Mitteln gewährt, als der Staat auf Steuereinnahmen verzichtet[76]. Daran ändert auch die Rechtsprechung des EuGH im Falle von *Preussen Elektra*[77] nichts, weil der Staat dort nicht einmal mittelbar auf Einnahmen verzichtete. Vielmehr lag der dortigen Entscheidung eine Regelung zugrunde, die auf die Einnahmeerzielung des Staates keine Auswirkungen hatte.

6. Wettbewerbsverfälschung

Die Beihilfe muss den Wettbewerb verfälschen oder zu verfälschen drohen. Eine Wettbewerbsverfälschung liegt vor, wenn die Beihilfe – tatsächlich oder potenziell – in ein bestehendes oder möglicherweise zur Entstehung kommendes Wettbewerbsverhältnis zwischen Unternehmen oder Produktionszweigen eingreift und damit den Ablauf des Wettbewerbs verändert. Erforderlich ist, dass Unternehmen oder Produktionszweige einen wirtschaftlichen Vorteil erhalten, den sie unter marktkonformen Voraussetzungen nicht erhielten und dadurch die Marktbedingungen der Wettbewerber verändert werden[78]. Weder das Wettbewerbsverhältnis noch die Verfälschung müssen tatsächlich vorliegen. Auch eine Beihilfe, die lediglich potenziell in ein möglicherweise zur Entstehung kommendes Wettbewerbsverhältnis eingreift, wird von Art. 107 Abs. 1 AEUV (ex-Art. 87 Abs. 1 EG) erfasst. Da im Einzelfall die Beihilfe schon die Entstehung eines Wettbewerbsverhältnisses und damit den Marktzutritt anderer Unternehmen behindern kann, ist die Berücksichtigung auch potenziell zur Entstehung kommender Wettbewerbsverhältnisse notwendig. Die Kommission war lange Zeit der Auffassung, dass aus dieser weiten Auslegung folge, dass jede Förde-

---

74 Vgl. zur Staatlichkeit von Begünstigungen ausführlich *Koenig/Kühling/Ritter*, EG-Beihilfenrecht, 2. Aufl. 2005, S. 116 ff.
75 So auch *Helios*, EG-beihilfenrechtliche Vereinbarkeit von gemeinnützigkeitsabhängigen Steuervergünstigungen (Teil 2), EWS 2006, 108, 117.
76 *Benicke*, Die Bedeutung des EG-Rechts für gemeinnützige Einrichtungen, EuZW 1996, 165, 169; *Hüttemann*, Gemeinnützigkeits- und Spendenrecht, 2008, S. 41.
77 EuGH, Rs. C-379/98, *Preussen Elektra AG*, Slg. 2001, I-1088.
78 EuGH, Rs. 730/79, *Philip Morris/Kommission*, Slg. 1980, 2671, Rn. 11.

rung naturgemäß den Wettbewerb verfälsche[79]. Dieser Auffassung ist der EuGH in der Entscheidung *Leeuwardener Papierwarenfabriek* entgegengetreten[80]. Da es in Ausnahmefällen an einer Verfälschung fehlen kann, ist die Kommission in ihren Beihilfenentscheidungen gehalten, die Umstände, aus denen sich die Wettbewerbsverfälschung ergibt, darzulegen[81]. Auf die Spürbarkeit einer festgestellten Wettbewerbsverfälschung kommt es dabei – oberhalb des von der Kommission in der Verordnung für De-minimis-Beihilfen festgelegten Schwellenwertes (dazu sogleich 8.) – nicht an[82].

Vor diesem Hintergrund verfängt auch der Hinweis auf § 65 Nr. 3 AO dahingehend nicht, dass dort das Ausmaß der Wettbewerbsbeeinträchtigung selbst zum Gegenstand der Einräumung des Steuerprivilegs gemacht wird. So ist ein Zweckbetrieb nur gegeben, wenn »der wirtschaftliche Geschäftsbetrieb zu nicht begünstigten Betrieben derselben oder ähnlicher Art nicht in größerem Umfang in Wettbewerb tritt, als es bei Erfüllung der steuerbegünstigten Zwecke unvermeidbar ist.« Dieses Prüfungskriterium der verhältnismäßigen Wettbewerbsbeeinträchtigung ist EU-beihilfenrechtlich gesprochen aber keine Frage des tatbestandlichen Vorliegens einer Beihilfe, sondern ihrer Genehmigungsfähigkeit. Denn für das Vorliegen einer Wettbewerbsverfälschung genügt, dass die Begünstigung – tatsächlich oder potenziell – in ein bestehendes oder möglicherweise zur Entstehung kommendes Wettbewerbsverhältnis zwischen Unternehmen oder Produktionszweigen eingreift und damit den Ablauf des Wettbewerbs verändert.

Krankenhäuser in gemeinnütziger Trägerschaft stehen regelmäßig zu privaten Klinikkonzernen in einem Konkurrenzverhältnis. Danach kann zumindest im Bereich der Krankenhäuser, wie wohl auch im Bereich des Gesundheits- und Pflegewesens allgemein, von einer Wettbewerbsverfälschung zwischen begünstigten und nicht begünstigten Unternehmen ohne Weiteres ausgegangen werden. In den übrigen Bereichen gemeinnütziger Tätigkeit hängt die Frage der Wettbewerbsverfälschung wesentlich von einer Einzelfachbetrachtung ab. Für einige Bereiche außerhalb des Gesundheitswesens lassen sich jedoch Tendenzaussagen treffen. So zeigt z.B. die *AWO-SANO*-Entscheidung[83] der Kommission, dass auch im Bereich der staatlich geförderten Naherholung Konfliktpotenzial besteht. Ein solches ist etwa gleichermaßen auf

---

79 Vgl. m.w.N. *Koenig/Kühling/Ritter*, EG-Beihilfenrecht, 2. Aufl. 2005, Rn. 177; *Cremer*, in: Calliess/Ruffert (Hrsg.), Kommentar zu EUV und EGV, 3. Aufl. 2006, Art. 87 EG, Rn. 12; ebenso Generalanwalt *Capotorti*, Schlussanträge zur Rs. 730/79, *Philip Morris/Kommission*, Slg. 1980, 2671, Rn. 4.

80 EuGH, verb. Rs. 296/82 und 318/82, *Leeuwarder Papierwarenfabriek BV*, Slg. 1985, 809, Rn. 24; Rs. C-329/93, *Bremer Vulkan*, Slg. 1996, I-5151, Rn. 52; Rs. C-457/00, *Belgien/Kommission*, Slg. 2003, I-6931, Rn. 103; EuG, Rs. T-217/02, *Ter Lembeek International N.V./Kommission*, Slg. 2006, II-4483, Rn. 246; siehe auch *Oppermann*, Europarecht, 2. Aufl. 1999, Rn. 1114; siehe hierzu ausführlich *Braun/Kühling*, CMLRev 2008, 465, 482 ff.

81 Gleiches gilt für das Merkmal der Handelsbeeinträchtigung, EuGH, Rs. C-15/98, *Sardegna Lines*, Slg. 2000, I- 8855, Rn. 68 ff.

82 Siehe etwa EuG, Rs. T-55/99, *CETM*, Slg. 2000, II-3207, Rn. 92 m.w.N. aus der Rechtsprechung.

83 Entscheidung der Kommission vom 20.2.2008, D/50714 COMP H2/CH/ - D(2008) 133.

dem Gebiet der Schülerbeförderung anzunehmen[84]. Dabei wird auch darauf zu achten sein, inwiefern sich in diesen Bereichen ein grenzüberschreitender Wettbewerb entwickelt (dazu sogleich 7.).

7. Zwischenstaatliche Handelsbeeinträchtigung

Das Beihilfenverbot betrifft nur solche Begünstigungen, die den Handel zwischen den Mitgliedstaaten beeinträchtigen. Das grenzüberschreitende Element dieser so genannten Zwischenstaatlichkeitsklausel kann man indes angesichts der immer dichter werdenden Handels-, Dienstleistungs- und Kapitalströme nur ausnahmsweise verneinen[85]. Auswirkungen auf den zwischenstaatlichen Handel können regelmäßig nur dann ausgeschlossen werden, wenn es sich um rein lokale Wirtschaftstätigkeiten handelt. Dies hat inzwischen auch in der Rechtsprechung des EuGH seinen Niederschlag gefunden[86] und wird auch von der Kommission so gesehen[87].

Gemeinnützige Einrichtungen agieren zunehmend europaweit. Insbesondere medizinische Dienstleistungen werden zunehmend grenzüberschreitend angeboten und nachgefragt. Soweit es sich demnach um steuerbefreite Zweckbetriebe handelt, kann davon ausgegangen werden, dass die diesen gewährten Steuerbefreiungen und Vergünstigungen zu einer zwischenstaatlichen Handelsbeeinträchtigung führen. Dies dürfte insbesondere für die in § 67 AO erwähnten Krankenhäuser gelten[88]. Im Übrigen wird jeweils eine Einzelfallprüfung erforderlich sein, wobei vor einer allzu leichtfertigen Verneinung des Tatbestandsmerkmals der Handelsbeeinträchtigung zu warnen ist. Die diesbezügliche Kommissionspraxis ist tendenziell streng.

8. De-minimis-Ausnahmen

Geldwerte Zuwendungen, die der Höhe nach einen bestimmten Betrag nicht überschreiten, werden von der Kommission als nicht alle Tatbestandsmerkmale des Art. 107 Abs. 1 AEUV (ex-Art. 87 Abs. 1 EG) erfüllend eingestuft und daher von der Notifizierungspflicht nach Art. 108 Abs. 3 AEUV (ex-Art. 88 Abs. 3 EG) freigestellt. Mit der De-minimis-Verordnung[89] wurde die Grenze bis zu der vermutet wird, dass es sich nicht um eine Beihilfe im Sinne des Art. 107 Abs. 1 AEUV (ex-Art. 87

---

84 Zu einer entsprechenden Beihilfenbeschwerde bei der Kommission (CP 220/200) siehe *Antweiler*, Der Nahverkehr 2009, S. 28.

85 *Koenig/Kühling/Ritter*, EG-Beihilfenrecht, 2. Aufl. 2005, S. 136.

86 Vgl. Etwa EuGH, Rs. 730/79, *Philip Morris*, Slg. 1980, 2671, Rn. 11; EuG, verb. Rs. T-228/99 und T-223/99, *WestLB*, Slg. 2003, II-435, Rn. 299.

87 Mitteilung der Kommission über die Förderung der Rolle gemeinnütziger Vereine und Stiftungen in Europa, KOM (1997) 241 endg., S. 11.

88 Siehe hierzu auch die Studie des Euro-Info-Verbraucher e.V., Grenzüberschreitende medizinische Versorgungsleistungen aus der Sicht der Verbraucher in Europa (abrufbar im WWW unter der URL www.eu-verbraucher.de/media/fichiers/file20090408309.pdf).

89 Kommission, Verordnung (EG) 1998/2006 v. 15.12.2006 über die Anwendung der Artikel 87 und 88 EG-Vertrag auf »De-minimis« Beihilfen, ABl. 2006, Nr. L 379 S. 5.

Abs. 1 EG) handelt, auf 200.000 € innerhalb eines Zeitraumes von drei Jahren festgesetzt, bzw. übergangsweise für Beihilfen in den Jahren 2009 und 2010 auf 500.000 € [90]. Diese Grenze ist fließend, so dass es bei einer Gewährung der Beihilfe im Jahre 2010 auf eine Gesamtschau der in den Jahren 2008, 2009 und 2010 gewährten Beträge ankommt. Dieser Höchstbetrag ist darüber hinaus als Freigrenze konzipiert. Überschreitet die Höhe der Zuwendungen innerhalb von drei Jahren den Betrag von 200.000 € (bzw. 500.000 €), so ist nicht etwa bloß der diesen Betrag übersteigende Anteil, sondern der gesamte Betrag zu notifizieren und am Maßstab des Art. 107 Abs. 1 AEUV (ex-Art. 87 Abs. 1 EG) zu messen. Zusätzlich ist darauf hinzuweisen, dass die Verordnung nur auf solche Beihilfen Anwendung findet, die entweder als Barzuwendungen ausgestaltet sind oder deren Bruttosubventionsäquivalent im Voraus genau berechnet werden kann, ohne dass eine Risikobewertung erforderlich ist (»transparente Beihilfen«), vgl. Art. 2 Abs. 3 und 3 der De-minimis-Verordnung 2006. An dieser Transparenz wird es bei den hier analysierten steuerlichen Beihilfen regelmäßig schon fehlen. Daher müsste zumindest ein Mechanismus aufgesetzt sein, der eine Kappung auf 200.000 € (bzw. 500.000 €) vornimmt, um das De-minimis-Privileg in Anspruch zu nehmen.

Der Gedanke hinter der De-minimis-Freistellung zielt dabei in zweierlei Richtung. Zum einen geht die Kommission in pauschalierender Weise davon aus, dass eine Beihilfe in geringer Höhe bereits nicht den Wettbewerb zu verfälschen geeignet ist bzw. jedenfalls den zwischenstaatlichen Handel nicht beeinträchtigt. Zum anderen stünde eine Überprüfung einer geringwertigen Beihilfe unter Effizienzgesichtspunkten in keinem Verhältnis zu den durch sie möglicherweise erzeugten Wirkungen. Die Transaktionskosten der Beihilfenkontrolle, hervorgerufen durch Administrationskosten auf Seiten des Beihilfenempfängers ebenso wie auf Seite der gewährenden staatlichen Stelle einerseits und den Kosten der Durchführung des Verfahrens durch die Kommission andererseits, lassen es interessengerecht und sinnvoll erscheinen, bis zu einer variablen Schwelle von einer generellen Vereinbarkeit einer Beihilfe mit dem Gemeinsamen Markt auszugehen.

In diese Richtung zielt auch die Regelung des § 64 Abs. 3 AO, derzufolge Einnahmen wirtschaftlicher Geschäftsbetriebe, die keine Zweckbetriebe sind, nach § 64 Abs. 3 AO generell von der Körperschaft- und Gewerbesteuer freizustellen sind, soweit sie im Jahr 35.000 € einschließlich Umsatzsteuer nicht übersteigen. Die Vorschrift beruht auf einem Vorschlag der Gemeinnützigkeitskommission, der es darum ging, gemeinnützige Vereine von bürokratischen Pflichten zu entlasten, ohne dabei erhebliche Wettbewerbsverfälschungen zu generieren[91]. § 64 Abs. 3 AO ist dabei dem Gedanken und den Vorgaben der De-minimis-Verordnung entsprechend als Frei-

---

90 Mitteilung der Kommission – Vorübergehender Gemeinschaftsrahmen für staatliche Beihilfen zur Erleichterung des Zugangs zu Finanzierungsmitteln in der gegenwärtigen Finanz- und Wirtschaftskrise, ABl. 2009, Nr. C 83 S. 7.
91 Die Bundesregierung schätzt, dass nunmehr 90 % der gemeinnützigen Körperschaften ihre Gewinne aus wirtschaftlichen Geschäftsbetrieben nicht mehr versteuern müssen, siehe BT-Drucks. 11/4176, S. 11 und *Tipke*, in: Tipke/Kruse (Hrsg.), AO, FGO, 118. EL 2009, § 64 AO Rn. 14.

grenze ausgestaltet[92], so dass bei einem Überschreiten der Freigrenze, unbeschadet etwaiger Freibeträge, die gesamten Gewinne der Besteuerung unterliegen. Dies ist auch konsequent, muss doch der Gesamtbetrag der Zuwendungen betrachtet werden, um eine Wettbewerbsverfälschung in pauschalierender Betrachtung auszuschließen. Kleinere wirtschaftliche Geschäftsbetriebe gemeinnütziger Körperschaften, die sich nicht als Zweckbetrieb qualifizieren lassen, dürften damit von einer steuerlichen Belastung verschont bleiben. Insoweit kann grundsätzlich davon ausgegangen werden, dass dann, wenn die Voraussetzungen des § 64 Abs. 3 AO vorliegen, auch der EU-Beihilfentatbestand nicht greift. Bei überregional tätigen und größeren Zweckbetrieben dürfte diese Freigrenze jedoch schnell überschritten sein, so dass diesbezüglich auch keine Befreiung von der EU-Beihilfenkontrolle über das De-minimis-Privileg erfolgt.

III. Rechtfertigungsmöglichkeiten

Wie bereits oben ausgeführt (II. 3.), kann eine Begünstigung vorliegend regelmäßig nicht im Wege der Anwendung der *Altmark-Trans*-Kriterien ausgeschlossen werden. Es fehlt insofern oftmals schon an einem Betrauungsakt bzw. an einem entsprechenden Ex-ante-Ausgleichssystem. In einzelnen Fällen dürfte auch der Effizienzmaßstab selbst bei einer reduzierten Kontrolldichte nicht erfüllt sein. Es kommt jedoch möglicherweise eine Rechtfertigung für Daseinsvorsorgedienste nach Art. 106 Abs. 2 AEUV (ex-Art. 86 Abs. 2 EG) auf der Basis des im Rahmen dieser Ausnahmevorschrift erlassenen sogenannten Monti-Paketes in Betracht sowie gegebenenfalls (dazu unten IV.) nach Art. 107 Abs. 2 und 3 AEUV (ex-Art. 87 Abs. 2 und 3 EG).

1. Art. 106 Abs. 2 AEUV (ex-Art. 86 Abs. 2 EG) und das Monti-Paket im Überblick

Die Kommission hat mit der Veröffentlichung des sogenannten Monti-Paketes den Rahmen für die Anwendung des Art. 106 Abs. 2 AEUV (ex-Art. 86 Abs. 2 EG) im Daseinsvorsorgebereich abgesteckt. Bestandteil dieses Monti-Paketes ist zum einen die »Entscheidung der Kommission über die Anwendung von Art. 86 Abs. 2 EG-Vertrag auf staatliche Beihilfen, die bestimmten mit der Erbringung von Dienstleistungen von allgemeinem wirtschaftlichen Interesse betrauten Unternehmen als Ausgleich gewährt werden«[93] und zum anderen der »Gemeinschaftsrahmen für staatliche Beihilfen, die als Ausgleich für die Erbringung öffentlicher Dienstleistungen gewährt werden«[94]. Darin legt die Kommission den Rahmen für die Rechtfertigung staatlicher Beihilfen an Unternehmen fest, die mit der Erbringung von Dienstleistungen von allgemeinem wirtschaftlichen Interesse betraut sind. Die Entscheidung und der Gemeinschaftsrahmen unterscheiden sich auf der Tatbestandsseite nur geringfügig. Die

---

92 Siehe nur *Koenig*, in: Pahlke/Koenig (Hrsg.), Abgabenordnung, 2. Aufl. 2009, § 64 AO Rn. 20.
93 Im Folgenden »Kommissionsentscheidung«; KommE v. 28.11.2005, ABl. 2005, Nr. L 312, S. 67 ff.
94 Im Folgenden »Gemeinschaftsrahmen«; ABl. 2005, Nr. C 297, S. 4 ff.

Unterschiede betreffen im Wesentlichen die zulässige absolute Höhe der Ausgleichszahlung, wobei für den hier relevanten Krankenhausbereich ohnehin kein Schwellenwert greift (vgl. Art. 2 lit. b der Kommissionsentscheidung).

Auf der Rechtsfolgenseite unterscheiden sich die beiden Kommissionsvorgaben dadurch, dass es im Rahmen der Kommissionsentscheidung nach deren Art. 3 keiner Notifizierung im Sinne des Art. 88 Abs. 3 EG bedarf, während nach dem Gemeinschaftsrahmen weiterhin eine Notifizierungspflicht besteht.

Im Übrigen greifen bei beiden Regelungen die ersten drei Kriterien der im *Altmark-Trans*-Urteil begründeten Rechtsprechungslinie (dazu im Einzelnen oben II. 3.). Voraussetzungen sind damit nach wie vor ein Betrauungsakt und die aus diesem selbst im Voraus erfolgende Festlegung der Parameter für die Berechnung der Ausgleichszahlung. Außerdem sind Vorkehrungen dafür zu treffen, dass es nicht zu einer Überkompensation kommt bzw. erhöhte Ausgleichszahlungen zurückgefordert werden. So darf gemäß Art. 5 Abs. 1 der Kommissionsentscheidung die Ausgleichszahlung nicht über das hinausgehen, was erforderlich ist, um die durch die Gemeinwohlverpflichtung verursachten Kosten unter Berücksichtigung der dabei erzielten Einnahmen und einer angemessenen Rendite auf das für die Erfüllung der Verpflichtungen eingesetzte Eigenkapital abzudecken.

2. Insbesondere: kein Effizienzkostenmaßstab

Entscheidend ist dagegen, dass es (auch bei Fehlen einer Ausschreibung) bei der Bemessung der Kompensationszahlung nicht auf die Höhe der Kosten eines effizienten Unternehmens im Sinne des vierten *Altmark-Trans*-Kriteriums ankommen soll, sondern auf die tatsächlich entstandenen Kosten. An diesem Punkt unterscheiden sich die Kommissionsentscheidung und der Gemeinschaftsrahmen von der *Altmark-Trans*-Rechtsprechung. Die Kommission zeigt sich in diesem Punkt also durchaus großzügig und stellt die von ihr sonst stets verlangte effiziente Leistungserfüllung zugunsten einer Ist-Kosten-Betrachtung in den Hintergrund. Dies wird auch in der bisherigen Entscheidungspraxis der Kommission deutlich, zuletzt auch im Gemeinnützigkeitssektor im Falle der AWO SANO gGmbH[95]. Dort wurde eine Rechtfertigung auf Grundlage von Art. 106 Abs. 2 AEUV (ex-Art. 86 Abs. 2 EG) mit dem Argument bejaht, dass das von der AWO SANO gGmbH betriebene Feriendorf Rerik in den Jahren 2002 bis 2006 auch unter Berücksichtigung der Investitionskostenzuschüsse stets Verluste ausgewiesen hatte. Der Entscheidung ist zu entnehmen, dass es auf die Zusammensetzung der Ist-Kosten nicht anzukommen scheint. Ausschlaggebend scheint vielmehr allein der Umstand zu sein, dass diese durch die Investitionskostenzuschüsse nicht überkompensiert werden. Es wird also weder zwischen den Kosten für die Verfolgung der gemeinnützigen Zwecke und den sonstigen Kosten differenziert, obwohl die Kommission dies ausweislich des Monti-Pakets für unerlässlich erachtet[96], noch wird auch nur ansatzweise eine Plausibilitätskontrolle der

---

95 KommE vom 20.2.2008, D/50714 COMP H2/CH/ - D(2008) 133, S. 6.
96 Gemeinschaftsrahmen, ABl. 2005, Nr. C 297, S. 6 und Entscheidung der Kommission vom 28.11.2005, ABl. 2005, Nr. L 312, S. 71 f.

Effizienzorientierung der entstandenen Kosten durchgeführt. Eine solche Vorgehensweise der Kommission gibt – unabhängig von dem konkret bewerteten Fall – Anlass zu Bedenken, nicht zuletzt weil sie der missbräuchlichen Ausnutzung Tür und Tor öffnet. So werden beispielsweise überhöhte Geschäftsführergehälter oder ähnliche Kostenpositionen keinem Drittvergleich unterzogen[97]. Die teils scharfe Kritik an einer angeblich überzogenen Strenge der *AWO-SANO*-Entscheidung und einer marktliberalistischen Grundhaltung[98] ist vor diesem Hintergrund nicht nachvollziehbar.

Im Rahmen der Körperschaftsteuerbefreiung von Zweckbetrieben und unter diesen insbesondere den Krankenhäusern hilft diese Großzügigkeit der Kommission allerdings ohnehin nicht entscheidend weiter. Denn diese Befreiung kommt ja nur zum Tragen, soweit Gewinne erwirtschaftet werden.

Anders sieht es im Hinblick auf die Spenden aus. Solange diese nicht den tatsächlich angefallenen Aufwand übersteigen, werden sie von der Kommission nicht beanstandet werden. Dies zeigt sich deutlich in der *AWO-SANO*-Entscheidung, in der die Kommission die Beihilfe jedenfalls deshalb für gerechtfertigt hielt, weil der Begünstigte trotz der staatlichen Begünstigung einen Verlust erwirtschaftete[99]. Ob die Begünstigung direkt vom Staat gewährt wird oder mittelbar über den Spender erfolgt, kann keinen Unterschied machen, da sich an der staatlichen Herkunft der Mittel nichts ändert. Die Mittel sind jedoch nur insoweit staatlicher Herkunft, als sich die Steuerlast des Spenders mindert bzw. der Staat auf Steuereinnahmen verzichtet, also höchstens in Höhe des individuellen Grenzsteuersatzes.

Insofern kann festgehalten werden, dass sich ein Zweckbetrieb, der keinen Gewinn erwirtschaftet, nach der Logik der *AWO-SANO*-Entscheidung auf der beihilfenrechtlich sicheren Seite befindet. Die Körperschaftsteuerbefreiung findet mangels Gewinnerzielung keine Anwendung und die Spendeneinnahmen führen nicht dazu, dass der Betrieb einen Gewinn erzielt, so dass sie im Sinne der *AWO-SANO*-Entscheidung gerechtfertigt sind. Da Zweckbetriebe aber oftmals Gewinne für die verbundene gemeinnützige Organisation erzielen sollen, dürfte dies nur für einen begrenzten Teil der im Gemeinnützigkeitsbereich tätigen Zweckbetriebe von Bedeutung sein.

IV. Handlungsbedarf

Im Ergebnis wird deutlich, dass sowohl die geltende Körperschaftsteuerbefreiung für Zweckbetriebe als auch die Spendenabzugsmöglichkeit in der derzeitig praktizierten Form einer pauschalen Begünstigungswirkung keinen Bestand haben können. Vielmehr sind sie sektorspezifisch durch komplementäre Regelungen derart zu flankie-

---

97 Siehe hierzu beispielsweise den Beitrag über die Dienstwagenaffäre des Geschäftsführers der Berliner Treberhilfe (abrufbar im WWW unter der URL http://www.stern.de/panorama/affaere-um-treberhilfe-chef-was-kostet-ein-gebrauchter-maserati-1546396.html).

98 So *Fischer*, Marktliberalismus versus Europäisches Sozialmodell, FR 2009, 929 ff.

99 KommE vom 20.2.2008, D/50714 COMP H2/CH/ - D(2008) 133, S. 6.

ren, dass ihre Wirkung für die begünstigten Betriebe auf die Kompensation zusätzlicher Kosten für näher spezifizierte Daseinsvorsorgedienste beschränkt wird. Dies kann auf der Basis der *Altmark-Trans*-Kriterien erfolgen. Dann ist allerdings ein Betrauungsakt erforderlich und es ist zugleich ein System für die Berechnung und Überwachung einer bloßen Nettomehrkosten-Kompensation zu errichten, wobei darauf zu achten sein wird, dass Kosten der Ineffizienz nicht berücksichtigt werden. Insoweit dürfte in den meisten Bereichen des Gemeinnützigkeitssektors noch erheblicher Handlungsbedarf bestehen. Auf der Basis des fragwürdigen Ansatzes des Monti-Paketes kann dabei eine Notifizierungspflicht entfallen, selbst wenn das vierte *Altmark-Trans*-Kriterium des Effizienzkostenmaßstabs nicht erfüllt ist. Ob dieser Schritt von der Aufweichung des vierten Kriteriums durch das *BUPA*-Urteil hin zu dessen Aufgabe im Falle einer gerichtlichen Kontrolle durch den EuGH Bestand haben wird, darf bezweifelt werden[100]. Vorläufig kann sich der Gemeinnützigkeitssektor daran gleichwohl orientieren.

Diese Anforderungen an einen Betrauungsakt stehen allerdings gegebenenfalls im Konflikt mit dem Ziel, eine Umsatzsteuerpflicht des Zuwendungsempfängers zu vermeiden. Eine solche Umsatzsteuerpflicht entsteht, wenn sich die Zuwendung nicht als echter Zuschuss, sondern als steuerbarer Leistungsaustausch darstellt. Dabei wird ein hoher Präzisierungsgrad bei Art und Dauer der Gemeinwohlverpflichtung zu der Annahme führen, dass es sich um einen umsatzsteuerpflichtigen Leistungsaustausch handelt. Eine hinreichend präzise Bestimmung von Art und Dauer der Gemeinwohlverpflichtung ist jedoch gerade nach der Kommissionsentscheidung und dem Gemeinschaftsrahmen Voraussetzung für eine Freistellung von der Notifizierungspflicht. Die Einhaltung der gemeinschaftsrechtlichen Vorgaben würde also möglicherweise zu einer nicht erwünschten Umsatzsteuerpflicht der gewährten Zuwendungen führen. Um dies zu vermeiden, müssten die Betrauungsakte den schwierigen Weg zwischen den europäischen Vorgaben als EU-beihilfenrechtlicher Skylla einerseits und einem die Umsatzsteuerpflicht begründenden Leistungsaustausch als deutsche steuerrechtliche Charybdis andererseits finden. Die Formulierung muss also so präzise gehalten werden, dass sie den Anforderungen an einen hinreichend bestimmten Betrauungsakt genügt, gleichzeitig aber vage genug bleiben, um die Zuwendung als echten Zuschuss und nicht als Gegenleistung für eine erbrachte Leistung des Zuwendungsempfängers zu qualifizieren.

Für diejenigen Betriebe im Gemeinnützigkeitssektor, die unterhalb der Schwelle des § 64 Abs. 3 AO liegen, besteht hingegen regelmäßig kein EU-beihilfenrechtlicher Handlungsbedarf, weil dann zumeist auch die De-minimis-Schwelle der De-minimis-Verordnung eingehalten wird und damit keine notifizierungspflichtige Beihilfe vorliegt. Größere Unternehmen werden von diesem Privileg allerdings kaum profitieren. Das gilt für zahlreiche Zweckbetriebe im Gesundheitssektor im Allgemeinen und für Krankenhäuser im Besonderen.

Nur wenn keiner dieser Wege beschritten werden kann und soll, bleibt die Möglichkeit einer Einzelfallnotifizierung und -genehmigung auf der Basis des Art. 107 Abs. 3 AEUV (ex-Art. 87 Abs. 3 EG). Die Kommission hat in zahlreichen Gruppen-

---

100 Kritisch zu Recht *Cremer*, Europäisches Beihilfenrecht und seine Auswirkungen auf das deutsche Krankenhauswesen, ZIAS 2008, 198, 238 f.

freistellungsverordnungen und Leitlinien ihr Ermessen für den jeweiligen Bereich ausgeübt und sich insofern selbst gebunden[101]. Für den Gesundheitssektor und auch für das übrige Gemeinnützigkeitswesen bestehen aber keine derartigen spezifischen Freistellungsverordnungen oder auch nur entsprechende Leitlinien. Dies bedeutet freilich nicht, dass derartige Beihilfen nicht genehmigungsfähig wären. Der Kommission steht es frei, auch eine solche zu genehmigen. Allerdings dürften regelmäßig kaum Gründe anzuführen sein, warum eine Beihilfe erforderlich und verhältnismäßig und daher genehmigungsfähig im Sinne des Art. 107 Abs. 3 AEUV (ex-Art. 87 Abs. 3 EG) ist, obwohl sie nicht die doch sehr geringen Anforderungen des Monti-Pakets erfüllt. Eine Genehmigungsfähigkeit jenseits der dortigen Vorgaben ist daher eher unwahrscheinlich. Die engen Voraussetzungen der Legalausnahmen nach Art. 107 Abs. 2 AEUV (ex-Art. 87 Abs. 2 EG) kommen vorliegend ohnehin nicht in Betracht.

Damit besteht in den Tätigkeitsbereichen von Zweckbetrieben im Gemeinnützigkeitssektor, die jenseits der De-minimis-Schwelle Begünstigungsleistungen erlangen, ein erheblicher Handlungsbedarf. Für den hier exemplarisch untersuchten Krankenhaussektor gilt das auf jeden Fall und zwar nicht nur mit Blick auf die vorliegend analysierten Begünstigungselemente in Form von Steuerbefreiungen und mittelbaren Steuervorteilen, sondern gleichermaßen für sonstige Leistungssubventionen. In anderen wettbewerbsrelevanten Bereichen wie dem bereits angesprochenen Schülertransport gilt dasselbe.

V. Fazit und Ausblick

Die erste Entscheidung der Kommission zu Beihilfen im Gemeinnützigkeitssektor im Fall *AWO SANO* zeigt zweierlei: Zum einen ist die Kommission bereit, auch in diesem Bereich das EU-Beihilfenrecht anzuwenden und Wettbewerbsverzerrungen zu vermeiden. Das ist zu begrüßen. Zum anderen wird deutlich, dass sie in Fortentwicklung des Monti-Paketes großzügige Kontrollmaßstäbe anwendet. Das ist in der jetzigen Stoßrichtung – ebenso wie das Monti-Paket selbst – durchaus zweifelhaft. So stellt sich insbesondere die Ausgestaltung des vierten *Altmark-Trans*-Kriteriums durch die Kommissionsentscheidung und den Gemeinschaftsrahmen im Monti-Paket als problematisch dar. Während die ersten drei *Altmark-Trans*-Kriterien unangetastet bleiben, wird das vierte *Altmark-Trans*-Kriterium durch die Kommissionsentscheidung im *AWO-SANO*-Fall und durch das Monti-Paket letztlich beseitigt. Ob eine solche Aufweichung bzw. Beseitigung gerade des vierten Prüfkriteriums im Hinblick auf die wettbewerblichen Auswirkungen der Begünstigung von Zweckbetrieben sinnvoll ist, muss bezweifelt werden. Der Sinn der *Altmark-Trans*-Kriterien ist nämlich nicht die Belohnung von Ineffizienzen, sondern im Gegenteil gerade die Beschränkung der Kompensation auf die Kosten eines effizienten Leistungserbringers. Nur eine solche Interpretation wird der Zielsetzung des EU-Beihilfenrechts gerecht.

Stattdessen wäre es – nicht zuletzt auch mit Blick auf die umsatzsteuerrechtlichen Implikationen – sachdienlicher, die Anforderungen an die Präzisierung von Art und

---

101 *Koenig/Kühling/Ritter*, EG-Beihilfenrecht, 2. Aufl. 2005, S. 158 und 230 f.

Dauer der Gemeinwohlverpflichtung aufzuweichen, um so eine größere Flexibilität bei der Aufgabenentwicklung durch den Zuwendenden und den Zuwendungsempfänger zu ermöglichen[102], die Höhe der Kompensation aber zumindest tendenziell an den Kosten eines effizienten Leistungserbringers auszurichten. Damit würden die Auswirkungen auf den freien Wettbewerb minimiert, während gleichzeitig die Flexibilität der beteiligten Akteure bei der Gewährung der Zuwendungen erhöht würde. Dabei ist auch weiterhin grundsätzlich daran festzuhalten, dass die Parameter für den Ausgleich im Voraus objektiv und transparent festgelegt werden und Mechanismen zur Vermeidung einer Überkompensation etabliert und etwaig geleistete Überkompensationen zurückgefordert werden müssen.

Mit dem jetzigen Kommissionsansatz besteht die Gefahr, dass ein umfassendes Berichtswesen, eine »Daseinsvorsorge-Lyrik« in Betrauungsakten und ein umfangreiches Erfassen von tatsächlichen und zu kompensierenden Kosten erfolgt, ohne dass ineffiziente Anbieter von Wohlfahrtsleistungen aus dem Markt ausscheiden oder die Kompensation nicht kompensationsbedüftiger Leistungen tatsächlich eingeschränkt wird. Der umfangreiche Bericht im Vorfeld der *AWO-SANO*-Entscheidung[103] deutet eine solche fragliche Entwicklung bereits an. Statt eines effektiven Schutzes des Wettbewerbs im Sinne einer Optimierung der Angebote im Gemeinnützigkeitssektor gerade dort, wo dies im Wettbewerb erfolgt bzw. erfolgen kann, würden nur zusätzliche Transaktionskosten geschaffen, die im Ergebnis sowohl dem Staat als auch dem Gemeinnützigkeitssektor entzogen werden, um die begrenzten Ressourcen für eine optimale Aufgabenerfüllung zu verwenden.

Angesichts der ersten Kontrollpraxis gerade in wettbewerbsrelevanten Bereichen sollten sich die entsprechenden Träger der Zweckbetriebe im Übrigen jeweils kritisch die Frage stellen, ob eine Expansion in wettbewerbsintensive Bereiche (wie etwa den Schülertransport) wirklich der richtige Schritt ist.

Die pauschale Wirkungsweise der Steuerprivilegien der §§ 5 Abs. 1 Nr. 9 KStG und § 10b Abs. 1 EStG, soviel ist anhand der vorliegenden Untersuchung deutlich geworden, stößt sich unabhängig davon tendenziell am ohnehin schon großzügigen Prüfungsansatz der EU-Beihilfenkontrolle. Das liegt aber nicht daran, dass hier ein Marktliberalismus mit einem Sozialmodell konfligiert[104]. Vielmehr ist der Grund darin zu suchen, dass im Gemeinnützigkeitswesen aus ursprünglich durchaus berechtigten Motiven heraus hoheitliche Begünstigungsmechanismen geschaffen wurden, die nicht hinreichend gewährleisten, dass die Angemessenheit von Leistungs- und Gegenleistungsverhältnissen transparent und nachvollziehbar ist und etwaige Überkompensationen im Falle von hoheitlichen Vorteilsgewährungen vermieden werden. Ein EU-beihilfenrechtliches Screening dieser Begünstigungsmechanismen wird das Gemeinnützigkeitswesen nicht beschädigen. Ganz im Gegenteil. Schon aus nationaler Sicht ist letztlich eine solche Transparenz und Rechtfertigung zu verlangen, nicht zuletzt vor dem Hintergrund der Gewährleistung eines effizienten Einsatzes von Steuergeldern. Denn nur um die diesbezügliche Kontrolle geht es. Werden keine Steuervorteile gewährt und keine sonstigen staatlichen Fördermaßnahmen er-

---

102 Insoweit ist der Kritik von *Fischer*, Marktliberalismus versus Europäisches Sozialmodell, FR 2009, 929, 934, an der Notwendigkeit einer staatlichen Beauftragung zuzustimmen.

103 Vgl. dazu den Hinweis in Fn. 55.

104 So aber *Fischer*, Marktliberalismus versus Europäisches Sozialmodell, FR 2009, 929.

griffen, besteht auch kein diesbezügliches Kontrollbedürfnis. Vereinfacht gesagt: Die Spendentätigkeit wird ja erst durch die steuerliche Privilegierung zu einem steuerlich und damit staatlich relevanten Vorgang. Diese hier dargelegte Kontrolle der Angemessenheit von Leistungen und Gegenleistungen ist die öffentliche Hand jedenfalls der Gemeinschaft der Steuerzahler schuldig. Zu einer zusätzlichen Kontrollschicht durch das EU-Beihilfenrecht kommt es, wenn die Begünstigungselemente Auswirkungen auf den grenzüberschreitenden Wettbewerb haben (können). Dann greift eine verschärfte Transparenz- und Darlegungsnotwendigkeit dahingehend, dass Vorteile und Gegenleistungen tatsächlich in einem angemessenen Verhältnis stehen müssen.

Eine vernünftige Anwendung dieser beihilfenrechtlichen Kontrollvorgaben kann und sollte also dazu führen, dass das gemeinsame Ziel beflügelt wird, die begrenzten staatlichen und privaten Ressourcen möglichst effizient einzusetzen, um qualitativ hochwertige und möglichst kostengünstige Leistungen im Gemeinnützigkeitswesen zu ermöglichen. Ein Zielkonflikt zwischen EU-Beihilfenrecht und dem Gemeinnützigkeitswesen besteht also nicht[105]. Ein solcher existiert allenfalls zwischen dem EU-Beihilfenrecht und einzelnen ineffizienten, verkrusteten und intransparenten Unternehmen im Gemeinnützigkeitsbereich. Daher sollte die sinnvolle Anwendung des Beihilfenrechts auch von den Interessenvertretern im Gemeinnützigkeitswesen proaktiv und gestalterisch angegangen werden, um den Gemeinnützigkeitsbereich zu stärken und Effizienzpotenziale zu schöpfen, anstatt die Energie darauf zu verwenden, das EU-Beihilfenrecht zu einer bloß transaktionskostensteigernden Bürokratieschicht zu degenerieren.

VI. Zusammenfassung

1. In ihrer derzeitigen Ausgestaltung verstoßen eine Reihe direkter und indirekter Begünstigungstatbestände zugunsten gemeinnütziger Betriebe gegen das EU-Beihilfenrecht. Das gilt auch für die verschiedenen Privilegierungen von Zweckbetrieben im Sinne von § 65 AO. Am Beispiel der Krankenhäuser nach § 67 AO lässt sich dies besonders deutlich veranschaulichen. Auch für die anderen Zweckbetriebe sind jene Fördertatbestände jedoch beihilfenrechtlich problematisch.
2. Dabei ist grundsätzlich von der Unternehmensqualität sämtlicher Zweckbetriebe auszugehen.
3. Auch das Tatbestandsmerkmal der Staatlichkeit der Mittelherkunft liegt vor.
4. Eine EU-beihilfenrechtlich relevante bestimmte Begünstigung ist mit Blick auf die Körperschaftsteuerbefreiung nach § 5 Abs. 1 Nr. 9 KStG gegeben. Denn diese weicht von den allgemeinen Regeln des Steuersystems ab und kann nicht durch dessen innere Logik gerechtfertigt werden. Gleiches gilt für den Spendenabzug nach § 10b Abs. 1 S. 1 EStG als mittelbare Begünstigungsform.
5. Angemessene, die Begünstigung ausschließende Gegenleistungen für diese Privilegierungen mögen im Einzelfall vorliegen, werden jedoch regelmäßig nicht im vor-

---

105 Anders *Fischer*, Marktliberalismus versus Europäisches Sozialmodell, FR 2009, 929.

hinein durch entsprechende Kontrollinstrumente abgesichert. So fehlt es zumeist an Mechanismen, um eine Überkompensation für etwaig erbrachte gemeinnützige Leistungen auszuschließen, ebenso wie in den meisten Fällen eine (minimale) Effizienzkontrolle nicht ersichtlich ist. Der Beihilfentatbestand kann daher auf diesem Wege bislang regelmäßig nicht verneint werden.

6. Eine Wettbewerbsverfälschung und auch eine Handelsbeeinträchtigung werden in den meisten Begünstigungsfällen ebenfalls anzunehmen sein. Selbst eine rein lokale Tätigkeit wird Wettbewerbsverfälschungen zumeist nicht zu vermeiden vermögen. Allerdings wird in zahlreichen Fällen die De-minimis-Schwelle greifen, wenn keine Förderleistungen in Höhe von 200.000 € (bzw. zurzeit grundsätzlich 500.000 €) innerhalb von drei Jahren gezahlt werden. Erfüllen Betriebe die Voraussetzungen des § 64 Abs. 3 AO und erzielen Einnahmen in Höhe von weniger als 35.000 € pro Jahr, greift grundsätzlich jenes De-minimis-Privileg, so dass keine notifizierungspflichtige Beihilfe vorliegt.

7. Als Konsequenz der EU-Beihilfenrechtswidrigkeit einzelner Fördertatbestände droht ultimativ die Pflicht zur Rückzahlung der aufgrund der Erleichterungen erlangten Vorteile. Es gibt jedoch regelmäßig verschiedene Möglichkeiten, die steuerlichen Begünstigungstatbestände beihilfenrechtskonform auszugestalten. Das ist vor allem dann möglich, wenn ein transparentes Leistungs-Gegenleistungs-Verhältnis durch die öffentliche Hand geschaffen wird. Dieses wird in der Kommissionspraxis in Bezug auf Dienstleistungen von allgemeinem wirtschaftlichen Interesse großzügig gehandhabt, so dass der öffentlichen Hand bei der Ausgestaltung im Einzelfall ein ausreichender Spielraum verbleibt.

8. Die öffentliche Hand darf allerdings nicht pauschal von der Körperschaftsteuer befreien, sondern muss sektorspezifische Regeln erlassen, um eine EU-Beihilfenrechtskompatibilität herzustellen. Dabei muss darauf geachtet werden, dass ein hinreichender Betrauungsakt in Form eines Rechts- und/oder Verwaltungsaktes im Sinne der *Altmark-Trans*-Rechtsprechung existiert, der Art und Dauer der Gemeinwohlverpflichtung, das betraute Unternehmen und den geografischen Geltungsbereich, Art und Dauer der dem Unternehmen gegebenenfalls gewährten ausschließlichen oder besonderen Rechte, die Parameter für die Berechnung, Überwachung und etwaige Änderung der Ausgleichszahlungen sowie die Vorkehrungen zur Vermeidung einer Überkompensation festlegt. Diesen Anforderungen genügen die Regelungen in Bezug auf Krankenhäuser trotz der denkbaren Betrauung durch § 1 KHG i.V.m. den Aufnahmebescheiden in die Landeskrankenhauspläne regelmäßig nicht. Allerdings sind hier inzwischen zum Teil spezifische Betrauungsakte erfolgt, die den *Altmark-Trans*-Anforderungen gegebenenfalls gerecht werden (können).

9. Bei der Höhe der zulässigen Nettomehrkosten zeichnet sich ab, dass die Kommission im Rahmen der Anwendung des Monti-Paketes auf eine Begrenzung in Form eines objektiven Kostenmaßstabes, der durch ein effizientes Unternehmen bestimmt wird, zu verzichten bereit ist und stattdessen die tatsächlichen Nettomehrkosten als ausgleichsfähig anerkennt. Das ist durchaus fraglich. Sinnvoller wäre ein Aufweichen der Anforderungen an den Betrauungsakt, um die Handlungsflexibilität der Unternehmen im Gemeinnützigkeitssektor zu bewahren und zugleich eine unnötige Mehrwertsteuerpflichtigkeit zu vermeiden. Auf eine Effizienzkontrolle sollte hingegen nicht gänzlich verzichtet werden.

10. Eine vernünftige Anwendung dieser beihilfenrechtlichen Kontrollvorgaben kann und sollte dazu führen, dass das gemeinsame Ziel beflügelt wird, die begrenzten staatlichen und privaten Ressourcen möglichst effizient einzusetzen, um qualitativ hochwertige und möglichst kostengünstige Leistungen im Gemeinnützigkeitswesen zu ermöglichen. Ein Zielkonflikt zwischen EU-Beihilfenrecht und dem Gemeinnützigkeitswesen bzw. noch grundsätzlicher zwischen einem (beihilfenrechtlich induzierten) Marktliberalismus und einem Europäischen Sozialmodell besteht also nicht.

VII. Summary

1. In their current form various direct an indirect advantageous taxation provisions favouring non profit entities violate European State Aid Law. This also holds true for several privileges benefiting commercial activities of non profit organizations as described in sec. 65 et seq. (Abgabenordnung; AO; Tax Law). This becomes clearly evident with a view to hospitals in the sense of sec. 67 AO but is also valid with regard to the remaining commercial activities of non profit organizations.
2. The legal entities performing commercial activities within the nonprofit organization can generally be qualified as undertakings in the sense of Art. 107 para. 1 TFEU.
3. This aid is also granted by a member state.
4. A preferential treatment in the sense of Art. 107 para. 1 TFEU can be seen in the exoneration from levying corporate income tax with regard to non profit organizations as set down in sec. 5 para. 1 no. 9 KStG. This constitutes an abberation from the general principles of the german taxation system and cannot be justified by its inner logic. The same holds true for the possibility to deduct donations to non profit organizations from the assessment basis as an indirect means of favourable treatment.
5. Adequate equivalents for this preferential treatment may exist from time to time. They are however not secured from the outset by certain elements of control through the member state. In particular there are no mechanisms in existence to avoid overcompensation for public services performed by non profit organizations. Furthermore hardly any efficiency control mechanisms seem to be in place. The statutory elements of Art. 107 para. 1 TFEU cannot therefore be denied on the basis of a missing preferential treatment due to the existence of an adequate equivalent.
6. A distortion of competition as well as an effect on trade between member states will most likely also be given in most cases. Even merely local activities will regularly cause a distortion of competition. However the de-minimis-threshold will come into effect, if the amount of aid granted does not exceed the sum of 200.000 € (resp. 500.000 € until the end of 2010) within a period of three years. Undertakings fulfilling the requirements of sec. 64 para. 3 AO by earning less than 35.000 € a year are also below the de-minimis-threshold, resulting in a lack of duty to notify state aid.

7. As a consequence of the violation of EU State Aid law, the granted funds may ultimately be reclaimed. There are however various possibilities to make preferential taxation provisions compatible with EU State Aid law. This can be achieved in particular by creating transparent relationships of exchange between state and beneficiary. The European Commission has thusfar been generous when judging the adequacy of the funds granted for the operation of services of general economic interest. The member states therefore have a wide discretion when judging the adequacy of compensation granted for services of general economic interest performed.

8. The public authorities however may not generally exempt certain undertakings from corporate income taxation. This would be a clear breach of EU State Aid law. In order to create EU State Aid compatibility the public authorities must establish specific rules for each sector. Therefore, the public service obligations must be conferred upon the undertaking by entrustment through one or more official acts. These acts must define the precise nature and duration of the public service obligations, the undertakings and territory concerned, the nature of any exclusive or special rights assigned to the undertaking, the parameters for calculating, controlling, and reviewing the compensation, and the arrangements for avoiding and repaying any overcompensation. These requirements are generally not met by sec. 1 Krankenhausgesetz (Hospital Act) and the admittance into the federal hospital plans. However there have been several specific acts of entrustments which come closer to meeting the Altmark-Trans-Criteria.

9. The Monti-Package shows that the European Commission is willing to derogate from the Altmark-Trans-Criteria that only the costs of an efficient undertaking performing the services of general economic interest are eligible for compensation. According to the European Commission the net additional costs are the basis for calculating the permissible amount of compensation. This view is indeed disputable. It seems more reasonable to soften the requirements concerning the entrustment Act, which would create more flexibility when assigning and reassigning the services of general economic interest and the compensation granted as well as avoid the unnecessary burden of value added taxation. Additionally, the European Commission should not completely disestablish the principle of efficient provision of services.

10. The reasonable application of the State Aid control measures should foster the common goal of using the limited public and private funds in an efficient manner in order to provide high quality services at competitive prices in the non profit sector. Accordingly no conflict of aims is apparent between EU State Aid law and non profit law or even in a more fundamental sense between market liberalism and a European social framework.

Corporate Social Responsibility in Non-Profit-Organisationen: notwendig oder überflüssig?

Dorothea Baur

I. Einleitung

Non-Profit Organisationen haben spätestens seit dem Ende des Kalten Krieges und der darauf folgenden Welle der Demokratisierung, welche die Entstehung einer Zivilgesellschaft in weiten Teilen der Welt förderte, an Bedeutung gewonnen.[1] Die rasante Vermehrung von NPOs und die stete Erweiterung ihrer Betätigungsfelder haben dazu geführt, dass NPOs zunehmend im Fokus der Öffentlichkeit stehen. Dieser Fokus ist zum einen geprägt durch relativ konstant hohe Werte bei Vertrauensumfragen[2], zum anderen werden aber die hehren Absichten von NPOs vermehrt auch in Frage gestellt. So zirkulieren mittlerweile ironische Akronyme wie BRINGOs (Briefcase NGOs), BONGOs (business-organised NGOs), DONGOs (donor-organised NGOs), oder MONGOs (My own NGO).[3] Diese Begriffe bringen das Unbehagen darüber zum Ausdruck, dass beinahe jede Vereinigung sich das Recht herausnimmt, sich als NPO zu bezeichnen und dass die Grenzen zwischen »echten« NPOs und Vereinigungen, welche nur wirtschaftliche Ziele verfolgen, unklar sind.

Um Licht in den Dschungel der unzähligen Organisationen zu bringen, die sich unter dem Begriff NPO tummeln, wurden in den letzten Jahren vermehrt Rufe nach

---

1 Vgl. *Clark*, Non-governmental organizations and their influence on international society, Journal of International Affairs 1995, 48 (2), 507-525; *Edwards/Hulme*, Too close for comfort? The impact of official aid on nongovernmental organizations, World Development 1996, 24 (6), 961-973 und *Cohen*, State of the Union. NGO-business partnership stakeholders, in: Andriof/Waddock/Husted/Sutherland Raman (Eds.), Unfolding Stakeholder Thinking 2: Relationships, Communication, Reporting and Performance, 2003, 106–127.
2 *Edelman*, Edelman Trust Barometer 2008, http://www.edelman.com/trust/2008/.
3 *Naidoo*, Civil Society, Governance and Globalisation. Paper presented at the World Bank Presidential Fellows Lecture, World Bank headquarters in Washington, 2003.

einer Institutionalisierung der Verantwortung von NPOs laut. Die Debatte hatte ihren Ursprung in der Entwicklungshilfe und betraf ursprünglich vor allem die Rolle der NPOs gegenüber staatlichen Stellen und internationalen Organisationen.[4] Mit dem Aufkommen einer verstärkten Zusammenarbeit zwischen Zivilgesellschaft und Wirtschaft erweiterte sich der Fokus jedoch maßgeblich hin zur Rolle, welche NPOs gegenüber Unternehmen einnehmen.[5]

Dieser Beitrag beleuchtet das Thema der Verantwortung von NPOs, insbesondere in ihrer Rolle als Partner oder zumindest Spendenempfänger von Unternehmen, aus einer wirtschaftsethischen Perspektive. Er argumentiert im Wesentlichen, dass die Verantwortung von NPOs vor dem Hintergrund ihrer verstärkten Zusammenarbeit mit wirtschaftlichen Akteuren maßgeblich darin besteht, ihren zivilgesellschaftlichen Auftrag im Auge zu behalten und sich nicht von einseitig wirtschaftlichen Interessen vereinnahmen zu lassen.

Die Argumentation wird folgendermaßen aufgebaut: Zuerst wird das Selbstverständnis der Wirtschaftsethik als Disziplin, welche die Vermittlung von normativem Orientierungswissen anstrebt, dargelegt. In einem zweiten Schritt wird eine normative Charakterisierung von NPOs präsentiert, welche die für eine (wirtschafts-) ethische Perspektive wesentlichen Elemente enthält. Diese wird dann mit der realen Tendenz kontrastiert, gemäß welcher NPOs zunehmend nach marktwirtschaftlichen Maßstäben beurteilt werden. Die Verantwortung von NPOs wird dann in zwei Dimensionen unterteilt, wobei argumentiert wird, dass aktuell vor allem die Verantwortung von NPOs gegenüber ihren Geldgebern institutionalisiert wird, und zwar oft auf Kosten ihrer Verantwortung gegenüber ihren Begünstigten. Dieses Ungleichgewicht, so das Argument, kann nur überwunden werden, wenn NPOs eine kritische Distanz zu privaten Spenderinteressen wahren und sich bemühen, mittels klarer Richtlinien ihre Unabhängigkeit von Unternehmen aufrechtzuerhalten.

II. Zur Perspektive der Wirtschaftsethik

Von Wirtschaftsethikern wird oft erwartet, dass sie direkt anwendbares Wissen vermitteln, zum Beispiel in Form von handlungsrelevanten Richtlinien für sozial verantwortliche Unternehmen. Es wird erwartet, dass sie den Praktikern Know-how

---

4 Vgl. *Ebrahim*, Accountability In Practice: Mechanisms for NGOs, World Development 2003, 31 (5), 813-829; *Najam*, NGO accountability: a conceptual framework, Development Policy Review 1996, 14 (1), 339-353 und *Kilby*, Accountability for Empowerment: Dilemmas Facing Non-Governmental Organizations, World Development 2006, 34 (6), 951-963.

5 Vgl. *Servos/Marcuello*, NGOs, corporate social responsibility and social accountability: Inditex vs. Clean Clothes, Development in Practice 2007, 17 (3), 393-403, *Bendell*, In whose name? The accountability of corporate social responsibility, Development in Practice 2005, 15 (3), 362-374; *Hamann/Acutt*, How should civil society (and the government) respond to 'corporate social responsibility'? A critique of business motivations and the potential for partnership, Development Southern Africa 2003, 20 (2), 255-270 und *Murphy/Bendell*, Partners in Time? Business, NGOs and Sustainable Development, 1999, Geneva: UNRISD.

vermitteln, dessen sie sich bedienen können, um ihre Zwecke voranzutreiben. Ebenso häufig werden Wirtschaftsethiker auch damit beauftragt, zu erforschen, inwiefern sich moralisches Verhalten ökonomisch auszahlt. Das heißt, ihre Aufgabe wird darin gesehen Zusammenhänge empirisch zu erklären.

In diesen Fällen wird aber übersehen, dass Ethik keine »Sozialtechnik für gute Zwecke«[6] ist, welche mit analytischen Methoden eindeutige Ergebnisse herleiten kann. Stattdessen besteht die Aufgabe der Ethik darin, Orientierungswissen zu vermitteln. Orientierungswissen zeigt Gründe, das heißt Sinnzusammenhänge, auf, nicht quasi-naturwissenschaftliche Wirkungszusammenhänge.[7]

In Übereinstimmung mit diesem Verständnis von Ethik zielt dieser Beitrag darauf ab, Orientierungswissen zur sozialen Verantwortung von NPOs zu vermitteln, ohne aber ein direkt anwendbares Konzept vorzulegen, welches die Leser von weiteren Reflexionen befreit. Im Folgenden werden deshalb insbesondere die *normativen Bedingungen* geklärt, unter welchen eine Konzeption sozialer Verantwortung von Non-Profit-Organisationen gedacht werden kann.

Was versteht man unter normativen Bedingungen? Die Ethik befasst sich mit normativen Bedingungen, weil sie auf der Annahme beruht, dass jede Wissenschaft, die eine »praktische« Empfehlung abgibt, immer schon auf einer impliziten Ethik beruht. Jedem wissenschaftlichen Hinweis zur Steigerung der Wohlfahrt liegt beispielsweise eine in sich normative Idee davon zugrunde, was Wohlfahrt überhaupt bedeutet und dass Wohlfahrt darüber hinaus per se erstrebenswert ist. Die Ethik setzt sich nun zum Ziel, die normativen Annahmen, die jeder Wissenschaftler im Rücken hat, sobald er zu argumentieren beginnt, zu erhellen und dadurch eben Orientierungswissen zu vermitteln.[8]

III. NPOs – eine normative Charakterisierung

Der Begriff der Non-Profit-Organisationen ist zwar weit verbreitet, trotzdem – oder vielleicht gerade deswegen – fehlt eine disziplinenübergreifende Klarheit über seine

---

6 *Ulrich*, Integrative Wirtschaftsethik. Grundlagen einer lebensdienlichen Ökonomie, 4. Aufl. 2004, S. 108.

7 Das hier vertretene Verständnis von Wirtschaftsethik entspricht im Wesentlichen dem von *Peter Ulrich* entwickelten Ansatz der Integrativen Wirtschaftsethik (*Ulrich*, Integrative Wirtschaftsethik, 1. Aufl. 1997). Die integrative Wirtschaftsethik versteht sich als Vernunftethik des Wirtschaftens, die eine normativ-kritische Grundlagenreflexion betreibt, mit dem Ziel, ethisch-vernünftige Orientierung im politisch-ökonomischen Denken zu vermitteln. Dies beinhaltet unter anderem die kritische Hinterfragung »gegebener« wirtschaftlicher Bedingungen, siehe spezifisch zu diesem Punkt *Ulrich* (Fn. 6), S. 11 ff.

8 *Peter Ulrich* formuliert diese Aufgabe, spezifisch auf die Wirtschaftsethik bezogen, folgendermaßen: »Die normativen Hintergrundannahmen, auf denen die beanspruchte, aber nicht begründete normative Kraft der sich wertfrei wähnenden ökonomischen Sachlogik im Sinne der Mainstream-Ökonomik beruht, sind vorbehaltlos aufzudecken und kritischer Argumentation zuzuführen« *Ulrich* (Fn. 6), S. 134.

Bedeutung.[9] Ökonomen, Juristen, Politikwissenschaftler und Soziologen haben je eigene Vorstellungen davon, was unter dem Begriff NPOs zu verstehen ist. Minimalistisch gesprochen könnte man jedoch NPOs definieren als Organisationen, deren kleinster gemeinsamer Nenner darin besteht, dass sie dem Gewinnausschüttungsverbot unterliegen.[10]

Selbst wenn man aber von einer derartigen minimalistischen Definition ausgeht, besteht weiterhin das Problem, dass sich in der Realität eine unüberschaubare Anzahl ganz unterschiedlicher Organisationen unter dem Label NPO tummelt. Als Konsequenz der großen Heterogenität von NPOs gibt es zahllose Versuche, sie zu kategorisieren – zum Beispiel anhand ihrer unterschiedlichen Funktionen, ihrer Organisationsstrukturen oder ihrer Beziehungen zu Lokalitäten. Wissenschaftler unterscheiden Entwicklungs-NPOs von Umwelt-NPOs, Mitgliedschafts-NPOs von Nicht-Mitgliedschafts-NPOs, lokale NPOs von internationalen NPOs usw.[11]

Das Problem besteht darin, dass solche Kategorisierungen sich zwar bemühen, den Diskurs über NPOs zu objektivieren und die analytische Vagheit des Begriffs zu überwinden.[12] Jedoch helfen sie uns nicht dabei, den ›normativen Kern‹ von NPOs zu identifizieren, der zentral ist, wenn wir ihre soziale Verantwortung bestimmen wollen.

In Anerkennung der Schwierigkeit, NPOs abschließend zu definieren, beschränkt sich dieser Artikel im Folgenden auf eine Charakterisierung von NPOs, welche die für eine ethische Perspektive wesentlichen Elemente enthält.

Wie bereits erwähnt, orientiert sich die Ethik als Disziplin an normativen Kriterien, das heißt, ihr Ziel ist nicht die Beschreibung der Realität oder eine Aufzählung verschiedener Arten von NPOs und ihrem Umgang mit sozialer Verantwortung. Stattdessen ist die Ethik bestrebt, Aussagen darüber zu machen, wie NPOs sein *sollen*, respektive wie sie mit ihrer sozialen Verantwortung umgehen sollen. Mit normativen Kriterien werden im Folgenden NPOs insbesondere von wirtschaftlichen Akteuren abgegrenzt. Die Abgrenzung von NPOs zu staatlichen Akteuren wird in diesem Beitrag nicht thematisiert, da die Frage einer Corporate Social Responsibility für NPOs primär den Bezug zu Wirtschaftsakteuren herstellt.

Aus einer normativen Perspektive kann man NPOs beispielsweise definieren als diejenigen Gruppen, welche die Stimme der Zivilgesellschaft repräsentieren und als solche in der Öffentlichkeit einen wichtigen Raum einnehmen. Dieser wird weder

---

9   Vgl. *Fisher*, Doing good? The politics and antipolitics of NGO practices, Annual Review of Anthropology 1997, 26 (1), 439, *Doh/Teegen*, Nongovernmental Organizations as institutional actors in international businesses, International Business Review 2002, 11 (6), 665-684, *Martens*, Mission Impossible? Defining Nongovernmental Organizations, Voluntas: Journal of Voluntary and Nonprofit Organizations 2002, 13 (3), 271 ff. und *O'Dwyer/ Unerman*, From functional to social accountability. Transforming the accountability relationship between funders and non-governmental development organizations, Accounting, Auditing & Accountability Journal 2007, 20 (3), 448.

10 *V. Hippel*, Grundprobleme von Nonprofit-Organisationen: eine zivilrechtsdogmatische, steuerrechtliche und rechtsvergleichende Untersuchung über Strukturen, Pflichten und Kontrollen und wirtschaftliche Tätigkeit von Vereinen und Stiftungen, 2007, S. 12.

11 *Fisher* (Fn. 9), 447.

12 *Najam* (Fn. 4), dort Fn. 3 und 4, siehe auch *Fisher* (Fn. 9), 448ff.

durch den Staat reguliert, noch gehorcht er der Logik ökonomischer Märkte.[13] In zivilgesellschaftlichen Gruppen vereinigen sich Menschen idealerweise frei von politisch-administrativem oder ökonomischem Zwang.[14] Die normative Komponente, die NPOs aus einer ethischen Perspektive interessant macht, resultiert daraus, dass NPOs in der Regel *ideelle Forderungen* erheben, die sich auf das *Gemeinwohl* beziehen. Dies, so kann man argumentieren, macht sie zugleich zu Vertretern öffentlicher Anliegen.

Der Begriff »ideell« bezieht sich darauf, dass NPOs sich gemeinsam zu bestimmten Werten oder Prinzipien bekennen.[15] NPOs wollen als Akteure wahrgenommen werden, welche sich für Werte einsetzen. Greenpeace schreibt beispielsweise, dass die Organisation nicht nur die Umwelt schützen, sondern auch Frieden fördern will (www.greenpeace.org/international/about), Caritas will den Menschen in seiner Würde schützen (http://www.caritas.de/2501.html) und WEED (eine deutsche Umwelt- und Entwicklungs-NPO) verlangt eine »Wende in der Finanz-, Wirtschafts- und Umweltpolitik hin zu mehr sozialer Gerechtigkeit« (http://www.weed-online.org/about/index.html). Frieden, Menschenwürde und soziale Gerechtigkeit sind alles Begriffe, deren Auslegung variiert in Abhängigkeit von den ideellen Werten, die man ihnen zugrunde legt.

Der Bezug zur Öffentlichkeit resultiert daraus, dass die ideellen Forderungen von NPOs sich im Wesentlichen auf die Steigerung des Gemeinwohls beziehen. NPOs geben an, das Gemeinwohl gegenüber den ›machtgetriebenen Interessen‹ des Staates und den ›profitgetriebenen Interessen‹ der Wirtschaft zu vertreten.[16] Der öffentliche Charakter ihrer Anliegen kann daraus abgeleitet werden, dass NPOs ihre Wurzeln in der Zivilgesellschaft haben: Die Zivilgesellschaft lässt sich eben dadurch charakterisieren, dass sie sich dem Gemeinwohl verpflichtet fühlt und daraus auch ihre Forderungen nach einem privilegierten Status ableitet.[17]

Der Bezug zum Gemeinwohl wird in vielen Definitionen von NPOs offensichtlich – so zum Beispiel in derjenigen der UNO, welche eine NPO definiert als eine »not-for-profit, voluntary citizens' group, which is organized on a local, national or international level to address *»issues in support of the public good«*[18] oder in derjenigen von *Brown* und *Jagadananda*, welche NPOs als ›wertebasierte Organisationen‹ be-

13 *Murphy/Bendell* (Fn. 5), S. 5.
14 *Scholte*, Civil Society and Democratically Accountable Global Governance, Government and Opposition 2004, 39 (2), 214.
15 Vgl. *Spar/La Mure*, The power of activism: Assessing the impact of NGOs on global business, California Management Review 2003, 45 (3), 78-101 und *Brown/Jagadananda*, Civil Society Legitimacy and Accountability: Issues and Challenges. Hauser Centre Working Paper (32). http://www.civicusassembly.org/upload/File/Legitimacy%20%20Accountability%20Scoping%20Report%20-%20Final%20English%20..pdf; erster Zugriff 27. Januar 2008, S. 7.
16 *Chandhoke*, How Global is Global Civil Society?, Journal of World-Systems Research 2005, XI (2), 359.
17 *Fries*, The Legal Environment of Civil Society, in: Kaldor/Anheier/Glasius (Eds.), The Global Civil Society Yearbook, 2003, 221-238.
18 United Nations Department of Public Information, Criteria. What is an NGO?, http://www.un.org/dpi/ngosection/criteria.html; erster Zugriff 10. Juni 2006.

schreiben, welche ihren Beitrag zum Gemeinwohl als Kernpunkt ihrer Mission betonen.[19]

Sowohl das Gemeinwohl als auch die spezifischen Aspekte von Gemeinwohl wie Frieden, Gerechtigkeit etc. sind äußerst normative Begriffe, die in demokratischen Gesellschaften im öffentlichen Diskurs konstituiert werden.[20] Dieser offensichtliche Bezug zu normativen Fragen macht NPOs zu einem interessanten Reflexionsgegenstand für die Ethik. Außerdem, und dies ist für das was folgt, besonders wichtig, grenzen sich NPOs, wenn man sie idealtypisch charakterisiert als Vertreter öffentlicher, idealer Anliegen, wesentlich ab von Vertretern privater, wirtschaftlicher Anliegen. Wenn man zudem berücksichtigt, dass die englische Übersetzung von Gemeinwohl *public good* lautet, wird ersichtlich, dass das Gemeinwohl das Gegenstück zum privaten Guten, mit dessen Verfolgung sich wirtschaftliche Akteure primär befassen, darstellt.

Diese Charakterisierung ersetzt wie gesagt keine abschließende Definition von NPOs, aber sie hilft im Folgenden bei der Argumentation dafür, dass die soziale Verantwortung von NPOs nicht mit demselben Begriff wie die soziale Verantwortung von Unternehmen, nämlich mit Corporate Social Responsibility, bezeichnet werden sollte. Denn die Rede von einer *Corporate* Social Responsibility für NPOs impliziert ja, dass NPOs quasi-wirtschaftliche Organisationen sind. Hier wird nicht bestritten, dass NPOs eine soziale Verantwortung haben; wenn man aber im Zusammenhang mit NPOs von sozialer Verantwortung spricht, dann sollte man, wenn schon in Akronymen, wohl eher von einer »OSR« – also einer *Organizational* Social Responsibility, nicht von einer Corporate Social Responsibility sprechen. Denn das Attribut »corporate« gibt eine klar ökonomische Stoßrichtung vor.

VI. Die Tendenz zur Ökonomisierung von NPOs

Im Übrigen ist es jedoch kein Zufall, dass im Kontext von NPOs über CSR nachgedacht wird. Denn in der Tat besteht eine Tendenz, NPOs und ihre Aktivitäten zunehmend zu ökonomisieren, indem man sie zunehmend nach den Regeln der Marktwirtschaft beurteilt.

Folgende Beispiele veranschaulichen diese Tendenz:
- Der Deutsche Spendenrat schreibt von einer »*Bilanz* des Helfens« und einer »detaillierten Auswertung des Spenden*marktes*« und signalisiert durch die ökonomische Terminologie bereits, in welchen Kategorien er NPOs wahrnimmt (http://www.spendenrat.de/index.php?bilanz_des_helfens).
- Ebenfalls bezeichnend für die Wahrnehmung von NPOs in rein ökonomischen Begriffen ist die Tatsache, dass eine US-amerikanische Organisation namens »Charity Navigator«, welche sich darauf spezialisiert hat, Non-Profit-Organisationen zu bewerten, dies zum einen aufgrund deren Effizienz tut, zum anderen aufgrund ihrer so genannten Kapazität. Die Kapazität der Organisation misst die Zunahme

---

19 *Brown/Jagadananda* (Fn. 15), S. 7.
20 *Fries* (Fn. 17), 237.

an Geldmitteln über die Zeit.[21] Damit werden NPOs derselben Wachstumslogik unterstellt, auf welche sich auch privatwirtschaftliche Akteure berufen. Ironischerweise tun sie dies insbesondere auch dann, wenn es darum geht, zu rechtfertigen, warum ihnen eine umfassende soziale Verantwortung nicht zugemutet werden kann – weil die soziale Verantwortung nämlich nicht immer ohne weiteres mit der Wachstumslogik vereinbart werden kann, sondern in der Regel einen (zumutbaren) Verzicht auf maximales Wachstum erfordert.

– Und schließlich hat die Beratungsfirma McKinsey im Jahr 2003 berechnet, dass der US Non-Profit-Sektor zusätzliche 100 Milliarden Dollar verdienen könnte, wenn er insgesamt effizienter arbeiten würde.[22] Das Problem bei einer solchen Argumentation ist, dass eine NPO, welche ihre soziale Verantwortung umfassend versteht, primär darum um ihre Verantwortlichkeit bemüht sein sollte, weil sie es ihren Geldgebern und ihren Begünstigten gleichermaßen schuldet und nicht, weil sie einem Unternehmen gleich ein maximales Wachstumsziel verfolgt.

Diese Beobachtungen zeigen, dass eine Spannung besteht zwischen der normativen Charakterisierung von NPOs als Vertretern gemeinwohlorientierter Anliegen und den zunehmend marktwirtschaftlichen Bewertungsmaßstäben, mit denen sie in der Realität konfrontiert werden. Diese Spannung widerspiegelt sich auch in der Verantwortung, welche NPOs zugeschrieben wird und die sich in zwei, sich mitunter widersprechende Richtungen erstreckt: nämlich zum einen nach oben, hin zu den Geldgebern, zum anderen nach unten, hin zu ihren Begünstigten.

V. Die zwei Dimensionen der Verantwortung von NPOs

Nachdem die normative Charakterisierung von NPOs als Vertreter von Gemeinwohlanliegen mit der realen Tendenz sie nach privatwirtschaftlichen Maßstäben zu bewerten kontrastiert wurde, wird in einem nächsten Schritt dargelegt, woraus sich die soziale Verantwortung von NPOs ableitet und in welche Dimensionen sie sich erstreckt. Das zentrale Argument, welches diesem Schritt zugrunde liegt, besagt, dass die soziale Verantwortung eng mit Legitimität verknüpft ist. Im Folgenden soll dies kurz dargelegt werden am Beispiel der Argumente, welche die soziale Verantwortung von Unternehmen, eben die Corporate Social Responsibility im wörtlichen Sinne, begründen.

Im Zusammenhang mit Unternehmen bezeichnet die Corporate Social Responsibility kurz gesagt das Verständnis, dass die Verantwortung von Unternehmen sich nicht auf wirtschaftliches Handeln beschränkt. Aus einer CSR-Perspektive sind Unternehmen in die Gesellschaft eingebettet und ihre soziale Verantwortung wird damit

---

21 *Schmitz*, Activists Beyond Scrutiny? Accountability Politics and Transnational NGOs. Paper presented at the Annual Convention "The North-South Divide and International Studies" of the International Studies Association (ISA), San Diego, 2006, S. 11; vgl. auch www.charitynavigator.org.

22 *Bradley/Jansen/Silverman*, The Nonprofit Sector's $ 100 Billion Opportunity, Harvard Business Review 2003, 81 (5), 94-103.

begründet, dass ihre Aktivitäten soziale Effekte haben, sei es durch die Bereitstellung von Produkten und Dienstleistungen, die Beschäftigung von Angestellten oder irgendeine andere Aktivität. Unternehmen üben außerdem Macht aus und mit dieser Macht geht die Pflicht einher, mit dieser verantwortlich umzugehen.[23] Die Argumente für eine soziale Verantwortung von Unternehmen sind weitgehend moralischer Art. Das heißt, auch wenn Unternehmen ökonomisch erfolgreich sind und sich rechtlich gesehen korrekt verhalten, müssen sie ihre soziale Legitimität konstant bestätigen. Dadurch wird der Zusammenhang zwischen CSR und Ethik offensichtlich.

Wie wird nun die soziale Verantwortung von NPOs begründet? Man könnte denken: Es ist das »Kerngeschäft« von NPOs soziale Verantwortung zu übernehmen, da es ihr Hauptziel ist, soziale Effekte zu erzielen. Deshalb, so könnte man behaupten, braucht es keine weitergehende Konzeption von sozialer Verantwortung für NPOs. Hier wird jedoch argumentiert, dass das Handeln von NPOs, auch wenn es *per definitionem* darauf ausgerichtet ist, soziale Effekte zu erzielen, genauso legitimationsbedürftig ist wie das Handeln wirtschaftlicher Akteure. NPOs sind angehalten, ihre Gemeinwohlorientierung kontinuierlich zu beweisen. Vorfälle wie Greenpeace' unsorgfältiger Umgang mit Daten in ihrer Kampagne gegen die Versenkung der Ölplattform Brent Spar durch Shell haben das Vertrauen in NPOs als Vertreter ehrlicher Anliegen im Dienste des Gemeinwohls nachhaltig erschüttert.[24] Auch die schrille Art, mit welcher NPOs mediale Aufmerksamkeit zu erreichen versuchen, wird zunehmend kritisch beäugt.

Hinzu kommt, dass die ursprünglich ›von außen‹ initiierte Tendenz, NPOs nach ökonomischen Regeln zu beurteilen, zunehmend von NPOs aufgegriffen wird, indem sie sich selber an ökonomischen Maßstäben orientieren. Damit drohen sie jedoch sich von ihrer Gemeinwohlorientierung zu verabschieden und stattdessen kooptiert zu werden. *Ko-optation* bezeichnet das Phänomen, gemäß welchem NPOs ihre Unabhängigkeit verlieren, weil sie sich zu stark an den Kriterien der Geldgeber oder der Marktwirtschaft als solches orientieren, oder, einfacher ausgedrückt, gemäß welchem sie zu stark mit Unternehmen verbunden sind.[25] Ko-optierte NPOs verlieren den Blick für das Gemeinwohl und werden durch die partikuläre Interessenlogik der Marktwirtschaft korrumpiert.

Das Gesagte macht deutlich, dass NPOs unter dem Druck stehen, ihre Verantwortung zu beweisen und ihr Handeln kontinuierlich zu legitimieren. Wenn wir die spezifische Verantwortung von NPOs zu systematisieren versuchen, können wir zwei Richtungen voneinander unterscheiden: »nach unten« und »nach oben«.[26]

a) **Verantwortung nach unten:** Diese wird in der Literatur unter dem Begriff »downward accountability« behandelt und bezieht sich darauf, dass NPOs in der Regel Anliegen von Bevölkerungsgruppen vertreten, von denen sie nicht gewählt wurden, oder von Mandanten, die keine Stimme haben – wie zum Beispiel die

---

23 *Crane/Matten*, Business Ethics: Managing Corporate Citizenship and Sustainability in the Age of Globalization, 2007, S. 48.
24 *Adair*, A Code of Conduct for NGOs – A Necessary Reform., 2000.
25 Vgl. *Utting*, Corporate responsibility and the movement of business, Development in Practice 2005, 15 (3 & 4), 382 und *Crane/Matten* (Fn. 23), S. 191 und 439 ff.
26 Ebrahim (Fn. 4).

Umwelt oder Tiere.[27] Ein gutes Beispiel ist Amnesty International: Amnesty International setzt sich für politische Gefangene ein, die selber nicht Mitglieder von Amnesty sind. Stattdessen erhält Amnesty Geld von Leuten, die sich für die Rechte dieser Gefangenen einsetzen. Nun ist aber offensichtlich, dass Amnesty von den Gefangenen kein Mandat erhalten hat. Was im Zusammenhang mit politischen Gefangenen unproblematisch scheint, da das Eintreten für deren Rechte eine wohl unbestritten gute Sache ist, wird komplizierter, wenn wir uns beispielsweise westliche Entwicklungshilfsorganisationen anschauen, die im Namen der Bevölkerung von Entwicklungsländern Gelder akquirieren und für Zwecke, die sie als gut erachten, einsetzen. In diesem Kontext ist oft sehr umstritten, ob westliche Vorstellungen von guter Entwicklung wirklich den Bedürfnissen der Bevölkerung vor Ort entsprechen.[28] Die Verantwortung nach unten bezieht sich damit auf demokratische Aspekte der Rolle von NPOs als selbsternannte Repräsentanten ihrer Begünstigten.

b) **Verantwortung »nach oben«:** Gleichzeitig gibt es aber auch eine »upward accountability«. Die Verantwortung nach oben betrifft Beziehungen zu Geldgebern, Stiftungen und Unternehmen und konzentriert sich meistens auf die Frage der Verwendung von festgelegtem Geld für festgelegte Zwecke.[29] Die Zuweisung einer Verantwortung nach oben drückt aus, dass sich NPOs auch gegenüber privaten Geldgebern, staatlichen Stellen und Stiftungen legitimieren müssen. Im Unterschied zur demokratischen Dimension der Verantwortlichkeit »nach unten« bezieht sich diese Dimension gewissermaßen auf den professionellen Legitimitätsdruck von NPOs.

In Übereinstimmung mit den beiden Dimensionen der Verantwortung haben NPOs also zwei Rollen: nach unten agieren sie als Vertreter der Zivilgesellschaft, das heißt, in einer demokratischen Rolle; nach oben nehmen sie aber zunehmend die Rolle von Dienstleistern ein, die ihnen anvertraute Gelder verwalten. Außerdem agieren NPOs häufig auch als Experten, indem sie beispielsweise Beratungsdienstleistungen für Unternehmen erbringen.

Aus der Anerkennung dieser doppelten Verantwortung resultieren von verschiedenen Seiten Forderungen nach mehr Transparenz und nach mehr ›accountability‹ von NPOs. Diesen Forderungen begegnen jedoch viele Vertreter von NPOs mit Skepsis, da sie den Zusammenhang zwischen dem Nachweis von Verantwortlichkeit und ihrer Mission nicht einsehen. Sie fürchten sich insbesondere auch vor den Kosten, die entstehen, wenn sie sich um den Nachweis ihrer Verantwortlichkeit bemühen müssen

---

27   Vgl. *Scholte* (Fn. 14), 231, *Slim*, By what Authority? The Legitimacy and Accountability of NGOs, Paper presented at The International Council on Human Rights Policy International Meeting on 'Global Trends and Human Rights – Before and after September 11', Geneva, January 10-12 2002, para 14 und *Edwards*, NGO Rights and Responsibilities. A New Deal for Global Governance, 2000, S. 17.

28   Vgl. *Nelson*, Information, Location, and Legitimacy: The Changing Bases of Civil Society Involvement in International Economic Policy, in: Edwards/Garaventa (Eds.), Global Citizen Action: 59-72, 2001; *Kaldor*, Global civil society: an answer to war., 2003 oder *Edwards* (Fn. 27).

29   *Ebrahim* (Fn. 4), 814, (1996:967).

und schreiben das ›reale‹ Verantwortlichkeitsproblem primär anderen Akteuren zu.[30] Trotzdem entstanden in den letzten Jahren verschiedene Ansätze, die darum bemüht sind, die Verantwortlichkeit von NPOs greifbarer zu machen. Allerdings, und dies wird im Folgenden aufgezeigt, besteht eine Tendenz dazu, die Verantwortlichkeit von NPOs primär aufgrund von Indikatoren zu bemessen, welche sich an den Bedürfnissen von Geldgebern ausrichten. Diese Tendenz blendet die Rolle, die sie nach *unten* einnehmen, aus oder untergräbt sie gar.

VI. Zum Problem der Institutionalisierung der Verantwortung nach unten

Die Realität zeigt, dass nach ›unten‹ gerichtete Initiativen zur Festmachung der Verantwortlichkeit von NPOs bis anhin weitgehend fehlen.[31] Der Grund dafür liegt darin, dass Erwartungen von Geldgebern einfacher zu implementieren sind als ›diffuse demokratische Erwartungen‹. Während sich die Verpflichtungen von NPOs gegenüber ihren Spendern in klar überprüfbare und messbare Kriterien übersetzen lassen, haben die Verpflichtungen von NPOs gegenüber ihren Begünstigten meist ›nur‹ einen moralischen Charakter.

Diese Schwäche lässt sich nicht einfach überwinden, indem man den Begünstigten demokratische Rechte erteilt, über welche sie auf NPOs einwirken können. Denn das demokratische Defizit, gemäß welchem NPOs nicht von ihren ›Mandanten‹ gewählt werden, liegt sozusagen in der ›Natur‹ von NPOs, da NPOs, wie bereits erwähnt, typischerweise die Anliegen von Bevölkerungsgruppen vertreten, welche ausgeschlossen sind vom Zugang zu globalen zivilgesellschaftlichen Organisationen, da sie nicht über die notwendigen finanziellen und technologischen Ressourcen oder über die notwendige Bildung verfügen.[32] Da nun aber NPOs nur dann glaubwürdige Vertreter der Anliegen von benachteiligten Bevölkerungsgruppen sind, wenn sie eine ›Klientel‹ vertreten, die nicht über die Ressourcen verfügt, um sich aus eigener Kraft zu mobilisieren, muss die Idee, dass das demokratische Defizit von NPOs durch formelle demokratische Strukturen in Form von Wahlen ›von außen‹ überwunden werden könnte, verworfen werden.

In Anerkennung der Tatsache, dass NPOs nicht von außen demokratisch legitimiert sein können, konzentrieren sich andere Initiativen zur Erhöhung der Verantwortung von NPOs darauf, interne demokratische Strukturen von NPOs zu fordern.[33] Allerdings gilt zu bedenken, dass interne demokratische Strukturen nichts über die Verantwortlichkeit einer NPO gegenüber ihren Begünstigten aussagen. Jede Organisation, egal wessen Anliegen sie vertritt, kann intern demokratisch organisiert

---

30 *Scholte* (Fn. 14), 231.
31 Vgl. *Ebrahim* (Fn. 4), *Kilby*, (Fn. 4) und *Gneiting*, Assessing the Effects of Market-Based Performance: Measurement on NGOs, Journal of Development and Social Transformation 2005, 5, 33-42.
32 *Chandhoke* (Fn. 16), 352.
33 So zum Beispiel *Jordan*, Mechanisms for NGO Accountability, GPPi Research Paper (3), 2005, S. 7 oder *Kovach/Neligan/Burall*, Power without Accountability? The One World Trust Global Accountability Report, 2003, v.

sein. Es wird also deutlich, wie schwierig es ist, die Verantwortung von NPOs nach unten zu institutionalisieren.

VII. Der ökonomische Fokus von Ansätzen zur Institutionalisierung der Verantwortung nach oben

In den Ansätzen, welche die Erhöhung der Verantwortung von NPOs von Geldgeberseite her thematisieren, wird der oben erwähnte Trend zur Ökonomisierung von NPOs deutlich, indem die Verantwortung von NPOs maßgeblich entlang wirtschaftlicher Indikatoren beurteilt wird. So ist es bezeichnend, dass lange Zeit das Verhältnis von Spendengeldern zu Verwaltungskosten als primäres Kriterium für die Verantwortlichkeit von NPOs betrachtet wurde.[34] Dieser Fokus ist jedoch problematisch, denn eine NPO, welche sehr niedrige Administrationskosten hat, ist nicht notwendigerweise eine bessere NPO. Zum einen sagt das Verhältnis des gesammelten Spendenbetrages zum Betrag, der in Aktivitäten investiert wird, noch nichts darüber aus, welche Art von Änderungen mit dem verwendeten Geld erzielt werden. Zum anderen können Organisationen große Summen in kurzfristige Projekte von geringer Nachhaltigkeit investieren oder sie können (im Vergleich zu den Verwaltungskosten) kleine Summen spenden, die einen großen Effekt haben.[35] Und die Frage, wie zugänglich eine NPO für ihre Begünstigten ist, kann durch dieses Kriterium ebenfalls nicht beantwortet werden.[36]

Reine Effizienzkriterien, die maßgeblich der Ökonomie – definiert als die Lehre von der effizienten Allokation knapper Ressourcen – entspringen, sind, um ein konkretes Beispiel zu nennen, denkbar ungeeignet, um eine NPO wie Amnesty International zu bewerten. Denn das Geld, welches Amnesty International investiert, um einen politischen Gefangenen zu befreien, ist nur dann *qualitativ* signifikant, wenn es auch dazu beiträgt, die Grundursachen von Menschenrechtsverletzungen zu thematisieren. Wenn Regierungen politische Gefangene zwar freilassen, sie aber einfach ins Exil abschieben, ohne ihre repressiven Praktiken zu ändern, sind die Bemühungen von Amnesty International offensichtlich nicht effektiv.[37]

Das Gesagte macht deutlich, dass aktuelle Konzeptionen der Verantwortlichkeit von NPOs weitgehend »donor-driven«, also von Spenderinteressen dominiert sind.[38] Diese Tendenz wird dort problematisch, wo die Berücksichtigung von Spenderinte-

---

34 *Slim* (Fn. 27), para 14.
35 *Schmitz* (Fn. 21), S. 12.
36 *Blagescu*, Accountability for Transnational Actors: Is there scope for cross sector principles?, Paper presented at the Conference on Non-State Actors as Standard Setters: The Erosion of the Public-Private Divide, Basel, 8.-9- Februar 2007, S. 4.
37 *Schmitz/van Vijfeijken*, Attitudes towards Accountability: Transnational NGOs and the Challenges of Legitimacy, Paper presented at the ARNOVA conference "The Global Pursuit of Social Justice: Challenges to Nonprofits & Civil Society", Atlanta, Georgia, November 15-17 2007, S. 10.
38 *Clarke*, Non-Governmental Organizations (NGOs) and Politics in the Developing World, Political Studies 1998, 46 (1), 39, *Najam* (Fn. 4), 342.

ressen die demokratische Verantwortung von NPOs beeinträchtigt. Es ist bezeichnend, dass Fragen zur Effizienz, zur Effektivität wie auch zur Kapazität kaum je von den Begünstigten der NPOs gestellt werden.[39] Eine *einseitige* Ausrichtung der Kriterien zur Beurteilung der Verantwortung von NPOs an privaten Spenderinteressen treibt mehr oder weniger unausweichlich einen Keil zwischen NPOs und ihre Begünstigten. Je mehr Anforderungen von den Geldgebern gestellt werden, desto weniger Spielraum haben NPOs gegen unten, das heißt, desto weniger Flexibilität bleibt ihnen dabei, auf die Bedürfnisse ihrer Begünstigten einzugehen.[40] Außerdem droht die Gefahr, dass die Fixierung von Spendern auf kurzfristige Resultate eine Mission untergräbt, welche auf langfristigen sozialen und ökonomischen Wandel abzielt.[41]

Wenn NPOs ihre Verantwortung nur an wirtschaftlichen Prinzipien ausrichten, befriedigen sie außerdem über kurz oder lang nur Bedürfnisse, für die eine messbare Nachfrage besteht und deren Befriedigung sich wirtschaftlich auszahlt. Sie drohen damit, den für gewinnorientierte wirtschaftliche Akteure charakteristischen Reflexionsstopp zu vollziehen, gemäß welchem marktwirtschaftliche Bedingungen die Grenzen für sozial verantwortliches Handeln festlegen.[42] Wie aber bereits dargelegt wurde, charakterisieren sich die Begünstigten von NPOs gerade dadurch, dass sie nichts für die Dienstleistungen, die sie erhalten, bezahlen können. Da NPOs eine ›nicht-marktfähige‹ Klientel haben, können sie ihr Handeln auch nicht sinnvoll am Diktat des Marktes ausrichten.

VIII. Abgrenzung von Wirtschaftsakteuren als Bekenntnis zu den Anliegen der Begünstigten

Das Ungleichgewicht zwischen verfügbaren Kriterien für die Institutionalisierung der Verantwortung nach oben und nach unten stellt unbestrittenermaßen eine große Herausforderung für NPOs dar. Gleichzeitig unterstreicht dieses Ungleichgewicht die Bedeutung eines reflektierten Umgangs von NPOs mit wirtschaftlichen Interessen.

Die folgenden Überlegungen führen uns zurück zur Forderung, gemäß welcher sich verantwortungsvolle NPOs von Wirtschaftsakteuren abgrenzen müssen. Es wird nun nämlich argumentiert, dass der Mangel an direkten Möglichkeiten, die demokratische Verantwortung von NPOs ›nach unten‹ zu sichern, suggeriert, dass das Bekenntnis einer NPO zu den Anliegen ihrer Bedürftigen am besten danach zu beurteilen ist, inwiefern sich die NPO einer einseitigen Vereinnahmung durch private Spenderinteressen auf Kosten ihrer demokratischen Rolle widersetzt. Das Bemühen einer NPO, ihre wirtschaftliche Unabhängigkeit zu wahren, indem sie sich nicht vollständig Indikatoren unterordnet, welche sie wiederum der ökonomischen Logik von Effizienz und Wachstum unterwerfen, wird so zum Indiz dafür, dass sie im Kern wei-

---

39 *Jordan* (Fn. 33), S. 7.
40 *Jordan* (Fn. 33), S. 9.
41 *Schmitz* (Fn. 21), S. 19.
42 Für eine umfassende Auseinandersetzung mit der Problematik von Reflexionsstopps in der Wirtschaftsethik siehe *Ulrich* (Fn. 6).

terhin an zivilgesellschaftlichen, das heißt, an öffentlichen, ideellen Anliegen interessiert ist und damit auch ihrer demokratischen Verantwortung gegenüber ihren Begünstigten gerecht wird. Die kritische Distanz, die eine NPO gegenüber einseitigen wirtschaftlichen Interessen markiert, wird gewissermaßen zum approximativen oder subsidiären Maß für die demokratische Verantwortung von NPOs.

An dieser Stelle werden exemplarisch zwei Schritte auf unterschiedlichen Ebenen präsentiert, mit welchen eine NPO diese kritische Distanz wahren kann. Der erste Schritt vollzieht sich auf einer *reflexiven Ebene* und betrifft die Abgrenzung von legitimen Spenderinteressen, die mit den Anliegen der Begünstigten vereinbar sind, von rein privaten Spenderinteressen, die die demokratische Rolle von NPOs einschränken. Der zweite Schritt findet auf einer *pragmatischen Ebene* statt und umfasst den konkreten Erlass von Richtlinien, um das Risiko der Ko-Optation einzuschränken.

1. Differenzierung zwischen legitimen und privaten Spenderinteressen

Legitime Interessen von Geldgebern unterscheiden sich von rein privaten Interessen insofern als sie sich öffentlich rechtfertigen lassen, da sie keine moralischen Rechte anderer verletzen.[43] Das Interesse eines donors an einem möglichst hohen »Return on Donation«, verstanden als »top dollar value from (a) donation for your charity« (http://www.charitydevelopment.com/about-charity-development.html), riecht beispielsweise eher nach einem privaten Interesse als nach einem legitimen Anspruch. Nehmen wir einen stark vereinfachten hypothetischen Fall: eine Entwicklungs-NPO, welche Schulen in Afrika unterstützt, verspricht ihren Spendern einen maximalen Return on Donation. Ein solcher würde für die Spender beinhalten, dass mit minimalem Geld eine maximale Anzahl Schulplätze finanziert würde. Dies würde die NPO dazu verleiten, nicht dort Schulen zu bauen, wo der Bedarf am dringendsten ist, sondern dort, wo sie sich am einfachsten bauen lassen. Das Interesse der Spender an einem so definierten Return on Donation ist damit kein legitimer Anspruch, sondern vielmehr ein – wahrscheinlich von reputationsstrategischen Überlegungen getriebenes – privates Interesse, welches auf Kosten der Bedürfnisse der Begünstigten der NPO geht.

In der Realität ist die Abgrenzung zwischen legitimen und rein privaten Spenderinteressen natürlich nicht ganz so einfach vorzunehmen. Trennscharfe Kriterien für eine derartige Unterscheidung können nicht abstrakt, sondern wenn schon, dann nur in der Praxis entwickelt werden. Trotzdem sollen an dieser Stelle exemplarisch zwei moralische Grundsätze erwähnt werden, deren Befolgung im wohlverstandenen Interesse von Spendern liegt, die jedoch nicht die Rechte der Bedürftigen verletzen:

Der erste moralische Grundsatz betrifft ein *Bekenntnis zu zivilem Verhalten*: NPOs dürfen keine unzivilen Methoden verwenden, um ihre Forderungen vorzutragen. Außerdem müssen sie ihre Bindungen zu radikalen Gruppen transparent machen.[44] Damit schaffen sie Transparenz, die für verantwortungsvolle Geldgeber uner-

---

43 *Ulrich* (Fn. 6), S. 89.
44 *Murphy/Bendell* (Fn. 5) und *den Hond/de Bakker*, Ideologically Motivated Activism: How Activist Groups influence Corporate Social Change Behaviour, Academy of Management Review 2007, 32 (3), 904.

lässlich ist. Dieses Beispiel zeigt, dass das Interesse von Spendern an einer guten Reputation nicht per se ›illegitim‹ ist, sondern dass es darauf ankommt, mit welchen Maßnahmen sie dieses Interesse wahren wollen.

Das zweite Beispiel für eine reflexive Richtlinie, die NPOs den Weg zu einem verantwortungsvollen Umgang mit legitimen Spenderinteressen weisen kann, bezieht sich auf das moralische ›*Prinzip des ökonomischen Umgangs mit moralischer Uneinigkeit*‹: Auf NPOs bezogen besagt dieses Prinzip, dass sie auch im Falle von Uneinigkeit versuchen sollten, Rechtfertigungen zu finden, welche die Differenzen zwischen ihnen und ihren Opponenten minimieren.[45] Das bedeutet, dass sie Evidenz nicht übertreiben oder manipulieren dürfen, um ihre Forderungen dramatischer zu machen. Eine NPO, welche dieses Prinzip respektiert, widersetzt sich damit dem Trend, gemäß welchem diejenigen, die am lautesten schreien, am deutlichsten gehört werden.[46] Greenpeace hat sich im Fall Brent Spar offensichtlich nicht an dieses Prinzip gehalten. Geldgeber haben ein legitimes Interesse daran, dass die NPOs, welche sie unterstützen, ihre Anliegen gegenüber ihren Gegnern mit ehrlichen Argumenten unterstreichen. Eine NPO, welche sich zu einem solchen ›ökonomischen‹ Umgang mit moralischer Uneinigkeit bekennt, wird so den legitimen Ansprüchen der Geldgeber gerecht, ohne die Anliegen ihrer Begünstigten in irgendeiner Art und Weise zu kompromittieren.

2. Richtlinien gegen Ko-Optation

Wie bereits erwähnt wurde, stehen NPOs zunehmend unter Druck sich der Gefahr der Ko-Optation zu widersetzen. Die Quellen für Ko-Optation sind vielfältig, wobei die offensichtlichste Gefahr durch die Abhängigkeit von NPOs von *Unternehmensspenden* droht.[47] Wenn NPOs wirklich als Vertreter öffentlicher Anliegen agieren wollen, müssen sie frei sein von den Interessen von Unternehmen, welche häufig partikulärer Art sind. Diese Bedingung steht jedoch in einem Spannungsverhältnis zu der praktischen Notwendigkeit, welche NPOs dazu zwingt, Geldmittel für ihre Aktivitäten aufzutreiben und sie stellt eine besonders große Herausforderung dar, wenn man bedenkt, dass Unternehmen sehr mächtige und oft auch sehr großzügige Spender sind. Wenn ein Unternehmen zum Geldgeber einer NPO wird, riskiert die NPO in die Rolle einer Dienstleisterin gedrängt zu werden, und zwar auf Kosten ihrer de-

45 *Gutmann/Thompson*, Why deliberative democracy?, 2004, S. 7.
46 *Collingwood/Logister*, State of the Art: Adressing the INGO ›Legitimacy Deficit', Political Studies Review 2005, 3 (2), 175, 179.
47 *Bendell* (Fn. 5), 370; Die Abhängigkeit kann auch weniger direkte Formen annehmen. Der Druck muss nicht direkt von Unternehmen als Geldgebern resultieren, sondern kann auch über Stiftungen entstehen, welche ihre Geldgebertätigkeit davon abhängig machen, dass eine NPO mit einem Unternehmen zusammen arbeitet (*Snow/Soule/Kriesi*, Mapping the Terrain, in: Snow/Soule/Kriesi (Eds.), The Blackwell companion to social movements, 2004, 3, 7).

mokratischen Rolle als Vertreter öffentlicher Anliegen. Damit stellen Unternehmensspenden ein offensichtliches Risiko für die Unabhängigkeit von NPOs dar.[48]

Eine weitere Gefahr für Ko-Optation droht, wenn eine NPO ein so genanntes *Labelling Abkommen* mit einem Unternehmen abschließt. Bei Labelling Abkommen verkauft ein Unternehmen Produkte, welche direkt oder indirekt durch eine NPO gebilligt sind. Je mehr solcher Abkommen eine NPO hat, desto größer ist die Gefahr, dass die NPO von ökonomischen Anreizen korrumpiert wird, das heißt, dass sie primär aus ökonomischen Gründen mit Unternehmen zusammenarbeitet und die Bedürfnisse ihrer Begünstigten aus den Augen verliert. Mittlerweile gibt es jedoch viele NPOs, die solchen Zertifizierungen kritisch gegenüber stehen, da sie in ihren Augen zu wachstumsorientiert und damit auch zu stark marktorientiert sind.[49]

Schließlich fördert auch die zunehmende »commodification« von NPO-Aktivitäten wie beispielsweise Dienstleistungs- und Beratungsangebote das Risiko der Ko-Optation.[50] NPOs, die sich primär auf solche Angebote konzentrieren, werden immer mehr zu eigentlichen Unternehmen.

Dem Spannungsfeld zwischen der Notwendigkeit, Geldmittel für ihre Aktivitäten zu beschaffen, und dem Risiko der Ko-Optation können NPOs begegnen, indem sie ihr Geld aus verschiedenen Quellen und nicht nur von einer oder wenigen privaten Firmen zu beziehen. Je stärker eine NPO von großen Firmensponsoren abhängig ist, desto mehr riskiert sie, ihre Dienstleister-Rolle gegenüber dem Geldgeber auf Kosten ihrer demokratischen Rolle zu betonen. Die strikteste Politik bezüglich Spenden verfolgt Greenpeace, welche festhält, dass sie keinerlei Sponsoring akzeptieren, weder von der Industrie noch von den Parteien oder irgendwelchen staatlichen Stellen. Denn, so die Begründung »Wir wollen und müssen frei von jeder äußeren Beeinflussung bleiben, um wirklich unabhängig zu agieren.« (http://www.greenpeace.de/ ueber_uns/). Andere, weniger restriktive Maßnahmen betreffen beispielsweise die Einschränkung oder das Verbot finanzieller Transaktionen zwischen Unternehmen und NPOs, die in irgendeiner Form zusammenarbeiten.[51] Darüber hinaus kann eine NPO auch ihre Unabhängigkeit stärken, indem sie sich explizit vorbehält, auch Unternehmen, von denen sie Geld erhält, für gewisse Aktivitäten zu kritisieren. Schließlich gibt es auch fallspezifische Beispiele aus der Praxis, die illustrieren, wie eine NPO eine Vereinnahmung durch wirtschaftliche Interessen verhindern kann, so zum

---

48 *Nijhof/de Brujin/Honders*, Partnerships for corporate social responsibility: A review of concepts and strategic options, Management Decision 2008, 46 (1), 152, 164. Gemäß einem Report mit dem Titel »21st century NGO« variieren NPOs in ihrer Haltung gegenüber Unternehmensspenden. So gibt es sehr unkritische NPOs, welche möglichst eng mit Unternehmen zusammenarbeiten und primär darum bemüht sind, diesen zu gefallen. Jedoch hat die Kritik von kritischeren NPOs an ihren ›peers‹ die Sensibilität gegenüber diesem Thema erhöht. So haben in der Zwischenzeit eine Vielzahl von NPOs Policies zum Thema Unternehmensspenden formuliert (SustainAbility, The 21st Century NGO. In the Market for Change, 2003, S. 14).

49 *Murphy/Bendell* (Fn. 5), S. 52.

50 *Uphoff*, Why NGOs are not a third sector: A sectoral analysis with some thoughts on accountability, sustainability and evaluation, in: Edwards/Hulme (Eds.), Beyond the Magic Bullet: NGO Performance and Accountability in the Post-Cold War World, 1996, 23-39; zitiert von *Murphy/Bendell* (Fn. 5), S. 8.

51 SustainAbility (Fn. 48), S. 30.

Beispiel von Oxfam. Im Zusammenhang mit dem Irakkrieg hat Oxfam eine Richtlinie erlassen, die festlegt, dass sie kein Geld annehmen von kriegsführenden Ländern für Entwicklungsarbeit im Irak. Damit verhindert Oxfam das Risiko, selber ein »wirtschaftliches Interesse« am Krieg in Irak zu entwickeln.[52]

Für den Fall, dass die Interaktion zwischen NPOs und Unternehmen über ein reines Spendenverhältnis hinausgeht, empfiehlt es sich, von Anfang an Richtlinien zu etablieren, welche das Zusammenspiel zwischen Vertraulichkeit und Transparenz in verschiedenen Aspekten der Partnerschaft regeln. Außerdem senken Mechanismen wie Monitoring und Reporting das Risiko der Ko-Optation. Schließlich ist auch wichtig festzuhalten, dass beide Partner befugt sein sollten, die Zusammenarbeit zu jedem Zeitpunkt einzustellen.[53]

Eine NPO, die sich zu Richtlinien bekennt, welche der Gefahr der Ko-Optation entgegenwirken, erhöht ihre Glaubwürdigkeit als zivilgesellschaftlicher, demokratischer Akteur, das heißt als Vertreterin öffentlicher, ideeller Interessen und entschärft den Verdacht, primär eigene wirtschaftliche Interessen oder diejenigen ihrer Geldgeber zu verfolgen.

IX. Abschließende Bemerkungen

Das Ziel dieses Beitrags war es, normatives Orientierungswissen darüber zu vermitteln wie die soziale Verantwortung von NPOs verstanden werden kann, ohne auf eine Corporate Social Responsibility verengt zu werden. Es wurde argumentiert, dass NPOs, charakterisiert als Vertreter ideeller und öffentlicher Anliegen, sich primär von Vertretern privater, wirtschaftlicher Interessen unterscheiden und dass ihre soziale Verantwortung sich ganz wesentlich auf zwei Dimensionen erstreckt.

Während ihre Verantwortung »nach oben«, also gegenüber Geldgebern, breit thematisiert und institutionalisiert wird, besteht in ihrer Verantwortung »nach unten«, also gegenüber ihren Begünstigten, ein Defizit. Dieses Defizit, so das Argument, kann nicht durch externe oder interne demokratische Strukturen überwunden werden. Stattdessen schlägt sich die demokratische Verantwortung einer NPO gegenüber ihren Begünstigten maßgeblich darin nieder, inwiefern sie sich einer ökonomischen Vereinnahmung »von oben« widersetzt. Die Auseinandersetzung mit dieser Vereinnahmung erfolgt auf zwei Ebenen: auf einer reflexiven Ebene, indem sich NPOs bemühen, private Spenderinteressen von legitimen Spenderinteressen abzugrenzen. Auf einer pragmatischen Ebene, indem sie konkrete Richtlinien erlassen, um das Risiko der Ko-Optation einzuschränken.

Dieser Beitrag hat kein direkt anwendbares Konzept zur Beurteilung der sozialen Verantwortung von NPOs entworfen, aber er hat Denkanstöße gegeben, die den Weg weisen können hin zu einer besser balancierten Konzeption, mit der die legitimen In-

---

52 *Cater*, Oxfam to shun Iraq funds from belligerent states. http://www.alertnet.org/thefacts/reliefresources/602354.htm; erster Zugriff 17. März 2008.
53 Earth Policy Institute, The Rise and Fall of the Global ClimateCoalition, http://www.earth-policy.org/Alerts/Alert6/htm; erster Zugriff 20. Juli 2006.

teressen der Spender gewahrt werden können, ohne die Anliegen der Begünstigten dem harten Diktat des Marktes zu unterwerfen.

X. Summary

This article provides normative orientation on the social responsibility of NGOs. It is argued that NGOs, understood as representatives of public, normative claims, must primarily be distinguished from representatives of private, economic claims and that their responsibility essentially extends to two dimensions.

Whereas their 'upward accountability', that is their accountability towards donors, has been broadly thematized and institutionalized among scholars and practitioners, there is a deficit in their 'downward accountability', that is their accountability towards their beneficiaries. This deficit, it is argued, cannot be overcome by imposing internal or external democratic structures on them. Instead the accountability of NGOs towards their beneficiaries becomes manifest in the extent to which they resist submitting to the exclusively economic criteria frequently imposed on them by their donors. This resistance against so submitting can be addressed on two levels: on a reflexive level, NGOs are well-advised to reflect on the difference between legitimate donor interests and purely economic, i.e. private donor interests; on a pragmatic level they should consider guidelines to counteract the risk of being subject to the logic of the market.

How will international philanthropy be freed from landlocked tax barriers?

INEKE A. KOELE

I. Introduction

In times of financial crises or war, where governments apparently fail, it is a peaceful idea that the world is not kept in balance by governments and supranational controlling bodies alone, but that a silent yet stable and influential role is confined to the 'foundation sector'[1]. Often these organizations are extremely wealthy and have enormous influence on the development of modern society in areas such as research and development, social innovation, culture and art, health care, religion and humanity, education and so forth. These philanthropic organizations function without a direct influence of politics, which increases the international effectiveness of their activities significantly.

A recent study[2] reveals that the EU foundation sector is a major economic force, consisting of an estimated 110,000 foundations (almost 4 foundations per 10,000 inhabitants) that spend between € 83 billion and € 150 billion each year, over twice as much as the US foundation sector that consists of 71,000 foundations. They also provide direct, full-time employment to between 750,000 and 1 million people in Europe.

---

1 The term 'foundation' is not used herein as a reference to a legal form, but rather as a functional reference to philanthropic organizations. Compare the use of the term 'private foundation' in US tax terms, whilst the legal form of a foundation does not exist in US law. I will use the term 'foundation' and 'philanthropic organization' as a common denominator.
2 Feasibility Study on a European Foundation Statute, by Max Plank Institute for Comparative and International Private Law and the Centre of Social Investment of the University of Heidelberg, executed for the benefit of the European commission, published on 16 February 2009, available at http://ec.europa.eu/internal_market/company/eufoundation/index_en.htm.

The world's 'foundation sector' and its stakeholders become increasingly interconnected every day since globalization is a fact (and certainly not a value). However, there is a certain backdated element in our legal perception of this area, which at the beginning of the 21th century, still requires our full attention.

Even though non-discrimination has already been the absolute norm in international tax for decades, this still does not appear to be true for philanthropic organizations. Where the Louvre in Paris would receive a donation of an art lover resident in France, the US or the UK would make a huge difference since only the donation from the French resident donor would qualify for tax relief. In practice, therefore, sophisticated structures have been designed by the larger philanthropic organizations allowing foreign residents to donate to domestic charities that would undertake to distribute these gifts (although at their absolute discretion) finally to *e.g.* the Louvre. These sophisticated structures are required because the legislation of nearly all countries that know some sort of tax relief for philanthropic flows of money are, or at least were until recently, 'landlocked'. Landlocked elements of a legal or tax regime are characterized by any direct or indirect geographical limitation imposed as a condition for recognition or privileged tax treatment of philanthropic activities.

Generally speaking, elements of a landlocked tax relief are the following:
a) donations and bequests to foreign philanthropic organizations are not exempt from gift tax, inheritance tax or estate tax whilst domestic philanthropic organizations are eligible for such exemption
b) donations to foreign philanthropic organizations are not eligible for income tax deductions in the hands of the donor whilst donations (and sometimes bequests) to domestic organizations are;
c) investments held by foreign philanthropic organizations are subject to tax whilst domestic similar organizations would benefit an exemption;
d) stringent rules apply to international expenditures of philanthropic organizations whilst domestic expenditures are not subject to this type of scrutiny.

In legal terms, for example a German foundation may experience serious problems if it wants to raise funds in Ireland, since it is not able to open a bank account. It would not be recognized as an entity that is able to open a bank account since it is not incorporated according to Irish laws.

The European Commission has received during the last couple of years numerous complaints of foundations that are hindered in their international ambitions by legal provisions in the laws of EU Member States that do, as a matter of fact, discriminate against foundations established in foreign member states in favour of domestic organizations, and has therefore put the 'landlocked' provisions in EU Member States legislation high on its agenda. The European Court of Justice (ECJ) has set the scene in two landmark decisions '*Walter Stauffer*' and '*Persche* ', issued in 2006 and 2009 respectively. Jurisprudence in some member states has identified the landlock as conflicting with the essential provisions of the EU Treaty. Presently, more member states are adopting legislation that opens the borders for international philanthropy and effectively resolves the landlock. Some countries are opening their borders also outside the EU. However, other EU member states are reluctant to follow and some are introducing provisions to counteract this development.

This article will examine these developments in some greater detail and based on the conclusions found in an academic research undertaken on the subject[3], will finally aim to give concrete suggestions for a viable and responsible way of resolving the landlock.

II. European developments

1. European Court of Justice: two landmark decisions prohibit the landlock

Within the European Union, the influence of European Community law and jurisprudence has gained substantial influence over the national laws of the EU Member States in recent decades. This influence cannot be overestimated, as in all Member States the impact of EC law and, therefore, any decision of the ECJ overrules the application of any domestic law.

Where the connection with tax laws is concerned, the fundamental freedoms have been key in the development of the jurisprudence of the ECJ. The four fundamental freedoms are the free movement of goods, persons, services and capital as laid down in the EC Treaty. These are considered specific provisions designed to prohibit discrimination on the grounds of nationality as enshrined in Art. 12 of the EC Treaty.

Although the starting point of the EC Treaty is that all Member States have fiscal sovereignty and therefore are perfectly free to determine the criteria for levying taxes, jurisprudence of the ECJ has made very clear that Member States may not exercise this sovereignty right in a manner such that any of the freedoms of movement is restricted or violated. Over the years, the ECJ has expanded the traditional reach of the concept of non-discrimination on the grounds of nationality to the far-reaching notion of "restrictions or impediments to a national of a Member State to exercise any of the freedom of movements, even if these restrictions or impediments apply independent from the nationality of the persons in question".[4] The line of reasoning is that discrimination may also be identified where discriminatory criteria other than nationality in fact have the same result. Many situations of differing treatment between residents and non-residents result in a disadvantage for nationals of other Member States, as in most cases non-residents are foreigners.[5]

Consequently, the ECJ has consistently held that any disadvantageous unequal treatment of resident and non-resident taxpayers in comparable situations constitutes covert discrimination and is therefore a violation of EC law, unless the treatment is justified by the "rule of reason".[6] In order to be compatible with the EC Treaty, the rule of reason requires that national provisions liable to hinder or make less attractive

---

3 *Koele*, International Taxation of Philanthropy, International Bureau of Fiscal Documentation 2007, (doctoral dissertation University of Utrecht, 2007).

4 ECJ, Case C-415/93, *Bosman*, FED 1997-176 (15 December 1995).

5 See e.g. ECJ, Case C-279/93, *Finanzamt Köln-Altstadt v. Roland Schumacker* (14 February 1995), Para. 28.

6 For example ECJ, Case C-279/93, *Finanzamt Köln-Altstadt v. Roland Schumacker* (14 February 1995), Para. 37.

Ineke A. Koele

the exercise of fundamental freedoms guaranteed by the Treaty must fulfil the following four conditions:
- they must be applied in a non-discriminatory manner;
- they must be justified by imperative requirements in the general interest;
- they must be suitable for securing the attainment of the objective which they pursue;
  and
- they must not go beyond what is necessary in order to attain it.[7]

The ECJ decision[8] in the *Walter Stauffer* case has clearly set the scene by following the opinion of Advocate General (AG) *Stix-Hackl* that *Centro di Musicologia Walter Stauffer*, an Italian philanthropic organization that owns and rents out German-situs real property, is objectively comparable to a domestic (*i.e.* German) philanthropic organization. The Court furthermore decided that no overriding reasons in the general interest were found that justified the unequal treatment of the *Walter Stauffer* organization. The most interesting category of justifications that was asserted is the need for effective fiscal supervision. The Court noted that before granting a foundation a tax exemption, a Member State is authorized to apply measures enabling it to ascertain in a clear and precise manner whether the foundation meets the conditions imposed under national law in order to be entitled to the exception and to monitor its effective management, for example by requiring the submission of annual accounts and an activity report. Admittedly, where foundations are established in other Member States, it may be more difficult to carry out the necessary supervision. Nevertheless, the Court added, these are disadvantages of a purely administrative nature which are not sufficient to justify a refusal by the authorities of the relevant Member State to grant such foundations the same tax exemptions as are granted to foundations of the same kind, which, in principle, have unlimited tax liability in that state.[9]

The ECJ goes on to say that there is nothing to prevent the relevant tax authorities from requiring a charitable foundation claiming tax exemption to provide appropriate supporting evidence so as to enable those authorities to carry out the necessary controls.

In a second landmark decision of 27 January 2009, the European Court of Justice goes on by saying that since the possibility of obtaining a deduction for tax purposes can have a significant influence on the donor's attitude, the inability in Germany to deduct gifts to charitable organizations that are established in other Member States, such as Portugal, is likely to affect the willingness of German taxpayers to make gifts for their benefit and consequently the discriminatory legislation constitutes a restriction on the free movement of capital.[10]

In the *Persche* case, the German, Spanish, Irish and English governments pointed out that gifts to domestic bodies and gifts in favour of bodies established in another

---

7 ECJ, C-55/94, *Reinhard Gebhard v. Consiglio dell'Ordine degli Avvocati e Procuratori di Milano* (30 November 1995).
8 ECJ, Case C-386/04, *Centro di Musicologia Walter Stauffer v. FA München für Körperschaften* (*Walter Stauffer*) (19 September 2006).
9 Id. at Para. 48.
10 ECJ Case C-318/07, *Hein Persche v. Finanzamt Lüdenscheid* (*Persche*) (27 January 2009).

170

EU Member State are not comparable, in the sense that the Member States concerned (1) may apply different concepts of benevolence as well as different requirements for recognition of acts of benevolence and, (2) are not in a position to monitor compliance with the requirements they impose other than in relation to national bodies. The German, Spanish and French governments added that if a Member State abstains from levying certain tax revenue by exempting gifts made for the benefit of charitable bodies established in that State, that is because such bodies absolve that Member State of certain charitable tasks which it would otherwise have to fulfil itself using tax revenues. This reasoning, which may be referred to as the 'expenditure theory', as a political rationale for the deduction of gifts for tax purposes is principally rejected by the European Court of Justice.[11]

It has to be noted here that a government has no monopoly on charitable activities, which demonstrates the flawed reasoning of the expenditure theory. Religious organizations are typical examples of organizations with public purposes that, by its very nature, cannot be performed by governments in western democratic societies.

The ECJ continued that, where tax authorities would have to obtain the necessary information from a donor rather from the body which received the gift, the same reasoning as in *Walter Stauffer* would prevent a legislator from excluding *a priori* that a taxpayer is able to provide relevant documentary evidence enabling the tax authorities to ascertain, clearly and precisely, the nature and genuineness of the expenditure incurred in other Member States. It is usually possible for a donor to obtain from the recipient charitable organization documents confirming the amount and nature of the gift made, identifying the objectives pursued by the body and certifying the propriety of the management of the gifts which were made to it during previous years.[12]

Finally, the European Court of Justice gives some suggestions to domestic tax authorities how they should regard foreign charitable organizations in comparison to their domestic counterparts.

First, it suggests that declarations by a body which fulfils, in its Member State of establishment, the requirements of the law of that Member State for the grant of tax advantages, cannot be left out of consideration, particularly if that legislation makes the grant of tax advantages intended to encourage charitable activities subject to identical requirements.[13] The question, of course, is what are to be considered 'identical requirements' in this context.

Second, it suggests that if the foreign Member State of establishment of the recipient body has a system of tax advantages intended to support the activities of charitable bodies, it will normally be sufficient for the donor's Member State to be informed by the other Member State, within the framework of mutual assistance under the EU Directive 77/799, of the subject matter and detailed arrangements for the supervision to which such bodies are subject, in order for the domestic tax authorities to be able

---

11 Id. at Para 44: *'Whilst it is lawful for a Member State to restrict the grant of tax advantages to bodies pursuing certain of its charitable purposes, a Member State cannot however restrict the benefit of such advantages only to bodies established in that State whose activities are thus capable of absolving it of some of its responsibilities.'.*

12 Id., at Para. 57.

13 Id., at Para. 58.

to verify whether the recipient body fulfils the conditions imposed by the national legislation for the grant of tax advantages.

In conclusion, it was held that the argument brought forward by Germany, Ireland and the United Kingdom must be rejected, whereby it would be contrary to the *principle of proportionality* to constrain the donor's Member State in these circumstances to verify or to have verified compliance with conditions imposed on national charitable bodies,.

This jurisprudence certainly creates an important factor in the process of resolution of the landlock in cross border philanthropy within Europe. However, it would be too optimistic to say that this ECJ jurisprudence alone is paving the path for a full resolution of the landlock.

As the Advocate-General *Mengozzi* set out in its Opinion in the *Persche* case[14], it is the fact that German legislation is based on the premises that, *as a matter of principle*, charitable bodies with foreign establishment are in a situation which is not objectively comparable to that of charitable bodies established in Germany, which does not pass the criteria of the EC freedom of capital. However, in the *Persche* case the national court provided no information regarding whether the Portuguese recipient body complied with the conditions laid down in its statutes and with those imposed by the German legislation requiring the actual management of the body to be in accordance with the objects stated in its statutes. This lacuna is explained by the fact that the preliminary ruling was requested only on the question whether the *principled* exclusion of foreign charitable bodies is contrary to the EU Treaty. Although the answer to this question is negative, this does not however imply that the recipient foreign charity would indeed meet all the requirements of the German legislation that are imposed equally on domestic charitable organizations in order to be eligible to tax efficient giving from donors. In May 2009, the German Federal Tax Court[15] referred the *Persche* case back to the Tax Court of Münster, that has to examine whether the Portuguese organization can be compared with a charitable organization resident in Germany. It entirely depends on how literally the German requirements will be interpreted since it is very unlikely that the constitutional documents of a Portuguese charitable organization literally would meet all the requirements of German law on philanthropic organizations.

In both *Walter Stauffer* and *Persche*, the ECJ made clear that there is no requirement under EU law for member states automatically to confer on foreign foundations recognized as having charitable status in their member state of origin the same status in their own jurisdiction. Member states have discretion in this regard, but must exercise that discretion in accordance with Community law. In those circumstances, they are free to determine which interests of the general public they wish to promote by granting benefits to charitable organizations that pursue objectives linked to such interests in an unbiased manner[16].

---

14 A-G *Mengozzi*, Case C-318/07, *Hein Persche v. Finanzamt Lüdenscheid (Persche)*, (14 October 2008), at Para. 72 and 73.
15 German Federal Tax Court 27 May 2009, XR 46/05; BFH/NV 2009,1633.
16 ECJ *Walter Stauffer*, id. Para. 39.

Other ECJ jurisprudence that is relevant for this subject, is the case of *Laboratoires Fournier SA*[17]. The French special tax credit for research, that is attached to research activities solely carried out in France, was held to be directly contrary to the objective of the Community policy on research and technological development which, according to Article 163(1) EC is, inter alia, 'strengthening the scientific and technological bases of Community industry and encouraging it to become more competitive at international level'. Article 163(2) EC provides in particular that, for this purposes, the Community is to 'support [undertakings'] efforts to cooperate with one another, aiming, notably, at enabling [them] to exploit the internal market potential to the full, in particular through ... the removal of legal and fiscal obstacles to that cooperation.'

Since the significant amendments to the EC Treaty by the Treaty of Maastricht in 1993, the scope of the EC Treaty is expanded to support not only economic progress within the EU Community but Community policies on many public interests that fall within the scope of public purposes that are pursued by philanthropic organizations[18]. As a matter of fact, therefore, most public purposes confined to a philanthropic organization which are limited to a Member States' territory or national public interest will be directly contrary to the objective of the Community policy on these purposes. In this regard, not only the fundamental freedom provisions should be considered, but the prohibition of state aid as foreseen in Art. 87 of the EC Treaty also comes in question; a law that would take an isolationist, and therefore strict, landlocked approach with regard to 'public purposes' is likely to be scrutinized by the European Commission as possibly constituting forbidden state aid[19].

2. European Commission in action: (threat of) infringement procedures and tax coordination

The European Commission has a highly active approach on the non-discriminatory tax treatment of comparable foreign charitable bodies. It has systematically initiated infringement procedures against Member States that have landlocked elements in their tax legislation regarding charitable organizations. Currently, 19 infringement cases are pending where ten cases are successfully closed since states have adopted their legislation. The most recent announcement is dated 20 November 2009, when the European Commission published a reasoned opinion (the second stage of the infringement procedure under article 226 of the EC Treaty) to requesting France to amend its tax regime for donations to public interest and not-for-profit bodies based in other EU Member States or EEA countries. Under the French regime, public bodies, public-interest bodies in France and not-for-profit bodies carrying out their activities in France are exempt from dividend tax and transfer duties on donations and bequests. In contrast, similar bodies based or active in other EU Member States or

17 ECJ, Case C-39/04, *Laboratoires Fournier SA* (10 March 2005), Para. 23.
18 Artis. 149-181 EC Treaty contain specific policy descriptions that are not of an economic nature, including education, culture, public health, consumer protection, economic and social cohesion, research and technical development, the environment and development cooperation of developing countries.
19 I.A. *Koele*, (fn.3),p. 338.

EEA countries are subject to transfer duties at 60% of the value of the donations or bequests received. In addition, the regime in question grants.

Until now, the Commission has not reached a stage where cases are referred to the European ECJ by the European Commission – the third step of an infringement procedure, if the Member State does not react to a reasoned opinion – but this is likely to happen in the nearby future.

One of the first infringement procedures of the European Commission was directed against the United Kingdom[20]. Upon the initiative of the United Kingdom, an informal discussion has been initiated with the European Commission and other Member States to reiterate on the *Walter Stauffer* and *Persche* case and to explore how cross border tax relief could be combined with proper management of the risks around fraud and security under the heading of 'coordination' of procedures and requirements.

3. Recent Tax Law Reforms within the EU that resolve landlocked elements of tax legislation

As a result of the European Commission's activity, ten Member States have resolved elements of their landlocked legislation referring to cross border philanthropy: Poland, Slovenia, the Netherlands, Denmark, the Czech Republic, Luxemburg, Bulgaria, Latvia, Greece whilst at present amendments in Belgium, Estonia and Germany are in the process of being adopted.

Although this is not the place to discuss the details of all the Member States' amendments, the Dutch example is interesting to highlight. As of 1 January 2008, the Netherlands released the landlock entirely; it was the first country in the world that made gifts to foreign charities fully deductible for Dutch resident individual or corporate donors and equally provides for exemption of gift and inheritance tax. Accordingly, corporate income tax is forfeited if the profits are expended to a foreign philanthropic organization that qualifies for Dutch tax purposes and so forth. A foreign philanthropic body must seek recognition in the Netherlands, which is a relatively easy process compared to the procedures in place in many other countries, and which is based on a self-assessment of the foreign organization. In first instance, this liberal approach was formalized only for charities established in Member States of the EU or in countries with which the Netherlands have appropriate bilateral treaties in place with appropriate exchange of information clauses: an important country in this category is the United States. As of November 2008, however, it was announced that charitable bodies in any country could seek for recognition as a qualifying charity for Dutch purposes. Presently, the Dutch Charity Team receives approximately 400 requests for registration per week and is fully relying on a self-assessment procedure; if the foreign charitable body declares itself to be compatible with a list of ten key requirements, it will automatically receive the desired tax status. It has to be recognized however, that if the tax authorities later were to find that the organization has unrightfully assessed itself to be compatible with the Dutch requirements for charita-

---

20 Press Release, 10 July 2006, IP 06/964.

ble organizations, the tax status could be withdrawn retroactively. It is not certain whether donors would be protected by such retroactive withdrawal of the charitable tax status of the foreign organization. In essence, the Dutch government has not yet followed up its decision to resolve the landlock. It has refrained until now from designing a diligent system of effective control on the cross border flow of philanthropic money that is in proportion to the tax benefits achieved by the foreign charitable body, and backed up with sufficient tax inspectors to verify this factually.

Hungary has given a negative response to the European developments. It has abolished the tax incentives for philanthropy entirely and therefore can no longer be said to act in breach of the EU Treaty. Another negative reaction was pursued by the German tax authorities as a reaction to the *Stauffer* case. The European Court of Justice has decided in *Walter Stauffer* that Community law does not prescribe member states automatically to confer on foreign foundations recognised as having charitable status in their member state of origin the same status as in their own territory. In this context the German legislator has amended the general requirement for philanthropic organisations; the requirement now is that any foreign activity of a charitable body, irrespective its place of establishment, can contribute to the reputation of the Federal Republic of Germany abroad as well as to the pursuit of the tax privileged charitable purposes. It is unclear how the German tax authorities will apply this requirement in practice. In my opinion, it is almost unthinkable that a philanthropic organization could be said not to contribute to the reputation of the Federal Republic of Germany since Germany is part, as are we all, of a globalized world. Any purpose that serves the pluralism of German society in its broadest sense has a positive impact on that society[21].

4. European Foundation Statute & feasibility study

On 16 February 2009, the European Commission published a Feasibility Study on the European Foundation Statute[22]. The report has made a calculation of the cost of barriers against cross-border activities of European foundations. The calculable cost is estimated at a range from € 90,000,000 to € 101,700,000 per year. Additionally, there are incalculable costs which are certainly higher. The growing potential for cross-border philanthropy in Europe suggests that these figures should be seen as a minimum level of costs when considering a dynamic perspective.

The study suggests that the European Foundation Statute is the preferable policy option to address cross-border barriers. The European Foundation would be an additional and optional instrument like the existing European Company (*Societas Europaea, SE*), the European Economic Interest Grouping (*EEIG*), the European Co-operative Society (*Societas Cooperative Europaea, SCE*) and most recently the proposed European Private Company (*Societas Privatae Europaea, SPE*).

The European Foundation Statute is principally designed to overcome existing legal barriers. Additionally, the study describes the option to establish a European

---

21 See, more extensively, *Koele*, (fn. 3), p. 196 ff.
22 Feasibility Study (fn. 2).

Foundation with a tax-exempt status in all Member States. It is acknowledged by the report that harmonization or a compulsory treaty on the tax status between member states would not be very realistic, as there is no consensus between EU member states on this. The Report alternatively suggests that the European Foundation should combine all requirements of the tax law of the member states (de facto lowest common denominator), i.e. by allowing only such public benefit purposes as are allowed in all Member States, by prohibiting remuneration for the board of directors (as under Spanish tax law), by requiring a duty of timely disbursement and several formal statements in the foundation's statute (as under *German* tax law), by allowing only such purposes which are regarded as 'public benefit' in every Member State, etc.[23]. The inevitable consequence of this would be that the European Foundation would be recognized as qualifying as a philanthropic organization in all Member States. The report adds that at first sight, such as a tax-exempt European Foundation may seem unrealistic, because it would be over-regulated and too 'bureaucratic'. However, the study has also revealed that the similarities in tax law seem to be much greater than in foundation law and therefore, it is considered conceivable that such a European Foundation could be a viable proposition and the price may be worth considering tax-exemption in all Member States[24].

The Feasibility Study refers exclusively to equivalency of legal requirements and presupposes that in a theoretical model where all existing (functional) requirements in all member states are met, the automatic consequence would be a recognition of such a European Foundation, irrespective of the location of its factual establishment and activities. However, the report does not substantiate the logic of this consequence. What is missing, is an effective tool of control on foreign based philanthropic organizations (whether it is an European Foundation or any existing legal form of a philanthropic organization), whatever the precise requirements to which such an organization is subjected.

III. The missing link: control on international philanthropy

In all the discussions on the resolution of the landlock and the discrimination of foreign based philanthropic organizations, little attention is spent on the legitimate concerns of states to effectively control on cross border philanthropic flows of money. In a comparative study between the US, Germany and the Netherlands, my conclusion was that the only rationale for the existence of landlocked provisions in tax laws relating to cross border philanthropic transfers is found in the fact that supervisory authorities do not exert sufficient control on the international flow of grantmaking. No conceptual arguments were found to support and explain the existence of landlocked tax provisions; the landlock is not based on different conceptual differences in the notion of and the functioning of philanthropic organizations.

---

23 Feasibility Study (fn. 2), p. 192 ff.
24 Feasibility Study (fn. 2), p. 194.

Where States open their borders for cross-border philanthropy without considering measures to effectively control on the ultimate destination of the funds, this may easily lead to abuse of the charity status, which ultimately is disadvantageous for the philanthropic sector as a whole. This is the situation in the Netherlands, where foreign organizations are recognized as a qualifying charity based on a self-assessment of compliance with the legal requirements. Although the recognition may be withdrawn with retroactive effect, the Dutch authorities do not invest in sufficient manpower to effectively control cross border philanthropy. The Dutch legislation does not provide for liability of foreign charities of the tax advantages granted to donors. Most EU Member States that have resolved (parts of) their landlocked legislation have omitted to introduce controlling measures on the cross border philanthropic expenditure.

On the other hand, EU Member States like Germany and the UK are reluctant to provide tax benefits to cross border philanthropy since they face difficulties and huge efforts to effectively control on the cross border flows of public interest minded money.

Consequently, and based on my findings of my PhD research, the solution to a responsible and viable resolution of landlocked tax provisions has to be found in measures that

a) provide for maintenance of specific requirements for tax privileges in an international context, which is referred to as *equivalency considerations* and

b) on the effective control that may be exercised with regard to the proper expenditure of the funds abroad in accordance with qualifying public purposes, which is referred to as *expenditure responsibility*[25].

1. Equivalency considerations

It is unrealistic to expect states to automatically recognize the tax-privileged status of a philanthropic organization under any foreign statutory law (recognition of the *lex fori* principle) as to do so would overrule the state's tax sovereignty over a matter that has not been the subject of legal harmonization between states at all. However, it is perfectly possible for states to specify the requirements that must be met by a foreign organization in order to be regarded as *equivalent* to a domestic qualifying philanthropic organization. It appears from the research performed, that regarding the tax legislation of the US and Germany it is in many instances entirely unclear when a foreign philanthropic organization is considered equivalent to a domestic qualifying organization. No consistent approach is to be found in this field.

The more detailed a national tax law is, the more likely it is that foreign philanthropic organizations may never comply with these detailed rules. Countries like the US and Germany recognize in practice that certainly not all of their very detailed regulatory requirements must be copied by foreign philanthropic organizations that are under the jurisdiction of another legal system, but rather apply in practice a limited review. It would serve no rational purpose to require foreign philanthropic organizations to meet all domestic rules, and under such an expansive approach, the

---

25 *Koele* (fn. 3), § 7.2 Key Elements for a resolution of the landlock, p. 358 ff.

landlock would effectively be maintained. This expansive approach would literally over-kill the interests of international philanthropy, as in practice it is scarcely possible for a philanthropic organization to meet simultaneously all the requirements under the regulatory provisions of both the US and Germany.

In order to be able to apply a sensible equivalency test to any foreign philanthropic organization (vis-à-vis a domestic qualifying organization), countries should first determine which requirements are regarded as crucial in an international context and which requirements are regarded as 'couleur locale' that has not to be maintained in an international context.

As an important element of a resolution of the landlock, therefore, states should develop *normative equivalency tests* for international philanthropic purposes. In order to do so, countries should be willing to consider what requirements under foreign legal systems have a *similar function* to domestic requirements, even where the wording of those requirements may be very different.

In my research on the functionality of various domestic legal requirements, I found that although the superficial features of the various legal systems differ to a large extent, the functionality of most of the requirements and features has by far more similarities than differences[26]. The best way of addressing normative equivalency tests is to provide for flexible and qualitative criteria that may count in various national legislations with similar functionalities. This would require legislatures and the people working with these rules to be able to gain some detachment from their own domestic legal system on international philanthropy in order to be able to direct an analytical eye back onto it. This is a logical consequence of globalization.

The importance of such an equivalency test is, however, not as important as provisions that adequately provide for effective expenditure control in a cross-border context. The key question here is: if it is guaranteed that a payment is expended for a genuine and qualifying public interest purpose, would it mind if the recipient abroad is not equivalent to a domestic qualifying organization? In the legislation of both the US and Germany, examples are found of a negative answer to this question. This means that ultimately, the question of equivalency is subordinate to the question how expenditure responsibility should be regulated in a cross border context.

2. Expenditure Responsibility considerations

In order to address the concern of states regarding the exercise of effective control of the proper expenditure of philanthropic funds abroad, a detailed *expenditure responsibility* test for cross border philanthropy is identified as a significant key element.[27] Where social investment is becoming increasingly popular, the challenge will be even to follow the trail of investments and their ongoing benefit for the public interest.

Inspiration may be gleaned from the provisions that exist presently in both the US and Germany for domestic charities that distribute their funds to foreign entities. The

---

26 The same conclusion is found in the Feasibility Study on a European Foundation (fn. 2), p. 48–156.
27 *Koele* (fn. 3), § 7.2.2, p. 367 ff.

domestic bodies must satisfy their responsibility to the tax authorities as to the ultimate proper destination and use of the funds. An important source of knowledge in this regard can be found in the detailed US rules on expenditure responsibility that are specifically provided for private foundations, but are used increasingly in practice by US public charities as well.

In the US, expenditure responsibility is defined as the responsibility:

a) to exert all reasonable efforts and to establish adequate procedures to ensure that the gift is spent solely for the purpose for which it is made; this may, for example, imply the existence of a proper gift agreement that specifies the destination of the gift;

b) to obtain full and complete reports from the recipient on how the funds are spent; and

c) to make full and detailed reports with regard to such expenditures to the tax authorities.

In a cross border context, a foreign philanthropic organization has to exercise expenditure responsibility towards domestic tax authorities. This may be backed up by provisions that make foreign organizations liable for the tax benefits granted or even by provisions that oblige donors to withhold a percentage of the funds for the benefit of the tax authorities that will not be released before the foreign body has satisfactorily provided full reports on the expenditures of the contributed funds for the benefit of the domestic tax authorities.

In countries where the landlock is still pertinent, donors may make use of so-called facilitators. In Europe, the Transnational Giving Network, introduced by the King Baudoin Foundation in Belgium, is an illustration of this concept. The donor transfers the funds to the local body that is within the Network that acts as a facilitator for the international transfer of the funds. The funds are received by the foreign body within the Network that ultimately disperses the funds to the intended recipient philanthropic organization. Although this is an effective means of overcoming existing landlocked tax provisions in practice, these practical facilitators are not a true solution to the problems attendant to international philanthropy. Where no specific due diligence requirements exist on international philanthropy, such as in the Netherlands, this is manageable; but where due diligence and expenditure responsibility requirements become increasingly complex, it is likely to become more apparent that facilitators will no longer be a feasible solution. Grant risk management ultimately can not be delegated to a service provider that takes title to the funds.

Furthermore, also under the application of the non-discrimination principles of the EU Treaty, foreign philanthropic organizations may have an increased burden of proof on non-discriminatory controlling provisions, as it is difficult for tax authorities to effectively exert oversight of the operations of a foreign body.

3. Alignment with other paradigms: the threat of anti-terrorism financing measures

The philanthropic sector finds itself increasingly in an era of a new regulatory paradigm modelled on the fight against money laundering and terrorism. When looking at the contents of governmental and intergovernmental initiative, it becomes apparent

that the suggestions made in this paradigm all are directed to due diligence procedures in the context of international philanthropy. The Financial Action Task Force
(FATF) – the premier intergovernmental body responsible for developing and promoting global policies to combat money laundering and terrorism financing –
adopted a series of Special Recommendations specific to terrorist financing back in
2002. These included the Recommendation that countries should review the adequacy of laws and regulations that relate to non-profit entities since these are particularly vulnerable for the financing of terrorism[28]. In this context, the FATF suggested
that countries take steps to promote effective supervision and monitoring of their
non-profit sector. Countries should have measures in place requiring that non-profit
organizations (NPO's), *inter alia,*

a) have appropriate controls to ensure that all funds are fully accounted for and are
spent in a manner that is consistent with the purpose and objectives of the NPO's
stated activities;

b) follow a rule to know your beneficiaries and associate bodies. This means that an
organization must use its best efforts to conform the identity, credentials and good
standing of its beneficiaries and associate NPO's. An NPO must also use its best
efforts to document the identity of its significant donors and to respect donor confidentiality; and

c) maintain, for at least five years, and make available to appropriate authorities, re-
cords of domestic and international transactions that are sufficiently detailed to
verify that funds have been spent in a manner consistent with the purpose and objectives of the organization.

A very similar set of recommendations is formulated by the EU in 2005 as a Code of
Conduct in the communication 'The Prevention and fight Against Terrorist Financ-
ing through Enhance National Level Co-ordination and Greater Transparency of the
Non-Profit Sector[29].

Furthermore, the FATF suggested in its 2002 publication 'International Best Practices' on the subject of Combating the Abuse of Non-Profit organizations[30] that in
those jurisdictions that provide tax benefits to charities, tax authorities have a high
level of interaction with the charitable community. This expertise is of special importance to the fight against terrorist finance, since it tends to focus on the financial
workings of charities. Therefore it should be encouraged that the information of tax
authorities be shared in the fight against terrorism.

On 24 February 2009, the OECD released a Report on Abuse of Charities for
Money-laundering and Tax Evasion[31], which contains information provided by 19
countries and identifies a set of good practices that tax authorities vulnerable to the
risk of this abuse might consider. The executive summary states that tax evasion and
tax fraud through the abuse of charities is a serious and increasing risk in many countries although its impact is variable. Some countries estimate that the abuse of chari-

---

28 FATF Special Recommendation VIII, downloadable at www.fatf-gafi.org.
29 COM (2005) 620, http://europa.eu.int/eur-lex/lex/LexUriServ/site/en/com/2005/com2005
    _0620en01.pdf.
30 See www.fatf-gafi.org/dataoecd/39/19/34033761.pdf.
31 http://www.oecd.org/document/32/0,3343,en_2649_ 33767_42232352_1_1_1_1,00.html.

ties costs their treasury many hundreds of millions of dollars and is becoming more prevalent. As main recommendations, the OECD states that more emphasis has to be put on mechanisms to facilitate the exchange of information in general and between tax authorities, law enforcement agencies and others, and on good practices on an ongoing basis.

What is only mentioned in the context of this report, is the risk for the overall integrity of the charitable sector and the willingness for governments to deal on a benevolent way with bona fide charitable organizations.

This new paradigm will inevitably lead to more stringent control on the activities of philanthropic organizations and governments may no longer be able to leave the philanthropic sector to self-governance. For the integrity of the philanthropic sector in general and for a globalising philanthropic ambition, however, this new paradigm will create an impetus for change since it will support the international recognition of effective control to be exercised by and in cooperation with other tax authorities.

IV. Conclusion

The developments within the European Commission and the European Court of Justice tend to a further release of landlocked tax provisions, at least within the EU. As a consequence of this development, some EU countries have opened their borders to foreign charities. Where countries do not have a tradition of stringent control on international philanthropy carried out by their domestic philanthropic organizations, there is no tendency whatsoever to effectively control foreign charities. Ultimately, control has a price and the question is: who is going to pay this price? It has to be feared, however, that opening of the borders for cross border tax efficient philanthropy without a proper control will ultimately lead to severe damage to the entire sector.

Where the European Commission concentrates on equivalency considerations on requirements of philanthropic organizations in different member states, this may be helpful certainly if member states are pressed to consider themselves which requirements are indeed essential to be maintained in an international and functional context. However, the missing link is the effective control on cross-border philanthropy (including the increasingly popular social investments, which even requires more ongoing monitoring).

The foundation sector itself may initiate a practice of appropriate controlling measures for international funding. There are other reasons, such as the paradigm of anti-terrorism financing practices, why the sector would have to concentrate on this area as well. The European Commission could direct and coordinate between member states to create an international norm of expenditure responsibility provisions. Where control on cross-border funding is manageable to them, tax authorities will be less reluctant to open their borders. If the emphasis is placed on these practical issues, the legal constraints of the equivalency tests will not be as important any more and soon, international philanthropy may be freed from tax barriers.

However, there will always be costs involved to the international foundation sector and these costs are likely to increase in an era where international philanthropy becomes more important and more complex. Appropriate control is costly and it is unrealistic to suppose that tax authorities or administrative authorities will undertake to effectuate control; they may merely be expected to verify and evaluate on the control undertaken by the organization itself.

Aus Gesetzgebung, Rechtsprechung und Verwaltungsanweisungen zum Dritten Sektor im Jahr 2009* in Deutschland

Nils Krause/Matthias Grigoleit

I. Gesetzgebung

Im Berichtszeitraum wurden im Bereich der Gesetzgebung maßgebliche Neu- und Reformvorhaben umgesetzt bzw. auf den parlamentarischen Weg gebracht. So hat der Bundestag am 17.3.2009 mit Zustimmung des Bundesrates das Dritte Gesetz zum Abbau bürokratischer Hemmnisse in der mittelständischen Wirtschaft (sog. Mittelstandsentlastungsgesetz) beschlossen, das am 25.3.2009 in Kraft getreten ist.[1] Des Weiteren wurden am 2.7.2009 weitreichende Änderungen des Erbrechts beschlossen, von denen insbesondere die neue Regelung zum Pflichtteilsergänzungsanspruch nach § 2325 Abs. 3 BGB geeignet ist, den operativen Betrieb von Stiftungen nachhaltig zu beeinflussen.[2] Ebenfalls am 2.7.2009 hat der Bundestag dem Gesetzesentwurf der Bundesregierung über ein Gesetz zur Erleichterung elektronischer Anmeldungen zum Vereinsregister und anderer vereinsrechtlicher Änderungen zugestimmt,[3] welches am 30.9.2009 in Kraft getreten ist. Die am 3.7.2009 beschlossenen Verschärfungen des Datenschutzrechts könnten Organisationen des Dritten Sektors veranlassen,

---

* Die Übersicht enthält alle maßgeblichen Gesetze, Entscheidungen und Verwaltungsanweisungen auf dem Gebiet des Dritten Sektors des Jahres 2009 in Deutschland. Soweit Entscheidungen erst im Folgejahr veröffentlicht werden, werden sie im Jahr der Veröffentlichung in das jeweilige Non Profit Law Yearbook aufgenommen.

1 BGBl. I 2009, 550.

2 BT-Drucksache 16/8954, 16/13543, abrufbar unter www.bundestagsdrucksachen.de.

3 BT-Drucksache 16/12813, abrufbar unter www.bundestagsdrucksachen.de.

ihre Werbeaktivitäten umzustellen.[4] Das Gesetz zur Begrenzung der Haftung von ehrenamtlich tätigen Vereinsvorständen vom 28.9.2009 regelt das Haftungsregime für ehrenamtliche Vereinsvorstände neu.[5] Kurz vor Jahresschluss hat das Bundeskabinett noch den Entwurf eines Gesetzes zur Umsetzung steuerlicher EU-Vorgaben beschlossen.[6]

1. Mittelstandsentlastungsgesetz

Das mittlerweile in der dritten Fassung verabschiedete Gesetz enthält insgesamt 23 Einzelmaßnahmen. Dazu gehören u.a. die Erhöhung des Freibetrages bei der Körperschaftsteuer von EUR 3.835 auf EUR 5.000 und zahlreiche weitere Änderungen des Gewerbesteuergesetzes sowie der Gewerbesteuer- und Umsatzsteuerdurchführungsverordnung, die für wirtschaftliche Geschäftsbetriebe gemeinnütziger Körperschaften relevant werden könnten.

2. Gesetz zur Änderung des Erb- und Verjährungsrechts

Der BGH[7] hatte im Fall der Dresdner Frauenkirche entschieden, dass unentgeltliche Zuwendungen an steuerbegünstigte Einrichtungen dem Schenkungsrecht und damit dem Pflichtteilsergänzungsanspruch gemäß § 2325 BGB unterliegen, unabhängig davon, ob es sich um Spenden oder Zustiftungen handelt. Bislang konnte ein Pflichtteilsergänzungsanspruch für den Pflichtteilsberechtigten bestehen, wenn der Erblasser Vermögenswerte an einen Dritten verschenkt und dadurch den Nachlass verringert hat. Schenkungen wurden hierbei in voller Höhe berücksichtigt, wenn sie bis zu zehn Jahre vor dem Erbfall durchgeführt wurden. Starb der Erblasser auch nur einen Tag vor Ablauf dieser Frist, wurde der Pflichtteilsberechtigte bei der Berechnung seines Anspruchs so gestellt, als sei das geschenkte Vermögen noch Teil des Nachlasses. Diese Ausschlussfrist ist flexibler geregelt worden. In Zukunft findet die Schenkung für die Pflichtteilsberechnung stufenweise weniger Berücksichtigung, je länger sie zurück liegt und zwar herabmindernd um 10% pro Jahr. Nur die Schenkung im Jahr vor dem Erbfall wird voll in den Nachlass einbezogen.

3. Gesetz zur Erleichterung elektronischer Anmeldungen im Vereinsregister

Das Gesetz schafft die rechtlichen Grundlagen für die landesrechtliche Zulassung des elektronischen Rechtsverkehrs bei Anmeldungen zum Vereinsregister. Darüber hinaus nimmt die Bundesregierung das Gesetz zum Anlass, materielle und verfahrens-

---

4 BT-Drucksache 16/12011, abrufbar unter www.bundestagsdrucksachen.de.
5 BGBl. I 2009, 3161.
6 Abrufbar unter www.bundesfinanzministerium.de.
7 BGH, Urteil vom 10.12.2003, IV ZR 249/02, WM 2004, 332 ff.

rechtliche Neuerungen ins Vereinsrecht aufzunehmen und bestehende Regelungen zu aktualisieren. Folgendes ist u.a. vorgesehen:
– Die elektronische Anmeldung zum Vereinsregister ist nun möglich. Nach bislang geltender Rechtslage ist bei der Erstanmeldung des Vereins die Urschrift der Satzung und bei der Anmeldung einer Satzungsänderung die Urschrift des Beschlusses, der die Satzungsänderung anordnet, einzureichen. Da sich bei elektronischer Einreichung diesbezüglich Probleme ergeben könnten, muss zukünftig nur noch eine Abschrift der Satzung oder des satzungsändernden Beschlusses eingereicht werden. Bei Satzungsänderungen ist aber stets der vollständige Wortlaut der geänderten Satzung einzureichen.
– Durch Änderung der §§ 32, 33 BGB wird klargestellt, dass in der Mitgliederversammlung für die Beschlussfassung nur die Mehrheit der abgegebenen gültigen Stimmen erforderlich ist und nicht die Mehrheit der Stimmen der anwesenden Mitglieder.
– Die Möglichkeit der Verwaltungsbehörden nach § 43 BGB, dem Verein die Rechtsfähigkeit zu entziehen, wurde grundlegend umgestaltet. Die bisherigen Vorschriften § 43 Abs. 1 und Abs. 2 BGB über die Entziehung der Rechtsfähigkeit eingetragener Vereine gibt es nicht mehr. Geblieben ist die Regelung über die Entziehung der Rechtsfähigkeit nach § 43 Abs. 4 BGB.
– In § 50 Abs. 2 ZPO wird die aktive Parteifähigkeit des nichtrechtsfähigen Vereins kodifiziert.

4. Gesetz zur Regulierung des Datenschutzaudits und zur Änderung datenschutzrechtlicher Vorschriften

Es war bislang geltende Rechtslage, dass listenmäßig zusammengefasste personenbezogene Daten für Zwecke der Werbung auch ohne Einwilligung der im einzelnen Betroffenen, gespeichert, übermittelt und genutzt werden dürfen. Der neue § 28 Abs. 3 S. 2 Nr. 3 BDSG stellt klar, dass die Verarbeitung oder Nutzung personenbezogener Daten zum Zwecke der Werbung oder für den Adresshandel nur noch zulässig ist, wenn der Betroffene ausdrücklich darin eingewilligt hat. Von dem grundsätzlich bestehenden Einwilligungserfordernis ist die listenmäßige Erfassung personenbezogener Daten »für Zwecke der Werbung für Spenden, die nach § 10b Abs. 1, § 34g EStG steuerbegünstigt sind« ausgenommen. Diese Privilegierung scheint aber nur für die steuerbegünstigte Einrichtung selbst zu gelten. Adresshändler, die der Körperschaft für die Werbung entsprechende Daten liefern, fallen nicht unter den Ausnahmetatbestand, sodass der Körperschaft mittelbar der Zugang zu werberelevanten Daten erschwert wird.

5. Gesetz zur Begrenzung der Haftung von ehrenamtlichen Vereinsvorständen

Aufgrund des Gesetzes zur Begrenzung der Haftung von ehrenamtlich tätigen Vereinsvorständen vom 28.9.2009 ist nunmehr im neuen § 31a BGB eine Haftungsprivilegierung für ehrenamtliche Vereinsvorstände geregelt. Vorstandsmitglieder, die unentgeltlich tätig sind oder lediglich eine Vergütung von höchstens EUR 500 im Jahr erhalten, haften für ihre Vorstandstätigkeit dem Verein und seinen Mitgliedern gegenüber nur noch bei Vorsatz und grober Fahrlässigkeit. Die Haftung gegenüber Dritten wird nicht beschränkt. Allerdings hat der Gesetzgeber in § 31a Abs. 2 BGB einen »Befreiungsanspruch« des ehrenamtlichen Organs gegen den Verein festgesetzt, soweit das Organ im Außenverhältnis durch Dritte in Haftung genommen wird und dabei weder vorsätzlich noch grob fahrlässig gehandelt hat.

6. Entwurf eines Gesetzes zur Umsetzung steuerlicher EU-Vorgaben

Das Bundeskabinett hat am 16.12.2009 den Entwurf eines Gesetzes zur Umsetzung steuerlicher EU-Vorgaben beschlossen. Enthalten sind Maßnahmen, die vor allem zur Anpassung des Steuerrechts an EU-Recht und europäische Rechtsakte erforderlich sind. Für den Bereich des dritten Sektors sind insbesondere die geplanten Änderungen in § 10b Abs. 1 EStG, § 9 Abs. 1 Nr. 2 und Abs. 3 KStG und § 9 Nr. 5 GewStG interessant, in denen die Abziehbarkeit von Spenden an Einrichtungen, die in einem anderen Mitgliedsstaat der Europäischen Union ansässig und dort als gemeinnützig anerkannt sind, vorgesehen ist. Inhaltlich trägt die Neuregelung den Urteilen des EuGH in Sachen »*Hein Persche*«[8] und »*Walter Stauffer*«[9] Rechnung.

II. Aus der Rechtsprechung in Zivil- und Verwaltungssachen

– *BGH zur Rechtsnatur der Vereinbarung über die Errichtung einer unselbständigen Stiftung und zur Anwendbarkeit des AGB-Rechts auf Treuhandverträge*[10]

Der Bundesgerichtshof hat sich erstmals zur Rechtsnatur der Errichtung einer unselbständigen Stiftung geäußert und dabei klargestellt, dass die Vereinbarung zwischen dem Stifter und dem Treuhänder nicht einem bestimmten Vertragstypus zugeordnet werden könne. Entscheidend sei allein, wie die Parteien das Vertragsverhältnis ausgestalten wollten.

Soweit das Rechtsverhältnis aufgrund formularmäßiger Treuhandverträge geregelt wird, finden die Vorschriften des AGB-Rechts Anwendung. Dabei ist nach § 309 Nr. 9a BGB eine Vereinbarung einer länger als zwei Jahre dauernden Laufzeit unwirksam. Die unwirksame Regelung werde durch die gesetzliche Regelung der § 620 Abs. 2, § 621 Abs. 1 Nr. 5 BGB ersetzt, mit der Folge, dass der Stifter das Treuhandverhältnis jederzeit mit einer Frist von zwei Wochen kündigen kann.

---

8 EuGH, Urteil vom 27.1.2009, C-318/07, DStR 2009, 207 ff.
9 EuGH, Urteil vom 14.9.2006, C-386/04, DStR 2006, 1736 ff.
10 BGH, Urteil vom 12.3.2009, III ZR 142/08, NJW 2009, 1738.

– *BGH zur Formbedürftigkeit eines Vertrages über die Zuwendung von Stiftungsgeldern*[11]

Der BGH hat sich zur Frage geäußert, ob es zur Gültigkeit eines Vertrages, mit dem eine Stiftung die Zuwendung von Stiftungsleistungen verspricht, der notariellen Beurkundung bedarf. In dem der Entscheidung zugrunde liegenden Sachverhalt hatte sich eine Stiftung im Rahmen eines Finanzierungsvertrags verpflichtet, ihre jährlichen Erträge der städtischen Betriebsgesellschaft eines Kunstmuseums zur Verfügung zu stellen. Das Gericht sah den Vertrag nicht als formbedürftiges Schenkungsversprechen an. Vielmehr sei bei der vertraglichen Zuwendung von Stiftungsleistungen, bei der allein der Stiftungszweck erfüllt wird, dieser der Rechtsgrund der Leistung. Dies gilt selbst dann, wenn diese Leistungen unentgeltlich versprochen werden.

– *OLG Celle zur Rückforderung von Parteispenden bei Insolvenz des Spenders*[12]

Das OLG Celle hat entschieden, dass ein Insolvenzverwalter eine frühere Parteispende des Insolvenzschuldners anfechten und von der Partei Rückzahlung nach § 143 InsO verlangen kann. In dem der Entscheidung zugrunde liegenden Sachverhalt hatte ein Unternehmen Parteispenden im mittleren vierstelligen Bereich getätigt, sodass das Gericht auch die Frage offen ließ, inwieweit Parteispenden grundsätzlich gebräuchliche Gelegenheitsgeschenke geringen Werts im Sinne von § 134 Abs. 2 InsO sind, da hier jedenfalls schon kein geringer Wert vorlag. Die Partei hatte im Prozess auch keinen Erfolg mit ihrem Einwand, nicht mehr bereichert zu sein, da sie im Verfahren nicht beweisen konnte, die gesammelten Spenden für eine Anzeigenkampagne, die ohne die Spenden nicht erfolgt wäre, aufgewendet zu haben.

– *OLG Düsseldorf zum Zustimmungserfordernis für Satzungsänderung beim kirchlichen Verein*[13]

Das Gericht entschied, dass die Satzungsbeschränkung bei einem kirchlichen Verein, wonach Satzungsänderungen, die den Zweck des Vereins, die Zusammensetzung oder die Zuständigkeit seiner Organe oder die Bestimmung über die Zuordnung zur Kirche betreffen, einer qualifizierten Mehrheit der Mitglieder und der Zustimmung des Presbyteriums der Evangelischen Kirchengemeinde bedürfen, nicht in den Kernbereich der Vereinsautonomie eingreife und somit wirksam sei. Das Zustimmungserfordernis des Presbyteriums könne auch nicht allein durch eine Satzungsänderung mit qualifizierter Mehrheit abgeschafft werden.

– *OLG Hamburg zur analogen Anwendung von § 64 GmbHG auf Vereinsvorstände*[14]

Das OLG Hamburg hatte sich mit der Haftung von Vereinsvorständen für geleistete Zahlungen nach Eintritt der Insolvenzreife zu beschäftigen. Dabei war zunächst frag-

---

11 BGH, Urteil vom 7.10.2009, Xa ZR 8/08, NJW 2009, 1433 ff.
12 OLG Celle, Urteil vom 9.7.2009, 13 U 18/08, ZIP 2009, 1531 f.
13 OLG Düsseldorf, Beschluss vom 5.12.2008, 3 Wx 84/08, NZG 2009, 1227 ff.
14 OLG Hamburg, Urteil vom 5.2.2009, 6 U 216/07 (nicht rechtskräftig, Revision eingelegt unter BGH II ZR 54/09), DStR 2009, 868.

lich, ob Vorstände analog § 64 GmbHG persönlich für Zahlungen haften, die nach Eintritt der Zahlungsunfähigkeit des Vereins oder der Feststellung seiner Überschuldung geleistet werden. Das Gericht verneinte im Ergebnis eine solche analoge Anwendung, da es hierfür an einer planwidrigen Regelungslücke im Vereinsrecht fehle. Der Gesetzgeber hatte sich im Zuge der Reform des Insolvenzrechts 1999 mit der Haftung von Vereinsvorständen für die verspätete Stellung eines Insolvenzantrags beschäftigt und diese in § 42 BGB geregelt. Ferner fehle es an einer vergleichbaren Interessenlage, da der Verein höchstens im Rahmen eines Nebenzwecks – anders als eine Kapitalgesellschaft – unternehmerisch tätig sei. Aufgrund der häufig vorliegenden ehrenamtlichen Tätigkeit von Vereinsvorständen sei die Haftung auch unangemessen.

Schließlich stellt das Gericht zur Haftung nach § 42 Abs. 2 S. 2 BGB fest, dass der ersatzfähige Schaden dadurch zu ermitteln sei, dass das hypothetische Vereinsvermögen zum Zeitpunkt der ordnungsgemäßen Stellung des Insolvenzantrags mit dem tatsächlichen Vermögen bei der verspäteten Stellung des Antrags gegenüber gestellt werde. Soweit dem Verein bis zur verspäteten Antragstellung Vermögen zufließt, ist dies zu berücksichtigen.

– *OLG Hamburg zur Herausgabe der Mitgliederliste eines Vereins*[15]

Das Hanseatische Oberlandesgericht Hamburg hat entschieden, dass einem Vereinsmitglied aufgrund der vereinsrechtlichen Mitgliedschaftsrechte ein Anspruch auf Einsichtnahme und Übersendung der Mitgliederliste zustehe. Allerdings sei dieser Anspruch auf die Herausgabe der Liste an einen Treuhänder gerichtet, der die Wahrung der schutzwürdigen Belange der anderen Vereinsmitglieder sicherstellen müsse.

– *OLG Karlsruhe zur Haftung von Vereinsvorständen für Zahlungen nach Eintritt der Insolvenzreife*[16]

Ebenso wie das vorstehend aufgeführte OLG Hamburg hat sich auch das OLG Karlsruhe gegen eine analoge Anwendung von § 64 GmbHG auf Vereinsvorstände ausgesprochen. Zwar lehnte das OLG Karlsruhe, anders als das OLG Hamburg, eine vergleichbare Interessenlage nicht kategorisch ab. Jedoch sieht es auch keine planwidrige Regelungslücke, die eine Analogie rechtfertigen würde.

– *OLG München zur Erbfähigkeit einer erst nach dem Erbfall errichteten ausländischen Stiftung*[17]

Das Gericht hatte sich damit zu beschäftigen, inwieweit eine testamentarisch als Erbin eingesetzte und im Zeitpunkt des Erbfalls noch in der Schweiz zu errichtende Stiftung erbfähig i.S.v. § 1923 BGB ist. Das OLG führte hierzu aus, dass es sowohl nach deutschem als auch nach schweizerischem Recht möglich sei, ein Stiftungsgeschäft durch Verfügung von Todes wegen zu errichten (vgl. § 83 BGB und § 81

---

15 OLG Hamburg, Urteil vom 27.8.2009, 6 U 38/08, GWR 2009, 395 (nicht rechtskräftig, Nichtzulassungsbeschwerde eingelegt unter BGH II ZR 219/09).
16 OLG Karlsruhe, Urteil vom 19.6.2009, 14 U 137/07 (nicht rechtskräftig, Revision eingelegt unter BGH II ZR 156/09), DStR 2009, 1925.
17 OLG München, Beschluss vom 8.4.2009, 31 Wx 121/08, NJW-RR 2009, 1019.

Schweizerisches Zivilgesetzbuch). Nach § 84 BGB gelte die Anerkennung der Stiftung nach dem Tod des Stifters für dessen Zuwendungen schon als vor seinem Tod erklärt. Bei ausländischen Stiftungen müsse keine Anerkennung durch eine deutsche Behörde erfolgen. Es reiche aus, dass die Stiftung nach dem Recht ihres Heimatstaates Rechtsfähigkeit erlange.

– *OLG München zum Aufnahmeanspruch gegen einen Verband trotz des »Ein-Platz-Prinzips« zu Gunsten des ersten bereits aufgenommenen Mitglieds*[18]

Das OLG München hatte sich mit dem Anspruch eines Taekwondo-Landesverbandes auf Aufnahme in die bundesweite Spitzenorganisation zu beschäftigen. Die Spitzenorganisation hatte die Aufnahme unter Hinweis, dass der Verband wegen seiner Mitglieder aus mehreren Bundesländern kein Landesverband sei, der nach der Verbandssatzung als Mitglied in Frage komme, abgelehnt. Zudem sei schon für das Bundesland, in dem der Verband die meisten Mitglieder zählte, bereits ein anderer Landesverband Mitglied. Die Verbandssatzung sah diesbezüglich das sogenannte »Ein-Platz-Prinzip« vor, nach dem kein weiterer Landesverband aus dem gleichen Bundesland Mitglied sein könne. Hierzu führte das OLG unter Hinweis auf die ständige Rechtsprechung des Bundesgerichtshofs aus, dass ein Aufnahmeanspruch gegenüber einem Verein oder Verband mit einer Monopolstellung oder wirtschaftlich oder sozial überragenden Machtstellung gemäß § 826 BGB i.V.m. § 20 Abs. 6 GWB bestehe, wenn die Verweigerung der Aufnahme zu einer sachlich nicht gerechtfertigten ungleichen Behandlung des Aufnahmesuchenden gegenüber den aufgenommenen Mitgliedern und einer unbilligen Benachteiligung führt. Dabei seien die Interessen des Bewerbers mit denen des Monopolverbandes gegeneinander abzuwägen. Vor diesem Hintergrund bejahte das Gericht den Aufnahmeanspruch. Bereits andere aufgenommene Landesverbände hatten auch Mitglieder aus anderen Bundesländern. Zudem sei dem Bewerber eine Alternative zur Mitgliedschaft, wie etwa der Abschluss von Kooperationsverträgen mit anderen Landesverbänden, nicht zumutbar, weil er hierdurch vom Wohlwollen der anderen Landesverbände abhängig sei. Das »Ein-Platz-Prinzip«, welches in der konkreten Ausgestaltung allein nach der Priorität der Bewerbung ohne Berücksichtigung der Bedeutung des Bewerbers zur Anwendung kommt, sei überdies in dieser Form eine stete Quelle der Diskriminierung und Benachteiligung.

– *OLG Oldenburg zur Beendigung der Vereinsmitgliedschaft*[19]

Das OLG Oldenburg entschied über die Klage eines eingetragenen Vereins auf Zahlung des Mitgliedsbeitrags gegen ein (ehemaliges) Vereinsmitglied, dass die Mitgliedschaft in einem Verein ohne weitere Maßnahmen des Vereins nicht automatisch bei Wegfall der Voraussetzungen der Mitgliedschaft endet, sondern nur, wenn dies in der Satzung ausdrücklich bestimmt ist. Ein Recht zum sofortigen Austritt aus einem Verein besteht demnach nur, wenn durch den Verbleib im Verein eine unerträgliche Belastung entstehen würde, die dem Vereinsmitglied nicht zugemutet werden kann und

---

18 OLG München, Urteil vom 25.6.2009, U (K) 5327/08, OLGR München 2009, 752 ff.
19 OLG Oldenburg, Urteil vom 18.12.2008, 8 U 182/08, OLGR Oldenburg 2009, 612 ff.

wenn der zum Austritt berechtigende wichtige Grund nicht in der Risikosphäre des Vereinsmitglieds liegt, welches seine Mitgliedschaft kündigen will.

– *OLG Stuttgart zur wirksamen Begründung einer Stiftung nach liechtensteinischem Recht*[20]

Das OLG Stuttgart entschied, dass die wirksame Begründung einer Stiftung nach liechtensteinischem Recht voraussetzt, dass das Stiftungsvermögen der Stiftung endgültig und ohne Widerrufsmöglichkeit zugeführt wird, so dass bei Vorliegen eines Scheingeschäfts das Vermögen weiterhin dem Vermögen des wirtschaftlichen Stifters zuzurechnen sei und bei dessen Tod in seinen Nachlass fällt.

– *LAG Düsseldorf zu den Anforderungen einer karitativen Einrichtung einer Religionsgemeinschaft*[21]

Das LAG stellte fest, dass eine karitative Einrichtung einer Religionsgemeinschaft, auf die das Betriebsverfassungsgesetz nicht anwendbar ist, nicht nur auf die Verwirklichung kirchlicher Zwecke gerichtet, sondern überdies in ausreichendem Maße institutionell mit einer Religionsgemeinschaft verbunden sein müsse. Die Einrichtung müsse einem Mindestmaß an Ordnungs- und Verwaltungstätigkeit der Religionsgemeinschaft unterliegen.

– *LG Wuppertal zur Feststellung der Nichtigkeit von Beschlüssen der Mitgliederversammlung eines Vereins*[22]

Das Landgericht entschied, dass die Feststellung der Nichtigkeit von Beschlüssen der Mitgliederversammlung eines Vereins nur gegenüber dem Verein selbst begehrt werden könne, nicht aber gegenüber einzelnen Vereinsmitgliedern oder Vereinsorganen. Diesen Feststellungsklagen fehle das Rechtsschutzbedürfnis.

– *AG Köln zur Mitteilung über im Vereinsregister eingetragene Tatsachen*[23]

Das Amtsgericht hat klargestellt, dass Mitteilungen über im Vereinsregister eingetragene Tatsachen durch die Übersendung eines einfachen Registerauszugs erfolgen. Die Kosten für diesen Registerauszug seien vom Antragsteller zu tragen.

– *AG Düsseldorf zu Grenzen des Vereinsausschlusses von Vorstandsmitgliedern*[24]

Das AG entschied, dass die Grenzen einer satzungsmäßigen Ermächtigung eines Vereinsvorstandes zum Vereinsausschluss von Vorstandsmitgliedern sich aus dem von Rechts wegen zu fordernden Demokratieprinzip ergeben. Dies würde unterlaufen, wenn eine Mehrheit im Vereinsvorstand die Möglichkeit hätte, eine Minderheit im Vorstand einfach aus dem Verein auszuschließen.

---

20 OLG Stuttgart, Urteil vom 29.6.2009, 5 U 40/09, NZG 2009, 1120.
21 LAG Düsseldorf, Beschluss vom 17.3.2009, 8 TaBV 76/08, abrufbar unter www.beck-online.de.
22 LG Wuppertal, Urteil vom 4.11.2009, 8 S 44/09, abrufbar unter www.justiz.nrw.de.
23 AG Köln, Beschluss vom 28.1.2009, VR 10605, NZG 2009, 1317.
24 AG Düsseldorf, Urteil vom 27.1.2009, 52 C 10352/08, NJW-RR 2009, 1045 ff.

– *BVerwG zum Verbot der Teilorganisation eines Vereins*[25]

Das Bundesverwaltungsgericht entschied, dass eine Teilorganisation eines verbotenen Gesamtvereins unter den Voraussetzungen des § 3 Abs. 3 VereinsG auch von dem Verbot des Gesamtvereins erfasst werde, ohne dass sie selbst einen Verbotsgrund erfüllen müsse. Inwieweit eine Organisation als eine solche Teilorganisation anzusehen sei, hängt von der Gesamtwürdigung aller Umstände ab, in die neben den Satzungen der betroffenen Organisationen insbesondere ihre personelle Zusammensetzung, ihre Geschichte, ihr Selbstverständnis, ihre Ziele, ihre Tätigkeit und Finanzierung sowie Verflechtungen bei der Willensbildung und Weisungsgebung mit zu berücksichtigen seien.

– *BVerwG zum Ausschluss der Rückübertragung eines Grundstücks von einer gemeinnützigen Stiftung*[26]

Das Gericht hatte sich damit zu beschäftigen, inwieweit ein Rückübertragungsanspruch hinsichtlich eines Grundstücks, das von einer gemeinnützigen Stiftung nach dem Vermögensrecht der ehemaligen DDR erworben wurde, ausgeschlossen sei. Hierzu führte das Gericht aus, dass der redliche Erwerb des Grundstücks durch eine gemeinnützige Stiftung nur dann zum Ausschluss führe, wenn die Stiftung nach ihrem Zweck ausschließlich gemeinnützig tätig ist.

– *VGH Baden-Württemberg zur Befreiung von Gebühren für die Überprüfung eines Alten- und Pflegeheims*[27]

Der VGH entschied, dass die Gebühren erhebende Behörde im Rahmen der Befreiung von Gebühren nach einem Landesgebührengesetz an die Feststellung des zuständigen Finanzamtes hinsichtlich der Frage, ob der Pflichtige einen wirtschaftlichen Geschäftsbetrieb unterhält, gebunden sei. In dem der Entscheidung zugrunde liegenden Sachverhalt hatte eine Heimaufsichtsbehörde einem eingetragenen Verein und Mitglied des Diakonischen Werkes der evangelischen Landeskirche in Baden e.V. Gebühren für die Überprüfung eines Alten- und Pflegeheimes auferlegt. Sie war der Auffassung, dass eine Gebührenbefreiung nicht greife, da das Heim ein nicht gebührenbefreiter, steuerpflichtiger wirtschaftlicher Geschäftsbetrieb sei. Das Gericht führte hierzu aus, dass die Norm im Landesgebührengesetz an die Körperschaftsteuerpflicht des Gebührenpflichtigen anknüpfe, welche vom zuständigen Finanzamt zu beurteilen sei. Dieser Bescheid binde die Behörde, wenn er wirksam, d.h. bekannt gegeben und nicht nichtig, möglicherweise aber rechtswidrig sei. Für die Praxis empfiehlt das Gericht die Vorlage des Freistellungsbescheids im Sinne des § 155 Abs. 1 S. 3 AO bei der die Gebühren erhebenden Behörde.

---

25 BVerwG, Urteil vom 5.8.2009, 6 A 2/08, abrufbar unter www.beck-online.de.
26 BVerwG, Urteil vom 30.9.2009, 8 C 1308, NVwZ-RR 2010, 88 ff.
27 VGH Baden-Württemberg, Urteil vom 11.12.2008, 2 S 1425/08, DÖV 2009, 418.

– *VGH Baden-Württemberg zur Qualifizierung als kirchliche Stiftung*[28]

Der VGH entschied, dass für die Qualifizierung als kirchliche Stiftung eine kirchliche Zwecksetzung und die Einsetzung von Amtsträgern der Kirche erforderlich sei, wobei diese nach der Stiftungssatzung nicht formal die Stiftung beherrschen müssten.

– *OVG Berlin-Brandenburg zur Anerkennung eines Vereins als geeignete Stelle im Verbraucherinsolvenzverfahren*[29]

Das Oberverwaltungsgericht Berlin-Brandenburg hat entschieden, dass das Finanzierungskonzept eines Vereins, wonach die Finanzierung einer Beratungsstelle für Schuldner im wesentlichen auf einmaligen Aufnahmegebühren sowie monatlichen Beiträgen der Schuldner beruht, nicht die Voraussetzungen für die Anerkennung einer geeigneten Stelle im Verbraucherinsolvenzverfahren nach § 305 Abs. 1 S. 1 Nr. 1 InsO i.V.m. § 3 Abs. 1 S. 1 Nr. 3 BbgA-GInsO erfülle.

– *OVG Nordrhein-Westfalen zur Anerkennung wirtschaftlicher Vereine*[30]

Das Oberverwaltungsgericht Nordrhein-Westfalen hat in einem Beschluss zur Rechtsfähigkeit eines wirtschaftlichen Vereins ausgeführt, dass die Erlangung der Rechtsfähigkeit von wirtschaftlichen Vereinen durch staatliche Verleihung selten erfolgt, da es regelmäßig nicht an besonderen bundesgesetzlichen Vorschriften zur Erlangung der Rechtsfähigkeit von anderen geregelten Organisationsformen fehle.

– *VG Sigmaringen zur Klagebefugnis von Destinatären gegen Rücknahme der Anerkennung einer Stiftung und Änderung der Organisation des Vorstands*[31]

In dem der Entscheidung zugrunde liegenden Sachverhalt hat sich eine Stadt im Klagverfahren gegen eine Satzungsänderung einer Stiftung durch Verwaltungsakt zu wehren versucht, durch die der Gemeinde die Stellung als Destinatär und dem Bürgermeister der Stadt die Position als Stiftungsvorstand entzogen wurde. Die Stiftungsaufsicht wollte hierdurch die Satzung an den im Testament formulierten Stifterwillen anpassen, was erst nach Anerkennung der Stiftung erkennbar wurde. Der Stiftungsvorstand hatte die Änderungen verweigert, sodass die Aufsichtsbehörde die Maßnahme als teilweise Rücknahme der Anerkennung der Stiftung und als Änderung des Stiftungszwecks »in Anlehnung an § 83 BGB« bezeichnete.

Das VG Sigmaringen entschied hierzu, dass die Klage teilweise unzulässig sei, da es an einer Klagebefugnis der Stadt nach § 42 Abs. 2 VwGO fehle. Die Rücknahme der Anerkennung sei ein *actus contrarius*, welcher sich allein an die Stiftung richte. Eine Möglichkeit der Rechtsverletzung der Destinatäre bestehe nicht, da die Anerkennung und die Rücknahme keine subjektiv-öffentlichen Rechte der Destinatäre betreffen.

28 VGH Baden-Württemberg, Urteil vom 8.5.2009, 1 S 2859/06, DÖV 2009, 1012.
29 OVG Berlin-Brandenburg, Urteil vom 9.7.2009, 1 B 27/08, abrufbar unter www.beck-online.de.
30 OVG Nordrhein-Westfalen, Beschluss vom 23.7.2009, 12 A 3483/07, abrufbar unter www.justiz.nrw.de.
31 VG Sigmaringen, Urteil vom 26.2.2009, 6 K 1701/08, GWR 2009, 65, abrufbar unter www.beck-online.de.

Auch die Änderung der Organisation des Stiftungsvorstands betreffe keine Rechte der Destinatäre. Allerdings sei die Stadt hinsichtlich der Entziehung ihrer Stellung als Destinatär klagebefugt, da sie namentlich in der Satzung als Destinatär benannt war und durch die Satzungsänderung die daraus resultierenden von Art. 14 GG geschützten Rechte verletzt sein könnten.

Im Rahmen der Begründetheit kam das VG zu dem Ergebnis, dass die Änderung des Stiftungszwecks rechtswidrig sei, da die engen Voraussetzungen der behördlichen Ermächtigungsgrundlage für die Änderungen nicht vorlagen. Das Gericht hielt § 48 LVwVfG als Norm des allgemeinen Verwaltungsrechts nicht neben dem spezielleren § 87 BGB anwendbar. Zudem bezweifelte das Gericht, dass die, wie von § 48 LVwVfG vorausgesetzt, Anerkennung rechtswidrig gewesen sei, da nicht die umfassend richtige Ermittlung des Stifterwillens verlangt sei. Schließlich kam auch § 6 StiftG (BaWü) zur Änderung der Stiftungssatzung nicht in Betracht, da die Tatbestandsvoraussetzungen nicht gegeben seien.

III. Aus der Finanzrechtsprechung

1. EuGH-Entscheidungen

– *EuGH zum Ort des steuerbaren Umsatzes für Beratungsleistungen an eine wirtschaftliche und nicht wirtschaftliche Tätigkeit ausübende Stiftung*[32]

Die klagende schwedische Stiftung für Kollektivvereinbarungen stritt mit der schwedischen Steuerverwaltung darüber, ob sie bei dem Bezug von Beratungsleistungen eines dänischen Unternehmens, die sie für ihren nichtwirtschaftlichen Betrieb auf dem Gebiet des Arbeitnehmerschutzes verwandte, ihrerseits Unternehmerin und damit Schuldnerin der schwedischen Umsatzsteuer ist. Die Sache wurde dem EuGH mit der Frage vorgelegt, ob der nichtwirtschaftlichen Nutzung der Leistung die Umsatzsteuerpflicht nach Art. 9 Abs. 2 der 6. EG-Richtlinie 77/388/EWG resp. Art. 56 Abs. 1 lit. c) der Mehrwertsteuer-Systemrichtlinie (MwStSystRL) entgegenstehe. Diese Norm bestimmt für den Fall, dass der Sitz des Leistungsempfängers in einem anderen Staat als der des Leistungserbringers ist, als Leistungsort der Sitz des steuerpflichtigen Leistungsempfängers gilt. Der EuGH rückt Sinn und Zweck der Vorschrift (Vermeidung von Doppel- und Nichtbesteuerung) in den Mittelpunkt und wendet sie auch für den Fall an, wenn der Empfänger die Leistung nicht zu wirtschaftlichen Zwecken nutzt.

– *EuGH zu Sachspenden an eine EU-ausländische gemeinnützige Einrichtung*[33]

Der Kläger, ein in Deutschland Steuerpflichtiger, hatte an eine in Portugal als gemeinnützig anerkannte Einrichtung eine Sachspende geleistet und machte diese unter

---

32 EuGH, Urteil vom 6.11.2008, C-291/07, DStRE 2008, 1519 ff.
33 EuGH, Urteil vom 27.1.2009, C-318/07, DStR 2009, 207 ff.

Vorlage einer portugiesischen Spendenbescheinigung gemäß § 10b EStG als Sonderausgabe geltend, was das zuständige Finanzamt verweigerte.

Der BFH versagte ebenfalls eine Anerkennung als Sonderausgabenabzug, da der
Spendenempfänger keine in Deutschland ansässige Einrichtung im Sinne des § 49
EStDV a.F. war und die portugiesische Spendenbescheinigung nicht den Anforderungen des § 50 EStDV entspreche. Da es im Kern um Fragen der Kapitalverkehrsfreiheit ging, wurde die Sache dem EuGH vorgelegt. Der EuGH stellte zunächst fest,
dass der Schutzbereich der Kapitalverkehrsfreiheit berührt sei, da nicht nur Kapitalbewegungen in Ausübung einer wirtschaftlichen Tätigkeit erfasst werden, sondern
auch Kapitalbewegungen mit persönlicher Prägung, wie Sachspenden. Das Gericht
wies darauf hin, dass ein Mitgliedstaat inländische und ausländische Einrichtungen
dann unterschiedlich behandeln kann, wenn die ausländische Einrichtung Ziele verfolgt, die in Deutschland nicht als steuerbegünstigt anerkannt wären. Soweit aber die
ausländische Einrichtung solche Ziele verfolgt, die auch in Deutschland als steuerbegünstigt anzuerkennen wären, verstößt es gegen das Diskriminierungsverbot, wenn
der Spendenabzug nur deshalb versagt wird, weil die Einrichtung ihren Sitz nicht in
Deutschland hat. Ein sachlicher Grund für die Ungleichbehandlung könne auch nicht
darin liegen, dass die deutsche Steueraufsicht großen Aufwand betreiben müsste, um
die Voraussetzungen der Gemeinnützigkeit der ausländischen Einrichtung zu prüfen
(Amtshilfe).

Im Nachgang entschied der BFH[34], dass Spenden an EU-ausländische Einrichtungen zum Spendenabzug berechtigen, wenn die ausländische Einrichtung nach den Bestimmungen der §§ 51 ff. AO als steuerbegünstigt zu behandeln wäre. Der Steuerpflichtige ist dabei verpflichtet, die für die Beurteilung maßgeblichen Belege
beizubringen, um den deutschen Behörden und Gerichten die Feststellungen zu erleichtern.

– *EuGH zur Auslegung von Art. 4 Abs. 1 der Sechsten Mehrwertsteuerrichtlinie*[35]

In einem dem EuGH zur Vorabentscheidung vorgelegten Verfahren ging es um die
Frage, ob Art. 4 Abs. 1 und 2 der Sechsten Mehrwertsteuerrichtlinie dahingehend
auszulegen ist, dass die von einer Teilorganisation einer politischen Partei eines Mit-
gliedstaates erbrachten Tätigkeiten der Außenwerbung als wirtschaftliche Tätigkeit
im Sinne der Richtlinie anzusehen ist. In dem Ausgangsverfahren hatte die Landesor-
ganisation einer Partei bestimmte Dienstleistungen im Bereich der Öffentlichkeitsarbeit, z.B. die Weitergabe von Wahlwerbematerialien an untergeordnete Bezirks- und
Ortsorganisationen, erbracht.

Der EuGH führte aus, dass nach Art. 4 Abs. 1 der Sechsten Mehrwertsteuerrichtlinie als Steuerpflichtiger gelte, wer eine wirtschaftliche Tätigkeit selbstständig und unabhängig ausübt. Der Begriff der wirtschaftlichen Tätigkeit sei dabei grundsätzlich
weit auszulegen. Die Besteuerungsgrundlage der von der Klägerin des Ausgangsver-
fahrens erbrachten Dienstleistungen sei dadurch charakterisiert, dass eine Gegenleistung für den geleisteten Dienst empfangen wird und zwischen der erbrachten Dienstleistung und dem erbrachten Gegenwert ein unmittelbarer Zusammenhang besteht.

---

34 BFH, Urteil vom 17.5.2009, X R 46/05, BFH/NV 2009, 1633 ff.
35 EuGH, Urteil vom 6.10.2009, C-267/08, IStR 2009, 778 ff.

In diesem Fall seien die Dienstleistungen der Klägerin nicht als wirtschaftliche Tätigkeit anzusehen, da diese an die Unterorganisationen erbracht wurden, um die politischen Ziele und Anschauungen der Partei zu verbreiten und gerade nicht, um am Wirtschaftsverkehr teilzunehmen.

– *EuGH zur Steuerbefreiung von Gewinnen aus Lotterien, Glücksspielen und Wetten*[36]

Im Rahmen eines Vertragsverletzungsverfahrens hat der EuGH entschieden, dass eine Einkommensteuerbefreiungsvorschrift eines Mitgliedsstaates, mit der dieser die Gewinne aus der Teilnahme an Lotterien, Spielen und Wetten, die von im Mitgliedsstaat ansässigen öffentlichen Einrichtungen erbracht werden, von der Steuer befreit, ohne dass solche Gewinne, die von Einrichtungen veranstaltet werden, die in anderen Mitgliedsstaaten der Europäischen Union ansässig sind und die gleiche Tätigkeit ausüben, ebenfalls befreit werden, eine diskriminierende Beschränkung der Dienstleistungsfreiheit darstellt.

Der EuGH bestätigte seine ständige Rechtsprechung, wonach Mitgliedsstaaten Steuervergünstigungen nicht Einrichtungen vorbehalten könnten, die ausschließlich in ihrem jeweiligen Hoheitsgebiet ansässig seien. Eine Beschränkung der Dienstleistungsfreiheit könne aber gerechtfertigt sein, wenn die vom nationalen Gesetzgeber verfolgten Ziele Gründen der öffentlichen Ordnung, Sicherheit oder Gesundheit im Sinne des Art. 46 EG zugeordnet werden können und wenn sie mit dem Grundsatz der Verhältnismäßigkeit in Einklang stehen. Die vom Mitgliedsstaat in diesem Verfahren geltend gemachten Rechtfertigungsgründe der Bekämpfung der Geldwäsche, der Steuerhinterziehung und der Spielsucht seien als Rechtfertigung in diesem Fall nicht ausreichend.

2. BFH-Entscheidungen

– *BFH zur Umsatzsteuerfreiheit der Leistungen eines gemeinnützigen Golfvereins nach Gemeinschaftsrecht*[37]

Der klagende gemeinnützige Golfverein hatte Nichtmitgliedern die Benutzung seiner Golfanlage gegen Entgelt ermöglicht und die Golfausrüstung zur Verfügung gestellt.

Der BFH stellte fest, dass die Umsatzsteuerfreiheit nicht aus § 4 Nr. 22 lit. b) UStG folge, da diese Norm ausschließlich die Umsatzsteuerbefreiung von sportlichen Veranstaltungen regelt. Die bloße Nutzungsüberlassung von Sportausrüstungen könne nicht hierunter subsumiert werden. Die Klägerin könne sich aber für die Umsatzsteuerbefreiung auf die zum streitigen Zeitpunkt geltende Richtlinie 77/388/EWG (heute Art. 134 MwStSystRL) berufen. Diese erfasst auch Dienstleistungen, die im engen Zusammenhang mit Sport und Körperertüchtigung stehen und von Einrichtungen ohne Gewinnstreben an Personen erbracht werden, die selbst Sport ausüben.

---

36 EuGH, Urteil vom 6.10.2009, C-562/07, IStR 2009, 812 ff.
37 BFH, Urteil vom 3.4.2008, V R 74/07, DStR 2008, 1481 ff.

– *BFH zum Umsatzsteuertarif nach § 12 Abs. 2 Nr. 8 lit. a) UStG auf Leistungen eines Carsharing Vereins*[38]

Die Klägerin, ein wegen Förderung des Umweltschutzes gemeinnütziger Verein, erbrachte seinen satzungsmäßigen Zweck durch eine ganze Reihe von unterschiedlichen Leistungen, u.a. durch das Angebot der entgeltlichen Mitbenutzung vereinseigener Fahrzeuge.

Der BFH sah in der Nutzungsüberlassung einen wirtschaftlichen Geschäftsbetrieb. Ein wirtschaftlicher Geschäftsbetrieb sei gemäß § 65 Nr. 2 AO nur dann als Zweckbetrieb einzuordnen, wenn die wirtschaftliche Betätigung das maßgebliche und einzige Mittel zur Erreichung des steuerbegünstigten Zwecks ist. Im vorliegenden Fall war die Automobilüberlassung nur ein Teil des satzungsmäßigen Zwecks »Förderung eines umweltschonenden Verhaltens und die Verminderung der durch das Auto verursachten Umweltbelastung«, sodass die entgeltliche Überlassung der Fahrzeuge dem Regelsteuersatz nach § 12 Abs. 1 UStG zuzuordnen sei.

– *BFH zur Steuerfreiheit von Lehrvergütungen einer französischen Universität*[39]

Der EuGH hatte im Fall »*Jundt*«[40] auf einen Vorlagebeschluss hin entschieden, dass die Bestimmungen des § 3 Nr. 26 EStG, die die Steuerfreiheit bestimmter Aufwandsentschädigungen für nebenberufliche Tätigkeiten beschränken, die von inländischen juristischen Personen des öffentlichen Rechts gewährt werden, gegen den Grundsatz der Dienstleistungsfreiheit nach Art. 49 EG verstoßen. Der BFH beurteilte daraufhin Zahlungen einer französischen Universität für einen von einem deutschen Steuerpflichtigen versehenen Lehrauftrag als im Inland nach § 3 Nr. 26 EStG steuerfrei.

– *BFH zur Steuerbefreiung im Bereich der Jugenderziehung*[41]

Der Kläger unterhielt einen Ferienbauernhof, dessen Angebot sich in erster Linie an Schulen und Kindergärten richtete. Neben Übernachtung und Verköstigung bot er verschiedene Aktivitäten, wie Tierpflege, an. Der Kläger war der Ansicht, er erbringe Betreuungsleistungen, die als Erziehung im Sinne von § 4 Nr. 23 UStG zu bewerten seien und machte Steuerfreiheit geltend, was das zuständige Finanzamt versagte. Die hiergegen gerichtete Klage hatte Erfolg. Der BFH sah allerdings die Voraussetzungen des § 4 Nr. 23 UStG als nicht erfüllt an, da die Leistungen des Klägers überwiegend den Charakter eines Urlaubsaufenthalts mit Freizeitangebot hätten, sodass es am Erziehungszweck fehle. Wohl aber sei es dem Kläger möglich, sich auf die gemeinschaftsrechtliche Steuerbefreiung nach Art. 13 Teil A Abs. 1 lit. h) der auf den Sachverhalt anwendbaren Richtlinie 77/388/EWG zu berufen, wonach Mitgliedstaaten eng mit der Kinder- und Jugendbetreuung verbundene Dienstleistungen durch Einrichtungen des öffentlichen Rechts oder andere von dem betreffenden Mitgliedstaat als Einrichtung mit sozialem Charakter anerkannte Einrichtungen von der Mehrwertsteuer befreien.

---

38 BFH, Urteil vom 12.6.2008, V R 33/05, DStR 2008, 1688 ff.
39 BFH, Urteil vom 22.7.2008, VIII R 101/02, DStR 2008, 1824 ff.
40 EuGH, Urteil vom 18.12.2007, C-281/06, DStRE 2008, 666 ff.
41 BFH, Urteil vom 30.7.2008, V R 66/06, DStRE 2009, 296 ff.

- *BFH zur Abzugsfähigkeit des nicht verbrauchten Betrages einer Großspende durch den Erben*[42]

Vor der Neuregelung des § 10b EStG durch das Gesetz zur weiteren Stärkung des bürgerschaftlichen Engagements, das rückwirkend zum 1.1.2007 in Kraft getreten ist, sah § 10b Abs. 1 EStG a.F. die Möglichkeit vor, Einzelzuwendungen von mehr als EUR 25.565 für wissenschaftliche, mildtätige oder besonders förderungswürdige kulturelle Zwecke gemäß § 10d EStG auf mehrere Veranlagungszeiträume zu verteilen. In diesem Fall konnte der Erblasser den möglichen Spendenvortrag zu seinen Lebzeiten nicht mehr vollständig absetzen, sodass der klagende Erbe den noch verbleibenden Großspendenvortrag des Erblassers geltend machte. Das zuständige Finanzamt sah den nicht verbrauchten Betrag als nicht vortragsfähig an.

Dies bestätigte der BFH. Der Spendenabzug sei höchstpersönlicher Natur, der unlösbar mit der Person des Rechtsvorgängers verbunden sei. Aus dem Merkmal »zur Förderung« des § 10b Abs. 1 Satz 1 EStG leitete der BFH ab, dass eine Spende um der Sache willen gegeben werden müsse. Der Erbe war in diesem Fall an der Spende gänzlich unbeteiligt.

- *BFH zur Abgrenzung zwischen steuerbarem Leistungsaustausch und Zuschuss bei Zahlungen einer Körperschaft des öffentlichen Rechts für Medienarbeit eines Vereins*[43]

Der klagende Verein, dessen Zweck die Förderung der kirchlichen Medienarbeit u.a. durch Herausgabe von Pressediensten war, erhielt von einem seiner Mitglieder, einer Landeskirche, eine »Finanzzuweisung« für einen Rundfunkdienst. Das zuständige Finanzamt betrachtete die Zahlung als umsatzsteuerbare Leistung. Die Klägerin wandte ein, dass es am Leistungsaustausch fehle. Die hiergegen erhobene Klage blieb erfolglos.

Der BFH sah die Mitgliedszahlung der Klägerin als umsatzsteuerbar nach § 1 Abs. 1 Nr. 1 UStG an. Bei Zahlungen aus öffentlichen Kassen fehle es nur dann an einem Leistungsaustausch, wenn die Zahlung lediglich der Förderung der Tätigkeit des Empfängers diene. In diesem Fall sei in der Finanzzuweisung für die Medientätigkeit der Klägerin ein unmittelbarer Zusammenhang zwischen Leistung und Gegenleistung gegeben. Die Gegenleistung für die Landeskirche sei darin zu sehen, dass sie die Medientätigkeit und die Präsentation der christlichen Lehre im Rundfunk und im Fernsehen durch die Klägerin mittelbar erhielt.

- *BFH zur Umsatzsteuerfreiheit der Umsätze aus der langfristigen Vermietung eines Turnhallengebäudes an einen Verein*[44]

Der klagende gemeinnützige Verein hatte auf seinem Grundstück eine Turnhalle errichtet und die Nutzung an einen Verein für die Dauer von 25 Jahren vermietet. Die Klägerin wies den monatlichen Mietzins zuzüglich Umsatzsteuer aus und machte die Umsatzsteuer als Vorsteuer geltend. Das zuständige Finanzamt bewertete die Nut-

---

42 BFH, Urteil vom 21.10.2008, X R 44/05, DStRE 2009, 339 ff.
43 BFH, Urteil vom 27.11.2008, V R 8/07, DStR 2009, 476 ff.
44 BFH, Urteil vom 17.12.2008, XI R 23/08, DStR 2009, 797 ff.

zungsüberlassung der Turnhalle als steuerfreie Grundstücksvermietung gemäß § 4 Nr. 12 lit. a) UStG. Es erkannte die geltend gemachte Vorsteuer nur insoweit an, als sie auf die steuerpflichtige Überlassung von Betriebsvorrichtungen entfiel. Die hiergegen gerichtete Klage blieb erfolglos.

Nach Ansicht des BFH könne die Grundstücksüberlassung nur dann zu einer Steuerpflicht führen, wenn sie Bestandteil einer einheitlichen steuerpflichtigen Leistung sei. Die Klägerin stelle aber nur die Turnhalle zur Verfügung, was nicht als steuerpflichtiges Betreiben einer Sportanlage angesehen werden könne. Diese sei durch eine Vielzahl von Leistungen geprägt, wie bspw. Aufsichts- und Verwaltungstätigkeiten.

– *BFH zum Anwendungsbereich von § 68 Nr. 2 lit. b) AO, Erbringung von Geschäftsführungs- und Verwaltungsleistungen eines eingetragenen Vereins für angeschlossene Mitgliedsvereine*[45]

Die Klägerin, ein steuerbegünstigter Verein zur Förderung der Altenpflege, koordinierte die Tätigkeit seiner Mitgliedsvereine in bestimmten Bezirken und erledigte Verwaltungstätigkeiten, wie Gehaltsabrechnungen, Buchhaltung, etc. Hierfür stellte die Klägerin den Mitgliedsvereinen die angefallenen Personalkosten in Rechnung und erklärte die Umsätze als Umsätze im Rahmen eines Zweckbetriebes zum ermäßigten Steuersatz nach § 68 Nr. 2 lit. b) AO in Verbindung mit § 12 Abs. 2 Nr. 8 lit. a) UStG 1993. Das zuständige Finanzamt unterwarf die Umsätze dem Regelsteuersatz. Die Klägerin wehrte sich hiergegen erfolglos.

Der mit der Leistung von Verwaltungstätigkeiten begründete wirtschaftliche Geschäftsbetrieb sei kein Zweckbetrieb im Sinne von § 68 Nr. 2 AO, so der BFH. Die Vorschrift erfasse gerade nicht Einrichtungen, die personell für die dauerhafte Erbringung von Leistungen an Dritte ausgestattet seien. Die allgemeinen Zweckbetriebsvoraussetzungen nach § 65 AO seien ebenfalls nicht erfüllt. Zwar gehöre zu den steuerbegünstigten satzungsmäßigen Aufgaben der Klägerin auch die Koordination der gemeinnützigen Arbeit in bestimmten Bezirken. Dieser Zweck könne aber nicht allein mit der Erbringung von Verwaltungsleistungen erreicht werden.

– *BFH zur Schätzung von Überschüssen aus einem Pfennigbasar nach § 64 Abs. 5 AO*[46]

Die Klägerin, ein gemeinnütziger Verein, richtete regelmäßig einen sog. »Pfennigbasar« aus, auf dem gesammelte Gegenstände verkauft wurden. In der Steuererklärung beantragte sie den Überschuss nach § 64 Abs. 5 AO in Höhe des branchenüblichen Reingewinns von 20% der Einnahmen zu schätzen. Das Finanzamt legte für den Körperschaftsteuer- und Gewerbesteuermessbescheid den tatsächlich erzielten Überschuss zugrunde. Die hiergegen gerichtete Klage war erfolglos.

Nach Ansicht des BFH lägen die Voraussetzungen für einen Zweckbetrieb nicht vor. Die Einnahmegrenze des § 64 Abs. 3 AO (EUR 35.000 inkl. Umsatzsteuer) war überschritten, sodass der wirtschaftliche Geschäftsbetrieb im vollen Umfang der Steuerpflicht unterliege. Die Voraussetzungen des § 64 Abs. 5 AO lägen nicht vor, da

---

45 BFH, Urteil vom 29.1.2009, V R 46/06, DStR 2009, 690 ff.
46 BFH, Urteil vom 11.2.2009, I R 73/08, DStRE 2009, 748 ff.

eine Verwertung von Altmaterial in diesem Sinne nur dann gegeben sei, wenn für Altkleider, Altpapier oder Schrott nur noch der reine Material- oder Lumpenwert und gerade nicht mehr der tatsächliche Gegenstandswert erzielbar sei.

– *BFH zu Umsätzen aus der Verpflegung von Lehrern und Schülern einer Ganztagsschule durch einen privaten Förderverein*[47]

Der klagende Förderverein eines Gymnasiums unterhielt eine Schulcaféteria. Die Gemeinde bescheinigte, dass der Förderverein im Interesse der Stadt tätig werde. Das zuständige Finanzamt verneinte die Voraussetzungen für eine Umsatzsteuerbefreiung nach § 4 Nr. 23 UStG. Der BFH bestätigte diese Einordnung.

Eine Steuerbefreiung nach § 4 Nr. 23 UStG setze voraus, dass dem Unternehmer selbst die Erziehung, Ausbildung oder Fortbildung der aufgenommenen Jugendlichen obliegt. Nach Ansicht des BFH habe der Verein in diesem Fall aber lediglich Beköstigungsleistungen erbracht und die Schüler nicht bei sich aufgenommen. Auch eine Steuerbefreiung nach § 4 Nr. 26 UStG komme nicht in Betracht, da diese Vorschrift den Auslagenersatz für ehrenamtliche Tätigkeit erfasse und der Kläger für sein Wirken kein Entgelt vom Schulträger erhielt. Schließlich verneinte der BFH auch eine Steuerbefreiung nach Art. 13 Teil A Abs. 2 lit. b) 77/388 EWG, da die Bescheinigung des Schulträgers als Dokumentation einer für eine steuerlich begünstigte Tätigkeit unerlässlichen Unterstützungsleistung nicht ausreichend sei.

– *BFH zur Hinzurechnung nach § 15 Abs. 1 AStG bei Beteiligung einer ausländischen Familienstiftung an einer inländischen vermögensverwaltenden KG*[48]

Mit diesem Beschluss hat der BFH entschieden, dass nicht steuerpflichtige Einkünfte ausländischer Familienstiftungen im Rahmen der Beteilung an einer lediglich Kapitaleinkünfte erzielenden inländischen Kommanditgesellschaft entsprechend § 180 Abs. 1 Nr. 2 lit. a) AO einheitlich und gesondert festzustellen sind, wenn das Einkommen der Stiftung beim Stifter einer Zurechnung nach § 15 AStG unterliegen kann.

– *BFH zu Veranstaltungen von Trabrennen als steuerpflichtiger wirtschaftlicher Geschäftsbetrieb*[49]

Die Klägerin, ein wegen Förderung der Trabzucht als gemeinnützig anerkannter Verein, veranstaltete regelmäßig gegen Entgelt Trabrennen. Sie stritt mit dem zuständigen Finanzamt darüber, ob sie einen steuerbegünstigten Zweckbetrieb unterhält.

Nach Ansicht des BFH sei die Veranstaltung von Trabrennen eine unternehmerische Tätigkeit. Eine Bewertung des wirtschaftlichen Geschäftsbetriebes als Zweckbetrieb setze voraus, dass der Geschäftsbetrieb in seiner Gesamtausrichtung dazu diene, den satzungsmäßigen Zweck »Förderung der Tierzucht« zu verwirklichen, dieser Zweck nur durch einen solchen Geschäftsbetrieb erreicht werden kann und der Ge-

---

47 BFH, Urteil vom 12.2.2009, V R 47/07, DStRE 2009, 871 ff.
48 BFH, Beschluss vom 8.4.2009, I B 223/08, IStR 2009, 503 ff.
49 BFH, Urteil vom 22.4.2009, I R 15/07, DStR 2009, 1089 ff.

schäftsbetrieb zu nicht begünstigten Betrieben derselben oder ähnlichen Art nicht in größerem Umfang in Wettbewerb tritt. Trabrennen dienten aber gerade nicht primär dem Zweck der Tierzucht, so der BFH.

– *BFH zum Nachwuchsförderpreis als Arbeitslohn*[50]

Der Kläger war angestellter Marktleiter eines Lebensmitteleinzelhändlers. Er erhielt von einem Verband, bei dem auch der Arbeitgeber des Klägers Mitglied war, einen mit EUR 10.000 dotierten Nachwuchsförderpreis. Der Kläger hatte sich um den Preis beworben, indem er eigens angefertigte Bewerbungsunterlagen einreichte.

Nach Ansicht des BFH sei das Preisgeld als von Dritten bezahlter steuerbarer Arbeitslohn anzusehen, da der Arbeitnehmer den Preis als leistungsbezogenes Entgelt erhalte und nicht zur generellen Ehrung seiner Persönlichkeit.

– *BFH zu Umsatzsteuerfreiheit von ärztlich verordnetem Funktionstraining*[51]

In diesem Fall hat der BFH entschieden, dass ärztlich verordnetes Funktionstraining als Heilbehandlung nach § 4 Nr. 14 lit. a) UStG umsatzsteuerfrei sein kann. Für die Umsatzsteuerfreiheit komme es dabei insbesondere auf die Kostentragung durch die gesetzlichen Krankenkassen an, so der BFH. Nicht umsatzsteuerfrei seien demgegenüber Leistungen, die Krankenkassen nur zur Verbesserung des allgemeinen Gesundheitszustandes nach § 20 SGB V übernehmen.

– *BFH zur Frage der Umsatzsteuerbarkeit von Kanutouren für Schulklassen*[52]

Der Kläger bot mehrtägige Kanutouren für Schulklassen an. Diese Kanutouren wurden von den Schulklassen im Rahmen sog. »Projektwochen« in Anspruch genommen. Die Projektplanung und Ausgestaltung war Gegenstand des Unterrichts und erfolgte in alleiniger Verantwortung der zuständigen Lehrer. Der Kläger war der Ansicht, dass er Leistungen erbringe, die der Jugendbetreuung und Jugenderziehung dienten und damit umsatzsteuerfrei seien. Das Finanzamt unterwarf dagegen die Umsätze der Umsatzsteuer. Die hiergegen gerichtete Klage blieb erfolglos. Der BFH bestätigte das Urteil des Finanzgerichts.

Der BFH führte aus, dass es sich nicht um eine »Aufnahme« der Jugendlichen für Erziehungs-, Ausbildungs- oder Fortbildungszwecke im Sinne von § 4 Nr. 23 UStG handle, wenn die Gesamtverantwortung der Projektplanung bei den Lehrern verbleibt. Der Begriff der »Aufnahme« in § 4 Nr. 23 UStG sei gerade durch die Merkmale der Obhut, Betreuung und Verantwortung geprägt und rechtfertige daraus die Steuerbefreiung. Nach Ansicht des BFH biete auch das Gemeinschaftsrecht keinen Ansatzpunkt für eine Steuerbefreiung. Nach Art. 13 Teil A Abs. 1 lit. h) der Richtlinie 77/388/EWG seien zwar die »eng mit der Kinder- und Jugendbetreuung verbundenen Dienstleistungen und Lieferungen durch Einrichtungen des öffentlichen Rechts oder andere von dem betreffenden Mitgliedstaat als Einrichtung mit sozialem Charakter anerkannte Einrichtungen« von der Umsatzsteuer befreit. Bei dem Kläger

---

50 BFH, Urteil vom 23.4.2009, VI R 39/08, DStR 2009, 1191 ff.
51 BFH, Urteil vom 30.4.2009, V R 6/07, DStRE 2009, 1070 ff.
52 BFH, Urteil vom 12.5.2009, VR 35/07, DStRE 2009, 1260 ff.

handele es sich aber schon deshalb nicht um eine »andere Einrichtung« in diesem Sinne, da hierfür vertragliche Verbindungen zur Schule nicht ausreichten.

– *BFH zur Mittelverwendung gemeinnütziger Körperschaften*[53]

Der Kläger, ein eingetragener Verein, dessen Satzungszweck »die Förderung des Sports, die Pflege und Wahrung von Sitten, Brauchtum und Tradition des Schützentums und die Liebe zur Heimat« ist, bewirtschaftete in seinem Vereinslokal eine Gaststätte, die in den Streitjahren überwiegend Verluste erwirtschaftete. Das beklagte Finanzamt war der Ansicht, dass der Kläger gegen das Mittelverwendungsgebot des § 55 Abs. 1 Nr. 1 AO verstieß, weil er die Verluste aus dem wirtschaftlichen Geschäftsbetrieb mit Mitteln des gemeinnützigen Bereichs ausgeglichen habe und erkannte Steuervergünstigungen für die Streitjahre nicht an. Die hiergegen gerichtete Klage blieb erfolglos. Der BFH wies die Revision als unbegründet zurück.

Nach Ansicht des BFH setze das für die Steuerbefreiung maßgebliche Merkmal der »Selbstlosigkeit« voraus, dass die Mittel der Körperschaft nur für die satzungsmäßigen Zwecke verwendet werden. Ein Ausgleich von Verlusten eines Nichtzweckbetriebes mit Mitteln des ideellen Tätigkeitsbereiches stelle nur dann keinen Verstoß gegen das Mittelverwendungsgebot dar, wenn die Verluste auf einer Fehlkalkulation beruhen und die Körperschaft bis zum Ende des dem Verlustentstehungsjahr folgenden Wirtschaftsjahres dem ideellen Tätigkeitsbereich wieder Mittel in entsprechender Höhe zuführt, was in diesem Fall nicht erfolgt war.

– *BFH zu Leistungen im Bereich der sozialen Sicherheit*[54]

Der Kläger, ein diakonisches Kirchenwerk in der Rechtsform des eingetragenen Vereins, war Mitglied in einem der amtlich anerkannten Verbände der freien Wohlfahrtspflege und verfolgte nach seiner Satzung zahlreiche Aufgaben im Bereich der Diakonie, u.a. auch übergemeindliche Aufgaben auf dem Gebiet der Sozial- und Jugendhilfe. Der Kläger übernahm im Streitjahr vertraglich für das Bundesamt für Zivildienst eine Reihe von Verwaltungstätigkeiten, die er im Auftrag und im Namen des Bundesamtes durchführte. Hierfür erhielt er einen Festpreis, der auf Grundlage der bei ihm angefallenen Kosten kalkuliert war. Das beklagte Finanzamt unterwarf die Leistungen des Klägers dem Regelsteuersatz und erließ einen entsprechenden Umsatzsteuerbescheid. Einspruch und Klage hatten keinen Erfolg. Die Revision führte zur Aufhebung und Zurückverweisung der Sache an das Finanzgericht.

Nach Ansicht des BFH habe der Kläger an das Bundesamt entgeltliche Leistungen erbracht. Der Kläger sei hierbei auch als Unternehmer im Sinne von § 2 Abs. 1 UStG und gerade nicht als Beliehener anzusehen, da es an einem für die Beleihung charakteristischen Handeln im eigenen Namen fehle. Eine Steuerbefreiung folge auch nicht aus § 4 Nr. 18 UStG, da die Leistungen des Klägers den bedürftigen Personen, die durch die Zivildienstleistenden betreut wurden, nur mittelbar zugute kamen. Der Senat konnte aber eine Steuerbefreiung nach Art. 13 Teil A Abs. 1 lit. g) der Richtlinie 77/388/EWG auf Grundlage der vom Finanzgericht getroffenen Feststellungen nicht ausschließen. Die vom Kläger erbrachten Leistungen könnten die erforderliche Nähe

---

53 BFH, Beschluss vom 1.7.2009, I R 6/08, BFH/NV 2009, 1837.
54 BFH, Urteil vom 23.7.2009, V R 93/07, DStRE 2009, 1455 ff.

zum sozialen Bereich aufweisen, da sich die Leistungen nicht allgemein auf Verwaltungstätigkeiten bezogen, sondern ausschließlich dazu dienten, den Einsatz von Zivildienstleistenden bei den nach § 4 ZDG anerkannten oder noch anzuerkennenden Beschäftigungsstellen zu ermöglichen. Alternativ komme auch eine Anwendung des ermäßigten Steuersatzes nach § 12 Abs. 2 Nr. 8 lit. a) UStG in Betracht, so der BFH.

– *BFH zu den Anforderungen an die Satzung einer gemeinnützigen Körperschaft*[55]

Der BFH hat entschieden, dass der ermäßigte Steuersatz nach § 12 Abs. 2 Nr. 8 lit. a) UStG für gemeinnützige Körperschaften nur dann zu gewähren sei, wenn die Vereinssatzung die formellen Anforderungen an die so genannte Vermögensbindung nach § 61 AO erfüllt. Die Vereinssatzung müsse in diesem Fall eine Regelung sowohl hinsichtlich der Auflösung und Aufhebung als auch bei Zweckänderung enthalten.

– *BFH zur Steuerfreiheit von Spielerleihen*[56]

Im Streitfall hatte der inländische klagende Fußballverein von EU-ausländischen Fußballvereinen Spieler ausgeliehen und sich zur Zahlung einer Vergütung an die ausleihenden Vereine verpflichtet. Auf diese Weise konnte der klagende Verein mit dem jeweiligen Spieler einen Arbeitsvertrag abschließen und eine Spielerlizenz beim Deutschen Fußball-Bund beantragen. Das zuständige Finanzamt hat den klagenden Verein für den unterlassenen Steuerabzug bei den Zahlungen des Entgelts an die ausländischen Vereine in Haftung genommnen, da es von einem beschränkt steuerpflichtigen Sachverhalt nach § 49 EStG ausging (Überlassung eines Rechts in Gestalt einer Spielererlaubnis).

Dem trat der BFH entgegen. Eine Rechtsüberlassung liege schon deshalb nicht vor, da die (frühere) Spielererlaubnis nicht zur Nutzung überlassen worden sei, sondern eine eigene originäre Erlaubnis vom klagenden Verein in Deutschland beantragt werden musste, sodass keine beschränkte Steuerpflicht nach § 49 EStG vorliege. Eine Besteuerung des Leihentgelts habe ausschließlich im Ausland zu erfolgen.

– *BFH zur umsatzsteuerrechtlichen Behandlung von Aufsichtsratsvergütungen*[57]

Der Kläger war neben seiner hauptberuflichen selbständigen Tätigkeit als Versicherungskaufmann Aufsichtsratsmitglied einer Volksbank e.G und erhielt für ca. vier Sitzungen pro Jahr in den Streitjahren 1997-2001 Sitzungsgelder. Diese Vergütungen behandelte der Kläger als steuerfreie Umsätze nach § 4 Nr. 26 UStG 1993/1999. Dies versagte das zuständige Finanzamt, indem es die Aufsichtsratsvergütungen als Entgelt für dem Regelsteuersatz unterliegende steuerpflichtige Leistungen bewertete. Die hiergegen gerichtete Klage hatte keinen Erfolg. Unter ausdrücklicher Aufgabe seiner anders lautenden Rechtsprechung aus dem Urteil vom 27.7.1972[58] bestätigte der BFH die Auffassung des Instanzgerichts und wies die Revision des Klägers zurück.

Nach Ansicht des BFH hatte der Kläger durch seine Aufsichtsratstätigkeit als Unternehmer sonstige Leistungen gegen Entgelt im Sinne von § 1 Nr. 1 UStG erbracht.

---

55 BFH, Urteil vom 23.7.2009, V R 20/08, DStR 2009, 2047 ff.
56 BFH, Urteil vom 5.8.2009, I R 86/07, DStRE 2009, 983 ff.
57 BFH, Urteil vom 20.8.2009, V R 32/08, DStRE 2009, 1319 ff.
58 BFH, Urteil vom 27.7.1972, V R 32/08, BStBl II 1972, 844 ff.

Insbesondere liege auch eine entgeltliche Tätigkeit vor, da es für die Bewertung als Leistungsaustausch nicht auf eine finale Verknüpfung von Leistung und Entgelt ankomme, so der BFH. Die Tätigkeit im Aufsichtsrat einer Volksbank sei keine ehrenamtliche Tätigkeit, sodass eine Steuerbefreiung nach § 4 Nr. 26 UStG ausscheide. Die Tätigkeit im Aufsichtsrat einer Volksbank werde weder im Gesetz, insbesondere nicht im Genossenschaftsgesetz, als ehrenamtlich definiert noch sehe der allgemeine Sprachgebrauch die Tätigkeit als ehrenamtlich an, da dieser nicht zwischen Aufsichtsratätigkeiten bei Volksbanken und derselben bei Geschäftsbanken unterscheide. Zur weiteren Begründung verwies der BFH auf das Gemeinschaftsrecht und führte aus, dass die Richtlinie 77/388/EWG (6. MwSt-Richtlinie) keine Steuerbefreiung für ehrenamtliche Tätigkeiten vorsehe. Zwar stellt eine Protokollerklärung zur 6. MwSt-Richtlinie es den Mitgliedsstaaten frei, ehrenamtliche Leistungen von der Steuer zu befreien. Nach Auffassung des BFH beziehe sich diese aber nur auf Art. 4 der 6. MwSt-Richtlinie und gerade nicht auf die Regelungen über Steuerbefreiungen in Art. 13 der 6. MwSt-Richtlinie.

– *BFH zur Gemeinnützigkeit eines Wettbewerbsvereins*[59]

Ein Verein zur Bekämpfung unlauteren Wettbewerbs ist nicht gemeinnützig, wenn seine Satzung nicht ausschließt, dass er vornehmlich zur Wahrung der gewerblichen Interessen seiner unternehmerisch tätigen Mitglieder tätig wird.

– *BFH zu Umsätzen aus sog. Mailingaktionen als einheitliche sonstige Leistungen*[60]

Ein Unternehmer, der im Rahmen sog. »Mailingaktionen« an gemeinnützige Organisationen in Italien ein Bündel von Leistungen zur Planung, Herstellung, Verteilung und Erfolgskontrolle von Serienbriefen erbringt, um deren Adressaten zur Zahlung von Spenden zu bewegen, führt gegenüber seinen Auftraggebern eine einheitliche sonstige Leistung i.S. des § 3 Abs. 9 UStG und keine steuerermäßigte Lieferung von Druckschriften aus.

3. Entscheidungen der Finanzgerichte

– *FG Berlin-Brandenburg zur Abzugsfähigkeit bei Abführung von Aufsichtsratsvergütungen an gemeinnützige Einrichtungen*[61]

In dem der Entscheidung zugrundeliegenden Sachverhalt hatte die Klägerin Teile ihrer Aufsichtsratsvergütung an eine gemeinnützige Stiftung abgeführt, ohne sich vor ihrer Wahl in den Aufsichtsrat hierzu verbindlich verpflichtet zu haben. Das Finanzamt und auch das FG werteten dies als Spende und nicht als Betriebsausgabe, mit der Folge, dass die Zuwendung steuerlich nicht in voller Höhe berücksichtigt werden konnte.

59 BFH, Urteil vom 6.10.2009, I R 55/08, BB 2010, 21.
60 BFH, Urteil vom 15.10.2009, XI R 52/06, DStRE 2010, 116 ff.
61 FG Berlin-Brandenburg, Urteil vom 2.4.2009, 10 K 1190/06 B, DStRE 2009, 1356 f.

– *FG Berlin-Brandenburg zum Kapitalertragsteuerabzug von Zahlungen einer Familienstiftung an die Destinatäre*[62]

Dem Urteil des FG Berlin-Brandenburg lag die Frage zu Grunde, ob die Zahlungen einer Familienstiftung an Destinatäre Leistungen darstellen, die mit Gewinnausschüttungen im Sinne des § 20 Abs. 1 Nr. 1 EStG vergleichbar sind. Das Gericht stellte fest, dass es für die Annahme einer wirtschaftlichen Vergleichbarkeit der Zahlungen einer Familienstiftung an die Destinatäre mit Gewinnausschüttungen im Sinne des § 20 Abs. 1 Nr. 1 EStG nicht genügt, dass es sich bei den unter § 20 Abs. 1 Nr. 9 EStG fallenden Leistungen um Leistungen aus Erträgen handelt.

§ 20 Abs. 1 Nr. 1 EStG knüpft in sachlicher Hinsicht an die Ausschüttung eines Ertrags aufgrund einer vermögensmäßigen Beteiligung an einer Kapitalgesellschaft an. Daran fehlt es, wenn die Destinatäre lediglich die Empfänger der vom Stifter bestimmten Stiftungsleistungen sind, ohne jedoch über die einem Anteilseigner oder einem Mitglied einer Körperschaft zustehenden rechtlichen Befugnisse oder Einwirkungsmöglichkeiten zu verfügen.

Die Leistungen der Klägerin sind auch nicht in sonstiger Weise mit einer Gewinnausschüttung wirtschaftlich vergleichbar. Denn die Destinatäre sind keine hinter der Klägerin stehenden Personen, die eine mit einem Anteilseigner oder einem Mitglied vergleichbare Position innehaben. Vielmehr sind die Destinatäre lediglich die Empfänger der vom Stifter bestimmten Stiftungsleistungen. Im Gegensatz zu einem Anteilseigner oder einem Mitglied einer Körperschaft haben die Destinatäre aber in ihrer Stellung keine rechtlichen Befugnisse oder Einwirkungsmöglichkeiten bei der Klägerin.

Eine verdeckte Gewinnausschüttung i. S. d. § 20 Abs. 1 Nr. 1 S. 2 EStG setzt unter anderem voraus, dass die bei der Kapitalgesellschaft eingetretene Vermögensminderung (verhinderte Vermögensmehrung) sich auf die Höhe des Unterschiedsbetrages gemäß § 4 Abs. 1 S. 1 EStG in Verbindung mit § 8 Abs. 1 KStG ausgewirkt hat. Jedoch minderten die Leistungen der Klägerin die Einkünfte der Klägerin nicht.

– *FG Düsseldorf zur Abgrenzung der Schenkung unter Auflage vom entgeltlichen Rechtsgeschäft*[63]

Das Finanzgericht entschied, dass die für den Spendenabzug maßgebliche Abgrenzung der Schenkung unter Auflage vom entgeltlichen Rechtsgeschäft sich nach dem Parteiwillen, welcher im Rahmen einer summarischen Prüfung zu ermitteln sei, richte.

– *FG Hamburg zur sonstigen Gegenleistung für einen Grundstücksverkauf bei Verpflichtung des Käufers zur Einbringung des Grundstücks in eine von ihm gegründete gemeinnützige Stiftung*[64]

Das Finanzgericht entschied, dass die Verpflichtung eines Grundstückskäufers gegenüber dem Verkäufer, das Kaufobjekt nach seiner Sanierung in eine vom Käufer

---

62 FG Berlin-Brandenburg, Urteil vom 16.9.2009, 8 K 9250/07, EFG 2010, 55 f.
63 FG Düsseldorf, Beschluss vom 2.6.2009, 16 V 896/09, ZSt 2009, 131 f.
64 FG Hamburg, Beschluss vom 29.12.2008, 2008 3 K 128/08, DStRE 2009, 1011 ff.

gegründete gemeinnützige Stiftung einzubringen, keine sonstige Gegenleistung i.S.v. § 9 Abs. 1 Nr. 1 GrEStG sei. Mithin sei sie nicht neben dem Kaufpreis Bemessungsgrundlage für die Grunderwerbsteuer. Die Gegenleistung für den Verkauf eines Grundstücks kann in der Leistung an einen Dritten liegen. Dieser muss jedoch mit dem Verkäufer personell, gesellschaftsrechtlich oder wirtschaftlich verbunden sein oder auf Grund anderer Umstände zusammenwirken. Die vom Käufer in eigener Initiative gegründete gemeinnützige Stiftung ist nicht in dieser Weise mit dem Verkäufer verbunden.

– *FG Hamburg zum Sonderausgabenabzug bei Zuwendungen von Todes wegen*[65]

Das FG Hamburg hat entschieden, dass dem Erblasser für Zuwendungen von Todes wegen an eine bereits bestehende gemeinnützige Stiftung kein Sonderausgabenabzug gemäß § 10b EStG bei der Veranlagung für das Todesjahr zusteht und zwar unabhängig davon, ob es sich um eine Zustiftung an eine bereits zu Lebzeiten errichtete und anerkannte eigene Stiftung, an eine bestehende durch einen anderen errichtete Stiftung oder an eine noch zu errichtende Stiftung handelt. Selbst wenn die Stiftung eine Spendenbescheinigung auf den Todestag ausstellt, kann sie als Erbin und Rechtsnachfolgerin der Erblasserin keinen Sonderausgabenabzug für die Zuwendung der Erblasserin verlangen.

– *FG München zum Fremdvergleich bei Spenden durch Aufwandsverzicht*[66]

Das Gericht entschied, dass bei Spenden durch den Verzicht auf Aufwandserstattungsansprüche die Zuwendungsbestätigung die Spende im Jahr des Verzichts und nicht im Jahr des Entstehens der Aufwandserstattungssprüche bescheinigen müsse. Dabei müsse das Aufwandsverzichtsverfahren einem Fremdvergleich standhalten. Ergibt der Fremdvergleich, dass der Spendenempfänger nach den Verzichtserklärungen Zuwendungsbescheinigungen in großem Umfange auch dann ausgestellt hat, wenn er auszuzahlende Ansprüche von fremden Dritten nicht anerkannt hätte, so könne dies die Schlussfolgerung rechtfertigen, dass Aufwandserstattungsansprüche grundsätzlich nicht ernsthaft vereinbart wurden.

– *FG Köln zur GmbH-Beteiligung einer steuerbefreiten Körperschaft*[67]

Das Finanzgericht Köln hatte sich mit der Frage zu beschäftigen, ob die Beteiligung an einer GmbH seitens einer steuerbefreiten Körperschaft als steuerfreie Vermögensverwaltung oder steuerpflichtiger wirtschaftlicher Geschäftsbetrieb anzusehen sei. Hierzu entschied das Gericht, dass eine solche Beteiligung regelmäßig kein wirtschaftlicher Geschäftsbetrieb sei. Die Beteiligung sei vielmehr der Vermögensverwaltung der Einrichtung zuzuordnen. Ausnahmsweise werde die Beteiligung jedoch in einem steuerpflichtigen wirtschaftlichen Geschäftsbetrieb gehalten, wenn die steuerbegünstigte Körperschaft tatsächlich entscheidenden Einfluss auf die Geschäftsfüh-

---

65 FG Hamburg, Urteil vom 11.9.2009, 3 K 242/08, StE 2010, 67.
66 FG München, Urteil vom 7.7.2009, 6 K 3583/07, EFG 2009, 1823 ff.
67 FG Köln, Urteil vom 15.7.2009, 13 K 4468/05, StE 2010, 23, abrufbar unter www.justiz. nrw.de.

rung der Kapitalgesellschaft ausübt und somit durch sie unmittelbar selbst am allgemeinen wirtschaftlichen Verkehr teilnimmt.

– *Niedersächsisches FG zur Begrenzung der Umsatzsteuerbefreiung auf amtlich anerkannte Verbände der freien Wohlfahrtspflege*[68]

In einer nicht rechtskräftigen Entscheidung entschied das FG, dass die Begrenzung der Umsatzsteuerbefreiung des § 4 Nr. 18 UStG auf amtlich anerkannte Verbände der freien Wohlfahrtspflege durch die abschließende Aufzählung der befreiten Einrichtungen in § 23 UStDV das gemeinschaftsrechtliche Recht auf Gleichbehandlung solcher Einrichtungen, die vergleichbare Tätigkeiten ausüben, verletze. Diese, wie etwa Haus-Notruf-Dienste und ärztliche Notdienste, könnten sich unmittelbar auf die Befreiungsvorschriften in der zugrundeliegenden EG-Richtlinie, Art. 132 Abs. 1 lit. g) der MwStSystRL berufen.

– *Niedersächsisches FG zur Umsatzsteuerpflicht von Dienstleistungen, die in engem Zusammenhang zum Sport stehen*[69]

Das Niedersächsische Finanzgericht entschied, dass eine Umsatzsteuerbefreiung für Zahlungen einer Gemeinde in Form von Zuschüssen im Zusammenhang mit der Weitervermietung der kommunalen Turn- und Sporthallen nicht in Betracht komme. Im Streitfall sah das Gericht die Weitervermietung der Turn- und Sporthallen nicht als Leistungen an, die den Sporttreibenden wenigstens mittelbar dienten und dann von der Umsatzsteuer befreit gewesen wären.

– *FG Rheinland-Pfalz zur Steuerbegünstigung beim Betrieb eines Museumsshops*[70]

Das FG Rheinland-Pfalz hat in seiner Entscheidung die Steuerbegünstigung für Umsätze aus dem Verkauf von zugekauften Gegenständen mit künstlerischem Bezug eines Museumsshops durch einen als gemeinnützig anerkannten Museums-Förderverein abgelehnt. Der Förderverein beschränkte sich im Streitfall auf die »ideelle und materielle Unterstützung des Museums zur Verwirklichung der Museumsidee«. Hierin sah das Gericht keinen steuerbegünstigten Zweckbetrieb. Ein Zweckbetrieb liegt nach Aussage des Gerichts nur vor, wenn die Tätigkeit selbst für die Verwirklichung der steuerbegünstigten Satzungszwecke erforderlich ist, nicht die Entgelterhebung als solche. Dass der Museumsshop die Verwirklichung der Satzungszwecke hingegen nur erleichtere und ihnen dienlich sei, weil der Förderverein hieraus zusätzliche Einnahmen erzielt, genüge nicht für die Annahme eines Zweckbetriebs. Die Unterhaltung eines Museumsshops gehe über die Verwirklichung des satzungsmäßigen Zwecks hinaus und wird nicht durch den Zweck bedingt, was gerade die Voraussetzung für eine Steuerbegünstigung ist. Die Umsätze aus dem Verkauf von zugekauften Gegenständen mit künstlerischem Bezug unterliegen damit nicht dem ermäßigten Steuersatz.

---

68 Niedersächsisches FG, Urteil vom 13.11.2008, 5 K 132/03 (nicht rechtskräftig, Revision eingelegt unter BFH XI R 46/08), DStRE 2009, 869 ff.
69 Niedersächsisches FG, Urteil vom 20.10.2009, 5 K 292/04, abrufbar unter www.nwb.de/finanzgericht/nfg/auswahl.htm.
70 FG Rheinland-Pfalz, Urteil vom 29.1.2009, 6 K 1351/06.

– *FG Rheinland-Pfalz zur Kfz-Steuer für Katastrophen-Einsatzwagen
gemeinnütziger Einrichtungen*[71]

§ 3 Nr. 5 KraftStG befreit Fahrzeuge von der Kraftfahrzeugsteuer, soweit sie ausschließlich u.a. im Katastrophenschutz, zur Krankenbeförderung oder im Rettungsdienst genutzt werden. Zudem müssen sie äußerlich als für diese Zwecke bestimmt erkennbar sein. In dem der Entscheidung zugrunde liegenden Sachverhalt hatte der Ortsverein einer bundesweit tätigen gemeinnützigen Organisation einen VW-Transporter mit seinem Logo beschriftet und einem Blaulicht ausgerüstet. Zudem war ein besonderer Funktisch integriert und das Fahrzeug mit Einsatzwesten für Notfallhelfer ausgestattet. Der Ortsverein hatte beim Finanzamt erfolglos die Befreiung von der Kraftfahrzeugsteuer beantragt. Das Finanzamt begründete seine Entscheidung damit, dass der Transporter nach geringen Umbaumaßnahmen uneingeschränkt für alle möglichen Zwecke genutzt werden könne.

Das FG bestätigte die Entscheidung des Finanzamts und führte aus, dass an die tatbestandlichen Voraussetzungen, dass das Fahrzeug »ausschließlich« für die genannten steuerbegünstigten Zwecke genutzt werde, erhöhte Anforderungen zu stellen seien. Die äußerlich erkennbare Zuordnung zu einer gemeinnützigen Organisation sei nicht ausreichend, wenn diese Organisation auch andere Ziele als den Katastrophenschutz verfolgt. Zudem war das Fahrzeug auch nicht eindeutig als Katastrophenfahrzeug gekennzeichnet gewesen.

– *FG Rheinland-Pfalz zu Lotteriesteuer auf Rubbellos-Adventskalender und
Spendeninitiative*[72]

Das Finanzgericht hatte sich mit der Frage zu beschäftigen, ob der Entgeltanteil für einen Rubbellos-Adventskalender sowie für eine Spendeninitiative der Lotteriesteuer nach § 17 Satz 3 RennwLottG unterliegt. Hierzu führte das Gericht aus, dass dieser Entgeltanteil, den ein Lotterieteilnehmer entrichtet, auch dann der Lotteriesteuer unterfalle, wenn ihm aufgrund des einheitlichen Preisangebots das Bewusstsein fehlt, neben dem Lotterievertrag zusätzlich einen Kaufvertrag abzuschließen. Ebenso unterliege der Entgeltanteil für eine Spendeninitiative der Lotteriesteuer, da die vereinbarungsgemäße Weitergabe der Spende an einen Dritten die Entgelteigenschaft für den Lotterieeinsatz nicht rückwirkend entfallen lasse.

– *FG Schleswig-Holstein zu Leistungen einer Familienstiftung an Angehörige des
Stifters oder deren Abkömmlinge als Kapitalerträge nach § 20 Abs. 1 Nr. 9 EStG*[73]

Der Entscheidung des FG Schleswig-Holstein lag ein Fall zugrunde, in dem eine Familienstiftung, die Ende des 19. Jahrhunderts vom Stifter gegründet wurde, in den Jahren 1992 und 1993 im Wege eines Nachtrags zum Statut beschloss, den weiblichen Familienmitgliedern als Ausgleich statutsbedingter Nachteile eine einmalige Zuwendung zu Gunsten ihrer Nachkommen zu zahlen. Darin sah das Finanzgericht eine einer Gewinnausschüttung wirtschaftlich vergleichbare Einnahme aus Leistung der

---

71 FG Rheinland-Pfalz, Urteil vom 24.4.2009, 4 K 2597/08, DStRE 2009, 1272.
72 FG Rheinland-Pfalz, Urteil vom 17.9.2009, 4 K 1976/06, DStRE 2009, 1524 ff.
73 FG Schleswig-Holstein, Urteil vom 7.5.2009, 5 K 277/06, DStRE 2009, 1429 ff.

Familienstiftung im Sinne des § 20 Abs. 1 Nr. 9 EStG, sodass eine Kapitalertragsteuerpflicht nach § 43 Abs. 1 S. 1 Nr. 7a EStG bestehe.

– *FG Schleswig-Holstein zum Spendenabzug bei Zuwendung an Stiftung bürgerlichen Rechts in Gründung*[74]

Das FG hatte sich mit der umstrittenen Frage zu beschäftigen, ob eine Stiftung in Gründung nach den Grundsätzen der Vorgesellschaft bereits mit Abschluss des Stiftungsgeschäfts oder im Zeitpunkt der Einreichung der Gründungsunterlagen bei der Genehmigungsbehörde identitätswahrend zur späteren rechtsfähigen Stiftung zur Entstehung gelangt. In dem der Entscheidung zugrunde liegenden Sachverhalt wollte die Klägerin eine rechtsfähige Stiftung bürgerlichen Rechts gründen und unterzeichnete hierfür ein entsprechendes »Stiftungsgeschäft« über die Errichtung der Stiftung. Die Klägerin überwies sodann DM 3 Mio. auf ein für die Stiftung geführtes Konto und erhielt von der Stiftung hierfür eine Spendenbescheinigung. Auf der Basis dieser Bescheinigung beabsichtigte die Klägerin, von der Möglichkeit des auf 10% erhöhten Zuwendungsabzugs und des Großspendenvortrags nach § 10b EStG i.V.m. § 9 Abs. 1 Nr. 2 KStG i.d.F. von 1996 Gebrauch zu machen. Die Stiftung hatte jedoch erst 1997 ihre behördliche Genehmigung erhalten. Das Gericht entschied hierzu, dass ein Anspruch auf Anerkennung der Ausstattung für die Stiftung in Gründung als Spende nach § 10b EStG i.V.m. § 9 Abs. 1 Nr. 2 KStG i.d.F. von 1996 nicht bestünde, da die Stiftung im Jahre 1996 noch nicht zur rechtlichen Entstehung gelangt war. Überdies käme auch eine Anerkennung unter dem Gesichtspunkt der Zuwendung an eine Vorstiftung nicht in Betracht, da der Stifter nach § 81 Abs. 2 S. 1 BGB bis zur staatlichen Anerkennung der Stiftung jederzeit zum Widerruf des Stiftungsgeschäfts befugt ist.

IV. Aus BMF-Schreiben und Verwaltungsanweisungen

1. BMF-Schreiben

– *BMF-Schreiben zur Umsatzsteuer bei der Abgabe von Speisen und Getränken*[75]

Das BMF-Schreiben grenzt Lieferungen und sonstige Leistungen bei der Abgabe von Speisen und Getränken voneinander ab. Der Verkauf verzehrfertiger Speisen und Getränke kann sowohl dem ermäßigten Steuersatz von 7% nach § 12 Abs. 2 Nr. 1 UStG als auch dem Regelsteuersatz von 19% unterliegen. Der Regelsteuersatz soll immer dann Anwendung finden, wenn das Dienstleistungselement überwiegt, z.B. wenn Bedien- oder Kochpersonal gestellt oder Geschirr überlassen wird. Eine sonstige Leistung liegt bei der Abgabe von Speisen und Getränken bei Veranstaltungen mit Sitzplätzen dann vor, wenn die Bestuhlung gerade für den Verzehr von Speisen ausgestaltet ist.

---

74 FG Schleswig-Holstein, Urteil vom 4.6.2009, 1 K 156/04, DStRE 2009, 1386 f.
75 BMF-Schreiben vom 16.10.2008, IV B 8-S 7100/07/10050, abrufbar unter www.bundesfinanzministerium.de.

– *BMF-Schreiben zur Ehrenamtspauschale, § 3 Nr. 26a EStG*[76]

Mit dem Anwendungsschreiben erläutert das BMF Einzelheiten zur Ehrenamtspauschale, die durch das Gesetz zur weiteren Stärkung des bürgerschaftlichen Engagements eingeführt wurde. § 3 Nr. 26a EStG sieht keine Begrenzung auf bestimmte Tätigkeiten vor, sondern erfasst alle Tätigkeiten im gemeinnützigen Bereich und im Zweckbetrieb, die unmittelbar oder mittelbar der Verwirklichung der steuerbegünstigten Zwecke dienen, sodass mittelbar unterstützende Tätigkeiten, bspw. in der Verwaltung, ebenfalls erfasst sind. Ausgenommen sind Tätigkeiten im steuerpflichtigen wirtschaftlichen Geschäftsbetrieb, in der Vermögensverwaltung sowie die Tätigkeit der Amateursportler. Die erfassten Tätigkeiten müssen nebenberuflich ausgeübt werden, was zu bejahen ist, wenn die Tätigkeit nicht mehr als ein Drittel der Arbeitszeit eines vergleichbaren Vollerwerbs in Anspruch nimmt. Das BMF weist ausdrücklich darauf hin, dass nach der Satzung ehrenamtlich tätige Vereinsvorstände keinen Aufwandsersatz für aufgewandte Zeit, sondern nur den Ersatz tatsächlich entstandener Aufwendungen, z.B. für Fahrtkosten, erhalten dürfen, der auch diesbezüglich pauschaliert werden darf. Der tatsächliche Aufwand darf dabei aber nicht überschritten werden. Zahlungen an ehrenamtlich tätige Vorstandsmitglieder, die ohne satzungsmäßige Grundlage in der Zeit vom 10.10.2007 bis zum 25.11.2008 erfolgt sind, gefährden den Status der Gemeinnützigkeit dann nicht, wenn die Zahlungen im Jahr EUR 500 nicht überstiegen, sie angemessen waren und die Mitgliederversammlung bis zum 31.3.2009 eine Satzungsänderung beschließt, die die Vergütung von Vorstandsmitgliedern zulässt. In einem weiteren Schreiben[77] verlängerte das BMF die Frist zur Satzungsänderung bis zum 30.6.2009.

In einem Ergänzungs- und Modifikationsschreiben[78] sollen mögliche Unklarheiten aus den beiden Vorschreiben beseitigt werden. Nach Ansicht des BMF konnte durch die Vorschreiben der Eindruck entstehen, dass Vergütungen von Organmitgliedern dann nicht gemeinnützigkeitsschädlich sind, wenn die Satzung nicht ausdrücklich die ehrenamtliche Tätigkeit von Organmitgliedern festlegt. Eine Zeitvergütung darf nur dann gezahlt werden, wenn die Satzung dies ausdrücklich erlaubt, andernfalls liegt ein Verstoß gegen das Gebot der Selbstlosigkeit vor, was gemeinnützigkeitsschädlich ist. § 3 Nr. 26a EStG begründet gerade keinen Anspruch auf Zeitvergütung, sondern regelt Steuerfreiheit dann, wenn eine Zeitvergütung in Konformität mit den gemeinnützigkeitsrechtlichen Bestimmungen gezahlt werden darf. Weiterhin wird darauf hingewiesen, dass Vergütungen in diesem Sinne auch solche sind, die nicht tatsächlich geflossen sind, sondern als Aufwandsspende zurückgespendet werden. Die Frist für die billigerweise gewährte Möglichkeit der Satzungsänderung wird bis zum 31.12.2009 verlängert, vorausgesetzt, es handelt sich um verhältnismäßige Zahlungen,

---

76 BMF-Schreiben vom 25.11.2008, IV C 4-S 2121/07/0010, abrufbar unter www.bundesfinanzministerium.de.

77 BMF-Schreiben vom 9.3.2009, IV C 4-S2121/07/0010, abrufbar unter www.bundesfinanzministerium.de.

78 BMF-Schreiben vom 22.4.2009, IV C 4-S2121/07/0010, abrufbar unter www.bundesfinanzministerium.de.

die nach dem 10.10.2007 geleistet worden sind. Diese Auffassung bestätigte das BMF ausdrücklich mit Schreiben vom 14.10.2009.[79]

– *BMF-Schreiben zur gemeinnützlichkeitsrechtlichen Behandlung der Rettungsdienste und Krankentransporte*[80]

Der Bundesfinanzhof[81] hatte entschieden, dass Rettungsdienste und Krankentransporte gemeinnütziger Wohlfahrtsverbände körperschaft- und gewerbesteuerpflichtige Betriebe seien. Die Finanzverwaltung will die durch steuerbegünstigte Körperschaften durchgeführten Krankentransporte weiterhin als Zweckbetrieb behandeln, wenn für die zu transportierenden Personen während der Fahrt eine fachliche Betreuung und besondere Einrichtungen im Transportfahrzeug zur Verfügung stehen, da dann der Krankentransport im Rahmen des steuerbegünstigten Zwecks der Einrichtungen erfolgt.

– *BMF-Einführungsschreiben zu § 4 Nr. 14 UStG*[82]

Durch die Neuregelung des § 4 Nr. 14 UStG zum 1.1.2009 werden ambulante wie auch stationäre Leistungen, die der medizinischen Betreuung von Personen durch das Diagnostizieren und Behandeln von Krankheiten oder anderen Gesundheitsstörungen dienen, in einer Befreiungsvorschrift zusammengefasst.

– *BMF-Schreiben zu § 4 Nr. 16 UStG in der ab 1.1.2009 geltenden Fassung*[83]

Die Neuregelung des § 4 Nr. 16 UStG, die am 1.1.2009 in Kraft trat, trägt Art. 132 Abs. 1 lit. g) der MwStSystRL Rechnung. Hiernach befreien die Mitgliedstaaten »eng mit der Sozialfürsorge und der sozialen Sicherheit verbundene Dienstleistungen und Lieferungen von Gegenständen, einschließlich derjenigen, die durch Altenheime, Einrichtungen des öffentliches Rechts oder andere von dem betreffenden Mitgliedstaat als Einrichtung mit sozialem Charakter anerkannte Einrichtungen bewirkt werden«, von der Mehrwertsteuer.

– *BMF-Schreiben zur Steuerbarkeit von Transferentscheidungen an ausländische Fußballvereine im internationalen Profifußball*[84]

Nach einem Schreiben des BMF sollen alle auf das Urteil des BFH vom 27.5.2009[85] bezogenen Rechtsbehelfe so lange zurückgestellt werden, bis eine abschließende Entscheidung zur Anwendung des Urteils getroffen worden ist.

---

79 BMF-Schreiben vom 14.10.2009, IV C 4-S2121/07/0010, abrufbar unter www.bundesfinanzministerium.de.
80 BMF-Schreiben vom 20.1.2009, IV C 4-S0185/08/10001, abrufbar unter www.bundesfinanzministerium.de.
81 BFH, Beschluss vom 18.9.2007, I R 30/06, EStB 2008, 96 ff.
82 BMF-Schreiben vom 26.6.2009, IV B 9-S7170/08/10009, abrufbar unter www.bundesfinanzministerium.de.
83 BMF-Schreiben vom 20.7.2009, IV B 9-S7172/09/10002, abrufbar unter www.bundesfinanzministerium.de.
84 BMF-Schreiben vom 20.10.2009, IV C 3-S4211/07/100013, abrufbar unter www.bundesfinanzministerium.de.

2. Verfügungen der Landesämter und der Oberfinanzdirektionen

– *Bayerisches Landesamt für Steuern zur Gemeinnützigkeit von Unternehmergesellschaften im Sinne des § 5a GmbHG*[86]

Durch das Gesetz zur Modernisierung des GmbH-Rechts und zur Bekämpfung von Missbräuchen (MoMiG) vom 23.10.2008[87] wurde mit Wirkung ab dem 1.11.2008 die Gründung von Gesellschaften unter der Bezeichnung »Unternehmergesellschaft (haftungsbeschränkt)« oder »UG (haftungsbeschränkt)« zugelassen. Für die Gründung reicht ein Stammkapital von EUR 1 aus, wobei die Gesellschaft ein Viertel ihres Jahresüberschusses in die gesetzliche Rücklage einstellen muss, bis die Rücklage einen Betrag von EUR 25.000 erreicht hat. Die Unternehmergesellschaft ist eine Körperschaft im Sinne des § 51 AO, für die eine Steuervergünstigung in Betracht kommen kann. Das Bayerische Landesamt für Steuern hat mit einer Verfügung unter Bezugnahme auf das Ergebnis der Erörterungen der obersten Finanzbehörden des Bundes und der Länder klargestellt, dass die gesetzlich angeordnete Rücklagenbildung bis zum Erreichen des Stammkapitals von EUR 25.000 nicht gegen den Grundsatz der zeitnahen Mittelverwendung gemäß §§ 55, 58 AO verstößt, da diese Mittel ebenso wie auch das Stammkapital einer GmbH nicht der Pflicht der zeitnahen Mittelverwendung unterliegen.

– *Bayerisches Landesamt für Steuern zur einkommensteuerlichen Behandlung der Aufwandsentschädigung für ehrenamtliche Betreuer nach § 1835a BGB*[88]

Das Bayerische Landesamt für Steuern stellte in einem Erlass klar, dass Aufwandsentschädigungen für ehrenamtliche Betreuer gemäß §§ 1896, 1908i, 1835a BGB weder nach § 3 Nr. 12 EStG noch nach § 3 Nr. 26 EStG steuerbefreit sind. Ab 2007 fallen sie aber unter den weiteren Voraussetzungen des § 3 Nr. 26a EStG bis zur Höhe von EUR 500 im Kalenderjahr unter den sogenannten Ehrenamtsfreibetrag. Aufwandsentschädigungen sind sonstige Einkünfte im Sinne des § 22 Nr. 3 EStG und somit grundsätzlich einkommensteuerpflichtig, außer sie fallen unter die Freigrenze von EUR 256 nach Abzug des Ehrenamtsfreibetrags und der Werbungskosten gemäß § 22 Nr. 3 S. 2 EStG. Dabei können 25% der Aufwandsentschädigung pauschal als Werbungskosten geltend gemacht werden.

– *OFD Frankfurt a.M. zur Steuerbefreiung für nebenberufliche Tätigkeit nach § 3 Nr. 26 EStG*[89]

Die OFD Frankfurt regelt in einer Verfügung Einzelheiten zum sogenannten Übungsleiterfreibetrag. Begünstigt werden dabei die nebenberuflich ausgeübten Tä-

---

85 BFH, Urteil vom 27.5.2009, I R 86/07, DStRE 2009, 983, 984 ff.
86 Bayerisches Landesamt für Steuern, Verfügung vom 31.3.2009, S 0174.2.1-2/2 St 31, DStR 2009, 1150.
87 BGBl. I 2008, 2026.
88 Bayerisches Landesamt für Steuern, Erlass vom 4.5.2009, S 2337.1.1-2/6 St32/St33, DStR 2009, S. 1201 f.
89 OFD Frankfurt/M., Rundverfügung vom 26.8.2008, S 2245 A – 2 – St213.

tigkeiten als Übungsleiter, Ausbilder, Erzieher, Betreuer (oder vergleichbare Tätigkeiten), künstlerische Tätigkeiten sowie die Pflege alter, kranker oder behinderter Menschen. Nicht begünstigt ist dagegen die Betreuungstätigkeit des gesetzlichen Betreuers nach § 1835a BGB. Was die künstlerische Tätigkeit betrifft, so sind an den Begriff die gleichen strengen Anforderungen wie an die hauptberufliche künstlerische Tätigkeit nach § 18 Abs. 1 Nr. 1 EStG zu stellen.

Soweit die Tätigkeit für eine juristische Person des öffentlichen Rechts erbracht wird, ist es unschädlich, wenn sie für einen Betrieb gewerblicher Art erbracht wird, solange dieser steuerbegünstigten gemeinnützigen, mildtätigen oder kirchlichen Zwecken dient.

– *OFD Frankfurt a.M. zur steuerlichen Behandlung von Zuwendungen in den Vermögensstock einer Stiftung*[90]

Nachdem eine frühere Verfügung der OFD Frankfurt[91] missverständlich aufgefasst wurde, hat sich die OFD erneut mit der möglichen Geltendmachung von Vermögensstockspenden gemäß § 10b Abs. 1 und 1a EStG beschäftigt. Sie regelt, dass Vermögensstockspenden sowohl nach § 10b Abs. 1 als auch nach § 10b Abs. 1a EStG als Sonderausgaben geltend gemacht werden können. Hierbei kommt dem Steuerpflichtigen ein Wahlrecht zu, welches auch die Möglichkeit umfasst, die Vermögensstockspende aufzuteilen und einen Teilbetrag gemäß § 10b Abs. 1 und den verbleibenden Teilbetrag gemäß § 10b Abs. 1a EStG geltend zu machen. Jedoch ist ein Wechsel zwischen den Absätzen 1 und 1a nach Ausübung des Wahlrechts nicht mehr möglich. Vermögensstockspenden, die nach § 10b Abs. 1a EStG geltend gemacht wurden, aber sich nicht vollständig steuerlich innerhalb des Zehnjahreszeitraums ausgewirkt haben, unterliegen nicht mehr hinsichtlich des nicht verbrauchten Teilbetrags dem allgemeinen, zeitlich unbefristeten Spendenvortrag gemäß § 10b Abs. 1 EStG, sondern verfallen.

– *OFD Frankfurt a.M. zur Besteuerung der Abfallentsorgung durch private Unternehmen und Vereine*[92]

Die OFD Frankfurt hat sich in einer Verfügung mit der umsatzsteuerlichen Besteuerung der Abfallentsorgung durch private Unternehmen und Vereine, z.B. bei Altkleidersammlungen, beschäftigt. Die Leistungsbeziehungen zwischen dem Entsorgungsträger und den Abfallentsorgern (private Unternehmen und Vereine) bei der Abfallentsorgung sind tauschähnliche Umsätze gemäß § 3 Abs. 12 S. 2 UStG. Die Bemessungsgrundlagen für die Umsätze des Entsorgungsträgers und der Abfallentsorger richten sich nach § 10 Abs. 1 S. 2 UStG, wonach der Wert eines jeden Umsatzes als Entgelt für den anderen Umsatz gilt.

---

90 OFD Frankfurt/M., Rundverfügung vom 13.10.2008, S 2223 A – 155 – St 216, DStR 2008, 2421.
91 OFD Frankfurt/M., Verfügung vom 13.6.2008, S 2223 A – 155 – St 216, BB 2008, 2056.
92 OFD Frankfurt/M., Verfügung vom 13.3.2009, S 7106 A – 1/80, UR 2009, 862 f.

– *OFD Frankfurt a.M. zum Leistungsaustausch im Zusammenhang mit der Durchführung eines Freiwilligen Sozialen Jahres*[93]

Die OFD Frankfurt hat sich in einer Verfügung mit den umsatzsteuerlichen Leistungsbeziehungen und den steuerlichen Auswirkungen bei den diversen Vereinbarungen anlässlich des Freiwilligen Sozialen Jahres beschäftigt und eine Mustervereinbarung vorgestellt. Die Rahmenbedingungen und Vertragsverhältnisse zwischen Freiwilligen, Maßnahmenträgern und Einsatzstellen wurden durch das ab dem 1.6.2008 geltende Jugendfreiwilligendienstegesetz (JFDG) reformiert und zusammengefasst. Dabei bietet das JFDG erstmals eine gesetzliche Grundlage für dreiseitige Vereinbarungen zwischen Freiwilligen, Maßnahmeträgern und Einsatzstellen.

– *OFD Frankfurt a.M. zu Grundsätzen für die umsatzsteuerliche Behandlung des Sponsorings*[94]

Die OFD Frankfurt hat sich in einer Verfügung mit den Grundsätzen der umsatzsteuerlichen Behandlung des Sponsorings beschäftigt. Anders als eine Spende enthält die Sponsoringvereinbarung eine Regelung über Leistung und Gegenleistung. Somit ist die durch den Sponsor angekündigte Geld- oder Sachleistung ein Entgelt für eine steuerbare sowie steuerpflichtige Leistung.

Wenn es sich bei der Gegenleistung der gesponsorten Einrichtung um aktive Werbeleistungen handelt, so begründet sie hierdurch einen wirtschaftlichen Geschäftsbetrieb, der umsatzsteuerlich dem Regelsatz nach § 12 Abs. 1 UStG unterfällt. Eine auf Eintrittsberechtigung geleistete Zahlung des Sponsors kann jedoch einer Steuerbefreiung unterfallen, wie etwa nach § 4 Nr. 20 lit. a) UStG für Theaterkarten. Bei bloßen Duldungsleistungen als Gegenleistung ohne besondere Hervorhebung des Sponsors kommt der ermäßigte Steuersatz nach § 12 Abs. 2 Nr. 8 lit. a) S. 1 UStG zum Tragen.

Diese Grundsätze gelten für Sach- und Dienstleistungen entsprechend, wobei Bemessungsgrundlage der gemeine Wert der Leistung des Sponsors ist. Dieser ist zu schätzen, soweit er nicht ermittelt werden kann. Dabei ist die Höhe der Bemessungsgrundlage unabhängig von dem Wert der Werbe- oder Duldungsleistung. Soweit jedoch ein krasses Missverhältnis zwischen dem Wert der Leistung des Sponsors und dem Wert der vereinbarten Werbe- oder Duldungsleistung vorliegt, ist der Sponsor nicht zum Betriebsausgabenabzug berechtigt. Die Leistungen werden dann als allgemeine Kosten der Lebensführung nach § 4 Abs. 5 S. 1 Nr. 7 EStG betrachtet. Der Vorsteuerabzug ist insoweit nach § 15 Abs. 1a UStG ebenfalls verwehrt.

– *OFD Frankfurt a.M. zum ermäßigten Steuersatz für Leistungen von Lotterien als Zweckbetriebe gemeinnütziger Körperschaften*[95]

Die obersten Finanzbehörden des Bundes und der Länder haben sich darauf geeinigt, dass hinsichtlich der im Rahmen von Zweckbetrieben gemäß § 68 Nr. 6 AO durchge-

---

93 OFD Frankfurt/M., Verwaltungsanweisung vom 13.3.2009, S 7100 A-271-St 110, abrufbar unter www.beck-online.de.
94 OFD Frankfurt/M., Rundverfügung vom 18.3.2009, S 7100 A-203-St 110, abrufbar unter www.beck-online.de.
95 OFD Frankfurt/M., Verfügung vom 20.3.2009, S 7242 a A -13 - ST 112, abrufbar unter www.beck-online.de.

führten Lotterien steuerbegünstigter Körperschaften weiterhin die Anwendung des ermäßigten Steuersatzes nach § 12 Abs. 2 Nr. 8 lit. a) S. 3 UStG nicht zu beanstanden ist. Der Zweckbetrieb dient nicht in erster Linie der Erzielung zusätzlicher Einnahmen durch die Ausführung von Umsätzen, die in unmittelbarem Wettbewerb mit dem allgemeinen Steuersatz unterliegenden Leistungen anderer Unternehmer ausgeführt werden. Dagegen unterliegen die Leistungen nicht gemeinnütziger Lotterieveranstalter dem allgemeinen Steuersatz selbst dann, wenn die Reinerlöse für steuerbegünstigte Zwecke verwendet werden. Unterliegt die Durchführung einer Lotterie dem Rennwett- und Lotteriesteuergesetz, kommt hinsichtlich der Umsatzsteuer eine Befreiung gemäß § 4 Nr. 9 lit. b) UStG zur Anwendung.

– *OFD Hannover zu Stellungnahmen vor einer Genehmigung durch die Stiftungsbehörde*[96]

Mit einer Verfügung hat die OFD Hannover klargestellt, dass bei Stellungnahmen des Finanzamtes gegenüber der Stiftungsbehörde, die zur Steuerbegünstigung einer Stiftung abgegeben werden, darauf hinzuweisen ist, dass diese lediglich zur Verwendung im Genehmigungsverfahren bei der Stiftungsbehörde abgegeben werden und sich allein auf die satzungsmäßigen Voraussetzungen der Steuerbegünstigung beziehen.

– *OFD Karlsruhe zur umsatzsteuerlichen Behandlung der Überlassung von Werbemobilien an steuerbegünstigte Einrichtungen und Kommunen*[97]

Die OFD hat sich in einer Verfügung mit den umsatzsteuerlichen Fragen bei der Überlassung von sogenannten Werbemobilien, d.h. Fahrzeugen mit Werbeflächen, von Werbefirmen an steuerbegünstigte Einrichtungen oder Kommunen beschäftigt. Juristische Eigentümerin während der Nutzungszeit bleibt die Werbefirma.

Die OFD unterscheidet dabei verschiedene Fallkonstellationen. Zum einen entspricht die Vertragslaufzeit der betriebsgewöhnlichen Nutzungsdauer, wobei nach Vertragsende das Eigentum auf die nutzende Institution übergeht. Hier erbringt die Werbefirma mit der Übergabe des Fahrzeugs eine Lieferung im Sinne von § 3 Abs. 1 UStG, da mit Beginn der Nutzungszeit das wirtschaftliche Eigentum übergeht.

In anderen Fällen ist die betriebsgewöhnliche Nutzungsdauer länger als die vereinbarte Laufzeit, wobei das Eigentum nach Vertragsende auf die nutzende Institution übergeht. Alternativ wird das Fahrzeug nach Vertragsende an die Werbefirma zurückgegeben. In den beiden letztgenannten Fällen richtet sich die Frage, ob eine Lieferung oder sonstige Leistung vorliegt, nach dem Gesamtbild des Einzelfalls. Eine Lieferung liegt insbesondere dann vor, wenn die betriebsgewöhnliche Nutzungsdauer und die vertragliche Laufzeit ungefähr übereinstimmen oder die Nutzungsdauer wesentlich länger als die Vertragslaufzeit ist, der nutzenden Institution jedoch ein Recht auf Vertragsverlängerung zusteht und bei Realisierung dieser Option lediglich eine geringere Miete oder Kaufpreis zu entrichten ist.

Das Entgelt besteht in der Werbeleistung, die die Institution durch die Duldung der Anbringung von Werbeflächen und den werbewirksamen Einsatz des Fahrzeugs erbringt. Bemessungsgrundlage ist dabei der gemeine Wert der Werbeleistungen gemäß

---

96 OFD Hannover, Verfügung vom 14.4.2009, S 2729-27-StO 251, DStR 2009, 1432.
97 OFD Karlsruhe, Verfügung vom 28.1.2009, S 7100/16, abrufbar unter www.beck-online.de.

§ 10 Abs. 2 UStG. Der subjektive Wert der Werbeleistungen richtet sich nach den Anschaffungskosten des Fahrzeugs ohne die Kosten für die Anbringung der Werbung.

Schließlich führt die OFD aus, dass sich die umsatzsteuerliche Betrachtung nach den allgemeinen, zum Sponsoring entwickelten Grundsätze richtet. Soweit die steuerbegünstigte Einrichtung sich in der Nutzungsvereinbarung dazu verpflichtet, das Werbemobil über den für die Verwirklichung des eigenen satzungsmäßigen Zwecks hinaus erforderlichen Umfang werbewirksam einzusetzen, begründet sie dadurch einen wirtschaftlichen Geschäftsbetrieb. Hierfür findet der allgemeine Steuersatz nach § 12 Abs. 1 UStG Anwendung. Soweit die steuerbegünstigte Einrichtung sich nicht zu einem aktiven Tätigwerden verpflichtet, erzielt sie Einnahmen im Bereich der Vermögensverwaltung, wofür der ermäßige Steuersatz gemäß § 12 Abs. 2 Nr. 8 lit. a) UStG gilt.

– *Finanzministerium Rheinland-Pfalz zur Gemeinnützigkeit von Fördervereinen bei schulstrukturellen Änderungen*[98]

Die Verfügung des Finanzministeriums regelt die Auswirkungen, welche sich durch das Rheinland-Pfälzische Landesgesetz zur Änderung der Schulstruktur vom 22.12.2008 ergeben. Durch die Umstrukturierungen im Schulbereich kann es dazu kommen, dass Schulfördervereinen das satzungsmäßige Förderobjekt durch Auflösung der betreffenden Schule oder Übergang in eine neue Schulorganisationsform verloren geht.

– *OFD Rheinland zum Spendenrecht nach § 10b EStG*[99]

Die Kurzinformation der OFD Rheinland bezieht sich auf die Grundsätze der steuerlichen Geltendmachung von Vermögensstockspenden. Zudem wird festgestellt, dass maßgeblicher Zeitpunkt für die Haftungsreduzierung nach § 10b Abs. 3 EStG der Zeitpunkt der Bekanntgabe des Haftungsbescheids ist und zwar unabhängig davon, auf welchen Veranlagungszeitraum sich die Inanspruchnahme bezieht.

– *OFD Rheinland zur Arbeitnehmerüberlassung durch gemeinnützige Einrichtungen*[100]

Die OFD Rheinland hat sich in ihrer Verfügung mit der Arbeitnehmerüberlassung durch gemeinnützige Einrichtungen beschäftigt. Hintergrund ist, dass gemeinnützige Einrichtungen zunehmend einen Antrag stellen, die Arbeitnehmerüberlassung als gemeinnützigen Zweck im Freistellungsbescheid zu bescheinigen. Da allerdings die Arbeitnehmerüberlassung für sich genommen keinen gemeinnützigen Zweck darstellt, ist nach der Verfügung im Einzelfall zu prüfen, inwieweit die Voraussetzungen für eine Steuervergünstigung vorliegen und die Arbeitnehmerüberlassung als Maßnahme zur Verwirklichung des gemeinnützigen Satzungszwecks einen begünstigten Zweckbetrieb begründet. Soweit dies nicht der Fall ist, ist sie als steuerpflichtiger wirtschaftlicher Geschäftsbetrieb zu behandeln.

---

98 Finanzministerium Rheinland-Pfalz, Verfügung vom 4.6.2009, S 0180 A-444, abrufbar unter www.beck-online.de.
99 OFD Rheinland, Kurzinformation ESt Nr. 12 vom 17.2.2009, DStR 2009, 1623.
100 OFD Rheinland, Kurzinformation KSt Nr. 23 vom 16.4.2009, DB 2009, S. 935.

Vereins- und Stiftungsrecht 2009 – Länderbericht Schweiz[1]

DOMINIQUE JAKOB/LAURA SCHWEIZER

I. Gesetzgebung

Der Berichtszeitraum war geprägt durch den Entwurf zur Änderung des Obligationenrechts, der Verabschiedung eines neuen Mehrwertsteuergesetzes sowie zwei themenrelevanten »Motionen«.

1. Buchführungspflicht und Corporate Governance

Bereits seit dem Jahr 2008 besteht eine Vorlage zur Änderung des Obligationenrechts[2]. Sie enthält in Art. 69a E-ZGB für Vereine die Verpflichtung, die Geschäftsbücher unabhängig von einer Eintragungspflicht in das Handelsregister nach Art. 957 ff. E-OR (Vorschriften über die kaufmännische Buchführung) zu führen. Auch für Stiftungen sieht Art. 83a E-ZGB eine sinngemäße Anwendung dieser Bestimmungen vor. Anders als im Vereinsrecht würde die Vorlage im Stiftungsrecht insoweit zu einer materiellen Änderung führen, als nach Art. 83a E-ZGB i.V.m. Art. 957 Abs. 2 E-OR (derzeitiger Stand) Stiftungen, die nicht zur Eintragung ins Handelsregister verpflichtet oder nach Art. 83b Abs. 2 ZGB von der Pflicht zur Bezeichnung einer Revisionsstelle befreit sind, lediglich über die Einnahmen und Ausgaben sowie über die Vermögenslage Buch führen müssen (sog. »Milchbüchlein-Rechnung«). Dies ist eine Erleichterung, welche der geltende Art. 83a ZGB (anders als Art. 69a S. 1 ZGB für das Vereinsrecht) nicht enthält.

Zur Stärkung der *Corporate Governance* resp. der *Foundation Governance* soll im Vereinsrecht ein neuer Art. 65 Abs. 4 E-ZGB sowie im Stiftungsrecht ein neuer Art. 84b E-ZGB beitragen. Gemäß Art. 65 Abs. 4 E-ZGB soll die Vereinsversammlung in Zukunft die Höhe der Entschädigung des Vereinsvorstands festlegen (welche wohl-

---

1 *Dominique Jakob* ist Inhaber eines Lehrstuhls für Privatrecht und Leiter des Zentrums für Stiftungsrecht an der Universität Zürich (www.zentrum-stiftungsrecht.uzh.ch). *Laura Schweizer* ist Assistentin am Lehrstuhl von Prof. Jakob. Dieser Bericht beruht auf dem Beitrag *Jakob*, Entwicklungen im Vereins- und Stiftungsrecht/Le point sur le droit des associations et fondations, SJZ 2009, 505 ff.
2 BBl Nr. 11 vom 18.3.2008, 1589 ff.

gemerkt für die Frage der Steuerbefreiung eines Vereins von Bedeutung sein kann). Freilich bleiben flexible Gestaltungen möglich, da die Statuten eine abweichende Regelung vorsehen können. Nach Art. 84b E-ZGB muss das oberste Stiftungsorgan der Aufsichtsbehörde jährlich die Höhe der ihm ausgerichteten Vergütungssumme bekannt geben. Sofern eine Geschäftsleitung existiert, müssen auch deren Entgelte offen gelegt werden. Eine neue Auflistung in Art. 697^{quater} E-OR soll für die Bestimmung der insoweit relevanten Vergütungen maßgeblich sein. Untersteht die Stiftung keiner Aufsicht, besteht keine Pflicht zur Offenlegung, es sei denn, die Stiftung unterliegt der ordentlichen Revision.

Im Vereinsrecht zielt ein neuer Art. 69d E-ZGB auf die Verstärkung des Gläubigerschutzes. Die aktienrechtlichen Bestimmungen über die Anzeigepflichten bei Überschuldung und Zahlungsunfähigkeit sollen künftig auch für im Handelsregister eingetragene Vereine zur Anwendung gelangen (vgl. Art. 725 und 725a E-OR). Es besteht jedoch die Möglichkeit des Konkursaufschubs durch das Gericht, wenn Nachschüsse unmittelbar einbezahlt werden und Aussicht auf Sanierung besteht (Art. 69d Abs. 2 E-ZGB). Ein Gang vor das Gericht kann vermieden werden, wenn die Nachschüsse spätestens innerhalb von vier bis sechs Wochen nach der Feststellung der Überschuldung geleistet werden und dadurch die drohende Überschuldung abgewendet werden kann. Im Stiftungsrecht besteht eine vergleichbare Vorschrift (Art. 84a ZGB[3]) bereits seit dem 1.1.2006.

Der genaue Zeitpunkt des Inkrafttretens der Reform kann wie ihr endgültiger Inhalt bisher nicht vorausgesagt werden, da die Vorlage derzeit noch vom Parlament beraten wird.

2. Mehrwertsteuergesetz

Am 12.6.2009 verabschiedeten die eidgenössischen Räte ein neues Mehrwertsteuergesetz[4], welches zusammen mit einer neuen ausführenden Mehrwertsteuerverordnung[5] am 1.1.2010 in Kraft getreten ist. Bedeutend für das Vereins- und Stiftungsrecht ist der ergänzend zum Entwurf des Bundesrates eingefügte Art. 10 Abs. 2 lit. c nMWSTG, welcher (wie bisher Art. 25 Abs. 1 lit. d MWSTG) diejenigen Institutionen von der Steuerpflicht ausnimmt, die als nicht gewinnstrebige, ehrenamtlich geführte Sport- und Kulturvereine oder als gemeinnützige Institutionen weniger als CHF 150'000 Umsatz aus steuerbaren Leistungen erzielen. Außerdem sieht Art. 18 Abs. 2 nMWSTG nun ausdrücklich vor, dass Spenden (hierzu rechnen nach Art. 3 lit. i nMWSTG Beiträge von Gönnern und Passivmitgliedern) und Subventionen mangels Leistung keine Entgelte darstellen und damit nicht vom Anwendungsbereich der Mehrwertsteuer erfasst sind. Spenden führen im Gegensatz zu Subventionen nicht mehr zu einer (verhältnismäßigen) Kürzung des Vorsteuerabzugs (vgl. Art. 33 nMWSTG). Schließlich können Vereine und Stiftungen gemäß Art. 37 Abs. 5 nMWSTG künftig nach der Pauschalsteuersatzmethode abrechnen.

---

3 Schweizerisches Zivilgesetzbuch vom 10.12.1907, SR 210.
4 Bundesgesetz vom 12.6.2009 über die Mehrwertsteuer (MWSTG), SR 641.20.
5 Mehrwertsteuerverordnung vom 27.11.2009 (MWSTV), SR 641.201.

Noch nicht weiter verfolgt wurde Teil B der Mehrwertsteuerreform, welcher wesentlich umstrittener war. Dieser sollte insbesondere einen einheitlichen Steuersatz einführen.

3. Motion Luginbühl

Am 20.3.2009 wurde von Ständerat *Werner Luginbühl* eine Motion zur »Steigerung der Attraktivität der Stiftungslandschaft Schweiz« eingereicht. Unter einer Motion versteht man die Initiative eines Mitgliedes der Bundesversammlung, mit welcher der Bundesrat beauftragt wird, im Falle ihrer Annahme einen Gesetzesentwurf vorzulegen oder eine Maßnahme zu treffen. Die Motion Luginbühl (09.3344) betrifft die Positionierung des Stiftungsstandorts Schweiz in Europa; vor dem Hintergrund neuer steuerlicher Privilegien in den Nachbarländern (etwa Deutschland) wird vor allem eine Angleichung der fiskalischen Rahmenbedingungen an das benachbarte Ausland gefordert. Die Motion wurde auf Empfehlung des Bundesrats am 11.6.2009 vom Ständerat angenommen. Die Kommission für Wirtschaft und Abgaben (WAK) des Nationalrats nahm daraufhin einige Modifikationen vor; etwa wurde die Thematik einer Mindestausschüttungsquote gestrichen. Im Gegenzug reichte die WAK eine eigene Motion ein, mit welcher der Bundesrat beauftragt werden sollte, die statistischen Grundlagen zum schweizerischen Stiftungswesen zu verbessern, etwa durch Einfügung eines zentralen, elektronisch zugänglichen Registers aller gemeinnützigen Stiftungen in der Schweiz. Die modifizierte Motion Luginbühl wurde vom Nationalrat am 10.12.2009 und vom Ständerat am 1.3.2010 angenommen. Die WAK-Motion wurde jedoch vom Ständerat abgelehnt – dies auf Antrag des Bundesrats, nach dessen Ansicht die Motion zu verbindlich formuliert war und zu hohe Kosten ausgelöst hätte; er werde die Anliegen aber im Rahmen der Umsetzungsarbeit der Motion Luginbühl überprüfen.

Ebenfalls am 20.3.2009 wurde die Motion Kuprecht (09.3343) zur »Steuerbefreiung von Vereinen« eingereicht. Der Bundesrat beantragte die Ablehnung der Motion, mit dem Argument, dass gemeinnützige Vereine bereits unter geltendem Recht in ausreichendem Maße steuerbefreit seien. Trotzdem wurde die Motion am 27.5.2009 vom Ständerat angenommen. Obwohl sich die WAK des Nationalrats der Meinung des Bundesrats angeschlossen und am 6.10.2009 die Ablehnung beantragt hatte, wurde die Motion am 15.3.2010 auch vom Nationalrat angenommen.

II. Rechtsprechung (Auswahl)

1. Vereinsrecht

a) Mittelerwerb

In BGE 135 IV 102 nimmt das Bundesgericht eine Abgrenzung zwischen erlaubter Tombola und verbotener Lotterie i.S.d. Lotteriegesetzes vor. Kriterien zur Abgrenzung bilden der Zweck der Veranstaltung und die Person des Veranstalters. Eine zulässige Tombola liege vor, wenn die Veranstaltung von einem Verein oder einer vergleichbaren Organisation als Unterhaltungsanlass durchgeführt werde, auch wenn damit die Beschaffung von Mitteln für die Finanzierung des Vereinszweckes bewirkt werden soll.

b) Beistandschaft

Eine unter altem Recht nach Art. 393 Ziff. 4 aZGB errichtete Beistandschaft für einen Verein bleibt gemäß Bundesgericht (Urteil 5A_683/2008 vom 22.12.2008) solange bestehen, wie keine Anordnung nach dem neuen, per 1.1.2008 in Kraft getretenen Art. 69c ZGB getroffen wurde (vgl. Art. 14 Abs. 2 SchlT ZGB). In Art. 69c ZGB (bzw. in Art. 83d ZGB für das Stiftungsrecht) wurde die Beistandschaft bei juristischen Personen durch die Bestellung eines Sachwalters ersetzt[6].

c) Anfechtung eines Vereinsbeschlusses

Das Bundesgericht bestätigt mit Urteil 5A_153/2009 vom 29.5.2009 die ständige Rechtsprechung, welche die Frist zur Anfechtung eines Vereinsbeschlusses nach Art. 75 ZGB als Verwirkungsfrist qualifiziert. Im vorliegenden Fall hatte die Beschwerdeführerin einen Beschluss über eine Verbandsstrafe angefochten, die einmonatige Frist des Art. 75 ZGB aber verwirkt, wobei ihr insbesondere die Berufung auf Vertrauensschutz aufgrund einer falschen Auskunft verwehrt wurde.

d) Haftung

Das Bundesgericht äußert sich in Urteil 9C_859/2007 vom 16.12.2008 zur Haftung eines Vorstandsmitglieds eines Fußballvereins nach Art. 52 AHVG[7] (Haftung des Arbeitgebers für der Versicherung zugefügte Schäden). Diese Haftung trete unabhängig von der Rechtsform des Arbeitgebers ein und bestehe auch dann, wenn das Vorstandsmitglied seine Funktion ehrenamtlich ausübe.

e) Beendigung der Mitgliedschaft

Mit Urteil 5A_10/2009 vom 1.9.2009 bestätigt das Bundesgericht seine bisherige Rechtsprechung, welche die allgemeine, in Art. 72 Abs. 1 ZGB enthaltene Ausschließungsautonomie gegenüber Berufs- und Standesorganisationen bzw. Wirtschaftsverbänden beschränkt. Diese Beschränkung sei im Hinblick auf den geschäftlichen Ruf eines Mitgliedes gerechtfertigt. Im vorliegenden Fall wurde ein Mitglied aus der Ärztevereinigung des Kantons Genf ausgeschlossen, was gleichzeitig dessen Ausschluss aus der Standesordnung der Schweizer Ärztinnen und Ärzte (FMH) zur Folge hatte. Zudem erklärt das Bundesgericht die Fortführung eines durch den Verein eingeleiteten Ausschließungsverfahrens für zulässig, auch wenn das betroffene Mitglied den

---

6 Vgl. dazu bereits *Jakob*, Vereins- und Stiftungsrecht 2008 – Länderbericht Schweiz, in: Hüttemann/Rawert/Schmidt/Weitemeyer (Hrsg.), Non Profit Law Yearbook 2008, 2009, S. 207.
7 Bundesgesetz vom 20.12.1946 über die Alters- und Hinterlassenenversicherung, SR 831.10.

Austritt aus dem Verein erklärt. Im Gegenzug dürfe das (wohl bemerkt inzwischen ausgetretene) Vereinsmitglied den Ausschluss gerichtlich überprüfen lassen, insbesondere dann, wenn der Ausschluss seine Persönlichkeit tangiert.

f) Steuern

In Urteil 2C_361/2008 vom 4.11.2008 entschied das Bundesgericht, dass von Vereinsmitgliedern erbrachte Frondienstleistungen der Eigenverbrauchsbesteuerung gemäß Art. 9 Abs. 2 lit. b MWSTG[8] unterliegen, wenn diese unter Aufsicht und Anweisung des Vereins erbracht worden sind und deshalb als dessen eigene Leistungen angesehen werden können. Die Urteile A-1645/2006 vom 3.12.2008 und A-3452/2007 vom 16.9.2008 des Bundesverwaltungsgerichts sowie die Urteile 2C_779/2008 vom 5.5.2009 und 2C_59/2009 vom 3.9.2009 des Bundesgerichts äußern sich zur mehrwertsteuerlichen Qualifikation variabler Mitgliederbeiträge. Wenn die variablen Beiträge unabhängig vom Bezug weiterer Leistungen entrichtet werden müssen, seien sie mangels Leistungsaustauschs mehrwertsteuerlich irrelevant. In Urteil A-6152/2007 vom 21.8.2009 nimmt das Bundesverwaltungsgericht neuerlich zur Unterscheidung von echten und unechten Mitgliederbeiträgen Stellung, welche in den letzten Jahren unterschiedlich gehandhabt wurde[9]. Außerdem widerspricht es der Auffassung der Eidgenössischen Steuerverwaltung, wonach »Nichtumsätze« per se zu einer Vorsteuerabzugskürzung führten. Darüber hinaus beschäftigt sich das Gericht mit der Qualifikation von zinslosem Anteilscheinkapital eines Vereins. Dieses müsse als Darlehen der Mitglieder an den Verein gewertet werden, da es bei Beendigung der Mitgliedschaft wieder zurückgezahlt würde. Der Zinsverzicht stehe in einem Austauschverhältnis zur Leistung des Vereins bzw. stelle eine weitere Gebühr dar, die für die Nutzung der Vereinsanlage entrichtet werden müsse.

Interessante Ausführungen zu Transfer und Ausleihe von Sportlern im Zusammenhang mit der Festsetzung eines Vorsteuerabzugskürzungsschlüssels enthalten die Urteile A-1647/2006 vom 31.3.2009 und A-1648/2006 vom 27.4.2009 des Bundesverwaltungsgerichts. In Urteil 2C_77/2007 vom 2.4.2009 schließlich beschäftigt sich das Bundesgericht mit dem Verstoß einer kantonalen Norm gegen Art. 9 StHG[10] (Abzüge von den steuerbaren Einkünften) i.V.m. Art. 49 BV[11] (Vorrang des Bundesrechts). Das Gericht stellt insbesondere fest, dass politische Parteien nicht gemeinnützig sind und keine öffentlichen Zwecke verfolgen.

---

8 Bundesgesetz vom 2.9.1999 über die Mehrwertsteuer, SR 641.20 (bis 1.1.2010).
9 Siehe dazu bereits *Jakob* (Fn. 6), S. 208.
10 Bundesgesetz vom 14.12.1990 über die Harmonisierung der direkten Steuern der Kantone und Gemeinden, SR 642.14.
11 Bundesverfassung der Schweizerischen Eidgenossenschaft vom 18.4.1999, SR 101.

2. Stiftungsrecht

a) Familienstiftung

Das Bundesgericht hält in BGE 135 III 6 erstmals fest, dass Art. 335 Abs. 2 ZGB, welcher die Errichtung von Familienfideikommissen verbietet, keine international zwingende (»Eingriffs«-) Norm i.S.v. Art. 18 IPRG (*loi d'application immédiate*) darstelle. Das Bundesgericht folgt damit in einem über Jahrzehnte geführten Streit der modernen und wohl bereits herrschenden Ansicht in der Literatur[12]. Im Fall hatte dies zur Folge, dass eine in Liechtenstein inkorporierte Familienstiftung in der Schweiz als prozessfähig anzuerkennen war.

Gegenstand des Urteils 5A_602/2008 des Bundesgerichts vom 25.11.2008 ist die Qualifikation einer Stiftung als reine oder gemischte Familienstiftung. Für eine gemischte Familienstiftung sei es nicht ausreichend, wenn zur Bindung des Vermögens an eine bestimmte Familie lediglich die Verwaltung und der Ausbau einer Investmentgesellschaft hinzutreten. Bei der Familienstiftung wirke der Richter als Aufsichtsbehörde und wende Art. 83 Abs. 2 und 3 aZGB (heute Art. 83d Abs. 1-3 ZGB) sowie Art. 84 Abs. 2 ZGB analog an. Zudem sei die sinngemäße Anwendung der einmonatigen Frist des Art. 75 ZGB für die Anfechtung von Stiftungsratsbeschlüssen zulässig.

b) Aufsicht

Das Bundesgericht hält in Urteil 5A_274/2008 vom 19.1.2009 fest, dass Stiftungsräte auch bei entgegenstehendem Stifterwillen abgesetzt werden können und dies die Anordnung einer Sachwalterschaft nach sich ziehen kann.

In Urteil 5A_828/2008 vom 30.3.2009 verneint das Bundesgericht mangels eines rechtlich geschützten Interesses die Legitimation eines Erben zur Führung einer Stiftungsaufsichtsbeschwerde. Letztere bezwecke die Kontrolle des statutenkonformen Verhaltens einer Stiftung, nicht die Geltendmachung materieller Ansprüche. In Urteil B-383/2009 vom 29.9.2009 bezieht sich das Bundesverwaltungsgericht auf die bisherige Rechtsprechung des Bundesgerichts und hält fest, dass die Stiftungsaufsichtsbeschwerde ein Rechtsmittel sui generis sei. Für die Antragslegitimation werde ein eigenes Interesse des Beschwerdeführers an der Anordnung der Maßnahme vorausgesetzt, wozu ein über die persönliche geistige Verbundenheit zum Stifter hinausgehender Bezug erforderlich sei.

c) Steuern

In Urteil 2C_220/2008 vom 9.9.2008 stellt das Bundesgericht klar, dass gemäß der bis 2001 geltenden MWSTV[13] Stiftungen, die im relevanten Steuerzeitraum Alters- und Pflegeheime betrieben, von der Mehrwertsteuer nur befreit sind, wenn sie gemein-

---

12 Vgl. statt vieler *Jakob*, Das Stiftungsrecht der Schweiz im Europa des dritten Jahrtausends, SJZ 2008, 539.
13 Verordnung vom 22.6.1994 über die Mehrwertsteuer (AS 1994 1464).

nützig waren. Dies bestimme sich anhand des Stiftungszwecks. Ebenfalls zur Steuerbefreiung einer Stiftung aufgrund von Gemeinnützigkeit äußert sich das Bundesgericht in Urteil 2C_592/2008 vom 2.2.2009. Je enger der Destinatärskreis definiert sei, desto eher rechtfertigten sich Zweifel am Allgemeininteresse und an der Uneigennützigkeit einer Stiftung. Im Übrigen seien die Voraussetzungen für eine Steuerbefreiung nach Art. 56 lit. g DBG für jede selbständige juristische Person gesondert zu prüfen.

d) Berufliche Vorsorge

Gemäß Bundesverwaltungsgericht (Urteil C-2440/2006 vom 12.9.2008) bedingt das Gleichbehandlungsprinzip in der beruflichen Vorsorge, dass der Destinatärskreis auch einer Vorsorgestiftung in nachvollziehbarer Weise bezeichnet werden muss.

III. Literatur (Auswahl)

Baumann Lorant Roman, Der Stiftungsrat, Zürich 2009.

Grüninger Harold, Aktuelles aus dem Stiftungs- und Gemeinnützigkeitsbereich, Successio 2009, 116 ff.

Heini Anton/Portmann Wolfgang/Seemann Matthias, Grundriss des Vereinsrechts, Basel 2009.

Jakob Dominique, Das Stiftungsrecht der Schweiz zwischen Tradition und Funktionalismus, ZEV 2009, 165 ff.

Ders., Stifterrechte zwischen Privatautonomie und Trennungsprinzip – Möglichkeiten und Konsequenzen der Einflussnahme des Stifters auf seine Stiftung unter Berücksichtigung aktueller Entwicklungen des schweizerischen, österreichischen und liechtensteinischen Rechts, in: Bayer/Koch/Körber/Saenger (Hrsg.), Gründen und Stiften – Festschrift für Olaf Werner, Baden-Baden 2009, 101 ff.

Ders., Entwicklungen im Vereins- und Stiftungsrecht/Le point sur le droit des associations et fondations, SJZ 2009, 505 ff.

Ders., Die Liechtensteinische Stiftung. Eine strukturelle Darstellung des Stiftungsrechts nach der Totalrevision vom 26. Juni 2008, Schaan 2009.

Ders., Das neue System der Foundation Governance – interne und externe Stiftungsaufsicht im neuen liechtensteinischen Stiftungsrecht, LJZ 2008, 83 ff.

Jakob Dominique/Huber Roman/Rauber Katharina, Non Profit Law in Switzerland, Johns Hopkins Comparative Nonprofit Sector Project, WP-47, Zürich 2009.

Jakob Dominique/Schweizer Laura/Studen Goran, Verein – Stiftung – Trust, Entwicklungen 2008, njus.ch, Bern 2009.

Opel Andrea, Steuerliche Behandlung von Familienstiftungen, Stiftern und Begünstigten in nationalen und internationalen Verhältnissen, Basel 2009.

Sprecher Thomas/Egger Philipp/Janssen Martin, Swiss Foundation Code mit Kommentar, Basel 2009.

Zöbeli Daniel/Neubert Luzius, Jahresabschluss und Finanzen von Stiftungen, Zürich 2009.

Vereins- und Stiftungsrecht 2009 – Länderbericht Österreich

SUSANNE KALSS/JOHANNES ZOLLNER

I. Einleitung

2009 war für das Vereins- und Stiftungsrecht ein sehr bewegtes Jahr: Im Privatstiftungsrecht haben neben zwei kleinen Novellierungen des Gesetzes vor allem höchstgerichtliche Erkenntnisse deutliche Spuren in der österreichischen Stiftungslandschaft hinterlassen. In acht Entscheidungen setzte sich der OGH mit verschiedenen Fragen des Privatstiftungsrechts auseinander.[*] Den Schwerpunkt bildete die Foundation Governance, genauer die Kontrollmöglichkeiten der Begünstigten und die Grenzen ihres Einflusses auf die Geschäftsführung der Stiftung. Gerade die Aussagen des Höchstgerichts zu den Grenzen der Einflussnahme der Begünstigten werden das Stiftungsland Österreich nachhaltig beeinflussen. Im Unterschied zum Stiftungsrecht haben im Vereinsrecht keine derartig bewegenden Entwicklungen im Jahr 2009 stattgefunden. Nur einige wenige Male nahm das Höchstgericht zu vereinsrechtlichen Fragen Stellung; diese konzentrierten sich auf die nach § 8 VerG zwingend vorzusehende Streitschlichtungseinrichtung.

II. Gesetzgebung

Auf gesetzlicher Ebene wurden 2009 im Vereins- und Stiftungsrecht in zivilrechtlicher Hinsicht lediglich geringfügige Änderungen vorgenommen: Im Rahmen des Familienrechtsänderungsgesetzes 2009[1], das (primär) der Anpassung des Familienrechts an die geänderten gesellschaftlichen Rahmenbedingungen dient, wurde mit Wirkung zum 1.1.2010[2] auch das Privatstiftungsgesetz in einem Teilaspekt geändert, nämlich die Unvereinbarkeitsbestimmungen für den Stiftungsvorstand zumindest partiell erweitert: § 15 Abs. 2 PSG verbietet es den Begünstigten, dem Stiftungsvorstand anzugehören; von dieser Inkompatibilität werden auch der Ehegatte des Be-

---

[*] Die achte Entscheidung ist im Dezember ergangen, aber erst im Januar veröffentlicht worden. Sie konnte daher nicht mehr berücksichtigt werden.

[1] BGBl I 75/2009.

[2] Art 18, § 2 des FAMRÄG 2009.

günstigten sowie in gerader Linie oder bis zum dritten Grad der Seitenlinie Verwandte erfasst. Ist der Begünstigte eine juristische Person, dehnt § 15 Abs. 3 PSG die Unvereinbarkeitsbestimmung auf Gesellschafter der begünstigten juristischen Person aus, wenn sie an dieser kontrollierend (i.S.d. § 244 UGB) beteiligt sind; neben einem solchen Gesellschafter einer begünstigten juristischen Person ist es auch dessen Ehegatten, den in gerader Linie oder bis zum dritten Grad der Seitenlinie Verwandten – und seit dem Inkrafttreten des FAMRÄG 2009 – auch dessen Lebensgefährten verboten, dem Stiftungsvorstand anzugehören. Im Zuge der Novelle wurden aus nicht nachvollziehbaren Gründen nur die Unvereinbarkeitsbestimmungen für begünstigte juristische Personen erweitert, eine Anpassung des § 15 Abs. 2 PSG unterblieb jedoch; damit wäre es nach den Buchstaben des Gesetzes dem Lebensgefährten einer begünstigten natürlichen Person nicht verboten, das Amt des Stiftungsvorstands zu übernehmen. Die unterlassene Ausdehnung der Unvereinbarkeitsbestimmungen für Lebensgefährten der (unmittelbar) Begünstigten stellt eine Regelungslücke dar, die durch eine analoge Anwendung zu schließen ist.[3]

Mit dem Gesetz über die eingetragene Partnerschaft[4] werden die für Eheleute bestehenden Unvereinbarkeitsregelungen generell auch auf den eingetragenen Lebenspartner ausgedehnt.[5]

Der Steuergesetzgeber hat im Rahmen des Budgetbegleitgesetzes 2009[6] einige Klarstellung getroffen bzw. Redaktionsversehen beseitigt: So wurde durch eine Änderung des Stiftungseingangssteuergesetzes sichergestellt, dass auch Zuwendungen an gemeinnützige Stiftungen, die nicht nach dem PSG errichtet wurden, in den Genuss des ermäßigten Steuersatzes von 2,5% kommen.[7]

Im November 2009 wurden vom Bundesministerium für Finanzen die Stiftungsrichtlinien 2009[8] veröffentlicht. Diese weisen keine Normqualität auf und können keine über die gesetzlichen Bestimmungen hinausgehenden Rechte und Pflichten begründen; die Stiftungsrichtlinien 2009 sind vielmehr als Auslegungsbehelf für die Besteuerung von Stiftungen nach dem Privatstiftungsgesetz sowie nach dem Bundes- bzw. Landesstiftungsgesetz zu verstehen. Die Stiftungsrichtlinien 2009 lassen sich als Zusammenfassung des für die Stiftungen bestehenden Abgabenrechts charakterisieren.

III. Rechtsprechung

Die acht Entscheidungen des OGH zum Privatstiftungsrecht werden von einigen höchstgerichtlichen Erkenntnissen zum Vereinsrecht komplettiert.

---

3 Vgl dazu bereits *Schimka*, Änderung des Privatstiftungsgesetzes durch das Familienrechts-Änderungsgesetz 2009, PSR 2009, 55; *Arnold*, Unvereinbarkeitsbestimmungen für Mitglieder des Stiftungsvorstandes erweitert, GesRZ 2009, 287.
4 Eingetragene Partnerschaft-Gesetz (EPG), BGBl I Nr. 135/2009.
5 Vgl. § 43 Abs. 1 Z 13 EPG.
6 BGBl I 52/2009.
7 EB RV 113 BlgNR 24.GP 76.
8 GZ BMF-010200/0011-VI/6/2008 vom 16.11.2009.

1. Privatstiftungsrecht

Der Bogen an Themen, mit denen sich das Höchstgericht in seinen insgesamt sechs Erkenntnissen betreffend das (Privat)Stiftungsrecht im Jahr 2009 auseinandersetzte, ist weit gespannt. Er reicht von Fragen der exekutiven Verwertung der Stifterrechte, über die Ausübung von Stifterrechten bei Tod eines von mehreren Stiftern, dem bei jeder Privatstiftung zwingend zu etablierenden Stiftungsprüfer[9] bis hin zu Fragen der Foundation Governance, die insgesamt drei Entscheidungen ausmachen: Eine Entscheidung war dem Auskunftsrecht der Begünstigten gewidmet, wobei es konkret um die Frage gegangen ist, welche Begünstigtentypen zum Adressatenkreis dieses gesetzlichen Begünstigtenrechts zählen. In zwei weiteren Entscheidungen hatte der OGH die Grenzen der Einflussnahmemöglichkeiten von Begünstigten auszuloten; einmal dehnte das Höchstgericht die Unvereinbarkeitsbestimmungen auch auf den Rechtsanwalt eines Begünstigten aus, in einem weiteren Erkenntnis wurde die mehrheitliche Besetzung eines Beirats mit Begünstigten, dem bestimmte Kontroll- und Einflussrechte gegenüber der Stiftungsverwaltung übertragen waren, untersagt.

a) Auskunftsanspruch der Begünstigten (6 Ob 101/09k)

Nach § 30 Abs. 1 PSG kann ein Begünstigter von der Privatstiftung die Erteilung von Auskünften über die Erfüllung des Stiftungszwecks sowie die Einsicht in den Jahresabschluss, den Lagebericht, den Prüfbericht, die Bücher und die Stiftungsurkunde und Zusatzurkunde verlangen;[10] die unterschiedlichen Begünstigtentypen konkretisiert das Gesetz dabei nicht.[11]

Der OGH nimmt in seiner Entscheidung vom 2.7.2009 (6 Ob 101/09k) das Informationsrecht zum Anlass, im Anschluss an die h.A.[12] die unterschiedlichen Begünstigtentypen herauszuarbeiten und den Adressatenkreis dieses Kontrollrechts abzustecken. Das Höchstgericht hält an seiner bisherigen Rechtsprechung[13] fest und schränkt den Adressatenkreis des Informationsrechts auf bestimmte Begünstigtentypen ein. Potentiell Begünstigte sind nicht Träger des Informationsanspruchs, dieser steht nur Destinatären mit einem klagbaren Anspruch auf Zuwendung sowie aktuell Begünstigten zu.[14]

---

9 Zu den Aufgaben des Stiftungsprüfers und zu dessen Stellung innerhalb der Foundation Governance vgl. nur *Kalss/Zollner*, Das Kontrolldilemma der gemeinnützigen österreichischen Privatstiftung, in: Hüttemann/Rawert/Schmidt/Weitemeyer (Hrsg.), Non Profit Law Yearbook 2008 (2009), S. 153, 158 f.

10 Weiterführend etwa *Arnold*, Kommentar zum PSG² 2007, § 30 Rn. 1 ff.

11 Krit. bereits *Kalss/Zollner*, Die gesetzlichen Rechte der Begünstigten, GesRZ 2008, 125, 126 f.

12 *Kalss/Zollner* (Fn. 11), 126 ff; *Arnold* (Fn. 10), § 5 Rn. 26; *Zollner*, Die eigennützige Privatstiftung in der Trias von Anstalt, Verband und Vertrag, 2009, S. 300 ff.

13 OGH 15.12.2004, SZ 2004/177 = GesRZ 2005, 140.

14 *Kalss/Zollner* (Fn. 11) S 133 ff; *Arnold* (Fn. 10), § 5 Rn. 26; *Zollner* (Fn. 12), S. 547 ff; weiter aber *Hofmann*, Der Auskunftsanspruch des Begünstigten einer Privatstiftung, GesRZ 2006, 17 ff.

Nicht abschließend beantwortet hat das Höchstgericht die Frage, ob nicht – wie in der Lehre mit guten Gründen vertreten[15] – in besonderen Konstellationen eine Erweiterung des Adressatenkreises des Informationsrechts auch auf potentiell Begünstigte erforderlich ist.[16] Konkret ist dabei an das gänzliche Fehlen von kontrollberechtigten Begünstigten mit klagbarem Anspruch bzw. aktuellen Destinatären zu denken, wodurch kontrollfreie Stiftungen entstehen könnten. Aber auch bei Existenz von an sich kontrollberechtigten Begünstigten kann – nach Ansicht mancher Autoren[17] – eine Erweiterung des Adressatenkreises des Informationsrechts im Wege der Auslegung in Einzelfällen geboten sein, wenn der Stifter mit der Schaffung unterschiedlicher Begünstigtentypen gerade keine informationsbezogene Ungleichbehandlung der Destinatäre erreichen wollte. Auch wenn der OGH zwar eine grundsätzlich ablehnende Haltung gegen eine Erweiterung des Auskunftsrechts eingenommen hat, lehnt er eine solche nicht generell ab; dies gilt vor allem für den Fall, dass sämtliche Begünstigten der Privatstiftung bloß potentiell Begünstigte sind und es keine Träger dieses Kontrollrechts gibt. Im konkreten Fall sah der OGH aber keinen Anlass zu einer Ausdehnung des Adressatenkreises des stiftungsrechtlichen Informationsanspruchs auf bloß potentiell Begünstigte, da weder kontrollberechtigte Begünstigte fehlten, noch aus der Stiftungserklärung ein entsprechender Wille des Stifters zu dessen Erweiterung ableitbar war.

b) Exekutive Verwertung von Stifterrechten (6 Ob 235/08i)

Das Höchstgericht beschäftigte sich 2009 – zum zweiten Mal[18] – auch mit der exekutiven Verwertung von Stifterrechten. Nach ständiger Rechtsprechung[19] und mittlerweile auch h.A.[20] können die einem Stifter zustehenden Rechte auch vom Masseverwalter des Stifters bzw. von den Gläubigern des Stifters ausgeübt werden, sofern diese ein vermögenswertes Recht darstellen. Dies gilt insbesondere für ein vom Stifter vorbehaltenes Recht zur (jederzeitigen und umfassenden) Änderung der Stiftungserklärung sowie zum Widerruf der Privatstiftung; die Unübertragbarkeit (§ 3 Abs. 3 PSG) dieser beiden Rechte steht einem exekutiven Zugriff durch die Stiftergläubiger

---

15 *Kalss/Zollner* (Fn. 11), S 133 ff m.w.N.
16 Für eine grundsätzliche Erfassung von potentiell Begünstigten *Hofmann*, PSR 2009, 47 f.; *Hofmann* (Fn. 14), S. 17 ff.
17 *Kalss/Zollner* (Fn. 11), S 133 ff.
18 OGH 26.4.2006, 3 Ob 217/05s SZ 2006, 66 = GesRZ 2006, 196 = RWZ 2006, 208 (*Wenger*) = RdW 2006, 485 (*Hochedlinger*) = ecolex 2006, 651 = ZFS 2006, 109 (*Torggler*); gleichlautend OGH 26.4.2006, 3 Ob 16/06h JBl 2007, 106; zur Frage des vermögenswerten Charakters von Stifterrechten siehe bereits OGH 6 Ob 106/03m, mit Blick auf die Ausübung durch einen Sachwalter.
19 Siehe Fn. 18.
20 *Berger* in Doralt/Nowotny/Kalss (Hrsg.), Kommentar zum PSG, 1995, § 34 Rn. 7; *Arnold* (Fn. 10), § 33 Rn. 74 ff; *Kalss*, in: Kalss/Nowotny/Schauer, Österreichisches Gesellschaftsrecht, 2009, Rn. 7/33; *Isola/Vollmaier*, Der Zugriff des Gläubigers auf das Stiftungsvermögen im Konkurs des Stifters, ZIK 2006, 48, 54; *Riedmann*, Privatstiftung und Schutz der Gläubiger des Stifters, 2004, S. 129 ff, 141; *Csoklich*, Zugriff auf Vermögen der Privatstiftung durch Gläubiger der Stifter und Begünstigten, ÖBA 2008, 416, 425 ff.

grundsätzlich nicht entgegen. Die in der Literatur[21] erhobene Kritik gegen die Argumente, die vom Höchstgericht für die Möglichkeit einer exekutiven Verwertung ins Treffen geführt wurden,[22] – nicht aber gegen die Ergebnisse der bisherigen einschlägigen Rechtsprechung – hat das Höchstgerichts in dieser Entscheidung nicht aufgegriffen.

In seiner Entscheidung vom 15.1.2009 (6 Ob 235/08i)[23] bestätigt das Höchstgericht seine bisherige Rechtsprechung,[24] wonach das Recht zum Widerruf der Privatstiftung kein höchstpersönliches Recht ist, sondern eine vermögensrechtliche Angelegenheit darstellt und daher auch vom Masseverwalter des Stifters ausgeübt werden kann. Dies gilt zutreffend nur unter der Prämisse, dass der widerrufsberechtigte Stifter gleichzeitig auch Letztbegünstigter der Privatstiftung, d.h. jene Person, ist, der ein etwaiger Liquidationserlös zukommt; ist der Stifter jedoch nicht gleichzeitig Letztbegünstigter – dies ist gem § 36 Abs 4 PSG mangels abweichender Regelung in der Stiftungserklärung bei Auflösung der Privatstiftung infolge eines Widerrufs zu vermuten –, stellt die bloße Möglichkeit zum Widerruf der Privatstiftung aus dem Blickwinkel des Stifters kein vermögenswertes Recht dar, sodass auf dieses von den Gläubigern des Stifters auch nicht Exekution geführt werden kann.

Auch in dem gesetzlichen Recht des Stifters, einen vom Stiftungsvorstand zu Unrecht nicht gefassten Auflösungsbeschluss[25] gem. § 35 Abs. 3 PSG zu bekämpfen und bei Gericht dessen Ersatzvornahme zu beantragen, stellt nach Ansicht des erkennenden Senats ein solches vermögenswertes Recht dar, und kann daher vom Masseverwalter bzw. von den Gläubigern des Stifters im Wege der exekutiven Pfändung ausgeübt werden. Denn auch dieses Recht führt dazu, dass die Privatstiftung aufgelöst wird und – sofern der Stifter eben Letztbegünstigter ist – das Liquidationsguthaben an den Stifter zurückfällt.

Umgekehrt kann in besonderen Konstellationen das dem Stifter gem. § 35 Abs. 4 PSG zustehende Recht, bei Gericht die Aufhebung eines vom Stiftungsvorstand pflichtwidrig gefassten Auflösungsbeschluss beantragen zu können, ausnahmsweise ebenfalls ein der exekutiven Verwertung unterliegendes Recht darstellen. Dies setzt voraus, dass der Stifter über ein an den Fortbestand der Privatstiftung geknüpftes vermögenswertes Recht verfügt, wie es insbesondere eine Destinatärsposition mit einem durchsetzbaren Anspruch auf Zuwendung darstellt.[26] In diesen und anderen Fäl-

---

21 Vgl. nur *Csoklich* (Fn. 20), 431: »*Es bleibt daher jedenfalls der Eindruck, dass diese Entscheidung eher vom Ergebnis her denn durch die Methodik bestimmt ist [...]*«; *Hofmann*, Sind Stifterrechte wirklich pfändbar?, ZFS 2007, 39 ff.

22 Siehe Fn. 18.

23 PSR 2009, 42 (*Babinek*); GesRZ 2009, 237 (*Arnold*).

24 Siehe Fn. 18.

25 Dabei kann etwa an die folgenden Konstellationen gedacht werden: Ein in die Stiftungserklärung aufgenommener Auflösungsgrund tritt ein; dessen Eintreten führt nach der Konzeption des PSG nicht automatisch zur Auflösung der Privatstiftung, vielmehr bedarf es eines entsprechenden Auflösungsbeschlusses des Stiftungsvorstands. Fasst der Vorstand den Beschluss zur Auflösung der Privatstiftung – aus welchen Gründen auch immer – nicht, kann der Stifter gem. § 35 Abs. 3 PSG dessen ersatzweise Vornahme durch das Gericht beantragen.

26 Zur Frage der exekutiven Verwertung einer aktuellen Begünstigtenstellung vgl. FL OGH 3.12.2009, EX 2008, 1496, PSR 2010, 43.

len führt die – pflichtwidrige – Auflösung der Privatstiftung zu einer Verringerung des Haftungsfonds der Gläubiger des Stifters, woraus die Möglichkeit zur exekutiven Verwertung des Rechts auf gerichtliche Beschlusskontrolle resultiert.

c) Ausübung von Stifterrechten (6 Ob 136/09g)

Gem. § 3 Abs. 2 PSG können die dem Stifter zustehenden oder vorbehaltenen Rechte bei einer Stiftergemeinschaft nur von allen Stiftern gemeinsam ausgeübt werden, sofern nicht die Stiftungsurkunde abweichende Ausübungsregeln vorsieht.[27] Die Reichweite dieser gesetzlichen Zweifelsregelung ist nicht klar abgegrenzt: Zum einen lässt § 3 Abs. 2 PSG offen, auf welche Rechte des Stifters sie sich erstreckt; erfasst diese nur die Rechte des Stifters, die Privatstiftung zu gestalten (Änderungs- und Widerrufsrecht), oder werden etwa auch die Beschlussbekämpfungsrechte i.S.d. § 35 Abs. 3 PSG[28] erfasst?[29] Fraglich ist aber vor allem auch, was unter einer gemeinsamen Ausübung der Stifterrechte zu verstehen ist; scheitert eine »gemeinsame Ausübung« i.S.d. § 3 Abs. 2 PSG daran, dass einer der Stifter verstorben ist oder ist eine Ausübung der Stifterrechte i.S.d. § 3 Abs. 2 PSG unter den verbleibenden Stiftern noch möglich?[30]

Genau mit der zuletzt aufgeworfenen Frage hat sich der OGH in seiner Entscheidung vom 18.9.2009 (6 Ob 136/09g)[31] auseinandergesetzt. Das Gericht wurde nicht – wie man vermuten könnte – aus Anlass von Uneinigkeit zwischen den (überlebenden) Stiftern bzw. dem überlebenden Stifter und den Nachfahren des verstorbenen Stifters angerufen, vielmehr wollte ein Gläubiger des überlebenden Stifters das Widerrufsrecht des einzig verbliebenen Stifters exekutiv verwerten lassen. Eine solche Möglichkeit besteht freilich nur, wenn der überlebende Stifter auch selbst zur Ausübung des Widerrufs berechtigt ist und dieses Recht gerade nicht mit dem Tod des (damaligen) Mitstifters erloschen ist.

Nach Auffassung des OGH endet bei einer Stiftergemeinschaft mit Tod eines Stifters für die überlebenden Stifter die Möglichkeit, die den Stiftern zustehenden oder vorbehaltenen Rechte auszuüben, sofern die Stiftungserklärung keine abweichenden, ausdrücklichen Regelungen enthält. Das Änderungs- bzw. Widerrufsrecht – so die Argumente des Höchstgerichts – sind als Ausnahme vom Erstarrungsprinzip zu qualifizieren. Nach diesem Erstarrungsprinzip wird der Wille des Stifters mit der Abgabe der Erklärung zur Errichtung der Stiftung für die Zukunft grundsätzlich endgültig festgelegt; Änderungs- bzw. Widerrufsrecht sind daher entsprechend restriktiv zu handhaben. Auch die Tatsache, dass die Stiftungserklärungen vor Errichtung der Privatstiftung gem. § 33 Abs. 1 PSG bei Wegfall eines Stifters nicht mehr widerrufen werden können, spricht nach Ansicht des erkennenden Senats dafür, dass nach dem Tod eines Stifters eine Ausübung des Widerrufsrechts (und wohl auch des Änderungsrechts) nicht mehr möglich ist.

---

27 Siehe nur *Arnold* (Fn. 10), § 3 Rn. 47 ff.
28 Siehe dazu bereits oben Pkt. 3.1.2.
29 Zur Diskussion vgl. nur *Arnold* (Fn. 10), § 3 Rz 48.
30 Dazu schon *Kalss/Zollner*, Ausübung und Änderung von Stifterrechten bei einer Stiftermehrheit GesRZ 2006, 227, 228 ff.
31 PSR 2009, 97 (*Zollner*).

Die Argumentation des Höchstgerichts ist jedoch kritisch zu hinterfragen. Der Hinweis auf das Erstarrungsprinzip greift zu kurz, da zu den dem Stifter zustehenden oder vorbehaltenen Rechten nicht nur das Änderungsrecht i.S.d. § 33 Abs. 2 PSG bzw. das Widerrufsrecht nach § 34 PSG, sondern auch das Recht zählt, den ersten Stiftungsvorstand bzw. den ersten Aufsichtsrat zu bestellen.[32] Damit ist der Hinweis auf das Erstarrungsprinzip nicht geeignet, die Auswirkungen des Todes eines Mitstifters auf die Ausübbarkeit der zuletzt genannten Rechte zu beantworten, da die Bestellungsrechte keine Berührungspunkte mit dem vom OGH ins Treffen geführten Erstarrungsprinzip haben. Mit der vom Höchstgericht gewählten Argumentation läuft man Gefahr, die einheitliche Norm des § 3 Abs. 2 PSG für verschiedene Rechte unterschiedlich auszulegen.

Auch der vom OGH angeführte Hinweis auf § 33 Abs. 1 PSG – nach dieser Bestimmung kann vor Entstehen der Privatstiftung durch Eintragung in das Firmenbuch die Stiftungserklärung nur von allen Stiftern gemeinsam widerrufen werden – ist u.E. nicht zutreffend.[33] Denn während es bei dem Widerruf der Privatstiftung i.S.d. § 34 PSG um die Zulässigkeit der Auflösung einer bereits entstandenen Privatstiftung durch Entscheidung des Stifters geht, stellt sich beim Widerruf der Stiftungs*erklärung* die Frage, wie lange ein (oder auch mehrere) Stifter die *Willenserklärung* zur Errichtung einer Privatstiftung vor Eintragung in das Firmenbuch widerrufen kann. Genau genommen ist also in § 33 Abs. 1 PSG gerade nicht die Frage der Ausübung von Stifterrechten tangiert, sondern eine allgemeine Frage der Rechtsgeschäftslehre.[34] Auch der Gesetzgeber hat diesen Unterschied – wenn auch nicht in aller Stringenz – erkannt und dem PSG zugrunde gelegt. Dies zeigt sich schon darin, dass der Widerruf der Stiftungserklärung auch ohne ausdrücklichen Vorbehalt in der Stiftungserklärung zulässig ist und, dass dieser jedem Stifter, d.h. auch einer juristischen Person, offensteht.[35] Auch in den Gesetzesmaterialien kommt diese Zweiteilung ganz deutlich zum Ausdruck, wenn es dort heißt: »*Bis zur Entstehung kann die Stiftungserklärung, die bis dahin nicht mehr als eine Erklärung des Stifters ist, abgeändert und widerrufen werden.*«[36] Damit können nach unserer Ansicht aus § 33 Abs. 1 PSG gerade keine Wertungsgesichtspunkte für die Ausübbarkeit eines Widerrufsrechts nach dem Tod eines (von mehreren) Stifter gewonnen werden.[37] Ob aus dem Wortlaut von § 33 Abs. 2 PSG für die Ausübung des Änderungsrechts nach dem Tod eines Stifters Anhaltspunkte gewonnen werden können, wurde vom OGH zu Recht nicht weiter problematisiert, da er die Ausübung eines Widerrufsvorbehalts zu beurteilen hatte.

Auch war nach Auffassung des erkennenden Senats durch Auslegung der Stiftungserklärung kein gegenteiliges Ergebnis zu erzielen:[38] Zwar kann es sein, dass es dem Willen der Stifter – gerade, wenn wie hier die Stiftung generationsübergreifend errichtet wurde – besser entspricht, dass diese unter gemeinschaftlicher Rechtsaus-

---

32 Vgl. nur *Arnold* (Fn. 10), § 3 Rn. 40 f.
33 Ebenso gegen eine Übernahme von § 33 Abs 1 *Arnold* (Fn. 10), § 3 Rn. 50.
34 So auch *Kronke*, Stiftungstypus und Unternehmensträgerstiftung, 1988, S. 21.
35 Vgl etwa *Berger* (Fn. 20), § 33 Rn. 38; *Linder*, GesRZ 2006, 11; *Arnold* (Fn. 10), § 4 Rn. 40.
36 EB RV 1132 BlgNR 18. GP zu § 33.
37 *Zollner*, PSR 2009, 97 ff.
38 So aber *Kalss/Zollner* (Fn. 30), S 228 f.

übung eine Ausübung der Stifterrechte durch die überlebenden Stifter gewollt hätten, bei der Auslegung der Regelungen über die Ausübbarkeit der Stifterrechte ist nach Meinung des OGH aber kein Platz für eine subjektive Interpretation der Stiftungserklärung; diese ist »*nach den für die Satzungen juristischer Personen entwickelten Kriterien – d.h. nach ihrem Wortlaut und Zweck in ihrem systematischen Zusammenhang objektiv (normativ) – auszulegen.*« Diese Begründung steht aber in einem Spannungsverhältnis zu anderen Erkenntnissen, insbesondere zu den Ausführungen des OGH zur Treuepflicht der Stifter.[39] In dieser Entscheidung hat das Höchstgericht nämlich eine Pflicht des Mitstifters zur Mitwirkung an der Ausübung des Änderungsrechts angenommen, wenn ein von beiden Stiftern ursprünglich gewolltes Anliegen durch mangelhafte Errichtung der Stiftungserklärung nicht verwirklicht werden konnte; den Einwand der objektiven Auslegung der Stiftungsurkunde hat der OGH in diesem Fall ausdrücklich nicht zugelassen.

Im Ergebnis war daher dem Gläubiger des (überlebenden) Stifters ein exekutiver Zugriff auf das Widerrufsrecht nicht möglich, da dieses durch den überlebenden Stifter alleine nicht mehr ausgeübt werden konnte und daher aus der Sicht der betreibenden Gläubiger des überlebenden Stifters keinen Vermögenswert darzustellen vermochte. Die Stiftung war also im Ergebnis »exekutionssicher«.

d) Konzernabschluss und Prüfung (6 Ob 239/08b)

Die h.L. bejaht die Pflicht zur Erstellung eines Konzernabschlusses durch eine Privatstiftung bei Vorliegen der Voraussetzungen des § 244 UGB.[40] Hingegen wird die Frage, ob auch eine Prüfpflicht eines solchen Konzernabschlusses bzw. eines Konzernlageberichts besteht, von der Literatur unterschiedlich beurteilt.[41] Grund für diese Unsicherheit ist die – lückenhafte – Verweisung des PSG auf die einschlägigen Bestimmungen der Konzernrechnungslegung.

Die Eintragung einer Änderung einer Stiftungserklärung in das Firmenbuch, in deren Rahmen eine etwaige Prüfung des Konzernabschlusses an eine vom Stiftungsprüfer verschiedene Person übertragen werden sollte, wurde vom Registergericht verweigert, sodass sich der firmenbuchrechtliche (=sechste) Senat des OGH mit Fragen der Konzernabschlussprüfung in Privatstiftungen auseinander zu setzen hatte.[42] In Einklang mit der h.L. geht das Höchstgericht von einer Pflicht zur Prüfung eines unter den Voraussetzungen des § 244 UGB aufzustellenden Konzernabschlusses aus;

---

39   OGH 9.3.2006, 6 Ob 166/05p SZ 2006/34 = JBl 2006, 521= JEV 2007/6 = ecolex 2006/440 = RdW 2006/411 = AnwBl 2008, 10 (*Saurer*); speziell zu dieser Entscheidung *Torggler*, JBl 2006, 524 ff; grundlegend dazu *Enzinger*, Treupflicht bei Gemeinschaftsverhältnissen außerhalb von Gesellschaften, JBl 2003,679, 684 ff.

40   Statt vieler vgl. nur *Vetter*, Die Aufgaben des Stiftungsprüfers, in: Gassner/Göth/Gröhs/ Lang (Hrsg), Privatstiftungen – Gestaltungsmöglichkeiten in der Praxis, 2000, S. 115, 117; *Arnold* (Fn. 10), § 21 Rn. 8.

41   Zum Stand der Diskussion vgl. *Arnold* (Fn. 10), § 21 Rn. 8.

42   OGH 16.04.2009, 6 Ob 239/08b RWZ 2009, 206 (*Wenger*) = JEV 2009,98 = GesRZ 2009, 301 (*Arnold*). Zuvor bereits zur Frage *Vetter*, Privatstiftung und verpflichtende Konzernabschlussprüfung?, SWK 1998, W 16; a.A. *Gelter*, Rechnungslegung und Stiftungsprüfer, in: Doralt/Kalss (Hrsg), Aktuelle Fragen des Privatstiftungsrechts, 2001, S. 247, 281 f.

aus dem Unterbleiben eines Verweises auf § 269 Abs. 2 UGB (Pflicht zur Prüfung eines Konzernabschlusses) in § 21 PSG darf nicht geschlossen werden, dass ein Konzernabschluss durch eine Stiftung zwar aufzustellen, aber nicht zu prüfen sei. Vielmehr ist aus der Systematik des PSG und vor allem auch aus den Besonderheiten des strukturellen Kontrolldefizits dieser Rechtsform abzuleiten, dass ein etwaig aufgestellter Konzernabschluss einer Prüfpflicht unterliegt; der fehlende Verweis auf § 269 Abs. 2 UGB stellt nach Ansicht des Höchstgerichts ein redaktionelles Versehen des Gesetzgebers dar.

Auch wenn die Prüfung des Konzernabschlusses nicht ausdrücklich dem Stiftungsprüfer zugewiesen wird, ist eine genuine Kompetenz des Stiftungsprüfers anzunehmen. Die Bedeutung des Stiftungsprüfers innerhalb der Systematik der Foundation Governance spricht nach Ansicht des erkennenden Senats dafür, eine Prüfung des Konzernabschlusses nur durch den Stiftungsprüfer, nicht aber durch ein sonstiges Organ zuzulassen. Diese – zwingende – Identität von Stiftungs- und Konzernabschlussprüfer – kann zu einer Anhebung des Qualifikationsprofils für den Stiftungsprüfer führen. Denn während für den Stiftungsprüfer Steuerberater und Wirtschaftsprüfer bzw. Steuerberatungs- und Wirtschaftsprüfungsgesellschaften gleichermaßen zugelassen sind, dürfen gem. § 271 Abs. 1 UGB nur Wirtschaftsprüfer bzw. Wirtschaftsprüfungsgesellschaften die Konzernabschlussprüfung unter Beteiligung von Aktiengesellschaften vornehmen; dieses erhöhte Qualifikationsprofil ist für die Konzernabschlussprüfung einer Privatstiftung analog anzuwenden, wenn auch Aktiengesellschaften dem Konzern angehören.

e) Die Begünstigten als Element der Foundation Governance

In zwei Erkenntnissen hat der OGH zur Rolle der Begünstigten bei der »Foundation Governance« Stellung genommen. Aufgrund ihrer Bedeutung für das Stiftungsland Österreich lassen sich die beiden Entscheidungen vom August und Oktober als die wesentlichen Entscheidungen des Jahres 2009 bezeichnen. Die beiden Entscheidungen hatten – ihrer Bedeutung entsprechend – zahlreiche Stellungnahmen der Wirtschaftspresse zur Folge, wobei die Diskussion mehr durch emotionale als durch sachliche Äußerungen geprägt war. Sie waren auch Anlass für ein spontan organisiertes Symposium an der Wirtschaftsuniversität Wien im November 2009.[43]

Beide höchstgerichtlichen Erkenntnisse beschäftigen sich dem Grunde nach mit derselben rechtlichen Fragestellung, nämlich wie viel Einfluss Begünstigten einer Privatstiftung auf die Stiftungsverwaltung gewährt werden darf. Anlass für die notwendige Auseinandersetzung mit diesem Fragenkreis sind die konzeptionellen Besonderheiten des österreichischen Privatstiftungsgesetzes:[44] § 15 Abs. 2 und Abs. 3 PSG verbieten es den Begünstigten, dem Stiftungsvorstand anzugehören. Gem. § 23 Abs. 2 Satz 2 PSG dürfen Begünstigte bei einem – freiwilligen oder obligatorischen – Auf-

---

43   Die Beiträge sind dieses Symposiums sind in dem im Jänner 2010 erscheinenden Kathrein Stiftungsletter abgedruckt und werden auf www2.wu-wien.ac.at/stiftungsrecht abrufbar sein.

44   Dazu aus rechtsvergleichender Sicht *Zollner* (Fn. 19), S. 402 ff.

sichtsrat nicht die Mehrheit der Mitglieder stellen. Auch sind Begünstigte vom Amt des Stiftungsprüfers ausgeschossen.

Aus den erwähnten Besetzungs- und Unvereinbarkeitsbestimmungen leitet die herrschende Lehre ab, dass die Stiftungsverwaltung, insbesondere der Stiftungsvorstand, kein von den Begünstigten abhängiges Organ sein darf.[45] Die Frage nach der Reichweite des zulässigen Einflusses von Begünstigten auf die Stiftungsverwaltung ist aber noch nicht befriedigend gelöst worden. Eine von den Unvereinbarkeitsbestimmungen losgelöste Pflicht zur Unabhängigkeit des Stiftungsvorstands ist jedoch – entgegen einer verbreiteten Ansicht[46] – u.E. nicht anzunehmen.[47]

aa) Begünstigtenbeirat (6 Ob 42/09h)

In der Entscheidung vom 5.8.2009 (6 Ob 42/09h)[48] lehnt das Höchstgericht die Besetzung eines Beirats ausschließlich mit Begünstigten als unzulässig ab. Der Beirat, der durch eine Änderung der Stiftungserklärung etabliert werden sollte, sollte – zumindest zu Lebzeiten des Stifters – nur aus einer einzigen Person, dem Stifter bestehen, der gleichzeitig auch Begünstigter der Privatstiftung war. Dem Beirat sollte durch die Änderung der Stiftungserklärung unter anderem das Recht eingeräumt werden, den Stiftungsvorstand zu bestellen sowie diesen bei Vorliegen von Gründen, die über die im PSG genannten wichtigen Gründe (§ 27 PSG), aber auch deutlich über die aktienrechtlichen Abberufungsgründe (§ 75 Abs. 4 öAktG) hinausgegangen sind, abzuberufen: Ebenfalls sollte nach der geplanten Änderung der Stiftungserklärung der Beirat über umfassende Zustimmungsrechte bei der Verwaltung des Stiftungsvermögens verfügen, Vorstandssitzungen zu bestimmten Angelegenheiten verlangen sowie den Stiftungsprüfer zur Vornahme einer Sonderprüfung anweisen können.

In der Übertragung derart weitreichender Kompetenzen an einen Beirat sieht der OGH (unter anderem) eine Umgehung des Regelungsanliegens, der für den Stiftungsvorstand bestehenden Unvereinbarkeitsbestimmungen, woraus sich schon die Unzulässigkeit einer solchen Konstruktion ergebe. In seiner Begründung nimmt aber – anknüpfend an frühere Entscheidungen[49] – die analoge Anwendung des Verbots der mehrheitlichen Besetzung des Aufsichtsrats mit Begünstigten (§ 23 Abs. 2 S. 2 PSG) einen deutlich größeren Stellenwert ein. Nach Ansicht des OGH, ist der Beirat wegen der ihm zugewiesenen Kompetenzen als ein aufsichtsratsähnliches Gremium zu qualifizieren. Auf diesen sind auch die für Aufsichtsräte geltenden Besetzungsregeln analog anzuwenden, sodass auch für diesen aufsichtsratsähnlichen Beirat eine mehr-

---

45 OGH 13.3.2008, 6 Ob 49/07k GesRZ 2008, 163 (*Arnold*) = JEV 2008, 136 (*Zollner*); OGH 24.6.2001, 6 Ob 60/01v = RdW 2001, 406 = wbl 2002, 132; *Arnold*, PSG² (Fn. 10) m.w.N. Vgl. auch *Feltl/Rizzi*, ecolex 2009, 410 f.

46 Vgl aber *Micheler* (Fn. 20), § 14 Rn. 9 f.; *Keller,* Die Möglichkeiten der Einflussnahme des Stifters im Privatstiftungsrecht, 2006, S. 113 ff.

47 *Kalss/Zollner*, Mitwirkungs- und Kontrollrechte der Begünstigten – Gestaltungsmöglichkeiten des Stifters, GesRZ 2008, 351, 361; *Zollner* (Fn. 19), S. 241.

48 PSR 2009, 93 = GesRZ 2009, 372 (*Hochedlinger*) = NZ 2009/108 = ecolex 2009/379.

49 OGH 12.5.1997, 6 Ob 39/97x, SZ 70/92; OGH 13.3.2008, 6 Ob 49/07k (6 Ob 50/07g), GesRZ 2008, 163; vgl. aber OLG Wien 31.5.1999, 28 R 244/98b, NZ 2000, 120.

heitliche Besetzung mit Begünstigten oder – wie im vorliegenden Fall – die Besetzung ausschließlich mit Begünstigten unzulässig ist.

Diese Entscheidung ist – wegen ihrer unterschiedlichen Begründungsansätze, zahlreicher vager Aussagen und vor allem aber auch wegen der praktischen Auswirkungen, zumal nach statistischen Schätzungen 55% aller Privatstiftungen ähnlich konstruierte Familienbeiräte haben[50] – heftig kritisiert worden.[51] Wegen der »doppelten Argumentationsführung« ist die Entscheidung kritisch zu hinterfragen. Nimmt man mit dem OGH eine Aufsichtsratsähnlichkeit derartiger Beiräte an, stellen sich zahlreiche Folgefragen. Gelten für diese Gremien die Regelungen über die Arbeitnehmermitbestimmung (§ 110 ArbVG)? Sind die für Aufsichtsräte zwingenden Bestellungsregelungen auf den Beirat zu übertragen, sodass dessen Mitglieder mit Ausnahme der ersten Mitglieder nur vom Gericht bestellt werden können?[52]

Das Verbot der mehrheitlichen Besetzung von Aufsichtsräten mit Begünstigten ist überhaupt keine taugliche Argumentationsgrundlage. Denn das Verbot der mehrheitlichen Besetzungen eines Aufsichtsrats soll der Absicherung der Unabhängigkeit des Vorstands gegenüber einem begünstigtendominierten Aufsichtsrat dienen, da es dem Aufsichtsrat obliegt, den Stiftungsprüfer zu bestellen und Geschäfte von Vorstandsmitgliedern mit der Privatstiftung zu genehmigen. Da es sich bei diesen Kompetenzen aber um eigentümliche Aufgaben des Aufsichtsrats handelt, die an andere Organe oder Gremien nicht übertragen werden dürfen, ist eine Erweiterung der Besetzungsregelungen auf Beiräte oder sonstige Gremien nicht geboten.[53] Aber auch wenn man – wie hier – den Analogieschluss ablehnt, darf daraus nicht gefolgert werden, dass solche Beiräte ausschließlich oder mehrheitlich mit Begünstigten besetzt werden können. Vielmehr müssen für solche »begünstigtendominierten« Beiräte die allgemeinen Grenzen der Einflussnahmemöglichkeiten von Begünstigten auf die Stiftungsverwaltung beachtet werden; diese ergeben sich – wie bereits zuvor dargestellt – aus § 15 Abs. 2 und Abs. 3 PSG. Denn für die gesetzgeberische Wertung, die aus diesen Bestimmungen abzuleiten ist, kann es keinen Unterschied machen, ob Destinatären ad personam ein unzulässiger Einfluss eingeräumt wird oder ob dies durch ein von Begünstigten dominiertes Organ bzw. Gremium geschehen soll.

Die Frage, wann ein solcher unzulässiger Einfluss von Destinatären bzw. eines von Begünstigten dominierten Gremiums bzw. Organs vorliegt, wurde vom OGH – mangels Notwendigkeit – nicht abschließend erörtert. Die Entscheidung ist restriktiv zu interpretieren, weder kann dem Gesetzgeber, noch dem Höchstgericht zugesonnen werden, durch das Verschließen von Kontrollmöglichkeiten der Begünstigten, kontrollfreie Stiftungen fördern zu wollen, zumal die österreichische Privatstiftung nicht unter der staatlichen Aufsicht einer Behörde steht, sondern nur im Firmenbuch registriert ist und eine gerichtliche Kontrolle bzw. Mitwirkung nur ganz punktuell

---

50 *Arnold*, Einschränkungen für Begünstigte, begünstigtendominierte Beiräte und Stifter, GesRZ 2009, 348.

51 *Arnold* (Fn. 50), S 348 ff.; *Hochedlinger*, GesRZ 2009, 374 f.

52 Vgl. schon *Hochedlinger* (Fn. 51), S. 375.

53 Vgl. bereits *Zollner*, Grenzen der Gestaltungsmöglichkeiten für Beiräte einer Privatstiftung, JBl 2009, 22 ff.; *Briem*, Corporate Governance der Privatstiftung unter dem Blickwinkel der aktuellen Judikatur, GesRZ 2009, 12, 19 f.

vorgesehen ist. Im konkreten Fall hat der OGH – zumindest dem Ergebnis nach – richtig entschieden.[54]

bb) Rechtsanwalt des Begünstigten als Vorstandsmitglied (6 Ob 145/09f)

In einer weiteren Entscheidung vom 16.10.2009, 6 Ob 145/09f,[55] hat der OGH basierend auf der gesetzlich vorgegebenen Unvereinbarkeit zwischen Begünstigtem und Stiftungsvorstand die Entsendung von rechtsfreundlichen Vertretern der Begünstigten in den Stiftungsvorstand als unzulässig angesehen. Das Höchstgericht hatte sich aus Anlass der Bestellung eines Vorstandsmitglieds durch das Gericht gem. § 27 Abs. 1 PSG mit dieser Frage zu beschäftigen, nachdem ein (ehemaliges) Vorstandsmitglied, das vom Gericht wegen wichtiger Gründe abberufen worden war, Rekurs gegen seine Abberufung und die Bestellung des neuen Vorstandsmitglieds erhoben hatte.

Die Entsendung eines Anwalts in den Stiftungsvorstand, der in einem aufrechten Mandatsverhältnis zu einem Begünstigten steht oder in der Vergangenheit in einem solchen gestanden hat, stellt nach Ansicht des Höchstgerichts eine mit den Wertungen des PSG nicht in Einklang zu bringende und daher unzulässige Konstellation dar.

Auch in diesem Erkenntnis fehlt – ähnlich wie bei der Entscheidung zur Besetzung des Stiftungsbeirats – eine einheitliche Argumentationslinie des OGH. Das Höchstgericht begründet seine Entscheidung zunächst mit der Umgehung der Unvereinbarkeitsbestimmungen des § 15 Abs. 2 und Abs. 3 PSG durch die Entsendung des Rechtsanwalts des Begünstigten in den Stiftungsvorstand, da das (bestehende oder eventuell auch das ehemalige) Mandatsverhältnis die Objektivität dieses Vorstandsmitglieds bei Vollzug der Stiftungserklärung beeinträchtigen kann. Gleichzeitig scheint das Höchstgericht aber auch von dem Vorliegen einer »bloßen« Interessenskollision, die sich in der Person des Stiftungsvorstands als Anwalt des Begünstigten verwirklicht, auszugehen.[56] Die unterschiedlichen Begründungsansätze sind aber für die aus der Entscheidung abzuleitenden Rechtsfolgen von Bedeutung: Denn während die Annahme einer Unvereinbarkeit i.S.d. § 15 Abs. 2 PSG dazu führen würde, dass bei Verstoß das jeweilige Vorstandsmitglied nie wirksam bestellt wurde, würde die Annahme einer bloßen Interessenkollision bedeuten, dass diese als wichtiger Grund zur Abberufung (vor allem nach § 27 Abs. 2 PSG) zu qualifizieren ist, das betroffene Vorstandsmitglied aber bis zur Abberufung im Amt bleibt. Der OGH hält fest, dass die von ihm angenommene Interessenkollision bzw. Unvereinbarkeit auch für andere Mitglieder der Rechtsanwaltspartnerschaft zu gelten habe, ohne dass es auf das Ausmaß der Beteiligung des Begünstigtenvertreters oder des in den Stiftungsvorstand zu entsendenden Rechtsanwalts an der Rechtsanwaltspartnerschaft ankäme.

Die konzeptionelle Fassung des PSG spricht aber u.E. klar dafür, dass derartige Interessenskonflikte – sofern man diese überhaupt bejaht – nur eine Abberufung des Vorstandsmitglieds aus wichtigem Grund rechtfertigen; die Unsicherheit eines abso-

---

54 *Kalss,* in: Kathrein StiftungsLetter 2009, S. 4 ff.; *Hochedlinger* (Fn. 51), S. 375.
55 PSR 2009, 99 (*Winner*).
56 Krit. zu dem doppelten Begründungsansatz bereits *Winner,* Entscheidungsanmerkung zu OGH 16.10.2008, PSR 2009, 102 ff.

luten Bestellungshindernis ist nicht anzunehmen. Zum einen sieht das Gesetz mit § 27 Abs. 2 PSG ein besonderes Instrumentarium vor, zum anderen werden gem. § 15 Abs. 3 PSG zwar bestimmte Gesellschafter einer begünstigten juristischen Person vom Stiftungsvorstandsamt ausgeschlossen, nicht aber die gesetzlichen Vertreter dieser begünstigten juristischen Person. Ganz offensichtlich liegt dem die absichtliche Differenzierung des Gesetzgebers zugrunde, dass ein gesetzlicher Vertreter einer begünstigten juristischen Person in dieser Funktion Wahrer fremder Interessen ist, und nur eine Kollision der *objektiven Interessen* eines Stiftungsvorstands mit *Eigeninteressen von Begünstigten* die Annahme einer Unvereinbarkeit rechtfertigt.[57] Vor diesem Hintergrund kann auch die Übernahme eines Vorstandsmandats durch den Rechtsanwalt eines Begünstigten kein absolutes Bestellungshindernis darstellen.

Die Entscheidung hat zur erheblichen Verunsicherung der Stiftungspraxis geführt, zumal Stiftungsvorstände in Österreich typischerweise aus beruflichen Parteienvertretern zusammengesetzt werden; der Ministerialentwurf des PSG 1993 hat noch ausdrücklich auf die Parteienvertreter (Rechtsanwälte, Steuerberater bzw. Wirtschaftsprüfer) als Stiftungsvorstände Bezug genommen. Inwieweit die Aussagen dieser Entscheidung tatsächlich verallgemeinerungsfähig sind und ob auch Mandatsverhältnisse zwischen dem Stiftungsvorstand und den Begünstigten, die mit dem Vollzug des Stiftungsvorstandsamts nichts zu tun haben, geeignet sind, einen solchen Interessenskonflikt hervorzurufen, ist fraglich. Die Aussage des Höchstgerichts, dass auch andere Mitglieder einer Rechtsanwaltspartnerschaft unabhängig von ihrer konkreten Beteiligung betroffen sind, mag zwar einen pragmatischen Hintergrund haben, ist aber in dieser Allgemeinheit überschießend.

2. Vereinsrecht

Gem. § 8 Abs. 1 VerG haben die Vereinsstatuten vorzusehen, dass Streitigkeiten aus dem Vereinsverhältnis vor einer Schlichtungseinrichtung auszutragen sind. Der ordentliche Rechtsweg ist nach dieser Bestimmung erst nach Ablauf von sechs Monaten ab Anrufung der Schlichtungseinrichtung zulässig. Gleich in mehreren Entscheidungen musste sich das Höchstgericht mit dem Anwendungsbereich dieser Bestimmung auseinandersetzen.

In seiner Entscheidung vom 18.6.2009, 8 Ob 138/08i[58] hat das Höchstgericht auf der einen Seite die inhaltliche Reichweite dieser Bestimmung ausgelotet, andererseits galt es zu klären, wie sich die fehlende oder nicht ausreichende Anrufung der Schlichtungseinrichtung auf das Rechtsmittelverfahren auswirkt. Im konkreten Fall ging es um Streitigkeiten zwischen dem klagenden Kleingartenverein und eines seiner Mitglieder bezüglich einer Wasserleitung, die von der Klägerin hergestellt wurde. Diese Streitigkeit unterliegt nach Ansicht des Höchstgerichts § 8 VerG, da sich dieser auf sämtliche privatrechtlichen Streitigkeiten zwischen Vereinsmitgliedern und dem Verein, sowie auf Streitigkeiten der Vereinsmitglieder untereinander erstreckt, sofern diese Streitigkeiten im Zusammenhang mit der Vereinsmitgliedschaft stehen.

---

57 Vgl. *Kalss/Zollner*, GesRZ 2008, 355; *Winner* (Fn. 56), 103.
58 Ecolex 2009/335.

Die Beantwortung der Frage, ob die fehlende Befassung einer Streitschlichtungs-einrichtung auch im Rechtsmittelverfahren geltend gemacht werden kann, hängt davon ab, ob die vorige Anrufung einer solchen eine materielle Prozessvoraussetzung darstellt, auf die das Neuerungsverbot zur Anwendung gelangt, oder ob diese als formelle Voraussetzung der Rechtswegzulässigkeit zu qualifizieren ist, die nicht dem Neuerungsverbot unterliegt. Der OGH knüpft an die jüngere Literatur[59] und der dieser folgenden Rechtsprechung[60] an und erblickt in der Befassung der Schlichtungseinrichtung eine formelle Voraussetzung der Zulässigkeit des Rechtswegs, die von Amts wegen – auch von einem Berufungsgericht – zu prüfen ist; eines entsprechenden Parteieneinwands bedarf es hierzu nicht.

In der Entscheidung vom 2.7.2009, 6 Ob 117/09p stellte das Höchstgericht klar, dass nur solche privatrechtlichen Streitigkeiten zwischen dem Verein und Vereinsmitgliedern bzw. von Vereinsmitgliedern untereinander von § 8 VerG erfasst sind, denen kein selbständiges vertragliches Schuldverhältnis zugrunde liegt. Die Ansprüche eines Interessenten an einer Vereinsmitgliedschaft unterliegen nicht der Schlichtungseinrichtung nach § 8 VerG, sodass auch der Rechtsschutz nicht an eine vorige Befassung dieser Schlichtungseinrichtung geknüpft ist.

In dem am 14.7.2009, 4 Ob 73/09b[61] ergangenen Erkenntnis hat der OGH ebenfalls das Vorliegen einer Streitigkeit aus dem Vereinsverhältnis verneint. Der Kläger, der Medieninhaber einer Wohnzeitschrift und Mitglied des beklagten Vereins ist, behauptet einen wettbewerbsrechtlichen Verstoß des Vereins; dessen Zweck liegt im Wesentlichen in der Durchführung von Reichweiteuntersuchungen. Da der Kläger seinen Anspruch auf einen Verstoß gegen das Lauterkeitsrecht und nicht gerade auf eine Verletzung von Pflichten aus dem Vereinsverhältnis gestützt hat, liegt nach Ansicht des Höchstgerichts auch keine Streitigkeit aus dem Vereinsverhältnis vor, die eine zwingende Vorabbefassung der Schlichtungseinrichtung erfordert.

Hingegen stellen Streitigkeiten über Ansprüche des Vereinskassiers für Leistungen, die dieser in seiner Funktion als Kassier erbracht hat, Streitigkeiten aus dem Vereinsverhältnis dar und unterliegen daher § 8 VerG.[62] Gleiches gilt nach Ansicht des OGH auch für die von einem Vereinsmitglied erhobene Klage auf Feststellung der Unwirksamkeit von Vorstandsbeschlüssen.[63]

IV. Ausblick

Mit großer Spannung zu erwarten ist, welche nachhaltigen Auswirkungen die beiden richtungsweisenden Entscheidungen des Höchstgerichts zur Foundation Governance auf die Stiftungslandschaft haben werden. Werden die Möglichkeiten der Begünstigten, die Stiftungsverwaltung zu kontrollieren bzw. auf diese Einfluss nehmen, wirk-

---

59 *Mayr*, Vereinsstreitigkeiten zwischen Schlichtungseinrichtung, Gericht und Schiedsgericht, ÖJZ 2009, 539 ff.; *Mayr*, Entscheidungsbesprechung, JBl 2007, 324 ff.
60 Vgl. etwa nur OGH 1.10.2008, 6 Ob 179/08d; OGH 27.2.2009, 6 Ob 280/08g.
61 ÖBL-LS 2009/288.
62 OGH 27.2.2009, 6 Ob 280/08g JBl 2009, 721.
63 OGH 29.9.2009, 4 Ob 77/09s.

lich so restriktiv von den Firmenbuchgerichten gehandhabt, wie man es durchaus aus den beiden Erkenntnissen des OGH ableiten könnte, dann wird die Kontrolle von vielen Stiftungen einer Neuausrichtung bedürfen. Abzuwarten bleibt, ob und inwieweit vom Höchstgericht selbst in anderen Fällen Klarstellungen oder Präzisierungen zu seiner Rechtsprechung getroffen werden und vor allem, ob der österreichische Gesetzgeber diese beiden Entscheidungen zum Anlass nimmt, korrigierend einzugreifen. Dabei wird es auch den Wettbewerb des österreichischen Privatstiftungsrechts mit anderen Rechtsordnungen, insbesondere dem liechtensteinischen Stiftungsrecht, zu beobachten gelten.

V. Zusammenfassung

Der Schwerpunkt der Entwicklungen im österreichischen Stiftungsrecht lag ganz deutlich in Fragen der Foundation Governance. Hier waren es vor allem richtungsweisende Entscheidungen des Höchstgerichts, die nachhaltig die Stiftungslandschaft in Österreich beeinflusst haben. Die zukünftigen Entwicklungen sind mit großer Spannung zu erwarten. Für das Vereinsrecht hingegen brachte das Jahr 2009 keineswegs derart drastische Tendenzen mit sich. Die Entscheidungen des OGH konzentrierten sich auf die Frage nach dem Rechtsschutz von Vereinsmitgliedern, nämlich nach dem Verhältnis zwischen der vereinsinternen Schlichtungseinrichtung und dem ordentlichen Rechtsweg.

VI. Summary

For the Austrian private foundation the year 2009 proved quite extraordinary. The focus of development in the private foundation was particularly on foundation governance. This development is a result of certain decisions of the Austrian Supreme Court, which will have an important sustainable impact on this field of law. Compared to the private foundation there were only few changes in the law of associations: The decisions of the Austrian Supreme Court concentrated on the obligatory private mediation body, which all associations have to provide for, and its relation to legal protection by the court.

VII. Neue Literatur (Auswahl)

Arnold, Unvereinbarkeitsbestimmungen für Mitglieder des Stiftungsvorstandes erweitert, GesRZ 2009, 287.

Briem, Corporate Governance der Privatstiftung unter dem Blickwinkel der aktuellen Judikatur, GesRZ 2009, 12.

Eiselsberg (Hrsg), Jahrbuch Stiftungsrecht 2009 (2009).

Geroldinger, Keine Prüfungsprozesse vor Vereinsschlichtungseinrichtungen, ZIK 2009, 78.

Hochedlinger, Gedanken zur stillen Beteiligung an einer Privatstiftung, ZfS 2009, 18.

Hofmann/Petritz, Stiftungen und Trusts: Der Begriff des wirtschaftlichen Eigentümers nach der Dritten Geldwäscherichtlinie im Vergleich mit abgabenrechtlichen Grundsätzen, ZfS 2009, 104.

Kalss, Der Einfluss von Begünstigten in der österreichischen Privatstiftung, in FS Karsten Schmidt (2009) 857.

Kalss/Znidaric, Der Rücktritt des Stiftungsprüfers, SWK 2009, W 123.

Karollus/Lukas, Zur Durchsetzung der Rechte eines Mitstifters aus einer »Absichtserklärung« der Stifter, ZfS 2009, 4.

Keller, Zur Wiedererlangung des Stiftungsvermögens durch Beendigung der Privatstiftung, NZ 2009, 161.

Kodek/Zollner, Rechtsschutz der Begünstigten – Die verfahrensrechtliche Absicherung der Rechte der Begünstigten, PSR 2009, 4.

Kossak, Handbuch für Vereinsfunktionäre (2009).

Leitner, Zur Haftung des Vereinsvorstands bei fehlerhaften Weisungen im VerG 2002, GeS 2009, 291.

Limberg/Tschugguel, Neues zu Privatstiftung und Pflichtteilsrecht, NZ 2009, 200.

Mayr, Vereinsstreitigkeiten zwischen Schlichtungseinrichtung, Gericht und Schiedsgericht, ÖJZ 2009, 539.

Müller/Fischer, Wieviel (Corporate/Foundation) Governance braucht die Privatstiftung?, ZfS 2009, 112.

Resch/Schimka/Schörghofer, Auskunftspflichten der Privatstiftung, PSR 2009, 64.

Schimka, Zur Voraussetzung der vollen Handlungsfähigkeit von Beiratsmitgliedern einer Privatstiftung, NZ 2009, 193.

Zwick, Die Privatstiftung als Konzernspitze, GesRZ 2009, 278.

Zollner, Grenzen der Gestaltungsmöglichkeiten für Beiräte, JBl 2009, 22.

Auswahlbibliographie des Non-Profit-Rechts 2009[*]

JANNE SEELIG

Autor	Titel/Fundstelle
Achilles, Wilhelm-Albrecht	Unternehmerische Betätigung von kirchlichen Stiftungen. In: Andrick/Hellmig/Janitzki/Muscheler/Schewe (Hrsg.), Die Stiftung. Jahreshefte zum Stiftungswesen, 3. Jahrgang Frankfurt am Main u.a. 2009, S. 57–78.
Adam, Thomas/ Frey, Manuel/ Strachwitz, Rupert Graf (Hrsg.)	Stiftungen seit 1800. Stuttgart 2009.
Alvermann, Jörg	Die Umsatzbesteuerung der Mitgliedsbeiträge. In: Hüttemann/Rawert/Schmidt/Weitemeyer (Hrsg.), Non Profit Law Yearbook 2008, Köln u.a. 2009, S. 55–67.
Andrick, Bernd	Das Öffentliche Recht – Garant eines leistungsfähigen Stiftungswesens. In: Saenger/Bayer/Koch/Körber (Hrsg.), Gründen und Stiften – Festschrift zum 70. Geburtstag des Jenaer Gründungsdekans und Stiftungsrechtlers Olaf Werner, Baden-Baden 2009, S. 31–44.
Andrick, Bernd	Der Weg zum modernisierten Stiftungsprivatrecht. In: ZAP Jubiläumsheft 2009, S. 5–9.
Andrick, Bernd/ Hellmig, Gerd/ Janitzki, Axel/ Muscheler, Karlheinz/ Schewe, Markus (Hrsg.)	Die Stiftung. Jahreshefte zum Stiftungswesen. 3. Jahrgang, Frankfurt am Main u.a. 2009.
Arnold, Nikolaus	Unvereinbarkeitsbestimmung für Mitglieder des Stiftungsvorstands erweitert. In: Der Gesellschafter 2009, S. 287–292.
Arnold, Nikolaus/ Stangl, Christian/ Tanzer, Michael	Privatstiftungs-Steuerrecht. Systematische Kommentierung. 2. Auflage, Wien 2009.

---

[*] Da der Begriff »Non-Profit-Recht« in der deutschen Rechtswissenschaft noch nicht eindeutig belegt ist, erhebt die Bibliographie keinen Anspruch auf Vollständigkeit. Sie hat ihren Schwerpunkt im deutschen Stiftungs- und Gemeinnützigkeitsrecht. Um den Umfang der Bibliographie sinnvoll einzugrenzen, werden Werke mehrerer Herausgeber nur unter dem Namen des in dem Werk erstgenannten Herausgebers unter gemeinsamer Nennung mit den übrigen Herausgebern aufgeführt. Für Österreich und die Schweiz findet sich zudem eine eigene Auswahlbibliographie im Anschluss an den jeweiligen Länderbericht.

Augsten, Ursula/ Jordan, Helmuth	Guidelines für unternehmensnahe Stiftungen. In: ZErb 2009, S. 167–172.
Aydin, Ramazan/ Kirca, Cigdem	Stiftungsvermögen und diesbezügliche Rechtsgeschäfte unter der Geltung des neuen türkischen Stiftungsgesetzes vom 20.2.2008. In: Saenger/Bayer/Koch/Körber (Hrsg.), Gründen und Stiften – Festschrift zum 70. Geburtstag des Jenaer Gründungsdekans und Stiftungsrechtlers Olaf Werner, Baden-Baden 2009, S. 306–315.
Backert, Wolfram	Die staatliche Aufsicht über die Unternehmensstiftung. In: Andrick/Hellmig/Janitzki/Muscheler/Schewe (Hrsg.), Die Stiftung. Jahreshefte zum Stiftungswesen, 3. Jahrgang Frankfurt a.M. u.a. 2009, S. 53–56.
Baumann-Gretza, Marcus	Die kirchliche Aufsicht über (Unternehmens-)Stiftungen – Rechtsgrundlagen, Maßstäbe und Inhalte kirchlicher Stiftungsaufsicht unter besonderer Berücksichtigung der Rechtslage in Nordrhein-Westfalen. In: Andrick/Hellmig/Janitzki/Muscheler/Schewe (Hrsg.), Die Stiftung. Jahreshefte zum Stiftungswesen, 3. Jahrgang Frankfurt am Main u.a. 2009, S. 79–87.
Bechtolsheim, Rupprecht von	Sponsoringmaßnahmen gemeinnütziger Einrichtungen – Drei-Stufen-Modell zur Steuer(un)schädlichkeit (I und II). In: NJOZ 2009, S. 2550–2562 und S. 2575–2576.
Behnes, Raimund Christian	Der Trust im chinesischen Recht. Berlin 2009.
Beiser, Reinhold	Schlüssel zur Vorsteueraufteilung – die Aufspaltung in wirtschaftliche und nichtwirtschaftliche Tätigkeiten. In: BB 2009, S. 1324–1327.
Berndt, Hans (†)/ Götz, Hellmut	Stiftung und Unternehmen: Zivilrecht, Steuerrecht, Gemeinnützigkeit. 8. Auflage, Herne 2009.
Beuthien, Volker/ Gummert, Hans (Hrsg.)	Münchener Handbuch des Gesellschaftsrechts, Band 5: Verein, Stiftung bürgerlichen Rechts. 3. Auflage, München 2009.
Bink, Anton	Steuerrechtsprechung zu Themen der Gemeinnützigkeit. In: Die Steuer-Warte 2009, S. 131–142.
Blome-Drees, Johannes	Die Führung genossenschaftlicher Verbundsysteme aus der Perspektive der Systemtheorie. In: ZögU 2009, S. 356–369.
Blum, Hans Christian/ Lennert, Philipp	Das neue liechtensteinische Stiftungsrecht: Zivil- und steuerrechtliche Einordnung nach der Stiftungsrechtsreform. In: ZEV 2009, S. 171–177.
Bock, Volker	Die »Unvermeidbarkeit« beim Zweckbetrieb – Ein unvermeidbares Kriterium? In: ZSt 2009, S. 119–121.
Borgolte, Michael	Stiftungen – eine Geschichte von Zeit und Raum. In: Andrick/Hellmig/Janitzki/Muscheler/Schewe (Hrsg.), Die Stiftung. Jahreshefte zum Stiftungswesen, 3. Jahrgang Frankfurt a.M. u.a. 2009, S. 9–30.

Brachmann, Matthias	Trägerschaft und Governance – Auswirkungen auf den organisationalen Wandel im Krankenhaussektor. In: ZögU 2009, S. 370–391.
Brand, Christian/ Reschke, Dennis	Insolvenzverschleppung – künftig auch im eingetragenen Verein strafbar? In: NJW 2009, S. 2343–2347.
Braxator, Irena	Grundlagen der Panama-Stiftung. Frankfurt am Main u.a. 2009.
Brox, Wilhelm/ Seeger, Andreas	Das Ende der Steuerbegünstigung für Selbstversorgungsbetriebe nach § 68 Nr. 2b AO? – Zugleich Anmerkungen zum BFH-Urteil vom 29.1.2009, V R 46/06, BStBl. II 2009, 560. In: DStR 2009, S. 2459–2465.
Brücher-Herpel, Anette	Lotterierecht. Lotterien, Tombolas und Co., veranstaltet durch gemeinnützige Organisationen. In: ROTE SEITEN zum Magazin Stiftung&Sponsoring 2/2009.
Bruns, Patrick	Fiduziarische Stiftung als Rechtsperson. In: JZ 2009, S. 840–846.
Burgard, Ulrich	Firmenrechtliche Fragen bei Verein und Stiftung. In: Saenger/ Bayer/Koch/Körber (Hrsg.), Gründen und Stiften – Festschrift zum 70. Geburtstag des Jenaer Gründungsdekans und Stiftungsrechtlers Olaf Werner, Baden-Baden 2009, S. 190–203.
Burgard, Ulrich	Die Anerkennungsfähigkeit von Unternehmensstiftungen. In: Andrick/Hellmig/Janitzki/Muscheler/Schewe (Hrsg.), Die Stiftung. Jahreshefte zum Stiftungswesen, 3. Jahrgang Frankfurt a.M. u.a. 2009, S. 31–51.
Burgi, Martin (Hrsg.)	Sponsoring der öffentlichen Hand. Rechtsrahmen, Empirie, Regelungsvorschläge. Baden-Baden 2009.
Busse, Jan Simon/ Hoffmann, Tim/ Schruff, Lothar	Zur Weiterentwicklung der Rechnungslegung Spenden sammelnder Organisationen – IDW ERS HFA 21 n.F. In: WPg 2009, S. 812–820.
Busse, Jan Simon/ Wellbrock, Jens M./ Schruff, Lothar	Konzept für eine Erfolgsrechnung spendensammelnder Organisationen. In: WPg 2009, S. 591–599.
Campenhausen, Axel von/ Seifart, Werner	Stiftungsrechts-Handbuch. 3. Auflage, München 2009
Cordes, Joseph J./ Steuerle, C. Eugene (Hrsg.)	Nonprofits & Business. Washington D.C. 2009.
Cube, Nicolai von/ Sobotta, Jan	Die Haftung des Vorstands für das Stiftungsvermögen. In: DB 2009, S. 2082–2088.
Dauber, Harald	Vereinsbesteuerung kompakt. Weil im Schönbuch 2009.
Dehesselles, Thomas	Insolvenz, Liquidation und Gemeinnützigkeit. In: Wachter (Hrsg.), Festschrift für Sebastian Spiegelberger zum 70. Geburtstag – Vertragsgestaltung im Zivil- und Steuerrecht, Bonn 2009, S. 1255–1263.

Dierkes, Stefan/ *Hanradt, Stephanie*	Wertorientierung bei Genossenschaften. In: Schöpflin (Hrsg.), Von der Sache zum Recht – Festschrift für Volker Beuthien zum 75. Geburtstag, München 2009, S. 285–298.
DiTommaso, Marie/ *Larkin, Richard*	Wiley not-for-profit GAAP 2009. Hoboken, N.J., 2009.
Dölken, Clemens	Sub specie aeternitatis … Der Ewigkeitscharakter von Stiftungen. In: Saenger/Bayer/Koch/Körber (Hrsg.), Gründen und Stiften – Festschrift zum 70. Geburtstag des Jenaer Gründungsdekans und Stiftungsrechtlers Olaf Werner, Baden-Baden 2009, S. 365–371.
Doppstadt, Joachim	Das Stiftungswesen in Deutschland – eine Erfolgsgeschichte. Die Fortentwicklung des Stiftungs- und Gemeinnützigkeitsrechts, der Einfluss auf das Stiftungswesen in Deutschland und Ausblick auf zukünftige Tendenzen. In: Wachter (Hrsg.), Festschrift für Sebastian Spiegelberger zum 70. Geburtstag – Vertragsgestaltung im Zivil- und Steuerrecht, Bonn 2009, S. 1264–1271.
Dorau, Christoph	Umsatzsteuer bei entgeltlicher Schülerspeisung. Zugleich Anmerkung zum BFH-Urteil vom 12.2.2009, V R 47/07. In: DStR 2009, S. 1570–1573.
Döring, Vanessa/ *Pöllath, Reinhard*	Haftung der Geschäftsführung von Stiftung und Verein. Untersuchung, Durchsetzung, Vorbeugung. In: Spindler/Tipke/Rödder (Hrsg.), Steuerzentrierte Rechtsberatung – Festschrift für Harald Schaumburg zum 65. Geburtstag, Köln 2009, S. 1317–1326.
Dörnbrack, Uwe/ *Fiala, Johannes*	Rechtswirkungen und Rechtsfolgen von Vertretungsbescheinigungen rechtsfähiger Stiftungen. In: DStR 2009, S. 2490–2492.
Drüen, Klaus-Dieter	Besteuerung von Unternehmensstiftungen. In: Andrick/Hellmig/Janitzki/Muscheler/Schewe (Hrsg.), Die Stiftung. Jahreshefte zum Stiftungswesen, 3. Jahrgang Frankfurt am Main u.a. 2009, S. 89–119.
Drüen, Klaus-Dieter/ *Staschewski, Annette*	Reform der Umsatzsteuerbefreiungen im Heilbereich – Gemeinschaftsrechtliche Vorgaben und ihre Umsetzung durch das Jahressteuergesetz 2009. In: UR 2009, S. 361–372.
Edwards, Michael	Civil Society. 2. Auflage, Hoboken, N.J., 2009.
Eggers, Winfried/ *Wickert, Ralf*	Praxishandbuch Verbandsrecht. Bonn 2009.
Eichenhofer, Eberhard	Ehrenamt im Recht. In: Saenger/Bayer/Koch/Körber (Hrsg.), Gründen und Stiften – Festschrift zum 70. Geburtstag des Jenaer Gründungsdekans und Stiftungsrechtlers Olaf Werner, Baden-Baden 2009, S. 60–72.

Engler, Ulla/ Goetz, Michael/ Hesse, Werner/ Tacke, Gertrud	Praxisratgeber Vereinsrecht. Satzungsgestaltung, Umstrukturierung, Konfliktbewältigung. Regensburg 2009.
Eversberg, Horst	Gemeinnützigkeit und Vermögensverwaltung: Abgrenzungsfragen und Problembereiche. In: Wachter (Hrsg.), Festschrift für Sebastian Spiegelberger zum 70. Geburtstag – Vertragsgestaltung im Zivil- und Steuerrecht, Bonn 2009, S. 1272–1284.
Fehl, Ulrich	Geistes- und realgeschichtliche Grundlagen der modernen Genossenschaft. In: Schöpflin (Hrsg.), Von der Sache zum Recht – Festschrift für Volker Beuthien zum 75. Geburtstag, München 2009, S. 299–318.
Fehling, Michael	Grenzverwischungen zwischen privatrechtlichen und öffentlich-rechtlichen Stiftungen mit Beteiligung der öffentlichen Hand. In: Hüttemann/Rawert/Schmidt/Weitemeyer (Hrsg.), Non Profit Law Yearbook 2008, Köln u.a. 2009, S. 129–151.
Fiala, Johannes/ Dörnbrack, Uwe	Rechtswirkungen und Rechtsfolgen von Vertretungsbescheinigungen rechtsfähiger Stiftungen. In: DStR 2009, S. 2490–2492.
Fischer, Peter	Das EuGH-Urteil Persche zu Auslandsspenden – die Entstaatlichung des Steuerstaats geht weiter. In: FR 2009, S. 249–257.
Fischer, Peter	Marktliberalismus versus Europäisches Sozialmodell – Sozialdienstleistungen gemeinnütziger Rechtsträger und das EU-Beihilfenrecht. In: FR 2009, S. 929–937.
Flämig, Christian	Rezension von: Sebastian Geringhoff, Das Stiftungssteuerrecht in den USA und in Deutschland – Ein Rechtsvergleich, Baden-Baden 2008. In: Wissenschaftsrecht 2008, S. 377–384.
Frings, Michael	Neuregelung der Haftung für Vereins- und Stiftungsvorstände – Überwachungspflicht, Haftungsprivilegierung, Haftungsfreistellung bei einfacher Fahrlässigkeit. In: NWB 2009, S. 3662–3667.
Fritsche, Patrick	Steuerbegünstigter Abzug von Zuwendungen an gemeinnützige Einrichtungen im EU-Ausland. In: ELR 2009, S. 63–66.
Fritsche, Stefan	Die Stiftungssatzung im Spannungsfeld zwischen Stifterfreiheit, Stiftungsautonomie und staatlicher Stiftungsaufsicht. In: ZSt 2009, S. 21–34.
Fritsche, Stefan	Zur Praxis operativer Stiftungen. In: ZSt 2009, S. 16–20.
Fritz, Stefan	Stifterwille und Stiftungsvermögen. Baden-Baden 2009.
Fugger, Roland	Österreich: Schenkungsmeldegesetz: Anzeigepflicht für Rechtsanwälte und Notare. In: ZEV 2009, S. 506–507.
Fuhrmann, Claas/ Strahl, Martin	Steuerbefreiung für heilberufliche Leistungen nach § 4 Nr. 14 UStG – Anmerkungen zur Neuregelung unter Berücksichtigung des BMF-Schreibens vom 26.6.2009. In: DStR 2009, S. 2078–2082.

Gassner, Arthur/ *Gassner, Cornelia (Hrsg.)*	PGR 2009 – Das Personen- und Gesellschaftsrecht des Fürsten- tums Liechtenstein samt TrUG, neuem und altem Stiftungs- recht, Übergangsbestimmungen, Nebenerlassen, div. Auszügen aus den Gesetzesmaterialien und Leitsatzsammlung. 6. Auflage, Schaan 2009.
Geibel, Stefan J.	Die Beschränkung der Vertretungsmacht mit Wirkung gegen- über Dritten bei Stiftung und GbR. In: ZJS 2009, S. 339–345.
Geserich, Stephan	Die Abzugsfähigkeit von Spenden in andere EU-Staaten. In: DStR 2009, S. 1173–1177.
Gidron, Benjamin/ *Bar, Michal (Hrsg.)*	Policy Initiatives Towards the Third Sector in International Per- spective. Berlin 2009.
Gilberg, Anika/ *Peukert, Matthias*	Auswahlbibliografie des Non-Profit-Rechts 2008. In: Hütte- mann/Rawert/Schmidt/Weitemeyer (Hrsg.), Non Profit Law Yearbook 2008, Köln u.a. 2009, S. 211–224.
Goetz, Michael/ *Hesse, Werner/* *Tacke, Gertrud/* *Engler, Ulla*	Praxisratgeber Vereinsrecht. Satzungsgestaltung, Umstrukturie- rung, Konfliktbewältigung. Regensburg 2009.
Gollan, Anna Katharina	Spenden als verdeckte Gewinnausschüttungen. In: Hüttemann/ Rawert/Schmidt/Weitemeyer (Hrsg.), Non Profit Law Year- book 2008, Köln u.a. 2009, S. 103–127.
Gollan, Anna Katharina	Vorstandshaftung in der Stiftung. Eine Untersuchung zur An- wendbarkeit der Business Judgment Rule. Köln u.a. 2009.
Gollan, Anna Katharina/ *Richter, Andreas*	Entscheidung des EuGH in der Rechtssache Persche – Spenden an EU-ausländische gemeinnützige Organisationen. In: npoR 2009, S. 19–20.
Götz, Hellmut/ *Berndt, Hans (†)*	Stiftung und Unternehmen: Zivilrecht, Steuerrecht, Gemeinnüt- zigkeit. 8. Auflage, Herne 2009.
Götz, Hellmut/ *Jorde, Thomas R.*	Ausländische Familienstiftungen und Trusts in der Gestaltungs- beratung. In: Wachter (Hrsg.), Festschrift für Sebastian Spiegel- berger zum 70. Geburtstag – Vertragsgestaltung im Zivil- und Steuerrecht, Bonn 2009, S. 1301–1320.
Greiling, Dorothea	Performance Measurement in Non-Profit-Organisationen: Teil 1 und 2. In: Verbändereport 6/2009, S. 45–49 und S. 65–68.
Grigoleit, Matthias/ *Krause, Nils*	Aus Gesetzgebung, Rechtsprechung und Verwaltungsanwei- sungen zum Dritten Sektor im Jahr 2007/2008 in Deutschland. In: Hüttemann/Rawert/Schmidt/Weitemeyer (Hrsg.), Non Pro- fit Law Yearbook 2008, Köln u.a. 2009, S. 175–203.
Grünberger, Herbert	Das Vereinshandbuch. Recht – Steuern und Finanzen – Strategie – IT – Marketing. Wien 2009.
Grüninger, Harold	Schweiz: Besteuerung von Trusts und Privatstiftungen, ZEV 2009, S. 508–509.

Haase-Theobald, Cordula/ Heuel, Markus/ Stolte, Stefan/ Wigand, Klaus	Stiftungen in der Praxis. Recht Steuern Beratung. 2. Auflage, Wiesbaden 2009.
Halaczinsky, Raymond/ Wallenhorst, Rolf	Die Besteuerung gemeinnütziger Vereine, Stiftungen und der juristischen Personen des öffentlichen Rechts. Praxishandbuch. 6. Auflage, München 2009.
Hallerbach, Christian	Besteuerung ausländischer Familienstiftungen. Saarbrücken 2009.
Hampe, Daniel	Hochschulsponsoring und Wissenschaftsfreiheit. Baden-Baden 2009.
Hanradt, Stephanie/ Dierkes, Stefan	Wertorientierung bei Genossenschaften. In: Schöpflin (Hrsg.), Von der Sache zum Recht – Festschrift für Volker Beuthien zum 75. Geburtstag, München 2009, S. 285–298.
Harnay, Sophie/ Marciano, Alain	Should I help my neighbour? Self-interest, altruism and economic analyses of rescue laws. In: European Journal of Law and Economics 28 (2009), S. 103–131.
Hartmann, Maren/ Hof, Hagen	Stiftungen. Errichtung – Gestaltung – Geschäftstätigkeit – Steuern. 2. Auflage, München 2009.
Heidler, Kristin/ Spiegel, Harald	Das Seeling-Modell bei Nonprofit-Organisationen – Auswirkungen des EuGH-Urteils vom 12.2.2009, »VNLTO«. In: DStR 2009, S. 1507–1512.
Heini, Anton/ Portmann, Wolfgang/ Seemann, Matthias	Grundriss des Vereinsrechts. Basel 2009.
Helios, Marcus	Abzugsfähigkeit von Direktspenden an gemeinnützige Einrichtungen im EU-Ausland und struktureller Inlandsbezug? In: Hüttemann/Rawert/Schmidt/Weitemeyer (Hrsg.), Non Profit Law Yearbook 2008, Köln u.a. 2009, S. 89–102.
Helios, Marcus/ Hüttemann, Rainer	Zum grenzüberschreitenden Spendenabzug in Europa nach dem EuGH-Urteil vom 27.1.2009, Persche. In: DB 2009, S. 701–707.
Helios, Marcus/ Strieder, Thomas (Hrsg.)	Beck´sches Handbuch der Genossenschaft. München 2009.
Hellwig, Hans-Jürgen	Die Umwandlung der Johann Wolfgang Goethe-Universität Frankfurt am Main in eine Stiftung. In: Bitter/Lutter/Priester/Schön/Ulmer (Hrsg.), Festschrift für Karsten Schmidt zum 70. Geburtstag, Köln 2009, S. 565–580.
Hemmelrath, Alexander	Vergleich deutscher und österreichischer Familienstiftung nach Abschaffung der österreichischen Erbschaftsteuer. In: v. Bar/Hellwege/Mössner/Winkeljohann (Hrsg.), Recht und Wirtschaft – Gedächtnisschrift für Malte Schindhelm, Köln 2009, S. 333–350.

247

Hense, Ansgar/ *Schulte, Martin (Hrsg.)*	Kirchliches Stiftungswesen und Stiftungsrecht im Wandel. Berlin 2009.
Herfurth, Rudolf	Zuwendungen von Todes wegen an eine gemeinnützige Körperschaft – Erbschaftsteuerbegünstigung versus Sonderausgabenabzug? In: Wachter (Hrsg.), Festschrift für Sebastian Spiegelberger zum 70. Geburtstag – Vertragsgestaltung im Zivil- und Steuerrecht, Bonn 2009, S. 1285–1291.
Herrmann, Nico	Die Rechnungslegung Spenden sammelnder Stiftungen. Überlegungen zur sachgerechten Abbildung von Spendeneinnahmen in der Jahresrechnung unter Berücksichtigung des Entwurfes zur IDW-Verlautbarung ERS HFA 21 n.F. In: ZSt 2009, S. 66–79.
Hesse, Werner/ *Tacke, Gertrud/* *Engler, Ulla/* *Goetz, Michael*	Praxisratgeber Vereinsrecht. Satzungsgestaltung, Umstrukturierung, Konfliktbewältigung. Regensburg 2009.
Heuel, Markus/ *Stolte, Stefan/* *Wigand, Klaus/* *Haase-Theobald, Cordula*	Stiftungen in der Praxis. Recht Steuern Beratung. 2. Auflage, Wiesbaden 2009.
Hey, Johanna	Hinzurechnungsbesteuerung bei ausländischen Familienstiftungen gemäß § 15 AStG i.d.F. des JStG 2009 – europa- und verfassungswidrig! In: IStR 2009, S. 191–190.
Hidien, Jürgen W./ *Möllenbeck, Claus*	Spenden an gemeinnützige Institutionen in EU-Mitgliedstaaten sind steuerlich abzugsfähig. In: PISTB 2009, S. 124–127.
Hientzsch, Christina	Die politische Partei in der Insolvenz. In: NVwZ 2009, S. 1135–1139.
Hinteregger, Monika	Der Sportverein. Wien 2009.
Hippeli, Michael/ *Matheis, Frank*	Gemeinnützigkeit der eingetragenen (Ideal)Genossenschaft: eine Bestandsaufnahme. In: ZfgG 2009, S. 234–245.
Hirte, Heribert	Stiftung und Insolvenz. In: Saenger/Bayer/Koch/Körber (Hrsg.), Gründen und Stiften – Festschrift zum 70. Geburtstag des Jenaer Gründungsdekans und Stiftungsrechtlers Olaf Werner, Baden-Baden 2009, S. 222–238.
Hof, Hagen/ *Hartmann, Maren*	Stiftungen. Errichtung – Gestaltung – Geschäftstätigkeit – Steuern. 2. Auflage, München 2009.
Hoffmann, Jakob	Beschlussmängel in der rechtsfähigen Stiftung bürgerlichen Rechts. In: Hoffmann/Schubert (Hrsg.), Entwicklungen im Arbeits- und Wirtschaftsrecht – Festgabe für Peter Kreutz zum 70. Geburtstag, Köln u.a. 2009, S. 29–45.
Hoffmann, Tim/ *Schruff, Lothar/* *Busse, Jan Simon*	Zur Weiterentwicklung der Rechnungslegung Spenden sammelnder Organisationen – IDW ERS HFA 21 n.F. In: WPg 2009, S. 812–820.

Hoffsümmer, Philipp	Steuerbefreiungen für Inlandsumsätze (§ 4 Nr. 8 bis 28 UStG). Frankfurt am Main u.a. 2009.
Hohn, Bettina	Empirische Erkenntnisse zu Qualifikationsprofilen und Qualifikationsbedarf im Non-Profit-Management. In: Verbändereport 6/2009, S. 12–14.
Höhne, Thomas/ Jöchl, Gerhard/ Lummerstorfer, Andreas/ Kossak, Wolfgang	PAKET zum Vereinsrecht: Das Recht der Vereine (3. Auflage) und Handbuch für Vereinsfunktionäre (1. Auflage). Wien 2009.
Holt, Thomas von	Gemeinnützige GmbH. Beck'sche Musterverträge, Band 50. 2. Auflage, München 2009.
Holt, Thomas von/ Koch, Christian	Nonprofit Governance in der Wohlfahrtspflege – zeitgemäße Strukturen am Beispiel der gemeinnützigen GmbH. In: DStR 2009, S. 2492–2495.
Hügel, Stefan	Der gestiftete Verein. In: Saenger/Bayer/Koch/Körber (Hrsg.), Gründen und Stiften – Festschrift zum 70. Geburtstag des Jenaer Gründungsdekans und Stiftungsrechtlers Olaf Werner, Baden-Baden 2009, S. 179–189.
Hushahn, Johannes	Unternehmensverbundene Stiftungen im deutschen und schwedischen Recht. Köln u.a. 2009.
Hüttemann, Rainer	Ehrenamt, Organvergütung und Gemeinnützigkeit – Anmerkung zu den BMF-Schreiben vom 25.11.2008 und 22.4.2009. In: DB 2009, S. 1205–1209.
Hüttemann, Rainer	Bilanz- und steuerrechtliche Aspekte der sozialen Verantwortung von Unternehmen. In: AG 2009, S. 774–782.
Hüttemann, Rainer	Stiftungsgeschäft und Vermögensausstattung. In: Saenger/Bayer/Koch/Körber (Hrsg.), Gründen und Stiften – Festschrift zum 70. Geburtstag des Jenaer Gründungsdekans und Stiftungsrechtlers Olaf Werner, Baden-Baden 2009, S. 85–100.
Hüttemann, Rainer	Zehn Thesen zur Haftung des Stiftungsvorstandes für Anlageverluste des Stiftungsvermögens, npoR 2009, S. 27–29.
Hüttemann, Rainer	Rezension von: W. Rainer Walz, Ludwig von Auer, Thomas von Hippel (Hrsg.), Spenden- und Gemeinnützigkeitsrecht in Europa. Rechtsvergleichende, rechtsdogmatische, ökonometrische soziologische Untersuchungen, Tübingen 2007. In: RabelsZ 2009, S. 208–211.
Hüttemann, Rainer	Die Vorstiftung – ein zivil- und steuerrechtliches Phantom. In: Wachter (Hrsg.), Festschrift für Sebastian Spiegelberger zum 70. Geburtstag – Vertragsgestaltung im Zivil- und Steuerrecht, Bonn 2009, S. 1292–1300.

Hüttemann, Rainer	Gemeinnützige Stiftungen in der Nachfolgeplanung. In: v. Bar/Hellwege/Mössner/Winkeljohann (Hrsg.), Recht und Wirtschaft – Gedächtnisschrift für Malte Schindhelm, Köln 2009, S. 377–394.
Hüttemann, Rainer	Die Besteuerung der öffentlichen Hand. In: FR 2009, S. 308–314.
Hüttemann, Rainer	Steuerliche Aspekte der Corporate Social Responsibility. In: Spindler/Tipke/Rödder (Hrsg.), Steuerzentrierte Rechtsberatung – Festschrift für Harald Schaumburg zum 65. Geburtstag, Köln 2009.
Hüttemann, Rainer	Rechtsfragen des »neuen« Querverbundes – Anmerkung zum BMF-Schreiben v. 12.11.2009. In: DB 2009, S. 2629–2633.
Hüttemann, Rainer/ Helios, Marcus	Zum grenzüberschreitenden Spendenabzug in Europa nach dem EuGH-Urteil vom 27.1.2009, Persche. In: DB 2009, S. 701–707.
Hüttemann, Rainer/ Weitemeyer, Birgit	Flexibilisierung der Rücklagenbildung bei gemeinnützigen Stiftungen. In: npoR 2009, S. 107–108.
Ihle, Jörg	Stiftungen als Instrument der Unternehmens- und Vermögensnachfolge – Teil 1 und 2. In: RNotZ 2009, S. 557–573 und S. 621–642.
Jachmann, Monika	Die Rechtfertigung der steuerlichen Förderung des Sports. In: Hüttemann/Rawert/Schmidt/Weitemeyer (Hrsg.), Non Profit Law Yearbook 2008, Köln u.a. 2009, S. 11–19.
Jachmann, Monika	Gemeinnützigkeit kompakt. Stuttgart 2009.
Jachmann, Monika/ Liebl, Klaus	Gemeinnützigkeits- und Spendenrecht. Grundlagen und Brennpunkte. Stuttgart 2009.
Jacobi, Robert	Die Goodwill-Gesellschaft. Die unsichtbare Welt der Stifter, Spender und Mäzene. Hamburg 2009.
Jacobs, Thomas	Umsatzsteuer und Gemeinnützigkeit. Hamburg 2009.
Jahn, Ines	Rechnungslegung nichtwirtschaftlicher Vereine bei Anwendung handelsrechtlicher Rechnungslegungsgrundsätze. Aachen 2009.
Jakob, Dominique	Vereins- und Stiftungsrecht 2008 – Länderbericht Schweiz. In: Hüttemann/Rawert/Schmidt/Weitemeyer (Hrsg.), Non Profit Law Yearbook 2008, Köln u.a. 2009, S. 205–210.
Jakob, Dominique	Entwicklungen im Vereins- und Stiftungsrecht/Le point sur le droit des associations et fondations. In: SJZ 2009, S. 505–508.
Janitzki, Axel	Der Rechtsformwechsel eines Krankenhausträgervereins in eine stiftungsgetragene gemeinnützige Gesellschaft mit beschränkter Haftung. In: Andrick/Hellmig/Janitzki/Muscheler/Schewe (Hrsg.), Die Stiftung. Jahreshefte zum Stiftungswesen, 3. Jahrgang Frankfurt am Main u.a. 2009, S. 133–142.

Jäschke, Dirk	Verstöße gegen die Rechtsordnung und Extremismus im Gemeinnützigkeitsrecht – Zur Regelung des § 51 Abs. 3 AO. In: DStR 2009, S. 1669–1677.
Jöchl, Gerhard/ Lummerstorfer, Andreas/ Kossak, Wolfgang/ Höhne, Thomas	PAKET zum Vereinsrecht: Das Recht der Vereine (3. Auflage) und Handbuch für Vereinsfunktionäre (1. Auflage). Wien 2009.
Jordan, Helmuth/ Augsten, Ursula	Guidelines für unternehmensnahe Stiftungen. In: ZErb 2009, S. 167–172.
Jorde, Thomas R./ Götz, Hellmut	Ausländische Familienstiftungen und Trusts in der Gestaltungsberatung. In: Wachter (Hrsg.), Festschrift für Sebastian Spiegelberger zum 70. Geburtstag – Vertragsgestaltung im Zivil- und Steuerrecht, Bonn 2009, S. 1301–1320.
Joussen, Jacob	Vertragsänderungen und die Beteiligung der Mitarbeitervertretung in Stiftungen unter Geltung des kirchlichen Arbeitsrechts. In: Saenger/Bayer/Koch/Körber (Hrsg.), Gründen und Stiften – Festschrift zum 70. Geburtstag des Jenaer Gründungsdekans und Stiftungsrechtlers Olaf Werner, Baden-Baden 2009, S. 346–361.
Jud, Waldemar/ Schwar, Beatrix	Die gemeinnützige Stiftung, der gemeinnützige Fonds. 2. Auflage, Wien 2009
Kalss, Susanne/ Zollner, Johannes	Das Kontrolldilemma der gemeinnützigen österreichischen Privatstiftung. In: Hüttemann/Rawert/Schmidt/Weitemeyer (Hrsg.), Non Profit Law Yearbook 2008, Köln u.a. 2009, S. 153–174.
Kanders, Thomas/ Thonemann, Susanne	Brennpunkte der Stiftungsbesteuerung: aktuelle Fragestellungen aus der Beratungspraxis. In: SteuerConsultant 2009, S. 15–20.
Kaufmann, Michael/ Schmitz-Herscheidt, Fabian	Aktuelle umsatzsteuerliche Fragen gemeinnütziger Einrichtungen. Zuschüsse – Organschaft – Zweckbetrieb. In: ROTE SEITEN zum Magazin Stiftung&Sponsoring 1/2009.
Kessel, Wolfgang	Treupflichten der Banken und Rechte des BVR im Präventionssystem der Sicherungseinrichtung des Bundesverbandes der Deutschen Volksbanken und Raiffeisenbanken (BVR). In: Schöpflin (Hrsg.), Von der Sache zum Recht – Festschrift für Volker Beuthien zum 75. Geburtstag, München 2009, S. 323–335.
Kilian, Michael	Die österreichischen Arbeitsstiftungen. In: Saenger/Bayer/Koch/Körber (Hrsg.), Gründen und Stiften – Festschrift zum 70. Geburtstag des Jenaer Gründungsdekans und Stiftungsrechtlers Olaf Werner, Baden-Baden 2009, S. 316–330.

Kirca, Cigdem/ *Aydin, Ramazan*	Stiftungsvermögen und diesbezügliche Rechtsgeschäfte unter der Geltung des neuen türkischen Stiftungsgesetzes vom 20.2.2008. In: Saenger/Bayer/Koch/Körber (Hrsg.), Gründen und Stiften – Festschrift zum 70. Geburtstag des Jenaer Gründungsdekans und Stiftungsrechtlers Olaf Werner, Baden-Baden 2009, S. 306–315.
Kirk, Michael	Die Renaissance von (genossenschaftlicher) Kooperation im ländlichen Raum in Entwicklungsländern? – Antworten der experimentellen Ökonomik unter Struktur- und Klimawandel. In: Schöpflin (Hrsg.), Von der Sache zum Recht – Festschrift für Volker Beuthien zum 75. Geburtstag, München 2009, S. 227–348.
Klein, Christoph/ *Winheller, Stefan*	Spendenabzug für Zuwendungen ins EU-Ausland: Ein Schritt nach vorne, zwei zurück: Anmerkungen zum JStG 2009 unter Berücksichtigung der EuGH-Urteile Stauffer und Persche. In: DStZ 2009, S. 193–196.
Knof, Béla/ *Roth, Gregor*	Die Stiftung in Krise und Insolvenz. In: KTS 2009, S. 163–198.
Ko, Sang-Hyun	Errichtung einer Stiftung nach deutschem und koreanischem Recht. Frankfurt am Main u.a. 2009.
Koch, Christian/ *Holt, Thomas von*	Nonprofit Governance in der Wohlfahrtspflege – zeitgemäße Strukturen am Beispiel der gemeinnützigen GmbH. In: DStR 2009, S. 2492–2495.
Koch, Christian/ *Holt, Thomas von*	Gemeinnützige GmbH. Beck'sche Musterverträge, Band 50. 2. Auflage, München 2009.
Kohlhepp, Ralf/ *Weidmann, Christina*	Die gemeinnützige GmbH: Errichtung und Besteuerung einer gGmbH. Wiesbaden 2009.
Kohnke, Andreas	Die Pflichten des Stiftungsvorstands aus Bundes- und Landesrecht. Baden-Baden 2009.
Kolbe, Stefan	Die ertragsteuerliche Behandlung von Auslagenersatz, Aufwandsersatz und Vergütungen an Vorstandsmitglieder eines gemeinnützigen Vereins. In: DStR 2009, S. 2465–2469.
Koller, Thomas	Die neuere Rechtsprechung des Schweizerischen Bundesgerichts zur Gemeinnützigkeitsschädlichkeit eines zu engen Destinatärkreises im schweizerischen Steuerrecht. In: npoR 2009, S. 87–93.
Konold, Robert/ *Röthel, Hans Robert*	Umsatzsteuer im Sponsoring unter Berücksichtigung der aktuellen BFH- und EuGH-Rechtsprechung. In: DStR 2009, S. 15–20.
Koss, Claus/ *Richter, Andreas/* *Meyn, Christian*	Die Stiftung. 2. Auflage, Freiburg 2009.

Kossak, Wolfgang/
Höhne, Thomas/
Jöchl, Gerhard/
Lummerstorfer, Andreas

PAKET zum Vereinsrecht: Das Recht der Vereine (3. Auflage) und Handbuch für Vereinsfunktionäre (1. Auflage). Wien 2009.

Köstler, Ursula

Lebenszyklus in Vereinsform tätigen Initiativen der Hilfe auf Gegenseitigkeit. In: ZögU 2009, S. 272–281.

Kraft, Gerhard/
Schulz, Kay Alexander

Systematische Verwerfungen im Rahmen der Besteuerung ausländischer Familienstiftungen nach dem neu eingefügten § 15 AStG. In: ZSt 2009, S. 122–130.

Krause, Nils/
Grigoleit, Matthias

Aus Gesetzgebung, Rechtsprechung und Verwaltungsanweisungen zum Dritten Sektor im Jahr 2007/2008 in Deutschland. In: Hüttemann/Rawert/Schmidt/Weitemeyer (Hrsg.), Non Profit Law Yearbook 2008, Köln u.a. 2009, S. 175–203.

Kühner, Christian

Unbeschränkte wirtschaftliche Betätigung für Berufsverbände. In: DStR 2009, S. 1786–1790.

Lampen, Marius

Die Abgrenzung zwischen nichtwirtschaftlichen und wirtschaftlichen Vereinen und damit verbundenen Haftungsrisiken. Hamburg 2009.

Lange, Knut Werner

Zur Pflichtteilsfestigkeit von Zuwendungen an Stiftungen. In: Wachter (Hrsg.), Festschrift für Sebastian Spiegelberger zum 70. Geburtstag – Vertragsgestaltung im Zivil- und Steuerrecht, Bonn 2009, S. 1321–1329.

Larkin, Richard/
DiTommaso, Marie

Wiley not-for-profit GAAP 2009. Hoboken, N.J., 2009.

Lassmann, Tom

Untreue zu Lasten gemeinnütziger Stiftungen – Strafbarkeitsrisiken im Non-Profit-Bereich. In: NStZ 2009, S. 473–478.

Leible, Stefan

Die Stiftung im Internationalen Privatrecht. In: Saenger/Bayer/Koch/Körber (Hrsg.), Gründen und Stiften – Festschrift zum 70. Geburtstag des Jenaer Gründungsdekans und Stiftungsrechtlers Olaf Werner, Baden-Baden 2009, S. 256–274.

Lenk, Thomas/
Rottmann, Oliver/
Loseries, Anna-Christina

Perspektiven eines PPP-Modells zur Finanzierung kultureller Einrichtungen und Projekte am Beispiel der Stadt München. In: ZögU 2009, S. 44–68.

Lennert, Philipp/
Blum, Hans Christian

Das neue liechtensteinische Stiftungsrecht: Zivil- und steuerrechtliche Einordnung nach der Stiftungsrechtsreform. In: ZEV 2009, S. 171–177.

Leupold, Bettina

Krankenhausmärkte in Europa. Aus der Perspektive des europäischen Beihilfenrechts. Baden-Baden 2009.

Liebl, Klaus/
Jachmann, Monika

Gemeinnützigkeits- und Spendenrecht. Grundlagen und Brennpunkte. Stuttgart 2009.

Lingelbach, Gerhard	Der Umgang mit Altstiftungen in den Jahren nach 1945 im Beitrittsgebiet – Erste Bestandsaufnahme für Thüringen. In: ZSt 2009, S. 99–106.
Lissner, Benjamin	Das Gemeinnützigkeits- und Spendenrecht unter dem Einfluss der europäischen Grundfreiheiten. Hamburg 2009.
Loseries, Anna-Christina/ Lenk, Thomas/ Rottmann, Oliver	Perspektiven eines PPP-Modells zur Finanzierung kultureller Einrichtungen und Projekte am Beispiel der Stadt München. In: ZögU 2009, S. 44–68.
Löwe, Christian von	Die steuerliche Behandlung der Familienstiftung. In: Wachter (Hrsg.), Festschrift für Sebastian Spiegelberger zum 70. Geburtstag – Vertragsgestaltung im Zivil- und Steuerrecht, Bonn 2009, S. 1370–1389.
Lummerstorfer, Andreas/ Kossak, Wolfgang/ Höhne, Thomas/ Jöchl, Gerhard	PAKET zum Vereinsrecht: Das Recht der Vereine (3. Auflage) und Handbuch für Vereinsfunktionäre (1. Auflage). Wien 2009.
Maer, Thomas M.	Neue IPRG-Bestimmungen zum Trust. Basel 2009.
Mager, Martin/ Weitemeyer, Birgit	Zum Stand der Diskussion um die Geprägetheorie im Gemeinnützigkeitsrecht. In: Hüttemann/Rawert/Schmidt/Weitemeyer (Hrsg.), Non Profit Law Yearbook 2008, Köln u.a. 2009, S. 69–88.
Mann, Kristina/ Schulz-Nieswandt, Frank	Zur Morphologie der Staatlichkeit im Wandel. Neuere Literatur zur Europäisierung im Mehr-Ebenen-System, zu den Gesundheits- und Sozialdienstleistungen (von allgemeinem [wirtschaftlichem] Interesse) und zur öffentlichen Daseinsvorsorge. Dritter Sektor und die Delegation öffentlicher Aufgaben. In: ZöGU 2009, S. 183–202.
Marciano, Alain/ Harnay, Sophie	Should I help my neighbour? Self-interest, altruism and economic analyses of rescue laws. In: European Journal of Law and Economics 28 (2009), S. 103–131.
Markowski, Cornelia/ Piontkowski, Kerstin	Gemeinnützigkeit im Lichte des EG-Beihilferechts. Tagungsdokument. Berlin 2009.
Matheis, Frank/ Hippeli, Michael	Gemeinnützigkeit der eingetragenen (Ideal)Genossenschaft: eine Bestandsaufnahme. In: ZfgG 2009, S. 234–245.
Meyer, Kerstin/ Röthel, Anne	Bringt die Pflichtteilsreform Vorteile für Stiftungen? In: npoR 2009, S. 96–97.
Meyer, Kerstin/ Weitemeyer, Birgit	Relevanz der Erbschaftsteuerreform für Stiftungen. In: npoR 2009, S. 81–83.
Meyn, Christian/ Koss, Claus/ Richter, Andreas	Die Stiftung. 2. Auflage, Freiburg 2009.

Michalski, Silke/ Scherhag, Christian	Wie viel Markt braucht eine Nonprofit-Organisation? Betriebswirtschaftliche Orientierung von gemeinnützigen Stiftungen und Vereinen. In: npoR 2009, S. 94–95.
Miehe, Lutz	Grundzüge der Stiftungspolitik zwischen 1945 und dem Ende der 1950er-Jahre auf dem Gebiet des heutigen Bundeslandes Sachsen-Anhalt. Eine Zwischenbilanz aus historischer Sicht. In: ZSt 2009, S. 51–65.
Mohr, Martin/ Schenke, Ralf Peter	Auswirkungen des europäischen Gemeinschaftsrechts auf das deutsche Steuerrecht – Prominente Beispiele aus dem EStR, KStR, GewStR und AStR. In: DStZ 2009, S. 439–452.
Möllenbeck, Claus/ Hidien, Jürgen W.	Spenden an gemeinnützige Institutionen in EU-Mitgliedstaaten sind steuerlich abzugsfähig. In: PISTB 2009, S. 124–127.
Möllmann, Peter	Haftungsfalle Ehrenamt – Persönliche Haftung des ehrenamtlichen Vereinsvorstands für Steuerschulden des gemeinnützigen Vereins. In: DStR 2009, S. 2125–2132.
Müller, Beate	Die privatnützige Stiftung zwischen Staatsaufsicht und Deregulierung – Eine Untersuchung des Verhältnisses privatnütziger Stiftungen zu staatlicher Aufsicht und alternativen Kontrollmechanismen, unter anderem der Foundation Governance. Baden-Baden 2009.
Müller, Erwin	Die Bundesstiftung. Berlin 2009.
Mummenhoff, Winfried	Zustiftungen zu katholischen Sammelstiftungen. In: Saenger/Bayer/Koch/Körber (Hrsg.), Gründen und Stiften – Festschrift zum 70. Geburtstag des Jenaer Gründungsdekans und Stiftungsrechtlers Olaf Werner, Baden-Baden 2009, S. 333–345.
Münkner, Hans-H.	Internationales Genossenschaftsrecht. In: Schöpflin (Hrsg.), Von der Sache zum Recht – Festschrift für Volker Beuthien zum 75. Geburtstag, München 2009, S. 349–369.
Muscheler, Karlheinz	Die Verbrauchsstiftung. In: Saenger/Bayer/Koch/Körber (Hrsg.), Gründen und Stiften – Festschrift zum 70. Geburtstag des Jenaer Gründungsdekans und Stiftungsrechtlers Olaf Werner, Baden-Baden 2009, S. 129–145.
Muscheler, Karlheinz	Der stellvertretende Vorsitzende eines Vereins- oder Stiftungsorgans. In: Andrick/Hellmig/Janitzki/Muscheler/Schewe (Hrsg.), Die Stiftung. Jahreshefte zum Stiftungswesen, 3. Jahrgang Frankfurt am Main u.a. 2009, S. 143–149.
Muscheler, Karlheinz	Fehlende Vertretungsmacht des Vereins- oder Stiftungsvorstands. In: Andrick/Hellmig/Janitzki/Muscheler/Schewe (Hrsg.), Die Stiftung. Jahreshefte zum Stiftungswesen, 3. Jahrgang Frankfurt am Main u.a. 2009, S. 151–155.

Muscheler, Karlheinz	Kann von § 33 II BGB in der Vereinssatzung befreit werden? In: Andrick/Hellmig/Janitzki/Muscheler/Schewe (Hrsg.), Die Stiftung. Jahreshefte zum Stiftungswesen, 3. Jahrgang Frankfurt am Main u.a. 2009, S. 157–158.
Musil, Andreas	Reformbedarf bei der wirtschaftlichen Betätigung gemeinnütziger Körperschaften. In: DStR 2009, S. 2453–2459.
Mutter, Christoph	Steuerliche Gesichtspunkte bei Vermögensübertragungen mittels ausländischer Trusts und Stiftungen – ein chronologischer Überblick. In: Wachter (Hrsg.), Festschrift für Sebastian Spiegelberger zum 70. Geburtstag – Vertragsgestaltung im Zivil- und Steuerrecht, Bonn 2009, S. 1330–1340.
Mutter, Christoph/ Schwarz, Stephan	Keine Angst vor der Selbstanzeige – Nacherklärung von Einkünften aus Kapitalvermögen bei Vermögensbindung in Stiftungen oder Trusts. In: IStR 2009, S. 807–812.
Naumann Grünberg, Dirk zu/ Nicolai, Jakob	Stiftungsgesetz Hamburg. Praxis-Kommentar des Hamburger Stiftungsgesetzes (StiftG). Hamburg 2009.
Neuhoff, Klaus	Zur Praxis operativer Stiftungen. In: ZSt 2009, S. 16–20.
Neuhoff, Klaus	Verfassungsrechtliche und andere gesetzliche Schranken bei der Vermögensverwaltung von Stiftungen. In: ZSt 2009, S. 143–156.
Neuhoff, Klaus	Die operative Stiftung und ihr Vermögen. In: Saenger/Bayer/Koch/Körber (Hrsg.), Gründen und Stiften – Festschrift zum 70. Geburtstag des Jenaer Gründungsdekans und Stiftungsrechtlers Olaf Werner, Baden-Baden 2009, S. 146–164.
Nicolai, Jakob/ Naumann Grünberg, Dirk zu	Stiftungsgesetz Hamburg. Praxis-Kommentar des Hamburger Stiftungsgesetzes (StiftG). Hamburg 2009.
Nissel, Reinhard	Stiftungsrechtliche Gesetzgebung – Spiegelbild des Stiftungswesens? In: Saenger/Bayer/Koch/Körber (Hrsg.), Gründen und Stiften – Festschrift zum 70. Geburtstag des Jenaer Gründungsdekans und Stiftungsrechtlers Olaf Werner, Baden-Baden 2009, S. 45–59.
O'Regan, Andrew	Imaging the voluntary actor. Baden-Baden 2009.
Oberbeck, Petra	Neuerungen im Vereinsrecht. In: Verbändereport 2009, S. 19–23.
Oberbeck, Petra/ Winheller, Stefan	Die gemeinnützige Unternehmergesellschaft. Die Pflichtrücklage nach § 5a Abs. 3 GmbHG als Stolperstein? In: DStR 2009, S. 516–519.
Oertzen, Christian von	Aktuelle Besteuerungsfragen inländischer Familienstiftungen. In: Wachter (Hrsg.), Festschrift für Sebastian Spiegelberger zum 70. Geburtstag – Vertragsgestaltung im Zivil- und Steuerrecht, Bonn 2009, S. 1390–1398.

Oetker, Hartmut

Zusammenführung von Stiftungen und Gesamtrechtsnachfolge – eine Herausforderung an Gesetzgeber und Rechtswissenschaft. In: Saenger/Bayer/Koch/Körber (Hrsg.), Gründen und Stiften – Festschrift zum 70. Geburtstag des Jenaer Gründungsdekans und Stiftungsrechtlers Olaf Werner, Baden-Baden 2009, S. 207–221.

Orth, Jan F.

Vereins- und Verbandsstrafen am Beispiel des Fußballsports. Frankfurt am Main u.a. 2009.

Orth, Manfred

Verluste gemeinnütziger Stiftungen aus Vermögensverwaltung. In: DStR 2009, S. 1397–1405.

Otte, Gerhard

Eine oktroyierte Stiftungssatzung – oder: Ist die Stiftungsaufsicht bei den Verwaltungsbehörden gut aufgehoben? In: Saenger/Bayer/Koch/Körber (Hrsg.), Gründen und Stiften – Festschrift zum 70. Geburtstag des Jenaer Gründungsdekans und Stiftungsrechtlers Olaf Werner, Baden-Baden 2009, S. 75–84.

Paqué, Karl-Heinz

Die Finanzkrise: Diagnose und Lehren aus volkswirtschaftlicher Sicht. In: npoR 2009, S. 23–27.

Passarge, Malte

Zu den Anforderungen an die Ausgestaltung des Rechtsverhältnisses zwischen Stiftung und Destinatär. In: NZG 2009, S. 1421–1423.

Pauli, Rudolf

Stiftungsmodelle aus zivil- und steuerrechtlicher Sicht. In: Andrick/Hellmig/Janitzki/Muscheler/Schewe (Hrsg.), Die Stiftung. Jahreshefte zum Stiftungswesen, 3. Jahrgang Frankfurt am Main u.a. 2009, S. 159–179.

Pauls, Alexandra

Die steuerlichen Aufzeichnungs- und Buchführungspflichten privatrechtlicher Stiftungen. In: ZSt 2009, S. 107–118.

Pelz, Christian

Sponsoring – zwischen Marketing und Korruption. In: LMuR 2009, S. 50–54.

Peukert, Matthias/ Gilberg, Anika

Auswahlbibliografie des Non-Profit-Rechts 2008. In: Hüttemann/Rawert/Schmidt/Weitemeyer (Hrsg.), Non Profit Law Yearbook 2008, Köln u.a. 2009, S. 211–224.

Piontkowski, Kerstin/ Markowski, Cornelia/

Gemeinnützigkeit im Lichte des EG-Beihilferechts. Tagungsdokument. Berlin 2009.

Plappert, Martin Karl

Gemeinnützigkeits- und Spendenrecht. Ein steuersystematischer Rechtsvergleich zwischen den USA und Deutschland. Frankfurt am Main u.a. 2009.

Pöllath, Reinhard/ Döring, Vanessa

Haftung der Geschäftsführung von Stiftung und Verein. Untersuchung, Durchsetzung, Vorbeugung. In: Spindler/Tipke/Rödder (Hrsg.), Steuerzentrierte Rechtsberatung – Festschrift für Harald Schaumburg zum 65. Geburtstag, Köln 2009, S. 1317–1326.

Portmann, Wolfgang/ Seemann, Matthias/ Heini, Anton	Grundriss des Vereinsrechts. Basel 2009.
Proff, Maximilian Freiherr von	Grenzüberschreitende Gemeinnützigkeit nach dem Persche-Urteil des EuGH. In: IStR 2009, S. 371–377.
Rausch, Roland	NPO – Ein falscher Begriff für Sozialunternehmen? In: Verbändereport 8/2009, S. 52–56.
Rawert, Peter	Die juristische Person des Privatrechts als Stiftungsvorstand. In: Saenger/Bayer/Koch/Körber (Hrsg.), Gründen und Stiften – Festschrift zum 70. Geburtstag des Jenaer Gründungsdekans und Stiftungsrechtlers Olaf Werner, Baden-Baden 2009, S. 119–128.
Rawert, Peter	Von süffigen Parolen, einem dicken Sargnagel und der Philosophie des »Als Ob« – Karsten Schmidt und das Stiftungsrecht. In: Bitter/Lutter/Priester/Schön/Ulmer (Hrsg.), Festschrift für Karsten Schmidt zum 70. Geburtstag, Köln 2009, S. 1323–1339.
Reffken, Hendrik	Die Rechts-, Partei- und Grundbuchfähigkeit politischer Parteien. In: NVwZ 2009, S. 1131–1134.
Reichert, Bernhard	Handbuch des Vereins- und Verbandsrechts. 12. Auflage, Köln u.a. 2009.
Reschke, Dennis/ Brand, Christian	Insolvenzverschleppung – künftig auch im eingetragenen Verein strafbar? In: NJW 2009, S. 2343–2347.
Reuter, Dieter	Zur Vereinsrechtsreform 2009. In: NZG 2009, S. 1368–1373.
Reuter, Dieter	Die Zustiftung im Recht der selbständigen Stiftung. In: npoR 2009, S. 55–61.
Richter, Andreas/ Gollan, Anna Katharina	Entscheidung des EuGH in der Rechtssache Persche – Spenden an EU-ausländische gemeinnützige Organisationen. In: npoR 2009, S. 19–20.
Richter, Andreas/ Meyn, Christian/ Koss, Claus	Die Stiftung. 2. Auflage, Freiburg 2009.
Ritter, Gabriele	Förderung des Sports. Zwischen ideellem und wirtschaftlichem Handeln. In: ROTE SEITEN zum Magazin Stiftung& Sponsoring 4/2009.
Roth, Gregor	Kurzkommentar zum Urteil des OLG Hamburg v. 5.2.2009 – 6 U 216/07. In: EWiR 2009, S. 331–332
Roth, Gregor	Der vereinsrechtliche Sonderweg in der Insolvenz oder zur Analogiefähigkeit des Zahlungsverbots – zugleich Besprechung von OLG Hamburg, Urteil v. 5.2.2009 – 6 U 216/07, ZIP 2009, 757. In: npoR 2009, S. 46–48.
Roth, Gregor/ Knof, Béla	Die Stiftung in Krise und Insolvenz. In: KTS 2009, S. 163–198.

Röthel, Anne/
Meyer, Kerstin

Bringt die Pflichtteilsreform Vorteile für Stiftungen? In: npoR 2009, S. 96–97.

Röthel, Hans Robert/
Konold, Robert

Umsatzsteuer im Sponsoring unter Berücksichtigung der aktuellen BFH- und EuGH-Rechtsprechung. In: DStR 2009, S. 15–20.

Rottmann, Oliver/
Loseries, Anna-Christina/
Lenk, Thomas

Perspektiven eines PPP-Modells zur Finanzierung kultureller Einrichtungen und Projekte am Beispiel der Stadt München. In: ZögU 2009, S. 44–68.

Runte, Julia

Sonderausgabenabzug für Auslandsspenden. Zum grenzüberschreitenden Spendenabzug nach dem Urteil des EuGH, RIW 2009, 170 – Persche. In: RIW 2009, S. 461–468.

Säcker, Franz Jürgen

Gesetzliche und satzungsmäßige Grenzen für Spenden und Sponsoringmaßnahmen in der Kapitalgesellschaft – Eine Nachbetrachtung zum Urteil des Bundesgerichtshofs vom 14.10.2008 – 1 StR 260/08. In: BB 2009, S. 282–286.

Saenger, Ingo

Stiftungskörperschaften – Anspruch und Wirklichkeit. In: Saenger/Bayer/Koch/Körber (Hrsg.), Gründen und Stiften – Festschrift zum 70. Geburtstag des Jenaer Gründungsdekans und Stiftungsrechtlers Olaf Werner, Baden-Baden 2009, S. 165–178.

Saenger, Ingo/
Bayer, Walter/
Koch, Elisabeth/
Körber, Torsten (Hrsg.)

Gründen und Stiften – Festschrift zum 70. Geburtstag des Jenaer Gründungsdekans und Stiftungsrechtlers Olaf Werner. Baden-Baden 2009.

Sanders, Anne

Das neue Charity Law in England. Englisches und deutsches Gemeinnützigkeitsrecht im Vergleich. In: ZSt 2009, S. 80–89.

Saxe, Annegret

Erfolgsfaktoren für Stiftungskooperationen. Eine theoretische und empirische Analyse. Aachen 2009.

Schäfer, Elena

Stiftung als Steuersparmodell: Rechtsform für die Vermögensübertragung im Rahmen der Nachfolgeplanung. Hamburg 2009.

Schäfer, Hagen

Kompetenzen der Organe und der Aufsicht in der Insolvenz einer Unternehmensstiftung. Hamburg 2009.

Schäfer, Henry/
Schröder, Michael

Nachhaltige Kapitalanlagen für Stiftungen. Aktuelle Entwicklungen und Bewertungen. Baden-Baden 2009.

Schauer, Martin (Hrsg.)

Kurzkommentar zum liechtensteinischen Stiftungsrecht. Basel 2009.

Schauhoff, Stephan

Unternehmensnachfolge mit Stiftungen. In: Wachter (Hrsg.), Festschrift für Sebastian Spiegelberger zum 70. Geburtstag – Vertragsgestaltung im Zivil- und Steuerrecht, Bonn 2009, S. 1341–1350.

Schauhoff, Stephan

Der zulässige Umfang wirtschaftlicher Betätigung von Stiftungen. In: Andrick/Hellmig/Janitzki/Muscheler/Schewe (Hrsg.), Die Stiftung. Jahreshefte zum Stiftungswesen, 3. Jahrgang Frankfurt am Main u.a. 2009, S. 121–131.

Schenke, Ralf Peter/ Mohr, Martin	Auswirkungen des europäischen Gemeinschaftsrechts auf das deutsche Steuerrecht – Prominente Beispiele aus dem EStR, KStR, GewStR und AStR. In: DStZ 2009, S. 439–452.
Scherhag, Christian/ Michalski, Silke	Wie viel Markt braucht eine Nonprofit-Organisation? Betriebswirtschaftliche Orientierung von gemeinnützigen Stiftungen und Vereinen. In: npoR 2009, S. 94–95.
Scherrer, Urs	Wie gründe und leite ich einen Verein? Vereine und Verbände im schweizerischen Recht. Zürich 2009.
Schick, Stefan	Steuerratgeber für soziale Einrichtungen. Gemeinnützigkeit und Umsatzsteuer. Rechtliche und steuerliche Risiken meistern. Regensburg 2009.
Schick, Stefan	Die gemeinnützige Stiftung als Holding im Gesundheits- und Sozialwesen. In: Wachter (Hrsg.), Festschrift für Sebastian Spiegelberger zum 70. Geburtstag – Vertragsgestaltung im Zivil- und Steuerrecht, Bonn 2009, S. 1351–1357.
Schiffer, K. Jan	Die Stiftung in der Beraterpraxis. 2. Auflage, Bonn 2009.
Schiffer, K. Jan	Stiftungen und Familie: Anmerkungen zu »Familienstiftungen«. In: Wachter (Hrsg.), Festschrift für Sebastian Spiegelberger zum 70. Geburtstag – Vertragsgestaltung im Zivil- und Steuerrecht, Bonn 2009, S. 1358–1369.
Schleder, Herbert	Steuerrecht der Vereine. 9. Auflage, Herne 2009.
Schmitz-Herscheidt, Fabian/ Kaufmann, Michael	Aktuelle umsatzsteuerliche Fragen gemeinnütziger Einrichtungen. Zuschüsse – Organschaft – Zweckbetrieb. In: ROTE SEITEN zum Magazin Stiftung&Sponsoring 1/2009.
Schönenberg, Daniela	Transformation vom Verein in eine Stiftung im Schweizer Recht. In: npoR 2009, S. 64–67.
Schröder, Michael/ Schäfer, Henry	Nachhaltige Kapitalanlagen für Stiftungen. Aktuelle Entwicklungen und Bewertungen. Baden-Baden 2009.
Schruff, Lothar/ Busse, Jan Simon/ Hoffmann, Tim	Zur Weiterentwicklung der Rechnungslegung Spenden sammelnder Organisationen – IDW ERS HFA 21 n.F. In: WPg 2009, S. 812–820.
Schruff, Lothar/ Busse, Jan Simon/ Wellbrock, Jens M.	Konzept für eine Erfolgsrechnung spendensammelnder Organisationen. In: WPg 2009, S. 591–599.
Schuchter, Yvonne	Die Behandlung von liechtensteinischen Stiftungen im österreichischen Abgabenrecht. In: Österreichische Notariatszeitung 2009, S. 289–298.
Schuck, Frank	Die Doppelstiftung. Frankfurt am Main u.a. 2009.
Schulz, Kay Alexander/ Kraft, Gerhard	Systematische Verwerfungen im Rahmen der Besteuerung ausländischer Familienstiftungen nach dem neu eingefügten § 15 AStG. In: ZSt 2009, S. 122–130.

Schulz-Nieswandt, Frank/
Mann, Kristina

Zur Morphologie der Staatlichkeit im Wandel. Neuere Literatur zur Europäisierung im Mehr-Ebenen-System, zu den Gesundheits- und Sozialdienstleistungen (von allgemeinem [wirtschaftlichem] Interesse) und zur öffentlichen Daseinsvorsorge. Dritter Sektor und die Delegation öffentlicher Aufgaben. In: ZöGU 2009, S. 183–202.

Schwar, Beatrix/
Jud, Waldemar

Die gemeinnützige Stiftung, der gemeinnützige Fonds. 2. Auflage, Wien 2009

Schwarz, Stephan/
Mutter, Christoph

Keine Angst vor der Selbstanzeige – Nacherklärung von Einkünften aus Kapitalvermögen bei Vermögensbindung in Stiftungen oder Trusts. In: IStR 2009, S. 807–812.

Schwien, Bernd

Ganzheitliche Unternehmensführung in Nonprofit-Organisationen. Stuttgart 2009

Seeger, Andreas/
Brox, Wilhelm

Das Ende der Steuerbegünstigung für Selbstversorgungsbetriebe nach § 68 Nr. 2b AO? – Zugleich Anmerkungen zum BFH-Urteil vom 29.1.2009, V R 46/06, BStBl. II 2009, 560. In: DStR 2009, S. 2459–2465.

Seemann, Matthias/
Heini, Anton/
Portmann, Wolfgang

Grundriss des Vereinsrechts. Basel 2009.

Segna, Ulrich

Rechtsformverfehlungen und Holdingkonstruktionen bei Idealvereinen – eine Nachlese des »Kolpingwerk«-Urteils. In: Hüttemann/Rawert/Schmidt/Weitemeyer (Hrsg.), Non Profit Law Yearbook 2008, Köln u.a. 2009, S. 39–53.

Seifart, Werner/
Campenhausen, Axel von

Stiftungsrechts-Handbuch. 3. Auflage, München 2009

Seyfarth, Sabine

Der Schutz der unselbständigen Stiftung: Gefahrenlagen, Schutzmöglichkeiten, Schutzlücken. Baden-Baden 2009.

Sobotta, Jan/
Cube, Nicolai von

Die Haftung des Vorstands für das Stiftungsvermögen. In: DB 2009, S. 2082–2088.

Sonnabend, Michael

Die geschenkten Lehrstühle. In: Wirtschaft & Wissenschaft 3/2009, S. 10–20.

Speckbrock, Sebastian

Pflichtteilsergänzung bei Zuwendungen an eine gemeinnützige Stiftung und Auswirkungen der Erbrechtsreform. In: RPfleger 2009, S. 597–605.

Speckbrock, Sebastian

Das Gesetz zur Reform des Erb- und Verjährungsrechts und Auswirkungen auf Zuwendungen an gemeinnützige Stiftungen. In: ZSt 2009, S. 157–162.

Spickhoff, Andreas

Zum Internationalen Privatrecht der Stiftungen. In: Saenger/Bayer/Koch/Körber (Hrsg.), Gründen und Stiften – Festschrift zum 70. Geburtstag des Jenaer Gründungsdekans und Stiftungsrechtlers Olaf Werner, Baden-Baden 2009, S. 241–255.

Spiegel, Harald/
Heidler, Kristin

Das Seeling-Modell bei Nonprofit-Organisationen – Auswirkungen des EuGH-Urteils vom 12.2.2009, »VNLTO«. In: DStR 2009, S. 1507–1512.

Stangl, Christian/
Tanzer, Michael/
Arnold, Nikolaus

Privatstiftungs-Steuerrecht. Systematische Kommentierung. 2. Auflage, Wien 2009.

Staschewski, Annette/
Drüen, Klaus-Dieter

Reform der Umsatzsteuerbefreiungen im Heilbereich – Gemeinschaftsrechtliche Vorgaben und ihre Umsetzung durch das Jahressteuergesetz 2009. In: UR 2009, S. 361–372.

Steiner, Axel

Steuerrecht im Sport. Stuttgart 2009.

Steiner, Matthias Günter

Die Klöster und ihr Wirken – eine der Wurzeln des Stiftungswesens? Frankfurt am Main u.a. 2009.

Steiner, Udo

Die Bedeutung des Sports im Staat des Grundgesetzes. In: Hüttemann/Rawert/Schmidt/Weitemeyer (Hrsg.), Non Profit Law Yearbook 2008, Köln u.a. 2009, S. 1–10.

Stolte, Stefan/
Wigand, Klaus/
Haase-Theobald, Cordula/
Heuel, Markus

Stiftungen in der Praxis. Recht Steuern Beratung. 2. Auflage, Wiesbaden 2009.

Störle, Johann/
Voll, Otto

Bayerisches Stiftungsgesetz. Kommentar. 5. Auflage, Stuttgart 2009.

Strachwitz, Rupert Graf

Die Legitimitätskrise des Stiftungswesens im 18. Jahrhundert. In: Saenger/Bayer/Koch/Körber (Hrsg.), Gründen und Stiften – Festschrift zum 70. Geburtstag des Jenaer Gründungsdekans und Stiftungsrechtlers Olaf Werner, Baden-Baden 2009, S. 372–389.

Strachwitz, Rupert Graf

Plädoyer für eine Zivilgesellschaft. In: npoR 2009, S. 2–9.

Strahl, Martin/
Fuhrmann, Claas

Steuerbefreiung für heilberufliche Leistungen nach § 4 Nr. 14 UStG – Anmerkungen zur Neuregelung unter Berücksichtigung des BMF-Schreibens vom 26.6.2009. In: DStR 2009, S. 2078–2082.

Stumpf, Christoph

Schiedsgerichtsbarkeit in Stiftungen. In: SchiedsVZ 2009, S. 266–272.

Tacke, Gertrud/
Engler, Ulla/
Goetz, Michael/
Hesse, Werner

Praxisratgeber Vereinsrecht. Satzungsgestaltung, Umstrukturierung, Konfliktbewältigung. Regensburg 2009.

Tanzer, Michael/
Arnold, Nikolaus/
Stangl, Christian

Privatstiftungs-Steuerrecht. Systematische Kommentierung. 2. Auflage, Wien 2009.

Tarelli, Elis

VAT treatment of NPO in Albania. In: npoR 2009, S. 67–70.

Theiner, Peter	Stiftungszweck Völkerverständigung. Robert Bosch und die Robert Bosch Stiftung. In: ROTE SEITEN zum Magazin Stiftung&Sponsoring 5/2009.
Thieme, Hauke	Neueste EuGH-Rechtsprechung zur Umsatzbesteuerung der öffentlichen Hand – Anmerkung zu den EuGH-Urteilen vom 4.6.2009 – C-102/08 sowie vom 16.9.2008 – C-288/07. In: BB 2009, S. 1900–1903.
Thimm, Dagmar	Rechtsformspezifischer gemeinnütziger Spendenabzug versus Leistungsfähigkeitsprinzip. Frankfurt am Main u.a. 2009.
Thoma, Katrin	Gemeinnützigkeits- und Spendenrecht – Aktuelle Beratungsaspekte. In: ErbStB 2009, S. 11–15.
Thonemann, Susanne/ Kanders, Thomas	Brennpunkte der Stiftungsbesteuerung: aktuelle Fragestellungen aus der Beratungspraxis. In: SteuerConsultant 2009, S. 15–20.
Timmer, Karsten	Gremienmanagement und Vorstandsarbeit. Die Arbeit von Stiftungsgremien effizient und effektiv gestalten. In: ROTE SEITEN zum Magazin Stiftung&Sponsoring 6/2009.
Trüg, Gerson	Vorteilsgewährung durch Übersendung von WM-Gutscheinen – Schützt Sponsoring vor Strafe? In: NJW 2009, S. 196–198.
Tscheulin, Dieter K./ Dietrich, Martin (Hrsg.)	Public and nonprofit marketing. ZögU 2009, Beiheft 37.
Ullrich, Benjamin D.	Die gemeinnützige GmbH nach dem MoMiG. Gemeinnützige Unternehmergesellschaft und Verzinsung von »eigenkapitalersetzenden« Gesellschafterdarlehen? In: GmbHR 2009, S. 750–758.
Ullrich, Benjamin D.	Praxisfragen der gesetzlichen Mustersatzung für gemeinnützige Körperschaften. In: DStR 2009, S. 2471–2473.
Unger, Ulrike	Neue Haftungsbegrenzungen für ehrenamtlich tätige Vereins- und Stiftungsvorstände. In: NJW 2009, S. 3269–3273.
Vieweg, Klaus	Zur Europäisierung des Vereins- und Verbandsrechts. In: Saenger/Bayer/Koch/Körber (Hrsg.), Gründen und Stiften – Festschrift zum 70. Geburtstag des Jenaer Gründungsdekans und Stiftungsrechtlers Olaf Werner, Baden-Baden 2009, S. 275–287.
Volkholz, Torsten	Die Vermögensausstattung und der Schutz des Vermögens von rechtsfähigen Stiftungen und Stiftungs-GmbHs. In: Hoffmann/Schubert (Hrsg.), Entwicklungen im Arbeits- und Wirtschaftsrecht – Festgabe für Peter Kreutz zum 70. Geburtstag, Köln u.a. 2009, S. 119–132.
Voll, Otto/ Störle, Johann	Bayerisches Stiftungsgesetz. Kommentar. 5. Auflage, Stuttgart 2009.
Wachter, Thomas	Kein Spendenabzug bei Zuwendungen an eine Vorstiftung – Zugleich Besprechung von FG Schleswig-Holstein, Urteil vom 4.6.2009 – 1 K 156/04. In: DStR 2009, S. 2469–2470.

Wallenhorst, Rolf	Gemeinnützigkeit: Ist die Geprägetheorie überholt? In: DStR 2009, S. 717–721.
Wallenhorst, Rolf/ Halaczinsky, Raymond	Die Besteuerung gemeinnütziger Vereine, Stiftungen und der juristischen Personen des öffentlichen Rechts. Praxishandbuch. 6. Auflage, München 2009.
Wälzholz, Eckhard	Die Reform des Erb- und Pflichtteilsrechts zum 1.1.2010 – Überblick mit Gestaltungsempfehlungen. In: DStR 2009, S. 2104–2110.
Weber, Christiane	Stiftungen als Ausdrucksformen Bürgerschaftlichen Engagements in Deutschland. Baden-Baden 2009.
Weber, Heinz-Otto	Kunde, Produkt oder Mitglied – was hat Vorrang im Geschäftsmodell des genossenschaftlichen Finanz-Verbundes? In: Schöpflin (Hrsg.), Von der Sache zum Recht – Festschrift für Volker Beuthien zum 75. Geburtstag, München 2009, S. 371–387.
Weidmann, Christina	Stiftung und Testamentsvollstreckung. Hamburg 2009.
Weidmann, Christina/ Kohlhepp, Ralf	Die gemeinnützige GmbH: Errichtung und Besteuerung einer gGmbH. Wiesbaden 2009.
Weinkauf, Walter	Genossenschaftliche Theorie und Praxis: Perspektiven für eine fruchtbare Dialektik. In: Schöpflin (Hrsg.), Von der Sache zum Recht – Festschrift für Volker Beuthien zum 75. Geburtstag, München 2009, S. 389–397.
Weitemeyer, Birgit	Die Zukunft des Stiftungsrechts in Europa. In: Saenger/Bayer/ Koch/Körber (Hrsg.), Gründen und Stiften – Festschrift zum 70. Geburtstag des Jenaer Gründungsdekans und Stiftungsrechtlers Olaf Werner, Baden-Baden 2009, S. 288–305.
Weitemeyer, Birgit	Grenzüberschreitend tätige Stiftungen. In: npoR 2009, S. 29–35.
Weitemeyer, Birgit	Die Zulässigkeit von Haftungsbeschränkungen im Recht der Gesellschaft bürgerlichen Rechts. In: Bitter/Lutter/Priester/ Schön/Ulmer (Hrsg.), Festschrift für Karsten Schmidt zum 70. Geburtstag, Köln 2009, S. 1693–1708.
Weitemeyer, Birgit	Verdeckte Gewinnausschüttungen bei der öffentlichen Hand nach dem JStG 2009 und die Schranken des europäischen Beihilfenrechts. In: FR 2009, S. 1–15.
Weitemeyer, Birgit/ Hüttemann, Rainer	Flexibilisierung der Rücklagenbildung bei gemeinnützigen Stiftungen. In: npoR 2009, S. 107–108.
Weitemeyer, Birgit/ Mager, Martin	Zum Stand der Diskussion um die Geprägetheorie im Gemeinnützigkeitsrecht. In: Hüttemann/Rawert/Schmidt/Weitemeyer (Hrsg.), Non Profit Law Yearbook 2008, Köln u.a. 2009, S. 69–88.
Weitemeyer, Birgit/ Meyer, Kerstin	Relevanz der Erbschaftsteuerreform für Stiftungen. In: npoR 2009, S. 81–83.

Wellbrock, Jens M./ *Schruff, Lothar/* *Busse, Jan Simon*	Konzept für eine Erfolgsrechnung spendensammelnder Organisationen. In: WPg 2009, S. 591–599.
Werner, Olaf	Das Thüringer Stiftungsgesetz vom 16.12.2008. In: ZSt 2009, S. 3–15.
Werner, Olaf	Die Umwandlung einer eigennützigen in eine fremdnützige Stiftung. In: ZSt 2009, S. 163–166.
Werner, Rüdiger	Die Haftung des Stiftungsvorstands. In: ZEV 2009, S. 366–371.
Wickert, Ralf/ *Eggers, Winfried*	Praxishandbuch Verbandsrecht. Bonn 2009.
Wiedeking, Tobias	Die zeitnahe Mittelverwendung im Gemeinnützigkeitsrecht – Auswirkungen des BFH-Urteils vom 29.03.2006, X R 59/00 auf das Gemeinnützigkeitsrecht. In: Birk/Saenger/Töben (Hrsg.), Forum Steuerrecht 2008, Baden-Baden 2009.
Wigand, Klaus/ *Haase-Theobald, Cordula/* *Heuel, Markus/* *Stolte, Stefan*	Stiftungen in der Praxis. Recht Steuern Beratung. 2. Auflage, Wiesbaden 2009.
Winheller, Stefan	Finanzverwaltung erkennt gemeinnützige Unternehmergesellschaft an. In: NWB 2009, S. 1812–1815.
Winheller, Stefan/ *Klein, Christoph*	Spendenabzug für Zuwendungen ins EU-Ausland: Ein Schritt nach vorne, zwei zurück: Anmerkungen zum JStG 2009 unter Berücksichtigung der EuGH-Urteile Stauffer und Persche. In: DStZ 2009, S. 193–196.
Winheller, Stefan/ *Oberbeck, Petra*	Die gemeinnützige Unternehmergesellschaft. Die Pflichtrücklage nach § 5a Abs. 3 GmbHG als Stolperstein? In: DStR 2009, S. 516–519.
Wolf, Erich	Leitfaden Österreichische Privatstiftung. Von der Gründung bis zur Auflösung. 3. Auflage, Graz 2009.
Wolff, Reinmar	Rechtsträgerschaft und Rechtswahrnehmung im gegliederten Verein. In: Hüttemann/Rawert/Schmidt/Weitemeyer (Hrsg.), Non Profit Law Yearbook 2008, Köln u.a. 2009, S. 21–38.
Wolff, Reinmar	»Kirchenaustritt« religiöser Vereine – Freiheit, Bindung und die Reichweite der Vereinsautonomie. In: NZG 2009, S. 1217–1219.
Zollner, Johannes/ *Kalss, Susanne*	Das Kontrolldilemma der gemeinnützigen österreichischen Privatstiftung. In: Hüttemann/Rawert/Schmidt/Weitemeyer (Hrsg.), Non Profit Law Yearbook 2008, Köln u.a. 2009, S. 153–174.
Zwick, Christian	Die Privatstiftung als Konzernspitze. In: Der Gesellschafter 2009, S. 278–286.

Autorenverzeichnis

Prof. Dr. *Arnd Arnold*, Diplom-Volksw.

Christian-Albrechts-Universität zu Kiel
Rechtswissenschaftliche Fakultät
Institut für Wirtschafts- und Steuerrecht einschließlich Wirtschaftsstrafrecht
Leibnizstraße 6
24118 Kiel

Dr. *Dorothea Baur*

ESADE
Campus ESADE-Sant Cugat
Av. Torreblanca 59
08172 Sant Cugat del Vallès, Barcelona
Spanien

Matthias Grigoleit

White & Case LLP
Jungfernstieg 51
20354 Hamburg

Prof. Dr. *Dominique Jakob*, M.I.L. (Lund)

Lehrstuhl für Privatrecht
Universität Zürich
Rechtswissenschaftliches Institut
Treichlerstraße 10
CH 8032 Zürich

Univ.-Prof. Dr. *Susanne Kalss*, LL.M (Florenz)

Institut für Zivil- und Unternehmensrecht
Wirtschaftsuniversität Wien
Althanstraße 39–45
A 1090 Wien

Prof. Dr. *Ulrich Karpen*

Universität Hamburg
Fachbereich Rechtswissenschaften
Seminar für Öffentliches Recht und Staatslehre
Forschungsstelle für Kulturverfassungs- und -verwaltungsrecht
Schlüterstraße 28
20146 Hamburg

Jürgen Kaube

Frankfurter Allgemeine Zeitung
Feuilleton
Ressort Geisteswissenschaften
60267 Frankfurt am Main

Ineke A. Koele PhD

Zwolseweg 140
7412 AS Deventer
The Netherlands

Dr. *Nils Krause*, LL.M. (Durham)   White & Case LLP
                                      Jungfernstieg 51
                                      20354 Hamburg

Prof. Dr. *Jürgen Kühling*   Universität Regensburg
                                      Lehrstuhl für Öffentliches Recht und Immobilien-
                                      recht
                                      Universitätsstraße 31
                                      93053 Regensburg

Ruben Pisal   Universität Regensburg
                                      Lehrstuhl für Öffentliches Recht und Immobilien-
                                      recht
                                      Universitätsstraße 31
                                      93053 Regensburg

Dr. Ass. jur. *Gregor Roth*   Wissenschaftlicher Assistent
                                      Bucerius Law School
                                      Lehrstuhl für Steuerrecht
                                      Jungiusstraße 6
                                      20355 Hamburg

lic. iur. *Laura Schweizer*   Wissenschaftliche Assistentin
                                      Lehrstuhl für Privatrecht
                                      Universität Zürich
                                      Rechtswissenschaftliches Institut
                                      Treichlerstraße 10
                                      CH 8032 Zürich

Janne Seelig   Bucerius Law School
                                      Institut für Stiftungsrecht und das Recht der Non-
                                      Profit-Organisationen
                                      Jungiusstraße 6
                                      20355 Hamburg

RA *Wolfgang Stückemann*   Rechtsanwälte Stückemann & Sozien
                                      Schloßstraße 11
                                      32657 Lemgo

Prof. Dr. *Birgit Weitemeyer*   Bucerius Law School
                                      Institut für Stiftungsrecht und das Recht der Non-
                                      Profit-Organisationen
                                      Jungiusstraße 6
                                      20355 Hamburg

Univ.-Ass. Dr. *Johannes Zollner*   Institut für Zivil- und Unternehmensrecht
                                      Wirtschaftsuniversität Wien
                                      Althanstraße 39–45
                                      A 1090 Wien

Sachregister

KERSTIN MEYER, GREGOR ROTH

BUCERIUS LAW SCHOOL
HOCHSCHULE FÜR RECHTSWISSENSCHAFT

INSTITUT FÜR STIFTUNGSRECHT UND
DAS RECHT DER NON-PROFIT-ORGANISATIONEN

Band I

Herausgegeben von
Hein Kötz, Peter Rawert, Karsten Schmidt (Bd. 1)
Hein Kötz, Peter Rawert, Karsten Schmidt und W. Rainer Walz (Bd. 2–4)
W. Rainer Walz, Karsten Schmidt, Peter Rawert und Rainer Hüttemann (Bd. 5)

Band 1
Stiftungsrecht in Europa
Stiftungsrecht und Stiftungsrechtsreform in Deutschland, den
Mitgliedstaaten der Europäischen Union, der Schweiz,
Liechtenstein und den USA
Herausgegeben von Klaus J. Hopt und Dieter Reuter
2001. XXVI, 1010 Seiten. Leinen.   ISBN 978-3-452-24942-5

Band 2
Hochschulstandort Deutschland
Rechtlicher Rahmen – Politische Herausforderungen
Herausgegeben von Jörn Axel Kämmerer und Peter Rawert
2003. XII, 201 Seiten. Leinen.   ISBN 978-3-452-25453-4

Band 3
Rechnungslegung und Transparenz im Dritten Sektor
Herausgegeben von W. Rainer Walz
2004. X, 220 Seiten. Leinen.   ISBN 978-3-452-25697-9

Band 4
Stiftungsrecht im 20. Jahrhundert
Auswahlbibliographie
Von Peter Rawert und Sabine Schlosshan
2004. XIII, 117 Seiten. Leinen. Buch + CD-ROM.   ISBN 978-3-452-25705-3

Band 5
Religiöse Stiftungen in Deutschland
Beiträge und Diskussionen des Workshops in der
Bucerius Law School am 9. Juni 2006
Herausgegeben von W. Rainer Walz
2006. XII, 168 Seiten. Hardcover.   ISBN 978-3-452-26580-7

Band II

Herausgegeben von
W. Rainer Walz, Karsten Schmidt und Peter Rawert (Bd. 1)
W. Rainer Walz, Karsten Schmidt, Peter Rawert und Rainer Hüttemann (Bd. 2)
W. Rainer Walz (†), Birgit Weitemeyer, Rainer Hüttemann, Peter Rawert und Karsten
Schmidt (Bd. 3–4)
Rainer Hüttemann, Peter Rawert, Karsten Schmidt und Birgit Weitemeyer
(ab Bd. 5)

Band 1
Ausstieg aus dem Dritten Sektor
Juristische Probleme bei der Beendigung der Gemeinnützigkeit
Von Hardy Fischer
2005. XVI, 216 Seiten. Engl. Broschur.   ISBN 978-3-452-25983-8

Band 2
Das Kontrollproblem der Stiftung und die Rechtsstellung der Destinatäre
Von Niels Thymm
2006. XIX, 406 Seiten. Broschur.   ISBN 978-3-452-26469-6

Band 3
**Vermögensverwaltung und Vermögenserhaltung im Stiftungs- und
Gemeinnützigkeitsrecht**
Von Rainer Hüttemann und Wolfgang Schön
2007. VIII, 75 Seiten. Broschur.   ISBN 978-3-452-26693-4

Band 4
Stifterwille und Zweckänderung
Möglichkeiten und Grenzen einer Änderung des Stiftungszwecks durch
Organbeschluss
Von Annette Happ
2007. X, 232 Seiten. Broschur.   ISBN 978-3-452-26692-7

Non Profit Law Yearbooks

Non Profit Law Yearbook 2004
Herausgegeben von W. Rainer Walz, Hein Kötz, Peter Rawert, Karsten Schmidt
Schriftleitung: Florian Asche
2005. X, 294 Seiten. Engl. Broschur.   ISBN 978-3-452-26038-0

Non Profit Law Yearbook 2005
Herausgegeben von W. Rainer Walz, Hein Kötz, Peter Rawert, Karsten Schmidt
Schriftleitung: Florian Asche
2006. XVI, 351 Seiten. Broschur.   ISBN 978-3-452-26440-8

Non Profit Law Yearbook 2006
Herausgegeben von W. Rainer Walz, Rainer Hüttemann, Peter Rawert,
Karsten Schmidt
Schriftleitung: Florian Asche
2007. X, 265 Seiten. Broschur.   ISBN 978-3-452-26694-1

Non Profit Law Yearbook 2007
Herausgegeben von Rainer Hüttemann, Peter Rawert, Karsten Schmidt,
Birgit Weitemeyer
Schriftleitung: Martin Mager
2008. X, 375 Seiten. Broschur.   ISBN 978-3-452-26913-3

Non Profit Law Yearbook 2008
Herausgegeben von Rainer Hüttemann, Peter Rawert, Karsten Schmidt,
Birgit Weitemeyer
Schriftleitung: Christine Franzius
2009. X, 244 Seiten. Broschur.   ISBN 978-3-452-27116-7

Non Profit Law Yearbook 2009
Herausgegeben von Rainer Hüttemann, Peter Rawert, Karsten Schmidt,
Birgit Weitemeyer
Schriftleitung: Kerstin Meyer
2010. X, 278 Seiten. Broschur.   ISBN 978-3-452-27362-8

Weitere Publikationen

Zwischen Markt und Staat
Gedächtnisschrift für W. Rainer Walz
Herausgegeben von Helmut Kohl, Friedrich Kübler, Claus Ott
und Karsten Schmidt
2008. XIV, 829 Seiten. Broschur.   ISBN 978-3-452-26740-5

 **Carl Heymanns Verlag 2010**